Thema Deutsch. Band 6

Sprache und Politik

[GfdS]

Thema Deutsch

Herausgegeben von der Dudenredaktion
durch Dr. Matthias Wermke
und der Gesellschaft für deutsche Sprache
durch Prof. Dr. Rudolf Hoberg
und Dr. Karin M. Eichhoff-Cyrus

Band 6: Sprache und Politik

Thema Deutsch. Band 6

Sprache und Politik

Deutsch im demokratischen Staat

Herausgegeben von Jörg Kilian

Dudenverlag
Mannheim · Leipzig · Wien · Zürich

Ausgeschieden von
Landtagsbibliothek
Magdeburg
am 27.1.25

Bibliografische Information der Deutschen Bibliothek:
Die Deutsche Bibliothek verzeichnet diese Publikation in der
Deutschen Nationalbibliografie; detaillierte bibliografische Daten
sind im Internet über http://dnb.ddb.de abrufbar.

Das Wort Duden ist für den Verlag
Bibliographisches Institut & F. A. Brockhaus AG
als Marke geschützt.
Alle Rechte vorbehalten.
Nachdruck, auch auszugsweise, verboten.
Kein Teil dieses Werkes darf ohne schriftliche Einwilligung
des Verlages in irgendeiner Form (Fotokopie, Mikrofilm
oder ein anderes Verfahren), auch nicht für Zwecke der
Unterrichtsgestaltung, reproduziert oder unter Verwendung
elektronischer Systeme verarbeitet, vervielfältigt
oder verbreitet werden.

© Bibliographisches Institut & F. A. Brockhaus AG,
Mannheim 2005
© GfdS Gesellschaft für deutsche Sprache,
Wiesbaden 2005

Herstellung: Monika Schoch, Mannheim
Umschlaggestaltung: Raphaela Mäntele, Hanau,
unter Mitwirkung von Suzana Papić, München
Satz: Typo Design Hecker, Leimen
Druck und Bindearbeit: Ebner & Spiegel, Ulm
Printed in Germany
ISBN 3-411-04221-4

Inhalt

0   Zur Einführung – 7

   JÖRG KILIAN: Deutsch im demokratischen Staat – 7

1   **Demokratische Sprache im Spiegel ideologischer Sprach(gebrauchs)konzepte – 11**

   WALTHER DIECKMANN: Deutsch: politisch – politische Sprache im Gefüge des Deutschen – 11

   DINA KASHAPOVA: Sprachverständnis und Sprachideal des Nationalsozialismus – 31

   HORST DIETER SCHLOSSER: „Es muß demokratisch aussehen ..." Politische Kernbegriffe in den Farben der SED – 44

   HELLMUT K. GEIßNER: Demokratie als sprachliche Lebensform. Ideale Sprach(gebrauchs)konzepte der parlamentarischen Demokratie – 57

2   **Demokratische Sprache in verfassungsrechtlichen Institutionen – 74**

   EVA NEULAND: Ist eine Spracherziehung zur Demokratie möglich? Ein Diskussionsbeitrag – 74

   ARMIN BURKHARDT: Deutsch im demokratischen Parlament. Formen und Funktionen der öffentlichen parlamentarischen Kommunikation – 85

   EKKEHARD FELDER: Grenzen der Sprache im Spiegel von Gesetzestext und Rechtsprechung – 99

   KORNELIA PAPE: Informelles Regierungshandeln im demokratischen Prozess. In Spitzengesprächen zum Konsens – 114

Inhalt

3 Demokratischer Wortschatz und Wortgebrauch – 128

Josef Klein: „Grundwortschatz" der Demokratie – 128

Albert Busch: Sprachschichten: Demokratischer Wortschatz zwischen Experten und Laien – 141

Franz Januschek: Arbeit an der Wortbedeutung: demokratisch? Termini, Leerformeln, semantische Kompromisse und die unsichtbare Hand – 161

Martin Wengeler: „Streit um Worte" und „Begriffe besetzen" als Indizien demokratischer Streitkultur – 177

Iris Forster: Lexikalische Verführer – euphemistischer Wortschatz und Wortgebrauch in der politischen Sprache – 195

4 Demokratische Kommunikation – 210

Johannes Volmert: Kanzlerrede. Regierungserklärungen als Inszenierung von repräsentativ-parlamentarischer Herrschaft – 210

Christian Efing: Rhetorik in der Demokratie. Argumentation und Persuasion in politischer (Wahl-)Werbung – 222

Adi Grewenig: Politische Talkshows – Ersatzparlament oder Medienlogik eines inszenierten Weltbildes? Zwischen Skandalisierung und Konsensherstellung – 241

Hajo Diekmannshenke: Mitwirkung von allen? Demokratische Kommunikation im Chat – 258

Werner Holly: Audiovisualität und Politikvermittlung in der Demokratie – 278

5 Demokratische Sprachpolitik – 294

Stephan Elspaß: Zum sprachpolitischen Umgang mit regionaler Variation in der Standardsprache – 294

Ulrich Ammon: Demokratisches Deutsch im demokratischen Europa. Die deutsche Sprache als Arbeits- und Verkehrssprache in der EU – 314

Kersten Sven Roth: Zur demokratischen Legitimation politolinguistischer Sprachkritik. Am Beispiel des öffentlichen Diskurses um die Hohmann-Rede – 329

6 Autorinnen und Autoren – 341

0 Zur Einführung

Jörg Kilian

Deutsch im demokratischen Staat

Die „politische Sprache im Gefüge des Deutschen" (Dieckmann im vorliegenden Band) hat im Lauf ihrer Geschichte, vor allem im Lauf der politischen Geschichte des 20. Jahrhunderts, mehrere Gestaltungen erfahren, unterschiedliche Gesichter gezeigt. Wir sprechen heute, auch im Rückblick auf diese politische Geschichte, mit einem gewissen Selbstverständnis von *nationalsozialistischer Sprache* und von *kommunistischer Sprache* und meinen damit ideologisch gefärbte Strukturen im Wortschatz und in den Formen politischer Kommunikation, die die politische Geschichte der deutschen Sprache angetragen hat. Wir sprechen allerdings nicht auch von *demokratischer Sprache*, wiewohl die politische Sprache in Deutschland seit der Paulskirche, spätestens aber seit dem Grundgesetz für die Bundesrepublik Deutschland eine Gestaltung und Formung erfahren hat, die die freiheitlich-demokratische Grundordnung auch sprachlich, im Wortgebrauch, in den Kommunikationsformen, kurz: in der politischen Arbeit an, in und mit Sprache spiegeln soll.

Stereotypisch zugespitzt kann man die genannten ideologischen Varietäten oder Politolekte des Deutschen etwa so charakterisieren: Die *nationalsozialistische Sprache* und die *kommunistische Sprache* wurden „von oben" bestimmt, vorgegeben, befohlen und die Sprachgesellschaft hatte diesen Bestimmungen, Vorgaben und Befehlen Folge zu leisten; die *demokratische Sprache* hingegen soll „von unten" vom „Demos", zumindest aber von seinen frei gewählten Repräsentanten, gestaltet und in öffentlichem Dialog immer wieder zur Diskussion gestellt werden (vgl. auch Süssmuth 1996, 17).

Die lange Ideengeschichte der Demokratie ist von solchen freiheitlichen Ansprüchen an die Rolle und Funktion der politischen Sprache und des politischen Sprachgebrauchs durchsetzt. Manche dieser Ansprüche haben den Charakter von festen Redewendungen angenommen, wie zum Beispiel der immer wieder zitierte und variierte Satz Walter Bagehots „Democracy is government by discussion" (vgl. z. B. Bagehot (1974 [1872], 107ff.). Eine Staatsform, Regierungsform, Gesellschaftsordnung wird hier mit einem kommunikativen Modell identifiziert. „Dialog" und „Öffentlichkeit" waren denn auch die beiden wichtigsten idealnormativen Ansprüche an die politische Sprache bei der Gründung der Bundesrepublik Deutschland vor nunmehr fast sechzig Jahren (vgl. Kilian 1997: 101ff.). Für die Verwirklichung dieser beiden idealnormativen Prinzipien war mit der Beseitigung der nationalsozialistischen „Gleichschaltung", die sich ja nicht zuletzt auch auf die politische Sprache erstreckt hatte (vgl. Kashapova im vorliegenden Band), mit der Zulassung unterschiedlicher politischer Parteien, unterschiedlicher Interessenverbände und unterschiedlicher Presseerzeugnisse sowie schließlich mit den „Kommunikationsgrundrechten" der Boden bereitet worden – auch und gerade in Abgrenzung zur „SBZ" und der späteren DDR (vgl. Schlosser im vorliegenden Band).

Demokratie erscheint vor diesen Ansprüchen als politisches Sprachspiel der unbegrenzten Rechte und Freiheiten. Dies ist jedoch nur die eine Seite der Medaille, eben die idealnormative Seite (vgl. dazu Geißner im vorliegenden Band). Auf der anderen Seite sind diesen sprachlichen Rechten und Freiheiten, erstens, auch in der parlamentarischen Demokratie der Bundesrepublik Deutschland gewisse rechtliche Grenzen gesetzt. Eine dieser Grenzen formuliert Art. 18 des Grundgesetzes: „Wer die Freiheit der Meinungsäußerung [...] zum Kampfe gegen die freiheitliche demokratische Grundordnung mißbraucht, verwirkt diese Grundrechte", heißt es dort; die Demokratie ist damit auch in Bezug auf die politische Sprache und den politischen Sprachgebrauch als eine kämpferische, eine wehrhafte Demokratie ausgewiesen. Bestimmte Wörter und Wortgebräuche (z. B. *Sonderbehandlung* aus der Nazi-Zeit) und bestimmte Kommunikations- und Sprachhandlungsformen (z. B. der politische BEFEHL) sollen im Kommunikationsbereich der Politik keine Duldung erfahren (vgl. Roth im vorliegenden Band).

Eine weitere Grenze der sprachlichen Rechte und Freiheiten kann darin bestehen, dass der demokratische Staat selbst Sprachpolitik betreibt und zu konkreten Fragen des öffentlichen Sprachgebrauchs Vorgaben macht: sei es in Bezug auf Rahmenpläne für den schulischen Sprachunterricht (etwa mit der Verpflichtung zur Lehre der deutschen Standardsprache und kommunikativer Prinzipien der Demokratie; vgl. Elspaß und Neuland im vorliegenden Band), sei es in Bezug auf die Regelung der deutschen Rechtschreibung und der sprachlichen Gleichbehandlung der Geschlechter, sei es in Bezug auf die internationale Stellung des Deutschen (vgl. Ammon im vorliegenden Band).

Sodann sind die sprachlichen Rechte und Freiheiten, zweitens, in der politischen Wirklichkeit mit verschiedenen praktischen Problemen konfrontiert, stoßen mitunter auch auf Widerstand. So gibt es zum Beispiel zwar einen „Grundwortschatz der Demokratie" (vgl. Klein im vorliegenden Band), doch ist dieser zu einem nicht geringen Teil ideologisch und fachlich geprägter Expertenwortschatz und wird von „denen da oben" mitunter ganz anders gebraucht als vom „Demos" (vgl. Felder, Busch im vorliegenden Band). Die ideologische Mehrdeutigkeit der demokratischen Fahnenwörter wird oft nicht als „Ausweis gelebter Demokratie" (Süssmuth 1996, 17) empfunden, sondern als Ausweis von unproduktivem Zank und Streit. Die Rechte und Freiheiten der ideologisch-semantischen Ausdeutung von Wörtern zum Zweck der Einfassung und des Ausdrucks verschiedener Weltansichten (vgl. Januschek, Wengeler, Forster im vorliegenden Band) stehen im Ruch, zum Zweck der Täuschung missbraucht zu werden. Die im Idealbild hoch bewertete politische Rede, die parlamentarische Debatte und erst recht die rhetorischen Mittel, die im politiksprachlichen Wettstreit um die Wählergunst zum Einsatz kommen, werden in der politischen Wirklichkeit oft gering geschätzt. Ob und inwiefern diese Einschätzung berechtigt sein mag, braucht hier nicht entschieden zu werden (vgl. Volmert, Burkhardt und Efing im vorliegenden Band). Doch wirft der Ruf nach „Taten", wenn diese dem „Reden" entgegengestellt werden, ein fahles Licht auf den Glanz der politischen Meinungsbildung und Entscheidungsfindung im Wege der öffentlichen demokratischen „Diskussion". Das Regierungshandeln im kleinsten nichtöffentlichen Kreis (vgl. Pape im vorliegenden Band) und in interfraktionellen Besprechungen führt schneller zu den „Taten", mag aber dem Ideal des öffentlichen Dialogs nicht mehr ganz entsprechen.

Dieses Ideal der demokratischen Meinungsbildung und Entscheidungsfindung im öffentlichen Dialog sucht wohl nicht zuletzt aus diesem Grund neue Wege in die politiksprachliche Wirklichkeit. Ob es gelingt, ob es gar gelingen darf und soll, ist eine andere Frage. Allerdings: Wenn der Bundestagspräsident moniert, dass in politischen Fernseh-Talkshows mitunter mehr debattiert wird als im Parlament, ist die Frage nach dem Status dieses „Ersatzparlaments" zu stellen (vgl. Grewenig im vorliegenden Band). Wenn in Politikchats Politikerinnen und Politiker, die sonst zu „denen da oben" gezählt werden, sich einem fast richtigen Gespräch mit dem „Demos" stellen, ist zu prüfen, ob hier neue Partizipationsmöglichkeiten, gar neue Modelle des öffentlichen Dialogs für die parlamentarische Demokratie bereitstehen oder doch nur eine Inszenierung derselben geboten wird (vgl. Diekmannshenke im vorliegenden Band). Und wenn (bewegte) Bilder eine größere Anziehungskraft auf die politische Öffentlichkeit ausüben als die noch so bewegte Rede, die noch so brillante parlamentarische Debatte, dann ist der Einfluss audiovisueller Zeichen auf den Prozess der demokratischen Politikvermittlung zu prüfen (vgl. Holly im vorliegenden Band).

Zur Einführung

Der vorliegende Band versammelt Beiträge, die die politische Sprache in der Bundesrepublik Deutschland als *demokratische Sprache* in den kritischen Blick nehmen. Die einzelnen Blickrichtungen sind im voranstehenden Text angedeutet worden. Gewiss sind weitere Blickrichtungen denkbar, etwa auf die Gestalt(ung) der *demokratischen Sprache* in öffentlichen Protesten, in der Wirtschaft, in der Bundeswehr oder im politischen Journalismus. Die hier versammelten Beiträge zeigen auch für diese Blickrichtungen Wege auf. Sie sind versammelt unter einer Frage, die Walther Dieckmann schon im Jahr 1981 in anderem Zusammenhang gestellt hatte:

> „Was ist an alledem so demokratisch? Ist das Befolgen von Spielregeln als solches demokratisch, ohne daß man nach dem Inhalt der Regeln und der Art ihres Zustandekommens fragen müßte?" (Dieckmann 1981, 166)

Die Beiträge geben, jeweils für ihre Bereiche und auf ihre Art, Antworten auf diese Fragen und beleuchten kritisch die politische Sprache im demokratischen Staat.

Den Autorinnen und Autoren danke ich dafür, dass sie sich auf das Wagnis der Beschreibung einer *demokratischen Sprache* eingelassen haben. Frau Dr. Karin M. Eichhoff-Cyrus, Frau Dr. Sabine Frilling und Prof. Dr. Rudolf Hoberg von der Gesellschaft für deutsche Sprache sowie Frau Dr. Christine Tauchmann, Frau Monika Schoch und Dr. Matthias Wermke vom Dudenverlag sei für ihre Unterstützung und Hilfe bei der Fertigstellung des Bandes gedankt.

Zitierte Literatur

Bagehot, Walter 1974 (1872): The Age of Discussion, in: ders.: The Collected Works, ed. by N. St John-Stevas, Vol. VII, London, 106–133.
Dieckmann, Walther 1981: Politische Sprache. Politische Kommunikation. Vorträge, Aufsätze, Entwürfe, Heidelberg.
Fraenkel, Ernst 1991: Deutschland und die westlichen Demokratien. [...] Frankfurt am Main.
Habermas, Jürgen 1974: Strukturwandel der Öffentlichkeit. Untersuchungen zu einer Kategorie der bürgerlichen Gesellschaft, 6. Aufl. Neuwied, Berlin.
Kilian, Jörg 1997: Demokratische Sprache zwischen Tradition und Neuanfang. Am Beispiel des Grundrechte-Diskurses 1948/49, Tübingen.
Kilian, Jörg 2003: „Demokratie" als Merkwort der Nachkriegszeit. Linguistische Begriffsgeschichte im Zeichen der kognitiven Semantik, in: Carsten Dutt (Hrsg.): Herausforderungen der Begriffsgeschichte, Heidelberg, 105–131.
Süssmuth, Rita 1996: Sprachgebrauch in der Demokratie, in: Karin Böke/Matthias Jung/Martin Wengeler (Hrsg.): Öffentlicher Sprachgebrauch. Praktische, theoretische und historische Perspektiven, Opladen, 15–18.

1 Demokratische Sprache im Spiegel ideologischer Sprach(gebrauchs)konzepte

WALTHER DIECKMANN

Deutsch: politisch – politische Sprache im Gefüge des Deutschen

1 Einleitend

Der Titel dieses Beitrags, in dem die Begriffe *Deutsch* (im Sinne der deutschen Sprache) und *politisch* mit einem Doppelpunkt miteinander in Beziehung gebracht werden, erlaubt unterschiedliche Deutungen und weist der Betrachtung mehrere mögliche Wege. Zum einen ist die *deutsche Sprache*, weil sie das gesamte gesellschaftliche Leben in Deutschland (und in den anderen deutschsprachigen Ländern) trägt, für das Gemeinwesen von so überragender Bedeutung, dass sie (1) selbst zum Objekt politischen Handelns werden kann. Aspekte solchen sprachbezogenen politischen Handelns werden in der Abteilung 5 dieses Bandes behandelt. Auf der anderen Seite lenkt der Titel den Blick (2) auf die *politische Sprache* als einen Teilbereich des Deutschen, korrelierend mit dem gesellschaftlichen Teilsystem der Politik, so wie man analog von *Alltags-, Wissenschafts-, Mediensprache* usw. spricht. Solche Begriffe provozieren allerdings sofort die Nachfrage, ob damit (2a) ein Teilbereich des grammatikalisierten bzw. lexikalisierten Systems des Deutschen thematisiert sein soll oder (2b) die besondere Art und Weise, wie das historisch überlieferte und in den Köpfen der Sprecher gespeicherte System im Handlungs- und Funktionskomplex der Politik aktual verwendet wird. *Politische Sprache* im Sinne von (2a) beschränkt sich, da die anderen Systemebenen (Lautung, morphologische Formen, Satzbau, Schreibung) kaum politikeigene Formen aufweisen, auf den *politischen Wortschatz*, wie er sich im Vollzug praktischen politischen Handelns und in der Kommunikation über politische Gegenstände historisch herausgebildet hat und unter verschiedenen Gesichtspunkten vor allem in der Abteilung 3 untersucht wird. *Politische Sprache* im Sinne von *Sprachgebrauch in der Politik* erstreckt sich hingegen auf alle Ebenen der Sprache. Wie man den Einzelstudien in den Abteilungen 2 und 4

1 Ideologische Sprach(gebrauchs)konzepte

entnehmen kann, sind besonders die Text- und Diskurstypen von Interesse, die in den einzelnen politischen Handlungsfeldern eine Rolle spielen.

Bevor ich in gebotener Kürze einigen Aspekten der drei Themenkomplexe (1, 2a, 2b) genauer nachgehe, schicke ich einige Bemerkungen zum *Begriff des Politischen* voraus, da sich der Gegenstandsbereich erheblich verschiebt, je nachdem, mit welchem Politikbegriff man an die Sache herangeht. Eine viel zitierte Bestimmung des Politikwissenschaftlers Lübbe (1975: 107) lautet, Politik sei „die Kunst, im Medium der Öffentlichkeit Zustimmungsbereitschaften zu erzeugen". Die Attraktivität dieser und verwandter Definitionen beruht unter anderem darauf, dass sie gut das sprachliche Handeln gerade der Gruppe von Personen trifft, die wir auch alltagsweltlich *Politiker* nennen: die Parteifunktionäre, die Abgeordneten und die Regierungsmitglieder in Bund und Ländern. Auch lässt sich dieser Funktionsbestimmung relativ leicht eine allgemeine Charakterisierung des für die Erzeugung von Zustimmungsbereitschaft geeigneten Sprachstils zuordnen: Erforderlich scheint die Realisierung informativer und persuasiver Sprachmittel in unterschiedlichen Mischungsverhältnissen, wie sie uns als Adressaten der Politiker auf Wahlveranstaltungen, im Bundestag, in Diskussionsrunden im Fernsehen und andernorts vertraut sind.

Wie vergleichsweise eng dieser Begriff des Politischen ist, erkennt man, wenn man die Definition von Grünert (1984: 29) dagegen hält, der zufolge Politik die „ordnende Gestaltung der menschlichen Beziehungen in einem Gemeinwesen und zwischen verschiedenen Gemeinwesen" sei. Diese Bestimmung eröffnet einen weit größeren Horizont, weil die „ordnende Gestaltung" nicht nur die legitimatorischen Bemühungen der Politiker in der öffentlich-politischen Kommunikation im Kontakt mit den Bürgern betrifft – auf die sich auch die neuere Einführung von Girndt (2002) beschränkt –, sondern gleichfalls die politische Binnenkommunikation zwischen den Akteuren in allen für die jeweilige Gesellschaftsordnung relevanten Institutionen der politischen Willensbildung und Entscheidungsfindung (Legislative), der Ausführung und Durchsetzung der Entscheidungen (Exekutive) sowie der Kontrolle ihrer Einhaltung (Judikative).

Als dritte Definition, die hinsichtlich ihrer Reichweite zwischen den beiden genannten steht und die weiteren Überlegungen leiten soll, zitiere ich das Brockhaus-Lexikon (1999), in dem Politik bestimmt wird als „auf die Durchsetzung bestimmter Ziele insbes. im staatlichen Bereich und auf die Gestaltung des öffentlichen Lebens gerichtetes Verhalten von Individuen, Gruppen, Organisationen, Parteien, Klassen, Parlamenten und Regierung". Die Definition erlaubt es, alle in den verschiedenen Abteilungen dieses Bandes behandelten Gegenstände unter den Begriff des Politischen zu subsumieren, ist aber enger als die von Grünert, weil mit der Betonung des Staates eine historische Organisationsform des Politischen vorausgesetzt ist, die nicht auf Politik überhaupt verallgemeinerbar ist. Die Bestimmung der Politik als staatliches oder auf den Staat bezogenes Handeln ist, sogar im Blick auf ein modernes Staatswesen wie die Bundesrepublik Deutschland, gelegentlich als zu restriktiv kritisiert worden. Der Einwand verliert jedoch an Gewicht, wenn man beachtet, dass nicht nur das *staatliche*, sondern auch das *auf den Staat bezogene* Handeln von Individuen und Gruppen als politisches deklariert ist.

Konsens besteht darüber, dass politisches Handeln zwar vornehmlich sprachliches Handeln sei, dass daneben aber auch nichtsprachliche Symbole (Nationalhymne, Nationalflagge, Ausdrucksformen staatlicher Repräsentation, Abschreiten der Ehrenkompanie u.a.) eine wichtige Rolle spielen. Umstritten ist, ob auch die Ausübung von Gewalt in den Beziehungen innerhalb eines Gemeinwesens oder zwischen ihnen (Krieg) als Mittel der Politik zu begreifen ist oder ob Gewalt als Alternative eintritt, wenn „die Politik versagt hat". Diese Frage muss im gegenwärtigen Zusammenhang nicht entschieden werden; faktisch wird weiterhin nur von *Sprache* im Kommunikationsbereich der Politik die Rede sein.

2 Die deutsche Sprache als Objekt politischen Handelns

Zu den Formen, in denen Sprachen selbst zum Objekt politischen Handelns werden, gehören – in der Literatur zum Teil schlecht gegeneinander abgegrenzt – *Sprachkodifizierung, Sprachkultivierung, Sprachlenkung, Sprachnormierung, Sprachpflege, Sprachplanung, Sprachpolitik, Sprachstandardisierung, Sprachverbreitung*. Auf die Sprache bezogene Maßnahmen sind darüber hinaus verdeckt oft Teil der *Bildungs-, Kultur-* oder *Schulpolitik* (vgl. Neuland im vorliegenden Band).

Von größtem sprachpolitischen Interesse für ein Gemeinwesen ist die Existenz eines nationalen sprachlichen Ausdruckssystems (Standardsprache), das es gestattet, überregional und unter mindestens passiver Teilnahme aller Gruppen der Bevölkerung alles das zu artikulieren, was für die Ordnung der öffentlichen Angelegenheiten bedeutsam ist. Ausbildung, Entwicklung und Erhaltung eines solchen Ausdruckssystems sind allerdings nicht von organisierten Anstrengungen in Form staatlicher Maßnahmen abhängig, weil das Sprecherkollektiv die sprachlichen Mittel, die für die verschiedenartigen kommunikativen Zwecke in einer Gesellschaft erforderlich sind, normalerweise ohne Reflexion und bewusste Planung in der kommunikativen Praxis selbst ausbildet und nach Bedarf weiterentwickelt. Es gibt freilich Sonderfälle, z. B. die postkolonialen Staatsgründungen in Afrika, wo auf dem vorgesehenen Staatsgebiet (außer der Sprache der Kolonialherren) eine gemeinsame Sprache oft nicht existierte, sondern über weitreichende und komplexe staatliche oder staatlich geförderte Sprachplanungsprogramme „künstlich" geschaffen werden musste.

Hinsichtlich der Agenten sprachpolitischer Maßnahmen stellen Glück und Sauer (1997: 167f.) fest, die deutsche Sprache sei heute „ – wie kaum ein anderer Bereich von öffentlichem Interesse – nur wenig vom organisierten staatlichen Zugriff betroffen", ein Faktum, dessen Bewertung je nach Betrachter variiert. Halten die einen die jüngste staatlich verfügte Rechtschreibreform schon für einen kritisierbaren Eingriff in die Freiheit des Sprecherkollektivs oder gar der individuellen Person, so klagen die anderen über die staatliche Indifferenz angesichts einer drohenden Überfremdung des Deutschen durch die Einflüsse des (amerikanischen) Englisch. Dass die deutsche Sprache in der Tat kein unmittelbar ins Auge fallender Gegenstand politischer Maßnahmen ist, ist in der allgemeinen Sprachsituation begründet: Da spätestens seit dem 19. Jahrhundert eine allgemein verfügbare und für alle gesellschaftlichen Zwecke gut ausgebaute Standardsprache für den mündlichen und schriftlichen Verkehr existiert, entfallen großräumige Sprachplanungsprogramme von vornherein. Zusätzlich wirkt sich die föderalistische Struktur der Bundesrepublik hemmend für sprachpolitische Maßnahmen aus, weil den Ländern zwar die Kulturhoheit zugesprochen ist, Sprachprobleme, die einen staatlichen Eingriff motivieren könnten, in aller Regel aber nicht länderspezifisch sind. Schließlich gelten mancherlei Formen von Sprachregelung und Sprachlenkung – in Erinnerung an das Dritte Reich und die DDR – verbreitet als mit einer demokratischen Gesellschaft schlecht vereinbare Maßnahmen autoritärer, wenn nicht totalitärer Staaten.

Trotzdem gibt es zahlreiche sprachbezogene Aktivitäten, an denen staatliche Instanzen beteiligt sind, auch wenn sie nicht leicht erkennbar sind, weil sie (1) von keiner zentralen Stelle aus organisiert sind (nationales Sprachamt, Sprachakademie, Sprachministerium), (2) unter anderem Namen (*Bildungspolitik, Schulpolitik, Kulturpolitik*) firmieren oder weil (3) die staatliche Beteiligung verdeckt über die (finanzielle) Unterstützung nichtstaatlicher Organisationen oder die Zusammenarbeit mit ihnen läuft (Goethe-Institut, Deutscher Akademischer Auslandsdienst u. a.).

Im Blick auf die Gegenwart und die jüngste Geschichte in Deutschland sind *sprachpolitische Maßnahmen, die sich direkt auf die deutsche Spra-*

che und ihre Eigenschaften richten, selten. Am bekanntesten sind die Aktivitäten des Staates in der Standardisierung und Kodifizierung der Schreibung bis hin zur jüngsten Rechtschreibreform. Formen punktueller, auf den Wortschatz bezogener Sprachlenkung sind aus der Zeit des Dritten Reiches (*Sprachregelungen*) und aus der DDR bekannt (vgl. Kashapova, Schlosser im vorliegenden Band). In der alten Bundesrepublik gehören dazu die behördlichen Festlegungen der Bezeichnungen für das geteilte Deutschland und seine Teile. Bemerkenswert ist in der jüngeren Geschichte auch die Zurückdrängung des fremdsprachlichen Einflusses auf das Deutsche vor 1914 durch den Allgemeinen Deutschen Sprachverein in Zusammenarbeit mit staatlichen Instanzen (Post, Bahn, Militär). Heute werden entsprechende staatliche Aktivitäten, etwa in Form eines Sprachgesetzes, von vielen gefordert, sind aber in der öffentlichen Meinung wie in der Sprachwissenschaft umstritten.

Ausgeprägter sind *sprachpolitische Maßnahmen, die die Geltung und Verbreitung der deutschen Sprache (in Relation zu anderen Sprachen) betreffen*. Dazu gehören die Bestimmung des Deutschen als Amts-, Gerichts- und Schulsprache in Deutschland (mit Sonderregelungen für die sorbische Minderheit) und die Förderung des Deutschen im Ausland als offizielle Sprache oder Arbeitssprache in internationalen Institutionen, Verhandlungen und auf Kongressen (vgl. Ammon im vorliegenden Band). In vielfältiger Weise ist der Staat darüber hinaus direkt und indirekt an der Förderung und Gestaltung des Unterrichts im Deutschen im In- und Ausland beteiligt (staatliche Aufsicht über den muttersprachlichen Unterricht in deutschen Schulen, Bestimmung der Schulfremdsprachen, Förderung des Erwerbs des Deutschen bei Arbeitsimmigranten, Förderung des Deutschen bei deutschsprachigen Minderheiten im nichtdeutschsprachigen Ausland, Förderung des Deutschen im Ausland als Schulfremdsprache und in der Erwachsenenbildung).

Im sprachpolitischen Kontext kaum beachtet sind vielfältige *staatlich kodifizierte Restriktionen auf der Ebene des Sprachgebrauchs und der Kommunikation* hinsichtlich der Frage, wer sich wem gegenüber auf welche Weise in welchen situativen und institutionellen Kontexten über was äußern und nicht äußern, was verbreiten und nicht verbreiten darf. Im öffentlichen Bewusstsein sind in dieser Hinsicht neben den Äußerungsdelikten des Strafgesetzbuches die Vorschriften über die Benutzung geschlechtsneutraler Bezeichnungen in Rechts- und Verwaltungstexten aus den 80er-Jahren des vorigen Jahrhunderts. Einen Eindruck von der Vielfalt weiterer sprachgebrauchs- und kommunikationsbezogener Regelungen, die bisher nirgends systematisch gesammelt und dargestellt scheinen, bekommt man in der sorgfältigen Lektüre von Gesetzestexten. Man findet sie u. a. in den Vorschriften über den unlauteren Wettbewerb oder über die Berufsbezeichnungen, im Datenschutz, im Warenkennzeichenrecht und im Medienrecht. Das „Wehrstrafgesetz" enthält unter der Überschrift „Straftaten gegen die Pflichten der Untergebenen bzw. der Vorgesetzten" diffizile Regelungen über den Vollzug verbindlicher Aufforderungshandlungen und deren Befolgung im institutionellen Rahmen der Bundeswehr. Im „Strafgesetzbuch" finden sich Beispiele für sprach- oder kommunikationsbezogene Vorschriften in fast allen Abteilungen. Nicht nur werden im Abschnitt 14 (§§ 185–200) die klassischen Äußerungsdelikte (Beleidigung, üble Nachrede und Verleumdung) unter Strafe gestellt, in zahlreichen Artikeln werden im „Besonderen Teil" weitere sprachliche oder kommunikative Verhaltensweisen zu Straftatbeständen deklariert. Neben den ehrverletzenden Äußerungen stehen andere, die die öffentliche Ordnung gefährden (Androhung von Straftaten, Volksverhetzung, Gewaltdarstellung), und solche, die Wahrheit oder Korrektheit verletzen (falsche uneidliche Aussage und Meineid, falsche Verdächtigung, Urkundenfälschung, Falschbeurkundung). In den verschiedensten Zusammenhängen ist auch die Weitergabe von Informationen unter Strafe gestellt: zum Schutz des Staates nach außen (Hochverrat, Landesverrat, Preisgabe von Staatsgeheimnissen), zur Sicherstellung geregelter amtlicher Tätigkeiten (Verletzung des Dienstgeheimnisses, Verletzung des Post- oder Fernmeldegeheimnisses, Verletzung des Steuergeheimnisses als „Straftaten im Amt"), zum Schutz des persönlichen Lebens- und Geheimbereichs (Verletzung der Vertraulichkeit des Wortes, des Briefgeheimnisses und von Privatgeheimnissen). Das Nicht-sagen-Dürfen verwandelt sich, wie jeder Krimi-Leser weiß, für bestimmte Personengruppen oft auch in ein Nicht-zu-sagen-Brauchen (Schweigepflicht von Ärzten, Therapeuten, Zeugnisverweigerungsrecht).

3 Das politische Lexikon im Wortschatz der deutschen Sprache

Das Inventar von Wörtern, die als Ausschnitt aus dem Gesamtwortschatz zur Politik gehören, ist ein Produkt vergangener Kommunikation in diesem Handlungsfeld. Es waren und sind die Ausdrucksbedürfnisse in der kommunikativen Praxis, die bestimmen, für welche Sachverhalte besondere sprachliche Ausdrücke gebildet und in den Köpfen der Sprecher zum leichten Wiedergebrauch abrufbar lexikalisiert werden. Veränderungen in den Ausdrucksbedürfnissen führen über Neubildungen, Entlehnungen bzw. Bedeutungs- oder Bezeichnungswandel zur Anpassung an die neuen Gegebenheiten. Kommt es zu radikaleren Umbrüchen in den politischen Strukturen, wie 1919, 1933, 1945 oder 1989 in Deutschland, verstärkt sich der Impuls für Veränderungen, ohne dass freilich das mit den alten Ordnungen verbundene Vokabular abrupt verschwinden würde. *Volkskammer, Stasi, DDR* gehören wie die noch älteren Ausdrücke *Konzentrationslager, Gestapo, Drittes Reich* zum gegenwärtigen politischen Wortschatz der deutschen Sprache, solange ein Interesse daran besteht, über die vergangenen Zustände zu reden oder zu schreiben. Mit gleicher Begründung sind viele Wörter, die politische Sachverhalte in anderen Staaten oder in internationalen Organisationen benennen, Teil des Wortschatzes der deutschen Sprache: *Oberhaus, Unterhaus, Premierminister, Weißes Haus, Kongress, Senator* bzw. *Nato, UN, Europäisches Parlament* etc.

Bezogen auf das Varietätengefüge der deutschen Sprache ist der politische Wortschatz insgesamt nichtfachsprachlich, sondern Teil der allgemeinen Standardsprache, allerdings unter starkem Einfluss von Fachsprachen der Sachbereiche, die Gegenstand politischer Maßnahmen sind (Umweltschutz, Finanzpolitik, Diplomatie etc.). Die Bestimmung seiner Außengrenze geschieht in Abhängigkeit vom Begriff des Politischen, auf den man sich verständigt hat. Folgt man der Definition Lübbes, so reduziert sich der politische Wortschatz tendenziell auf das, was unten *Ideologievokabular* genannt wird. Zum anderen spielt auch eine Rolle, dass in verschiedenen Staats- und Regierungsformen bzw. in verschiedenen Epochen unterschiedliche Einschätzungen über die Lebensbereiche bestehen, die der gesamtgesellschaftlichen Regelung bedürftig sind und deshalb als *politisch* zu gelten haben. Immer aber ist der politische Wortschatz prinzipiell offen, weil auch in einer gegebenen Staats- und Gesellschaftsordnung Wörter jederzeit in den Sog der politischen Auseinandersetzung geraten können, wenn vormals unpolitische Sachverhalte tagespolitisch oder längerfristig politische Bedeutung bekommen.

Sinnvoll ist es, im politischen Lexikon Teilbereiche zu unterscheiden, weil die unterschiedlichen Formen und Funktionen des Gebrauchs sich auch in unterschiedlichen Eigenschaften der sprachlichen Ausdrucksmittel niederschlagen. Für diese Binnengliederung sind in den letzten Jahrzehnten in der Sprachwissenschaft verschiedentlich Vorschläge gemacht worden, die in wesentlichen Bestimmungsstücken übereinstimmen (zum „Grundwortschatz der Demokratie" vgl. Klein im vorliegenden Band).

3.1 Institutionsvokabular

Das so genannte Institutionsvokabular besteht aus den Bezeichnungen für die Staats- und Regierungsformen (*parlamentarische Demokratie, konstitutionelle Monarchie, Militärdiktatur*); Bezeichnungen für die Norm-

1 Ideologische Sprach(gebrauchs)konzepte

texte, in denen die politische Struktur des Gemeinwesens auf Dauer oder das Handeln der politischen Funktionsträger für begrenzte Zeiten geregelt sind (*Verfassung, Grundgesetz, Staatsvertrag, Koalitionsvereinbarung, Parteistatut*); Bezeichnungen für die verfassungsrechtlich vorgesehenen Institutionen und ihre Untergliederungen (*Regierung, Bundestag, Verfassungsgericht, Partei* bzw. *Wirtschaftsministerium, Haushaltsausschuss, Senat, Parteivorstand*); Bezeichnungen für die politischen Ämter und Rollen (*Bundeskanzler, Staatssekretär, Landesminister, Fraktionsmitglied, Lobbyist*); Bezeichnungen für die formell geregelten Praktiken politischen Handelns (*Abstimmung, Hammelsprung, konstruktives Misstrauensvotum, große Anfrage*) und Bezeichnungen für die Sachbereiche, die der Politik unterworfen werden (*Wirtschaftspolitik, Schulpolitik, Arbeitsmarktpolitik, Bildungspolitik, Umweltpolitik*).

Das Institutionsvokabular ermöglicht grundlegend das Reden und Schreiben über politische Sachverhalte und ist deshalb gleicherweise in der politischen Binnenkommunikation innerhalb und zwischen den Akteuren in den politischen Institutionen wie in der Außenkommunikation mit dem Bürger präsent. Die in ihm enthaltenen Ausdrücke sind genuin politisch und können am ehesten politisch-fachsprachlich genannt werden. Dazu passt, dass sie primär die Funktion einer neutralen Benennung der Elemente der politischen Ordnung haben und dass ihnen daher, mit Ausnahme der Bezeichnungen für die Staats- und Regierungsformen, die zugleich ideologiesprachlich verwendet werden, ausgeprägte evaluative und deontische Komponenten fehlen.

3.2 Ressortvokabular

Das Ressortvokabular dient, differenziert nach den Sachgebieten, die Gegenstand politischen Handelns sind, vorwiegend der Binnenkommunikation zwischen den politischen Funktionsträgern in der Erfüllung der jeweiligen institutionellen Aufgaben, wird in der Medienberichterstattung über die aktuellen Pläne, Programme, Stellungnahmen und Beschlüsse aber auch Teil der politischen Außenkommunikation. Es beruht in den einzelnen Ressorts im Kern auf den Fach- und Wissenschaftssprachen, die sich außerhalb des politischen Raums für die verschiedenen Sachbereiche herausgebildet haben und die sich die jeweiligen Experten in den Parteien, den Fachausschüssen des Parlaments, den Ministerialbürokratien und der Regierung verfügbar machen müssen. Es ist somit im Wesentlichen Expertenvokabular, das den Bürgern und auch den nicht einschlägig vorgebildeten Abgeordneten und den Beamten der nicht mit der Materie befassten Ministerien nur bedingt verständlich ist.

Das Ressortvokabular enthält darüber hinaus allerdings politikeigene Wortbildungen, die in der Ausarbeitung der politischen Programme notwendig werden und in der Präsentation der parteilich umstrittenen Zielvorstellungen bzw. in der nachträglichen Rechtfertigung der Beschlüsse Teil der öffentlich-politischen Kommunikation werden. Zu denken ist an oft sehr griffige Bezeichnungen wie *soziale Marktwirtschaft, Volksaktie, Sozialhilfe, Fristenlösung, Giftmüll, Kopfpauschale*, die sich in ihren Eigenschaften und Funktionen dem Ideologievokabular annähern, wenn man es nicht grundsätzlich vorzieht, die für die Außendarstellung geschaffenen Ausdrücke aus dem Ressortvokabular herauszunehmen und gleich beim Ideologievokabular einzuordnen.

3.3 Ideologievokabular

Das Ideologievokabular hat schon immer die größte kritische Aufmerksamkeit auf sich gezogen und wird nicht selten mit dem politischen Wortschatz überhaupt gleichgesetzt. Es spielt die entscheidende Rolle in der öffentlich-politischen Kommunikation, in der die politischen Gruppierungen (Parteien, Regierung, Opposition, Interessenverbände) ihre Deutungen und Bewertungen politischer Sachverhalte und die Ziele und Prinzipien ihres Handelns artikulieren, um in der Konkurrenz mit andersartigen Vorstellungen der Gegner die Zustimmung des Publikums zu erlangen. Die besonderen Funktionen des Ideologievokabulars in der politischen Auseinandersetzung hinterlassen Spuren in den Eigenschaften der Wörter, die dann im aktualen Meinungsstreit jederzeit wieder aktiviert werden können:

(1) Die Wörter des Ideologievokabulars haben neben der denotativen (bezeichnenden, deskriptiven) Bedeutung oft ein ausgeprägtes evaluatives (bewertendes) und deontisches (zu Handlungen auffordernes) Potenzial. Diese Eigenschaft ist das geronnene Resultat der Tatsache, dass die Sprecher in der öffentlich-politischen Kommunikation einen politischen Sachverhalt meist nicht nur bezeichnen, sondern zugleich mit ausdrücken, ob er als gut oder schlecht, nützlich oder schädlich, ungefährlich oder gefährlich und somit als etwas Erstrebenswertes oder zu Meidendes einzuschätzen ist. Da sich solche Wertungen im wiederholten Gebrauch konventionalisieren, stehen sich im Ideologievokabular, gesamtgesellschaftlich verbindlich oder meinungsgruppenspezifisch, Wörter mit positivem Bewertungspotenzial (*Hochwertwörter, Fahnenwörter, Miranda*) und solche mit usuell negativen Assoziationen (*Stigmawörter, Feindwörter, Anti-Miranda*) gegenüber: *Frieden, Freiheit, Menschenwürde* vs. *Diktatur, Rassismus, Aggression.*

1 Ideologische Sprach(gebrauchs)konzepte

(2) Ein zweites Kennzeichen des ideologischen Vokabulars ist die Ideologiegebundenheit der Wortbedeutung als Resultat der ideologie- und interessenabhängigen Interpretation der bezeichneten Sachverhalte durch die verschiedenen Gruppierungen. Ideologiegebundenheit tritt vor allem in zwei Formen, als Bedeutungskonkurrenz oder als Bezeichnungskonkurrenz, auf. Bedeutungskonkurrenz (*semantische Varianz, ideologische Polysemie*) bezeichnet den Sachverhalt, dass der gleiche sprachliche Ausdruck in unterschiedlichen Meinungsgruppen mit unterschiedlichen Bedeutungen gebraucht wird, wobei die Differenzen sowohl die deskriptive als auch die evaluative und deontische Komponente betreffen können (*Demokratie, Sozialismus, Sozialstaat*). Im Falle der *Bezeichnungskonkurrenz* wird hingegen derselbe außersprachliche Sachverhalt mit unterschiedlichen Ausdrücken bezeichnet, die vermöge ihrer deskriptiven, ihrer evaluativen oder deontischen Bedeutung verschiedene Aspekte des Bezeichneten betonen und somit wortinhaltlich Unterschiedliches über den Sachverhalt aussagen: *Kriegsdienst* vs. *Friedensdienst* für die Tätigkeit der Bundeswehr, *Chancengleichheit* vs. *Chancengerechtigkeit* als Ziel der Bildungspolitik, *Abtreibung* vs. *Schwangerschaftsunterbrechung* vs. *Schwangerschaftsabbruch* vs. *Schwangerschaftsbeseitigung* in der Gesundheitspolitik.

(3) Ideologiegebundenheit betrifft nicht nur, wie in (1) und (2) illustriert, die einzelnen sprachlichen Ausdrücke oder Wortpaare, sondern es bilden sich in den längerfristigen Programmen wie in den tagespolitischen Auseinandersetzungen meinungsgruppengebundene Wortsysteme heraus, in denen sich ideologische Weltbilder abbilden und die zueinander in einem polemischen Bezug stehen. Damit verbunden ist eine weitere Eigenschaft dieses Wortschatzausschnittes, nämlich die metasprachliche Thematisierung der Wörter im Meinungsstreit, der dadurch auch zu einem Kampf der bzw. um die Wörter wird (vgl. Wengeler im vorliegenden Band). Das Ideologievokabular besteht wegen seiner Ideologiegebundenheit vornehmlich aus „Brisanten Wörtern" oder „Kontroversen Begriffen", deren Entwicklung und Gebrauch für das Deutsche seit dem 2. Weltkrieg in einigen groß angelegten Untersuchungen beschrieben worden sind (Strauß u. a. 1989, Stötzel/Wengeler 1995, Herberg u. a. 1997).

3.4 Allgemeines Interaktionsvokabular

Liest man Texte aus dem Kommunikationsbereich der Politik oder hört man sich eine politische Rede oder eine politische Diskussionsrunde im Fernsehen an, wird man, falls man darüber nachdenkt, feststellen, dass die dort verwendeten Wörter den in den Unterpunkten (1)–(3) angedeuteten Horizont des politischen Wortschatzes weit übersteigen; denn, statistisch betrachtet, überwiegt auch in den politischen Sprech- und Schreibprodukten der gemeinsprachliche Wortschatz. In manchen Zusammenhängen, z. B. in regionalen Wahlkämpfen, können sogar umgangsprachliche und dialektale Elemente zweckdienlich Verwendung finden. Mit den drei behandelten Teilwortschätzen sind nur die Wörter erfasst, die politikspezifisch sind (Institutionsvokabular, Ideologievokabular) oder doch in besonderer Weise für die (institutionsinterne) politische Kommunikation charakteristisch sind. Ein Zweifelsfall hinsichtlich der Grenzziehung zwischen allgemeinem und politischem Wortschatz ist das *allgemeine Interaktionsvokabular*, das hin und wieder als vierte Komponente des politischen Lexikons genannt wird und deshalb der Vollständigkeit halber ergänzt sei. Zu ihm gehören Ausdrücke wie *Affäre, Führungsanspruch, Kompromiss, Kraftanstrengung, System, Talsohle; ankündigen, appellieren, dementieren*, die zwar nicht für politische Texte eigentümlich sind, jedoch sehr häufig vorkommen und zumindest deshalb auffallen, weil sie nicht zum alltäglichen Ausdrucksreservoir gehören, sondern einer Schicht zwischen Alltags- und Fachsprache angehören, für die sich der Begriff der *Bildungssprache* anbietet.

4 Sprachgebrauch und Kommunikation in der Politik

4.1 Gibt es eine „politische Sprache"?

Spricht man, um die Verwendungsweisen von Sprache in der konkreten politischen Kommunikation zu bezeichnen, von *der politischen Sprache,* so legt das die Auffassung nahe, dass es allgemeine Merkmale gibt, die den Sprachgebrauch im gesamten Kommunikationsbereich der Politik charakterisieren und zugleich vom Sprechen und Kommunizieren außerhalb der Politik unterscheiden. Die Frage ist, worin solche allgemeinen Merkmale bestehen und wie die *politische Sprache* gegebenenfalls als Teilbereich des Sprachgebrauchs theoretisch und begrifflich zu fassen ist. Die Antwort hängt wiederum davon ab, welcher Begriff des Politischen vorausgesetzt ist. Rückt man mit der Definition der Politik als „Kunst, im Medium der Öffentlichkeit Zustimmungsbereitschaften zu erzeugen", die Politiker ins Zentrum, die als Repräsentanten politischer Gruppen (Parteien, Fraktionen, Verbände, Regierung etc.) die Bürger im Raum der Öffentlichkeit von der Güte der eigenen Position gegenüber der schlechten des politischen Gegners zu überzeugen versuchen, so stellt man schnell fest, dass sie für dieses Ziel in den unterschiedlichen Text- und Diskurstypen (Teilnahme an einer Talkshow im

1 Ideologische Sprach(gebrauchs)konzepte

Fernsehen, Rede auf einer Wahlveranstaltung, Interview in einer Zeitung, Rede oder Zwischenruf in einer Parlamentsdebatte, Postwurfsendung des Parteibezirks, Bürgersprechstunde u. a.) zwar recht unterschiedliche sprachlich-kommunikative Mittel einsetzen (von Holly 1990 am Beispiel eines Bundestagsabgeordneten genauer untersucht), doch ist es nicht ganz unrealistisch, eine allgemeine Charakterisierung des Typs von Sprachverwendung als *rhetorisch-persuasiv* zu versuchen. Der Handlungs- und Funktionsbereich der Politik im Sinne der oben bevorzugten weiteren Bestimmung des Politischen ist jedoch zu vielgestaltig und die in ihm stattfindende Kommunikation zu heterogen, um unter eine gemeinsame Bestimmung gefasst werden zu können. Deshalb ist es auch kaum möglich, die politische Sprache insgesamt mit Begriffen zu erfassen, mit denen die Sprachwissenschaft der Heterogenität natürlicher Sprachen und ihren unterschiedlichen Existenzformen gerecht zu werden versucht. Wie immer die Begriffe *Varietät, Register, Domäne, (Funktional-)Stil* verstanden und gegeneinander abgegrenzt werden, die Grundidee ist doch übereinstimmend, dass bestimmte Bündel außersprachlicher Merkmale der Redekonstellation (Status von Sprecher und Hörer, Art der Beziehung, Funktion der Interaktion, Typ von Situation, Kommunikationsbereich etc.) mit mehr oder weniger systematischen Auswahlen aus den von der Sprache zur Verfügung gestellten sprachlichen Mitteln korrelieren, die dann zusammen ein Subsystem oder zumindest eine spezifische Gebrauchsweise des Deutschen konstituieren. Politische Sprache, insgesamt betrachtet, zeigt jedoch weder auf der sprachlichen Ebene noch in den redekonstellativen Merkmalen ausreichende Gemeinsamkeiten, die die Wahlkampfbroschüre, die Beratung in einer Fraktionssitzung oder einer Kabinettssitzung, die Parlamentsdebatte, die Neujahrsansprache des Bundespräsidenten, die politische Gesprächsrunde im Fernsehen oder den Sprechchor auf einer Demonstration, zu schweigen von einer Tarifverhandlung, einem Antrag bei einer Behörde und deren Bescheid oder dem Urteilsspruch eines Richters, überdachen könnten. Deshalb ist die Redeweise von der *politischen Sprache* oder dem *Politolekt* grundsätzlich problematisch, und es erscheint angemessener, von *Sprache und Kommunikation in der Politik* zu sprechen, weil damit weniger Einheitlichkeit suggeriert wird. Das schließt nicht aus, dass Begriffe wie *Register* oder *Stil* nicht doch auf einer niedrigeren Abstraktionsebene sinnvoll auf einzelne Segmente des in sich heterogenen Großbereichs der Politik angewendet werden könnten. Die Frage ist dann nur, nach welchen Kriterien eine solche Unterteilung vorgenommen werden soll, damit sie auch für das Interesse an Sprache und Kommunikation zu erhellenden Einsichten führt.

Letzteres gilt sicherlich nur bedingt für die Einteilung des politischen Raumes nach den politischen Sachbereichen der Wirtschaftspolitik, der Bildungspolitik, der Außen- und Innenpolitik usw., wiewohl diese Unterteilung für die Bildung von Interessenverbänden im gesellschaftlichen Raum, die legislative Arbeit in den Fachausschüssen des Parlaments wie für die Organisation des exekutiven Handelns in den Ministerien offensichtlich funktional ist. Näher liegt die Orientierung an den Institutionen, doch erweist sich z. B. auch die *Sprache des Parlamentes* als heterogen, wenn man den Begriff nicht stillschweigend im engeren Sinn der Plenardebatte versteht. Eine Plenarrede steht in mancherlei Beziehung einer Wahlkampfrede oder einem Beitrag in einer Fernsehrunde, also Text- und Diskurstypen außerhalb der Institution des Parlaments, näher als den sprachlichen Beiträgen in einem Parlamentsausschuss oder den die Debatte leitenden sprachlichen Handlungen des Parlamentspräsidenten.

Über die in der Sprachwissenschaft darüber hinaus diskutierten Versuche, den Großbereich der Politik zu untergliedern und den Teilfeldern bestimmte Sprachgebrauchsweisen, Stile, Register o. Ä. zuzuordnen (Orientierung an der Unterscheidung von institutionsinterner und institutionsexterner Kommunikation; Orientierung an grundlegenden Aufgaben der Politik, an Funktionen der Sprache, an Handlungsmustern oder kommunikativen Verfahren), kann man sich im Überblick bei Girnth (2002) informieren. Eine Konzeption, die Unterscheidung grundlegender Sprachspiele durch Grünert (1984), die in der Rezeption bis heute eine starke Präsenz hat, soll etwas genauer dargestellt werden.

4.2 Sprachspiele in der Politik

Grünert unterscheidet einige grundlegende Aufgaben, die sich, oberhalb der Differenzen zwischen Staats- und Regierungsformen, übernational und möglicherweise sogar anthropologisch bei jedem politischen Ordnungssystem stellen und zu deren Lösung der Gebrauch von (mündlicher und schriftlicher) Sprache erforderlich ist. Die sprachlichen Strategien, die in der Bewältigung einer solchen Aufgabe zur Anwendung kommen, nennt er ein *Sprachspiel*, von denen er insgesamt vier unterscheidet.

Im (1) *regulativen* Sprachspiel drückt sich am deutlichsten Herrschaft aus; denn in ihm werden die Regierten von den Regierenden auf die je nach Staats- und Gesellschaftsordnung unterschiedlich legitimierten Setzungen der Verfassung, der Gesetze und Verordnungen und anderer verbindlicher Handlungsanweisungen verpflichtet. Im Gesetz ist der regulative Text Ergebnis des Gesetzgebungsprozesses und somit formell Handlungsprodukt der legislativen Körperschaft; als Bescheid, Erlass, Verwarnung hat er die staatliche Verwaltung oder andere exekutive Instanzen (Polizei) zum Urheber; im Urteilsspruch oder der richterlichen Anweisung sind die Ausführenden Instanzen des Rechtswesens. Die einzelnen Texttypen unterscheiden sich auch in den Adressaten. Gesetze gelten prinzipiell für alle Gesellschaftsmitglieder, haben also Bindekraft für alle Bürger (auch wenn die in ihnen geregelten Tatbestände oft nur bestimmte Personengruppen betreffen). Zugleich wirken sie innerhalb des politischen Institutionengefüges als Aufforderungen an die exekutiven und judikativen Gewalten, ihr Verhalten und ihre eigenen regulativen Texte „rechtsförmig" an den Gesetzen zu orientieren. Weiter wird das regulative Sprachspiel in Dienstanweisungen, Dienstwegregelungen, Geschäftsordnungen etc. auch institutionsintern in der Erfüllung der jeweiligen Aufgaben gespielt. Schließlich zählt Grünert viele in der auswärtigen und internationalen Politik gebräuchliche Texttypen wie Depeschen, Ultimaten, Verträge, Kriegserklärungen und Waffenstillstandsabkommen zum regulativen Sprachspiel.

Im (2) *instrumentalen/begehrenden* Sprachspiel bringen komplementär die Regierten im Rahmen der vom Herrschaftssystem gesetzten Möglichkeiten ihre Wünsche und Forderungen an die Regierenden zur Geltung. Während im regulativen Sprachspiel mit den verbindlichen Aufforderungen *ein* Sprachhandlungstyp im Zentrum steht und somit das Sprach*spiel* zugleich als eine Art Sprach*stil* beschreibbar ist, zeigt sich am Beispiel des instrumentalen Sprachspiels, dass ein Sprachspiel sehr unterschiedliche Formen der sprachlichen Realisierung enthalten kann, dass also *Sprachspiel* keine im engeren Sinne sprach(gebrauchs)beschreibende Kategorie ist. Das Spektrum des instrumentalen Sprachspiels erstreckt sich vom Ausdruck von Wünschen und der Äußerung von Bitten über die Artikulation von Forderungen bis hin zu sprachlichen Handlungen, die den nichtsprachlichen, eventuell sogar gewalttätigen Widerstand gegen das bislang geltende regulative Sprachspiel begleiten. Ob Grünert auch begehrende Handlungen wie die Antragstellung bei einer Behörde zum instrumentalen Sprachspiel zählt, ist ungewiss.

Das (3) *integrative* Sprachspiel dient der Erzeugung bzw. Stärkung oder Erhaltung eines Gruppenbewusstseins, das seinerseits die Gruppensolidarität fördert und koordiniertes Handeln ermöglicht. *Gruppe* ist in diesem Zusammenhang sehr weit zu verstehen. Das Sprachspiel ist für jede wie auch immer verbundene Mehrzahl von Personen (Arbeitskreis, Fraktion, Partei etc.) bis hin zur Gesamtgesellschaft bedeutsam, wobei die Funktion der Gruppeneinigung komplementär immer auch eine Abgrenzung nach außen bewirkt. In den Äußerungstypen dieses Sprachspiels tritt die Darstellungsfunktion der Sprache hinter der Gemeinschaftsbildung durch gruppenspezifische sprachliche und nichtsprachliche Symbole mit Wiederholungswert (Fahnenwörter und andere sprachliche Schibboleths, Fahnen, Abzeichen, Lieder, Sprechchöre, kultische Tänze) zurück. Großformen des Sprachspiels sind Gedenkveranstaltungen, Gründungs- und Jubiläumsveranstaltungen, Wahlpartys und Siegesfeiern, Paraden und Aufmärsche.

Die Bedeutung dieses Sprachspiels ergibt sich nicht zuletzt daraus, dass politisches Handeln in aller Regel das Handeln konkurrierender Gruppen ist bzw. dass der handelnde Einzelne institutionsintern wie -extern als Repräsentant einer Gruppe (Partei, Fraktion, Regierung, Verband) auftritt.

Das (4) *informativ-persuasive* Sprachspiel schließlich in der öffentlichen Kommunikation und in der politischen Theorie „ist nicht wie das regulative und das instrumentale unmittelbar in politisches Handeln verflochten, sondern zielt auf Bewußtseinsbildung" (Grünert 1984: 36) in der Vorbereitung oder nachträglichen Rechtfertigung der politischen Zielsetzungen bzw. der Maßnahmen, die im Modus des regulativen Sprachspiels verfügt werden sollen. Das informativ-persuasive Sprachspiel bestimmt also vor allem den Außenkontakt der politischen Funktionsträger mit den Bürgern in der medial vermittelten Öffentlichkeit. Typen von Situationen bzw. Textsorten, in denen das Sprachspiel realisiert wird, sind die Formen der politischen Parteienwerbung, die Öffentlichkeitsarbeit der politischen Institutionen, auch die Parlamentsdebatte und das breite Genre-Spektrum der politischen Berichterstattung in Rundfunk und Fernsehen. Die Doppelcharakterisierung der Funktion als informierend und persuasiv wird der Tatsache gerecht, dass die entsprechenden sprachlichen Äußerungen neben appellativen Elementen immer auch, aber nie ausschließlich informierende Funktion haben. Das Mischungsverhältnis kann jedoch in den unterschiedlichen institutionellen und situationellen Kontexten beträchtlich variieren.

Im Schema der vier Sprachspiele von Grünert geht es dominant um die Kommunikation zwischen „Regierenden" und „Regierten". Die Regierenden treten den Regierten entweder normsetzend (regulativ) oder zustimmungsheischend (informativ-persuasiv) gegenüber. Die Regierten ihrerseits artikulieren ihr Begehren gegenüber den Regierenden im instrumentalen Sprachspiel. Aus dem Rahmen fällt das integrative Sprachspiel, insofern es gruppenintern sowohl von den Regierenden wie den Regierten gespielt wird. Eine Lücke nimmt man wahr, wenn man sich fragt, auf welche Weise denn die politischen Gruppen und Institutionen innerhalb der Eigengruppe und in der Gruppenkonkurrenz gesamtgesellschaftlich Richtung und Ziel des Handelns bestimmen, dessen Erreichen das integrative Sprachspiel unterstützen soll und das als Erreichtes zum Inhalt des regulativen Sprachspiels wird. Der Möglichkeiten sind, Zeiten und Räume überblickend, viele (Orakel, Sphinx, Eingeweideschau, Sterndeutung u. a. m.). Im Blick auf das gegenwärtige Deutschland scheinen besonders drei kommunikative Verfahren von Bedeutung: (1) die gemeinsame *Beratung* zum Auffinden der besten Lösung als In-Group-Verfahren in Gruppen mit geringen internen Interessengegensätzen; (2) die *Verhandlung*, mit der unterschiedliche Interessen innerhalb einer Gruppe oder zwischen Gruppen in einem Prozess des Gebens und Nehmens ausgehandelt werden können; (3) die Rekrutierung des gesellschaftlich verfügbaren Wissens über die zu regelnden Sachverhalte (Politikberatung, Sachverständigengutachten, Fachkonferenzen und Hearings, Auftragsforschung). Damit sind nicht Kandidaten für drei weitere Sprachspiele in der Politik benannt. Der Grünert'schen Konzeption würde es wohl eher entsprechen, von drei Ausprägungen *eines* weiteren Sprachspiels, nämlich der Willensbildung und Entscheidungsfindung innerhalb der politischen Gruppierungen und zwischen ihnen, zu sprechen.

Eine zweite Auffälligkeit der Grünert'schen Darstellung ist, dass unter den Äußerungstypen, die er den vier Sprachspielen zuordnet, ausschließlich Sprech- oder Schreibprodukte einer Person, nicht aber dialogische Kommunikationsformen vorkommen. So kann man zwar einen Diskussionsbeitrag, eine Parlamentsrede oder ein Verhandlungsangebot im Schema unterbringen, nicht aber die dialogische Kommunikationsform als solche, deren Funktionalität als Problemlösungsverfahren durch additive Beschreibung der Einzeläußerungen nicht voll erfasst wird.

4.3 Die Unterscheidung von Sprachstilen relativ zu Staats- und Regierungsformen

Eine gerade für die Ziele dieses Bandes nahe liegende Frage, der ich abschließend nachgehe, ist die, ob Sprache und Kommunikation in der Politik nicht trotz der betonten Heterogenität einer verallgemeinernden Charakterisierung relativ zu Staats- und Gesellschaftsformen zugänglich sind. Die Frage ist nicht unbedingt neu, sie ist aber bisher nicht überzeugend beantwortet worden. Das gilt besonders für die Versuche nach dem Ende des Zweiten Weltkrieges, in Auseinandersetzung mit der Zeit des Nationalsozialismus zwischen 1933 und 1945 und mit der DDR zwischen 1949 und 1989 eine *demokratische* und eine *totalitäre Sprache* bzw. einen *demokratischen* und einen *totalitären Sprachstil* zu unterscheiden. Abgesehen davon, dass das politische Interesse am gewünschten Ergebnis gelegentlich der wissenschaftlichen Sorgfalt im Wege stand, stellte man nachträglich fest, dass nicht wenige sprachliche Erscheinungen, die zunächst mit negativer Bewertung als eigentümlich „totalitär" eingeschätzt worden waren, genauer besehen, auch in der politischen Kommunikation der Bundesrepublik gefunden werden konnten (Verwendung der Sprache zur Meinungssteuerung, Ideologiegebundenheit der sprachlichen Mittel, militärische Metaphorik u. a. m.). Letztlich blieb vor allem fraglich, ob und inwieweit die Unterschiede in den Gesellschaftssystemen wirklich in der Analyse des *Sprachgebrauchs* nachweisbar sind, oder ob sie nicht eher in den politischen Strukturen und deren Auswirkungen aufzudecken sind. So findet man etwa das „regulative Sprachspiel", das mit seinen verbindlichen Aufforderungen als Kandidat für „autoritäres Verhalten" erscheinen möchte, in autoritär und in demokratisch organisierten Staatswesen in gleicher Weise, und es wird hier und da, mit Ausnahme gewisser „bürgerfreundlicher" Einfärbungen, sprachlich auch ähnlich realisiert. Ein wesentlicher Unterschied zwischen den Systemen besteht aber in der Legitimation des autoritär oder autoritativ Verfügten, d. h. in der Art und Weise, wie die Setzungen, denen die Bürger unterworfen werden, *zustande gekommen* sind. Das kann man aber dem Sprachverhalten der Funktionsträger, die die Setzungen zur Geltung bringen, nicht unbedingt ansehen. Auch in der Realisierung des informativ-persuasiven Sprachspiels besteht hinsichtlich der beobachtbaren sprachlichen Mittel (Ideologizität, Parteilichkeit, Emotionalität, Metaphorik, Antithetik) und der erschließbaren Intentionen (Meinungsbildung und -steuerung) kein fundamentaler Unterschied zwischen dem Politiker im Einparteienstaat, der sich aus gegebenem Anlass an die Massenöffentlichkeit wendet, und dem Politiker in einer parlamentarischen Demokratie, der im Wahlkampf Parteiwerbung betreibt. Eine wichtige Differenz liegt aber in der Struktur der Öffentlichkeit und der in ihr zur Geltung kommenden Meinungen. Während in einem demokratischen Staatswesen die Position des jeweiligen Sprechers in Konkurrenz zu anderen vertreten wird und *ein* Element der pluralistisch ausgedrückten Meinungsvielfalt ist, bleibt sie in autoritär organisierten Staaten mit dem Meinungsmonopol einer Instanz unwidersprochen und ohne Relativierung.

Ein weiterer potenzieller Stolperstein sind die inszenatorischen Anteile in der öffentlichen Präsentation des politischen und kommunikativen Handelns der politischen Funktionsträger, insofern die beobachtbaren Sprachformen und kommunikativen Verfahren, die dem Bürger (und zunächst auch dem analysierenden Wissenschaftler) zugänglich sind, nicht immer ein zuverlässiges Bild von den Willensbildungs- und Entscheidungsprozessen vermitteln, die im Rahmen des institutionellen Apparates faktisch stattgefunden haben (Edelman 1976, Dieckmann 1981). Auch aus diesem Grunde verbietet sich eine einfache Parallelisierung von beobachtbarem sprachlichen und kommunikativen Verhalten und politischen Systemen.

Ein interessanter Versuch, Staatsformen geradezu über die in ihnen dominierenden kommunikativen Verfahren und ihre sprachlichen Realisierungsformen zu unterscheiden, stammt aus den 20er-Jahren von dem Staatsrechtler Carl Schmitt (1926), der behauptet, dass der „Parlamentarismus" als „besonders geartete Staats- und Regierungsform" (10) auf *ein* Prinzip zurückgeführt werden könne, auf das kommunikative Prinzip der öffentlichen Diskussion. In ähnlicher Weise verknüpft er den „Führerstaat" mit sprachlichen Handlungen der Dezision (des Führers) und der Akklamation (der Geführten), die „Expertokratie" mit der Information, die „Monarchie" mit Formen der symbolischen Repräsentation, den „Syndikalismus" mit der Aushandlung von Interessen und die „Erziehungsdiktatur" und die „pluralistisch organisierte Demokratie" mit der Propaganda. Freilich hat er diese enge Verknüpfung von Staats- und Regierungsformen mit jeweils einem kommunikativen Verfahren nicht an den politischen Realitäten abgelesen, sondern aus staatstheoretischen Schriften gewonnen, deren Aussagen er seinerseits in synoptischer Betrachtung noch ins Idealtypische steigert. Bewegt man sich von der Ebene der Ideen, Prinzipien und Wesensaussagen zurück auf die Ebene des faktischen kommunikativen Handelns in den konkreten staatlichen Ordnungen, so verwischen sich die idealtypisch gezogenen Grenzen stark. Wie das Beispiel des nationalsozialistischen Regimes zeigt, produzieren nicht nur Erziehungsdiktatur und moderne Massendemokratie, sondern auch der dezisionistische Entscheidungsprozess des Führerstaates ein Höchstmaß an Propaganda der staatlichen Instanzen, um die erforderliche Akklamation der Bevölkerung zu erlangen und zu behalten. Die Notwendigkeit, politische Maßnahmen in der Öffentlichkeit persuasiv zu begründen und zu rechtfertigen, ist in autoritären Systemen also nicht geringer als in demokratischen. Auch beruhte der Willensbildungs- und Entscheidungsprozess in der parlamentarischen Demokratie der Weimarer Republik (wie Schmitt weiß und kritisiert) genauso wie heute weniger auf Diskussion als, zum Teil durch Nichtöffentlichkeit verdeckt, auf dem Interessenausgleich durch Verhandlung und damit auf einem kommunikativen Verfahren, das Schmitt dem Syndikalismus zuspricht. Im Übrigen sind die Willensbildungsprozesse heute nicht nur in der Expertokratie, sondern in allen Staats- und Regierungsformen in hohem Maße von der Rekrutierung des Expertenwissens in den Wissenschaften, den Parteien, Verbänden und der Ministerialbürokratie abhängig.

Das alles bedeutet nicht, dass es auf der Ebene des sprachlichen und kommunikativen Verhaltens keine feststellbaren Eigentümlichkeiten relativ zu Staats- und Regierungsformen gäbe, sondern nur, dass sie nicht offen zu Tage liegen und einer genauen und zuverlässigen Analyse harren.

5 Literatur

Ammon, Ulrich 1991: Die internationale Stellung der deutschen Sprache. Berlin, New York.
Bundesregierung 1985: Die Stellung der deutschen Sprache in der Welt. Bericht der Bundesregierung. 2. Aufl. 1986 Bonn.
Bundesregierung 1993: Die Stellung der deutschen Sprache. Bericht der Bundesregierung. Bonn.
Bickes, Hans/Trabold, Annette 1994: Förderung der sprachlichen Kultur in der Bundesrepublik Deutschland. Positionsbestimmung und Bestandsaufnahme. Hrsg. von der Gesellschaft für deutsche Sprache und der Robert Bosch Stiftung. Stuttgart.
Born, Joachim/Dickgießer, Sylvia 1989: Deutschsprachige Minderheiten. Ein Überblick über den Stand der Forschung für 27 Länder. Im Auftrag des Auswärtigen Amtes hrsg. von Institut für deutsche Sprache. Mannheim.
Brockhaus 1999: Der Brockhaus in Text und Bild. PC Bibliothek Version 2.0. Mannheim.
Dieckmann, Walther 1981: „Inszenierte Kommunikation". Zur symbolischen Funktion kommunikativer Verfahren in (politisch-)institutionellen Prozessen, in: Walther Dieckmann: Politische Sprache. Politische Kommunikation. Vorträge, Aufsätze, Entwürfe. Heidelberg, 255–279.
Edelman, Murray 1976: Politik als Ritual. Die symbolische Funktion staatlicher Institutionen und politischen Handelns. Frankfurt, New York.
Girnth, Heiko 2002: Sprache und Sprachverwendung in der Politik. Eine Einführung in die linguistische Analyse öffentlich-politischer Kommunikation. Tübingen.
Glück, Helmut/Sauer, Wolfgang Werner 1997: Gegenwartsdeutsch. 2. Aufl. Stuttgart, Weimar.
Grünert, Horst 1984: Deutsche Sprachgeschichte und politische Geschichte in ihrer Verflechtung, in: Werner Besch [u. a.] (Hrsg.): Sprachgeschichte. Ein Handbuch zur Geschichte der deutschen Sprache und ihrer Erforschung. Berlin, NewYork, 1. Halbband, 29–37.
Herberg, Dieter [u. a.] 1997: Schlüsselwörter der Wendezeit. Wörter-Buch zum öffentlichen Sprachgebrauch 1989/90. Berlin, New York.
Holly, Werner 1990: Politikersprache. Inszenierungen und Rollenkonflikte im informellen Sprachhandeln eines Bundestagsabgeordneten. Berlin, New York.
Kilian, Jörg 1994: Sprache in der Politik. Ein einführender Überblick, in: Praxis Deutsch 125/1994, 4–10.

1 Ideologische Sprach(gebrauchs)konzepte

Klein, Josef 1989: Wortschatz, Wortkampf, Wortfelder in der Politik, in: Josef Klein (Hrsg.): Politische Semantik. Bedeutungsanalytische und sprachkritische Beiträge zur politischen Sprachverwendung. Opladen, 3–50.

Lübbe, Hermann 1975: Der Streit um Worte. Sprache und Politik, in: Gerd-Klaus Kaltenbrunner (Hrsg.): Sprache und Herrschaft. Die umfunktionierten Wörter. München, 87–111.

Schmitt, Carl 1926: Die geistesgeschichtliche Lage des heutigen Parlamentarismus. 2. Aufl. Berlin.

Stötzel, Georg/Wengeler, Martin 1995: Kontroverse Begriffe. Geschichte des öffentlichen Sprachgebrauchs in der Bundesrepublik Deutschland. Berlin, New York.

Strauß, Gerhard [u.a.] 1989: Brisante Wörter von Agitation bis Zeitgeist. Ein Lexikon zum öffentlichen Sprachgebrauch. Berlin, New York.

Dina Kashapova

Sprachverständnis und Sprachideal des Nationalsozialismus

1 Einleitung

Die germanistische Sprachgeschichte widmet sich seit den 60er-Jahren des 20. Jahrhunderts der Sprachpolitik und dem Sprachgebrauch des nationalsozialistischen Staates. Dabei muss das Untersuchungsobjekt „Sprache des (oder: im) Nationalsozialismus" immer wieder neu ermittelt und bestimmt werden (v. Polenz 1999: 547). Die Schwierigkeit, ja die Unmöglichkeit einer endgültigen Bestimmung des Begriffs „nationalsozialistische Sprache" ist offensichtlich: Zum einen ist „Sprache" selbst ein mehrdeutiges Wort, das in der Sprachwissenschaft seine Entsprechung in den Termini *Sprachsystem* und *Sprachgebrauch* findet. Der nationalsozialistische Sprachgebrauch nutzt lediglich bestimmte Möglichkeiten des Sprachsystems aus; auf einigen sprachlichen Ebenen kann nicht einmal von spezifisch nationalsozialistischen Merkmalen gesprochen werden – so etwa im Bereich der Phonologie und der Prosodie (v. Polenz 1999: 553). Zum anderen wird die Sprache im nationalsozialistischen Deutschland von mehreren, zum Teil heterogenen Gruppen gebraucht. Elemente der faschistischen Sprache finden sich nicht nur in einschlägigen Propagandatexten, sondern gelangen bis in die Alltagssprache, ja bis in die Sprache der Verfolgten. Mit Erschütterung konstatiert der Philologe Victor Klemperer in seinem Buch „Lingua Tertii Imperii", die „Sprache des Siegers" dringe bis in die Judenhäuser vor: „man atmet sie ein und lebt ihr nach" (Klemperer 1996: 254). Schließlich ist auch der Begriff „nationalsozialistisch" in Bezug auf die Sprache problematisch: Der Nationalsozialismus ist nicht allein mit der Sprache des „Dritten Reichs" gleichzusetzen, da die staatsgründende NSDAP bereits um 1920 bestand. Auch die „Kampfzeit" der braunen Partei muss in jeder Hinsicht beachtet werden. Aus den genannten Gründen sind die Ergebnisse der sprachhistorischen Untersuchungen auf diesem Gebiet „vielfältig und kontrovers" (v. Polenz 1999: 547), wobei das Thema lange nicht als vollständig erforscht gelten kann.[1]

---

[1] Zum Thema „Sprache im Nationalsozialismus" s. die gleichnamige Bibliographie von Michael Kinne und Johannes Schwitalla aus dem Jahre 1994 sowie die Bibliographie in v. Polenz 1999: 572f.

1 Ideologische Sprach(gebrauchs)konzepte

Es ist jedoch nicht weniger aufschlussreich, sich dem Phänomen „nationalsozialistische Sprache" von einer anderen Seite zu nähern und zu untersuchen, ob und, wenn ja, über welche Sprachkonzeptionen der Nationalsozialismus selbst verfügt. Fragen, die sich unmittelbar daran anschließen, lauten: Wo sind diese Konzeptionen festgehalten worden und welchen Einfluss haben sie auf die Sprachpolitik und den Sprachgebrauch im „Dritten Reich" ausgeübt?

2 Die Sprache und die NSDAP

Die Frage, welchen Platz die (deutsche) Sprache als Muttersprache innerhalb der nationalsozialistischen Ideologie einnimmt, ist schwerer zu beantworten als es zunächst scheint. Der jeweilige „Führer" (des Reiches, der Reichskulturkammer, des Ministeriums für Volksaufklärung und Propaganda) ist im „Dritten Reich" die Personifikation der Ideologie im Sinne des „Führerprinzips", und persönliche Vorlieben, Interessen und Abneigungen entscheiden über Programmatisches auf totalitäre Art. Die nationalsozialistische Ideologie ist alles andere als homogen und präsentiert sich nicht einmal innerhalb der so genannten „Bewegung" als ein allgemein anerkanntes Ideensystem. *Die* Ideologie des Nationalsozialismus ist eine höchst labile Konstruktion. Diese „weltanschauliche" Diffusität als „ideologische Amalgamierung" (Ehlich 1989: 17) führt auch in der Kulturpolitik immer wieder zu Kontroversen.

Nun kann man zunächst das vermutlich Naheliegende tun und die zentralen programmatischen Texte des Nationalsozialismus konsultieren, die als zentrale Wegweiser in Fragen der Politik und der „Weltanschauung" angesehen werden können. Das „Programm der N.S.D.A.P." widmet der „Kulturpolitik" ein kleines Kapitel, das den Kampf den „Zersetzungserscheinungen [...] auf dem Gebiet von Kunst, Literatur, Wissenschaft, Bühne, Lichtspiel und vor allen Dingen im gesamten Pressewesen" (Feder 1934: 57f.) ankündigt. Bis auf die (bildende) Kunst sind es allesamt kulturelle Domänen, die unmittelbar oder mittelbar sprachlich bestimmt sind – die Sprache selbst wird im „Programm" jedoch nicht thematisiert. In dem für die NS-Doktrin ebenso wichtigen Elaborat Hitlers „Mein Kampf" sieht es nicht anders aus. Eine der wenigen Stellen, an denen der „Führer" über die Sprache räsoniert, bietet auch die Erklärung dieser Zurückhaltung:

> „Es ist aber ein kaum faßlicher Denkfehler, zu glauben, daß, sagen wir, aus einem Neger oder einem Chinesen ein Germane wird, weil er Deutsch lernt und bereit ist, künftighin die deutsche Sprache zu sprechen und etwa einer deutschen politischen Partei seine Stimme zu geben. [...] Da das Volkstum,

besser die Rasse, eben nicht in der Sprache liegt, sondern im Blute, würde man von einer Germanisation erst dann sprechen dürfen, wenn es gelänge, durch einen solchen Prozeß das Blut der Unterlegenen umzuwandeln." (Hitler 1939: 428)

Das kurze Zitat enthält bereits alles, was die nationalsozialistische Ideologie in ihrer plakativsten Erscheinung des politischen Programms zum Thema „Sprache" zu bieten hat: Die diffusen Begriffe *Volkstum, Rasse, Blut*, die bei Hitler wie bei den prominenten Rassentheoretikern des „Dritten Reiches" in einem Satz zu Synonymen verwirrt und vermischt werden, bilden das Fundament der „Weltanschauung". Die Sprache sei etwas Sekundäres, das den Urtiefen der „Rasse" entspringe. In diesem Sinn wird die Sprache als Kultur- und Muttersprache von den führenden Ideologen des „Dritten Reiches" nicht thematisiert. Die NSDAP tritt in der „Kampfzeit" zwischen 1920 und 1933 kulturpolitisch kaum in Erscheinung; die erwähnten weit gefassten Zielsetzungen werden innerhalb der Partei nicht diskutiert. Rosenbergs „Kampfbund für deutsche Kultur", dessen Gründung 1927 gemeinhin als der Beginn der nationalsozialistischen Kulturpolitik angesehen wird, erklärt zwar die Förderung „jede[r] arteigene[n] Äußerung kulturellen deutschen Lebens"[2], erwähnt jedoch nicht explizit die Sprache als eine der Äußerungen des „kulturellen Gesamtdeutschtums"[3]. Beschworen wird lediglich das „rein deutsche Schrifttum"[4]. Die späteren kulturpolitischen Institutionen (das Reichsministerium für Wissenschaft, Erziehung und Bildung sowie das für Volksaufklärung und Propaganda, die Nationalsozialistische Gesellschaft für deutsche Kultur und die Hohe Schule der NSDAP) sind demnach mehr mit der „rassischen Abstammung" der Dichter und Künstler beschäftigt als mit der biologisch weniger interessanten Sprache. Da nun das „Schrifttum" und die Presse sich der Sprache bedienen, bleibt diese das Untersuchungsobjekt von außerparteiischen Institutionen, die sich der mächtigen NSDAP im Sinne der „Gleichschaltung" andienen und eben so die spezifisch nationalsozialistische (Sprach-)Ideologie mitkonstituieren.

3 Sprachwissenschaft und Sprachlenkung im „Dritten Reich"

Um 1933 kann die deutsche Sprachwissenschaft auf eine mehr als ein Jahrhundert lange Geschichte zurückblicken: Sie hat sich innerhalb der

---

[2] Die Geisteswende, in: Mitteilungen des Kampfbundes für Deutsche Kultur, 1. Jg., 1929: 6.
[3] Ebd.: 6.
[4] Aus der Satzung des Adolf-Bartels-Bundes, zit. nach Brenner 1963: 171.

1 Ideologische Sprach(gebrauchs)konzepte

Geisteswissenschaften fest etabliert und weist reichhaltige Ergebnisse vor. Die heutige Wissenschaftsgeschichte, die sich in den letzten Jahren vermehrt der Sprachwissenschaft im „Dritten Reich" zuwendet, stellt die folgende Grundtendenz fest: Im totalitären Staat schwindet die Vielfalt von sprachwissenschaftlichen Theorien und Methoden, die so charakteristisch für das frühe 20. Jahrhundert sind, zugunsten *einer* Richtung. Diese Richtung blickt auf die gleichen geistesgeschichtlichen Quellen wie die nationalsozialistische Ideologie zurück und unterwirft sich dieser schließlich ganz. Die Rede ist von der „sprachnationalistischen" Orientierung der Linguistik seit dem späten 19. Jahrhundert, die nach 1933 zum Fundament für die wertende sprachchauvinistische Lehre wird (Gardt 1993: 301ff.). Ursprünge der späteren rassistisch orientierten Wissenschaft liegen an der Wende zwischen dem 18. und 19. Jahrhundert (Römer 1985) und münden erst später in das krude antisemitisch-rassistische Gemisch der Hakenkreuz-Ideologie.

In den Anfängen der historisch-vergleichenden Sprachwissenschaft wendet man sich der Sprache als dem „bildende[n] Organ des Gedanken" (Humboldt 1963: 456) zu und versucht dabei das Besondere jeder einzelnen Sprache zu erforschen. Die Geistesväter der Auffassung von Sprache als der formenden Kraft der Nation sind Johann Gottfried Herder und Wilhelm von Humboldt:

> „[...] unsere Geschichtskunde rechtfertigt [...] nirgends die Annahme, dass je eine Nation durchaus vor ihrer Sprache vorhanden gewesen, oder um es mit andern Worten auszudrücken, dass irgend eine Sprache allein durch die Nation, der sie angehört, gebildet worden wäre." (Humboldt 1963: 69)

In Humboldts Nachfolge entstehen in Deutschland am Anfang des 20. Jahrhunderts eine Reihe von Untersuchungen, die die Sprache in Beziehung zur Geschichte und Kultur stellen und „auch von ausländischen Linguisten als bahnbrechend empfunden wurden" (Simon 1985: 132). Zu nennen sind hier vor allem Arbeiten zur so genannten Sprachinhaltsforschung von Leo Weisgerber und Jost Trier. Kennzeichnend für deren wissenschaftliches Vorgehen ist die Abkehr von der an den Naturwissenschaften orientierten junggrammatischen Schule und das Bestreben, die Rolle der Sprache für die Erschaffung des „Volksgeistes" zu umreißen. Vielerlei Forschungen befassen sich damit, das Gemeinsame im „Weltbild" etwa der indogermanischen Sprachen festzustellen: Eine Ironie der Geschichte ist die Tatsache, dass das Adjektiv *arisch* in Europa zunächst von der historisch-vergleichenden Sprachwissenschaft angewandt wurde und erst später, wiederum mit Rückgriff auf sprachwissenschaftliche Ergebnisse, die pseudowissenschaftliche Rassenkunde begründete. „Die Konstruktion des arischen Menschen wurzelt in der Philologie und nicht in der Naturwissenschaft," – bemerkt Victor Klemperer zu Recht in seinem „Notizbuch eines Philologen" (Klemperer 1996: 177).

Zur gleichen Zeit finden sich Versuche, Sprachwissenschaft mit dem „Germanenmythos" und den Thesen der Rassenkunde zu verbinden und den von der „Deutschen Bewegung" postulierten, sich in der Sprache äußernden „Volksgeist" wertend zu betrachten (Gardt 1999: 308; Römer 1985); insgesamt darf man davon sprechen, dass dieser Begriff vage bleibt (Römer 1985: 153 f.).

Auch im „Dritten Reich" übernimmt man zuweilen Humboldts Verständnis der Nation als eines durch eine bestimmte Sprache charakterisierten „Theil[es] der Menschheit" (Humboldt 1963: 234), interpretiert es jedoch neu und verbindet dieses Verständnis unmittelbar mit der neuen Politik:

> „Sprachwissenschaft ist politische Wissenschaft im weiten Sinne, wenn sie sinnvolles Glied dieses Lebenszusammenhanges ist: wenn sie die für das Ganze lebenswichtigen und zukunftsträchtigen Kräfte [...] für zukünftige Gestaltung und Erfüllung zu entbinden vermag."[5]

Nach 1933 dient sich die Sprachwissenschaft der totalitären Ideologie an: Die personifizierte Redeweise soll hier andeuten, dass nur diejenigen Arbeiten unzensiert veröffentlicht werden und nur diejenigen Forscher unbehelligt bleiben, die eine bestimmte, ideologiekonforme Sprachkonzeption entwickeln. Die Sprachinhaltsforschung mutiert hier zur „arteigenen Sprachlehre" (Boost 1939) als einer „rassistischen Sprachwissenschaft" (Simon 1985: 100). Zwar beruft man sich immer noch auf Herder und Humboldt, betont jedoch mit Nachdruck: „[...] wir verwerfen das idealistisch-humanistische Menschheitsideal, den Individualismus sowohl wie die Humanitätsidee."[6]

Die Sprache betrachtet man nun als einen der Faktoren, die die „völkische Eigenart", die „völkische Substanz" (Güntert 1938: 3f.) ausmachen. Der Sprachbegriff erfährt eine radikale nationalistische Depragmatisierung und eine ahistorische mythologische Überhöhung (Gardt 1999: 317). Humboldts Begriff der Sprache als Ausdruck des „deutschen Geistes" bleibt nur scheinbar derselbe. Wissenschaftler, die die Sprache als den wichtigsten Faktor der Volkseinheit definieren und die „rassischen" Grundlagen missachten, werden schnell in ihre Schranken verwiesen. Das prominenteste Beispiel für diesen „volkhaften Sprachbegriff" ist das Werk des Germanisten Georg Schmidt-Rohr,

---

[5] Stroh 1933: 76.
[6] Güntert 1938: 2.

1 Ideologische Sprach(gebrauchs)konzepte

der als bekennender Nationalsozialist zwar dem „großen deutschen Staatsmann Hitler" (Schmidt-Rohr 1933: VIII) huldigt, den antisemitischen „Rassenwahn" jedoch entschieden ablehnt (Schmidt-Rohr 1933: 297). Dieser „geistige" Nationalismus mündet in die Forderung, deutschsprachige Juden als eine „sonderartige Untergruppe des deutschen Volkes" zu betrachten (Schmidt-Rohr 1933: 299), und verstößt damit gegen den Antisemitismus als das zentrale nationalsozialistische Credo. So wird Schmidt-Rohr innerhalb der „gleichgeschalteten" Sprachwissenschaft angefeindet und lenkt schließlich ein (Schultheiss 1933a, b; Römer 1985: 161f.). Die rassistische Sprachwissenschaft, die heute zu Recht als eine wissenschaftshistorische „Randerscheinung" (Simon 1985: 100) gesehen werden muss, ist dennoch diejenige, die die spezifisch nationalsozialistische Sprachkonzeption ausformuliert und multipliziert. Nicht die Sprache, und nicht einmal die „Abstammung" (Humboldt 1963: 233) begründen das Volk, sondern zunächst und vor allem die Rasse:

> „Ein Volks- und Rassefremder wird dadurch, daß er eine mit ihm ursprünglich fremde Sprache spricht, also nun mit deren Aufbau ‚die Welt betrachtet', nicht zum Volksgenossen werden, auch wenn die ursprünglich fremde Sprache sogar schon seine Vorfahren gebraucht haben sollten; denn viel mächtiger, naturbedingter, unbewußter strömen Uranlage und Sonderart seiner Erbmasse [...]. Hätten solche Rassenfremden dauernd Einfluß, dann würden sie die Sprache nach ihrer Art umprägen und ihrer Seelenart möglichst anzupassen suchen, d.h. sie würden Schädlinge und Verderber dieser Sprache. Es ist also völlig klar: Volk schafft sich seine ihm gemäße Sprache, aber nicht umgekehrt!" (Güntert 1938: 7)

Die zitierte Passage präsentiert das Sprachverständnis der „rassistischen Sprachwissenschaft" in nuce; man erinnere sich an die eingangs zitierten Zeilen aus „Mein Kampf". Den vorgeblich anthropologischen Begriff „Erbmasse" nennt der Verfasser in einem Atemzug mit den mystisch angehauchten Chimären wie „Uranlage" und „Sonderart". Sprachwissenschaft wird so zur Hilfsdisziplin der alles beherrschenden Rassenideologie (Römer 1985: 142; Kämper-Jensen 1993: 174), und die gegenwärtige Politik selbst wird zur Voraussetzung einer idealen Sprache:

> „[...] erst ein voller Sieg des Nationalsozialismus, ein Hinführen des ganzen Volkes zum Ideal des nationalen Wollens und der sozialistischen Gerechtigkeit, wird auch in seiner Sprache [...] das letzte Wort sprechen." (Pechau 1935: 95)

Humboldt hatte seinerzeit noch eine wertfreie Sprachbetrachtung konzipiert, die sich ihrer Grenzen bewusst ist:

> „[...] der Mensch spricht nicht, weil er so sprechen will, sondern weil er so sprechen muss; die Redeform in ihm ist ein Zwang seiner intellectuellen Natur; sie ist zwar frei, weil diese Natur seine eigne, ursprüngliche ist, aber keine Brücke führt ihn in verknüpfendem Bewusstseyn von der Erscheinung im jedesmaligen Augenblick zu diesem unbekannten Grundwesen hin." (Humboldt 1963: 162)

Das „unbekannte Grundwesen" der Sprache meinen die rassistischen Sprachwissenschaftler dagegen erkannt zu haben: Die „Reinheit der Rasse" gewährleiste erst die „wahre" äußere und innere sprachliche Form. „Schädlinge und Verderber" lauerten überall und machen die sorgfältige Überwachung der Sprache notwendig. Der „Sprachverfall" (Boost 1939: 375) sei täglich zu beobachten. So zeichnet die nazistische Germanistik das Bild einer bedrohten Sprache, die es zu retten und zu pflegen gilt:

> „Wieder sucht die Sprachbetrachtung der Gegenwart den Schwerpunkt ihrer Bemühungen auf den Menschen hin, und zwar auf den volkhaften Menschen, als ihre Mitte zu verschieben, um die Einheit von Sprache und Mensch zurückzugewinnen [...]." (Stroh 1933: 13 f.)

Ist bei Humboldt die Sprache eine „selbstzeugende Kraft" (Humboldt 1963: 163), so will die Germanistik des „Dritten Reiches" nichts dem Schicksal überlassen. Ihre „volkspolitischen Aufgaben" (Stroh 1933: 81) definiert sie auf das Ziel der „Bewußtwerdung und Bewußtmachung eignen Volkstums in eigener Sprache, [...] das Zu-sich-selbst-Kommen, die Selbstbefreiung des Volksgeistes in der Sprache [...]" hin (Stroh 1933: 77). Die Sprache sei ein Mittel der völkischen Konsolidierung, jedoch nur auf der Basis der NS-Ideologie. Da die „nationalsozialistische Entwicklung" noch nicht abgeschlossen sei, kann und muss ihr nachgeholfen werden (Pechau 1935: 7). Sprachwissenschaftliche Fragestellungen verengen und versteifen sich damit zu sprachpflegerischen.

Seit 1871 war der „Allgemeine Deutsche Sprachverein", eine primär sprachpuristische Organisation, die „in Fragen der Sprachpflege eine nicht bestrittene Monopolstellung" innehatte und von der „gleichgeschalteten" Sprachwissenschaft unterstützt wurde, die allgemein anerkannte große Sprachinstitution (Simon 1989: 60ff.). Die nationalistische und antidemokratische Attitüde des Vereins erklärt sein schnelles Anbiedern an den nationalsozialistischen Staat (v. Polenz 1999: 277). Der in seiner Konsequenz naive Wunsch der Vereinsmitglieder, die Sprache als den „Klang unserer Seele", den „Widerklang unseres Blutes" (Blunck 1934: 68) um jeden Preis von Fremdwörtern zu säubern, wird ihnen zum Verhängnis. Die Parteibonzen lassen sich den „richtigen" Sprachgebrauch nicht vorschreiben, sondern ziehen vielmehr alle

1 Ideologische Sprach(gebrauchs)konzepte

Register der sprachlichen Manipulation einschließlich der exzessiven Vorliebe für Fremdwörter (Klemperer 1996: 321). Da sich der Sprachverein nicht davor scheut, den Sprachgebrauch des „Führers" zu kritisieren, wird er von Goebbels als „kleinlicher Versuch bürgerlicher Betriebsamkeit" (VB, 3.5.1937) angegriffen und sinkt zunehmend in die Bedeutungslosigkeit ab. Als Hauptargument bei Angriffen auf den Sprachverein dient Goebbels der Hinweis auf die sprachelitäre Gesinnung der Vereinsmitglieder, die sich angeblich vom „Volkstum" entfernten:

> „Richtig ist, was das Volk durch seine besten Vertreter spricht. Man greift deshalb vollkommen am Wesen der Sprache vorbei, wenn man glaubt, durch künstlich erdachte Wortbildungen die ewige Entwicklung der Sprache aufzuhalten." (Goebbels' Pressemitteilung vom 1. Mai 1937, zit. nach Simon 1989: 72).

Die einzige und die „spektakulärste Auswirkung" (Simon 1989: 77) der sprachpflegerischen Aktivitäten des Vereins bleibt die *Entwelschungs-Kampagne* im Elsass. Französische Namen, Alltagsbegriffe und Begrüßungen sollten „wie Disteln auf einem Blumenbeet" mit zum Teil drastischen Strafmaßnahmen (Simon 1989: 79) vernichtet werden: „das deutsche Elsaß [führt man] nunmehr auch seelisch dem Mutterlande" zu (Löffler 1941: 67). Für das besetzte Osteuropa ist ebenfalls eine auf dem Rassenbegriff basierende Sprachpolitik geplant: Die „stark germanisierten baltischen Völker" (Rosenberg 1933: 113) müssen Deutsch lernen, der slawischen Bevölkerung und den Zwangsarbeitern in Deutschland soll dies aus rassistischen Gründen jedoch verboten werden (Klein 1984: 109).

Der Vorsicht und Sorgfalt implizierende Begriff der „Sprachpflege" verliert so seine Berechtigung: Die Sprache wird nicht mehr gepflegt, sondern dem „Führerprinzip" gemäß gelenkt und vorgeschrieben. Bereits in den ersten Monaten nach der „Machtergreifung" formulieren die NS-Ideologen ihre Ansprüche in aller Deutlichkeit. Der Presse wird von Anfang an eine Sonderrolle zugestanden, da diese

> „in der Hand der Regierung sozusagen ein Klavier ist, auf dem die Regierung spielen kann, [weil] sie ein ungeheuer wichtiges und bedeutsames Massenbeeinflussungsinstrument ist [...]."[7]

Das Interesse für die Sprache wird innerhalb der NS-Ideologie durch das Bewusstsein für den Sprachgebrauch zu Zwecken der politischen

---

[7] Reichsminister Dr. Goebbels über die Aufgaben der Presse, in: Zeitungs-Verlag vom 18.3.1933. Zit. nach Wulf 1989: 64f.

und „weltanschaulichen" Manipulation geweckt. Dass die Nazi-Ideologen der politischen Sprache so viel Bedeutung beimessen, ist ebenfalls auf die Anfangsjahre der „Bewegung" zurückzuführen: In Hitlers „Mein Kampf" finden sich lange Passagen über die Wirkung und die Gestaltung der Propaganda:

> „Die Aufnahmefähigkeit der großen Masse ist nur sehr beschränkt, das Verständnis klein, dafür jedoch die Vergeßlichkeit groß. Aus diesen Tatsachen heraus hat sich jede wirkungsvolle Propaganda auf nur sehr wenige Punkte zu beschränken und diese schlagwortartig solange zu verwerten, bis auch bestimmt der letzte unter einem solchen Worte das Gewollte sich vorzustellen vermag." (Hitler 1939: 198)

Die Propaganda ist für die Nationalsozialisten das Mittel der „Umstellung einer bestimmten geistigen Verfassung eines Volkes" (Hitler 1939: 717) und damit das wichtigste Instrument für die Zielsetzung des totalitären Staates. Die Sprache wird zum zentralen Medium des politischen Kampfes in der Öffentlichkeit und im Privaten. Der Sprachgebrauch wird gelenkt durch rigide Presseverordnungen und Selbstzensur, so dass zumindest die öffentliche Sprache in den zwölf Jahren des Terrors doch noch Konturen annimmt, die mit Hitlers Propagandatheorie in vielen Punkten übereinstimmen.

4 Die Sprache im „Daseinskampf"

Die ideologisierte Germanistik, die ihre Aufgaben im Einklang mit den übrigen Zielen des „Dritten Reiches" formuliert, reflektiert nun auch früh den Sprachgebrauch des neuen Staates. Im Sinne der Ideologiekonformität läuft diese Reflexion auf geradezu euphorische Huldigungen der „Sprache unserer Zeit" (Pechau 1935: 9) hinaus: Der nationalsozialistische Machtantritt leiste schließlich das viel beschworene „Zu-sich-selbst-Kommen [...] des Volksgeistes" (s. oben Stroh 1933: 77) in Form des „Umbau[s] unserer gesamten Sprache" (Rehtmeyer 1935: 301). Die Merkmale der „neuen" Sprache, die seit 1933 von der „gleichgeschalteten" Sprachwissenschaft gepriesen werden, können demnach als prototypisch für das Ideal einer „nationalsozialistischen" Sprache erachtet werden.

Besonders hervorgehoben wird die Veränderung des Wortschatzes. Manfred Pechau, der Verfasser der einzigen Dissertation über die Sprache im Nationalsozialismus in der Zeit des „Dritten Reiches", konstatiert die „Sprachwandlung durch die Ideenwelt des Nationalsozialismus" (Pechau 1935: 7) und gliedert den neuen Wortschatz in drei Gruppen ein: in Ausdrücke der Parteiorganisation (wie *Volksstaat*,

1 Ideologische Sprach(gebrauchs)konzepte

Braunhemdenheer, Führerprinzip), die so genannten „Kampfsprachformen" (diffamierende Bezeichnungen von Institutionen der Weimarer Republik wie *Geldsackrepublik, Schwatzbude, Versklavungspakt*) und „Sprachformen aus dem Kampf gegen das Judentum" (*Völkerwanze, Rassenbrei, Händlermoral, geistige Verjudung*). Obgleich der nationalsozialistische Sprachwissenschaftler die Gefahr der Propagandawirkung in der „Oberflächlichkeit" (Pechau 1935: 94) des Ausdrucks sieht, beurteilt er die neuesten Sprachentwicklungen positiv. Als typisch erachtet er – und das verbindet ihn mit dem Gros der zeitgenössischen Sprachuntersuchungen – den „Stil der Zweckmäßigkeit" (Pechau 1935: 95). Diese Zweckmäßigkeit beschränkt sich jedoch darauf, die Welt durch die positiven „Kampfausdrücke" und die negativen „Spott- und Schimpfwörter" (Pechau 1035: 23) in Gut und Böse aufzuteilen. Um das Typische der nationalsozialistischen Sprache zu beschreiben, greift man zu den aus anderen Bereichen des politischen Lebens bekannten Epitheta „kernig, hart, straff, klar, bündig" (Ahmels 1939: 141): Althergebrachte Klischees der Volkscharaktere, die längst vor dem NS-Machtantritt auf die deutsche Sprache übertragen werden, blühen hier wieder auf. Da „jüdische und westeuropäische Einflüsse" in der Sprache weitgehend verschwunden seien, ermögliche die neue Politik die Entfaltung der „wahrhaft deutschen Sprachgebung" mit den Merkmalen „Einfachheit, Natürlichkeit, Kraft und in Selbstzucht gebändigter Wille" (Linden 1936: 277).

Die bevorzugten Quellen der neuen Lexik sind meist die gleichen: die Arbeiterwelt, der Sport, der Krieg. Der Krieg habe die Sprache „mit volkstümlichen Ausdrücken bereichert", das „starke Erlebnis" möge kein „wirklicher Frontsoldat" missen (Matschoß 1937: 452f.); und so wird die spätere außenpolitische Gewalt unter diesem Aspekt – schon 1937 in aller Offenheit – vorweggenommen und begrüßt:

> „Ein zukünftiger Krieg wird vermutlich dieses seltsame Wörterbuch noch durch neue Sinneseindrücke ergänzen helfen." (Matschoß 1937: 453)

Immer wieder wird der angeblich schwindende Gegensatz zwischen der Sprache des Volkes und der Sprache der missliebigen Intellektuellen gepriesen: „eine gewisse Volkstümlichkeit" sei „ein weiterer großer Fortschritt" (Glatzer 1935: 43). Die „unvolkstümlichen, ins allzu Begriffliche ableitenden -ung-Bildungen werden zurückgedrängt" (Linden 1936: 280), die angeblich volksnahen Schimpfwörter und Derbheiten, insbesondere die bereits zitierten Diffamierungen der politischen und „rassischen" Gegner, scheut auch der „Vorzeige-Doktor" der NSDAP Goebbels nicht.

Für den Sprachgebrauch im Alltag werden neue Ideale vorgegeben: Nicht nur der neue Wortschatz, sondern auch neue (oder neu entdeckte) Sprachhandlungsformen sollen den Bruch mit dem Weimarer „System" markieren. Wo früher gesprochen wurde, wird nun verordnet:

> „Wo blieb die einstmals erhobene, später so übel niedergezogene ‚parlamentarische Redeweise'? Statt ihrer herrscht heute straffer Befehl, bündige Anordnung, bestimmte Verfügung." (Rehmeyer 1935: 300)

Damit wird der Befehl mit seiner „herbe[n] Sachlichkeit und klare[n] Entschiedenheit" (Kühn 1943: 168) zum prototypischen Sprechakt des „erwachten" Deutschland. Gerade dessen sprachliche Eigenschaften sollen den Geist des Volkes formen und das menschliche Führer-Ideal herbeibeschwören:

> „Wie überall, so ist auch hier der Sprachstil Ausdruck einer menschlichen Wert- und Wesenshaltung. In unserem Falle der Spiegel nicht einer Einzelpersönlichkeit, sondern eines Berufsstandes, des soldatischen Führers. Wie seine Sprache, so ist auch er: gerafft und zuchtvoll, klar und bestimmt, schlicht und schweigsam." (Kühn 1943: 168)

Eine besondere Textsorte wird immer wieder als für den neuen Staat tragend hervorgehoben: Die „Kampfrede" bündele die wirksamsten Kräfte der politischen Sprache; und da die nationalsozialistische Politik aus dem „Volk" erwachse, sei die Kampfrede der reine Ausdruck des „Volksgeistes": „Scharf umrissen, klar und bestimmt, kämpferisch zugespitzt" (Rehtmeyer 1935: 298). Man schätzt die „Unmittelbarkeit des [gesprochenen] Wortes", das das „ganze Volk" mitzureißen vermag (Rehm 1938: II), und setzt die Rede explizit von dem wissenschaftlichen Vortrag ab. Ihr Ziel sei „die Überzeugung des Herzens und nicht des Verstandes" (Rehm 1938: VII): Pseudomystik und offene Manipulationsbekenntnisse werden von der rassistischen Sprachwissenschaft hoch geschätzt. Als Vorbild des Volksredners wird immer wieder Hitler bejubelt. Für die Schrift müssen Hitlers „Mein Kampf" und die „kämpferische Presse" (man denke hier an den „Völkischen Beobachter" und den „Stürmer") als Vorbilder der volksnahen und „kernigen" Sprache herhalten (Rehtmeyer 1935: 299): Auch in der geschriebenen Sprache wird die „Mündlichkeit" des Stils als besonders „volksnah" hervorgehoben und gerühmt.

1 Ideologische Sprach(gebrauchs)konzepte

5 Zusammenfassung

Nach den oben ausgeführten Beobachtungen muss man festhalten, dass der Nationalsozialismus über keine einheitliche Sprachtheorie, sondern höchstens über abstruse Sprachkonzeptionen verfügt. Das verwundert dennoch kaum, ist doch dessen „Weltanschauung" ebenso diffus. Die angepasste Sprachwissenschaft ergeht sich in undeutlichen Huldigungen des angeblich wieder erwachenden „Volksgeistes" in der deutschen Sprache und lässt zunehmend die Wissenschaftlichkeit vermissen. Die Partei selbst zeigt kein Interesse an theoretischen Reflexionen, dafür umso mehr an der Sprache als einem wichtigen (wenn auch nicht dem einzigen) Mittel der politischen Propaganda, und hier zeigt sich die erschreckende Gefahr der verworrenen, aber politisch dennoch wirksamen nationalsozialistischen Denkweise. Die Sprache wird konsequent und systematisch für machtpolitische Zwecke instrumentalisiert: In der sprachlich gelenkten Propaganda, in der chauvinistischen Sprachpolitik in besetzten Gebieten und im Sprachgebrauch der „Volksgenossen".

6 Literatur

6.1 Quellen

Ahmels, Herbert 1939: Sprecherziehung im Dienste der politischen Arbeit, in: Das gesprochene Wort. Zeitschrift für Sprecherziehung. 2. Jg., H. 5, 139–144.
Blunck, Hans Friedrich 1934: Ein Volk: eine Sprache, in: Muttersprache, 49. Jg., H. 3, 65–68.
Boost, Karl 1939: Arteigene Sprachlehre, in: Nationalsozialistisches Bildungswesen. Einzige erziehungswissenschaftliche Zeitschrift der Bewegung. 4. Jg., 366–375.
Feder, Gottfried 1934: Das Programm der N.S.D.A.P. und seine weltanschaulichen Grundgedanken. 146.-155. Auflage. (Nationalsozialistische Bibliothek, H. 1).
Glatzer, Felix 1935: Das Sprachgewand der neuesten Rechtssteuergesetze, in: Muttersprache, 50. Jg., H. 2, 41–43.
Güntert, Hermann 1938: Neue Zeit – neues Ziel, in: Wörter und Sachen, N.F., Bd. 1, 1–11.
Hack, B. 1937: ‚Blut und Boden' in der deutschen Sprache, in: Muttersprache, 52. Jg., H. 5, 179–182.
Hitler, Adolf 1939: Mein Kampf. 410./411. Auflage. München.
Kühn, Georg 1943: Der Befehl. Eine sprachkundliche Betrachtung, in: Zeitschrift für Deutschwissenschaft und Deutschunterricht, H. 3, 165–169.
Linden, Walther 1936: Was heißt ‚Sprache unsrer Zeit'?, in: Muttersprache, 51. Jg., H. 7/8, 277–281.
Löffler, Fritz 1941: Vom Elsaß, in: Muttersprache, 56. Jg., H. 5, 65–67.
Matschoß, Alexander 1937: Der Einfluß des Weltkriegs auf die Sprache, in: Muttersprache, 52. Jg., H. 12, 450–455.
Mitteilungen des Kampfbundes für deutsche Kultur. München

Pechau, Manfred 1935: Nationalsozialismus und deutsche Sprache. Phil. Diss. Greifswald.
Rehtmeyer, Victor 1935: Völkische Erneuerung und Sprachgestaltung, in: Muttersprache, 50. Jg., H. 9, 297–301.
Rehm, Harald 1938: Die Rede als Ausdruck politischer und künstlerischer Haltung, in: Nationalsozialistische Bibliographie, H. 9, I–VI.
Rosenberg, Alfred 1933: Der Mythus des 20. Jahrhunderts. Eine Wertung der seelisch-geistigen Gestaltenkämpfe unserer Zeit. 6. Auflage. München.
Schmidt-Rohr, Georg 1933: Mutter Sprache. Vom Amt der Sprache bei der Volkwerdung. Jena.
Schultheiss, Tassilo 1933a: Volksfeindliche Sprachphilosophie, in: Deutsche Kultur-Wacht, 2. Jg., H. 20, 19.8.1933, 5f.
Schultheiss, Tassilo 1933b: Volksfeindliche Sprachphilosophie, in: Deutsche Kultur-Wacht, 2. Jg., H. 29, 21.10.1933, 8f.
Stroh, Fritz 1933: Der volkhafte Sprachbegriff. Halle.
VB: VÖLKISCHER BEOBACHTER. Kampfblatt der nationalsozialistischen Bewegung Großdeutschlands. München.

6.2 Sekundärliteratur

Brenner, Hildegard 1963: Die Kunstpolitik des Nationalsozialismus. Reinbek bei Hamburg.
Ehlich, Konrad (Hrsg.) 1989: Sprache im Faschismus. Frankfurt am Main.
Gardt, Andreas 1999: Geschichte der Sprachwissenschaft in Deutschland. Vom Mittelalter bis ins 20. Jahrhundert. Berlin; New York.
Humboldt, Wilhelm von 1963: Schriften zur Sprachphilosophie, in: ders.: Werke in fünf Bänden. Hrsg. von Andreas Flitner und Klaus Giel. Bd. 3. Stuttgart.
Klein, Gabriella 1984: Tendenzen der Sprachpolitik des italienischen Faschismus und des Nationalsozialismus in Deutschland, in: Zeitschrift für Sprachwissenschaft, Bd. 3, 100–113.
Klemperer, Victor 1996: LTI. Notizbuch eines Philologen. Leipzig.
Polenz, Peter von 1999: Deutsche Sprachgeschichte vom Spätmittelalter bis zur Gegenwart. Bd. III: 19. und 20. Jahrhundert. Berlin, New York.
Römer, Ruth 1985: Sprachwissenschaft und Rassenideologie in Deutschland. München.
Simon, Gerd 1985: Sprachwissenschaft im III. Reich. Ein erster Überblick, in: Franz Januschek (Hrsg.): Politische Sprachwissenschaft. Zur Analyse von Sprache als kultureller Praxis. Opladen, 97–142.
Simon, Gerd 1989: Sprachpflege im „Dritten Reich", in: Ehlich (Hrsg.) 1989, 58–86.
Wulf, Joseph (Hrsg.): 1989: Presse und Funk im Dritten Reich. Eine Dokumentation (= ders.: Kultur im Dritten Reich, Bd. 1). Frankfurt am Main, Berlin.

Horst Dieter Schlosser

„Es muß demokratisch aussehen..."
Politische Kernbegriffe in den Farben der SED

Zu glauben, das politische Begriffsinventar der Kommunisten in der Sowjetisch besetzten Zone (*SBZ*) und späteren DDR sei (wenigstens ursprünglich) eine ehrliche Alternative zur Entwicklung vergleichbarer Terminologien in den Westzonen und in der späteren Bundesrepublik gewesen, ist schlichtweg naiv. Dieser Glaube scheitert bereits an der verbürgten Direktive, die Walter Ulbricht im späten Frühjahr 1945 seiner Aktivistengruppe, der sog. *Ulbricht-Gruppe*, für den Aufbau neuer administrativer Strukturen in Berlin mit auf den Weg gab und die schließlich für die gesamte SBZ galt: *„Es muß demokratisch aussehen, aber wir müssen alles in der Hand haben."* (Weber 1986: 30). Alle Begriffe, die nach und nach strategisch wie taktisch die Umwandlung des sowjetisch besetzten Teils Deutschlands in einen *sozialistischen Staat* begleiteten, waren von der „Machtfrage" bestimmt, die Lenin schon sehr früh als entscheidendes Leitbild kommunistischer Politik definiert hatte. Der Staatsapparat sollte in der „Übergangsphase vom Kapitalismus zum Sozialismus" vom *Proletariat* erobert werden und als Instrument der Macht gegen die Reste der *Bourgeoisie* eingesetzt werden. Das ist die theoretische Basis, von der aus die deutschen Kommunisten ab 1945 mit Unterstützung der sowjetischen Besatzungsmacht die wieder aufzubauenden staatlichen Strukturen möglichst in ganz Deutschland in die Hand zu bekommen suchten. Zu den Positionen in der frühen deutschen Mitverwaltung der SBZ mit vorwiegend repräsentativen Aufgaben (z. B. Ministerpräsidenten der Länder) ließ man zwar zunächst überwiegend Nichtkommunisten zu, die meisten Stellvertreter und v. a. die nächstniedrigeren Chargen in Schlüsselpositionen aber wurden von der KPD (ab 1946 von der SED) gestellt.[1]

1 Verbale Gemeinsamkeiten 1945–1948

Der kommunistischen Strategie kam dabei entgegen, dass es bei fast allen politischen Kräften der frühen Nachkriegszeit, die eine endgültige Überwindung des Nationalsozialismus anstrebten, einige Kernbegriffe gab, die äußerlich gleich erschienen, semantisch aber unterschiedlich besetzt waren. Dazu gehörten unbedingt *Antifaschismus* und *Demokratie* sowie in einem heute erstaunlichen Umfang auch *Sozialismus*. Dieser

---

[1] Vgl. etwa auch die Übersicht über die Mitglieder der ostzonalen *Deutschen Wirtschaftskommission* 1948 und ihre Parteizugehörigkeit bei Judt 1997: 128.

Begriff hatte bereits in verschiedenen Gruppen der deutschen Widerstandsbewegung eine wichtige Rolle gespielt, auch in „bürgerlichen" Gruppen; man denke nur an den Kreisauer Kreis, in dessen Überlegungen Carlo Mierendorff und andere das Programm der *„Sozialistischen Aktion"* einbringen konnten (Steinbach/Tuchel: 229ff.). In Aufrufen und Programmen, die bald nach Kriegsende sehr verschiedene Parteien veröffentlichten, wird immer wieder der *Sozialismus* als Zukunftsperspektive berufen, und noch im *„Ahlener Wirtschaftsprogramm"* der rheinischen CDU von 1947 (das Adenauer schließlich als zu „links" empfand) werden sozialistische Grundforderungen erhoben. Das semantische Spektrum reichte indes von einer Deutung des *Sozialismus* als „Vorstufe" der kommunistischen Gesellschaft bis hin zu einem christlich gedeuteten Gesellschaftsbild (*christlicher Sozialismus*). Als Fahnenwort, das semantisch freilich nur eine Art „Kompromissformel" sein konnte, die sehr unterschiedliche Kräfte verbal vereinte, war *Sozialismus* zunächst durchaus geeignet.

Dasselbe galt für *Demokratie* und *Antifaschismus*. Dass Deutschland ein *demokratischer* Staat werden müsse, war bei allen wieder oder neu gegründeten Parteien völlig unumstritten. Bereits unmittelbar nach Kriegsende lag sogar ein entsprechender Name für den künftigen Staat gleichsam in der Luft (Schlosser 2005: 171ff.), den die SED in einem Verfassungsentwurf bereits 1946 (drei Jahre vor der eigentlichen Teilstaatgründung!) offiziell verkündete und dem sie 1946/47 alle Länderverfassungen der SBZ unterwarf: *Deutsche Demokratische Republik* (Schlosser 1999: 233f., Schmidt 2004). Allerdings hatten die Kommunisten schon vor 1945 deutlich gemacht, dass sie keine Rückkehr zur *Weimarer Demokratie* wollten, womit eigentlich bereits Hinweise auf ihre Ablehnung einer repräsentativen Demokratie gegeben waren. Dennoch war *Demokratie* gleichsam ein höchst attraktives Fahnenwort, das auch in den Namen der meisten Parteien fest verankert wurde.[2]

Der Begriff *Antifaschismus* entstammte zwar der Ideologiesprache von Kommunisten und Sozialdemokraten schon aus der Zeit vor 1933; dieses Wort erschien 1945 aber auch „bürgerlichen" Nazigegnern zumindest griffiger als die zahllosen Umschreibungen, mit denen unmittelbar nach dem Krieg die Gegnerschaft zum Nationalsozialismus bezeichnet wurde. Es war nicht nur die Sowjetische Militäradministration (*SMAD*), die in ihrem Machtbereich 1945 u. a. *antifaschistische Jugend*- und *Frauenausschüsse* forderte und förderte (wobei man aller-

---

[2] Das Fehlen des Attributs *demokratisch* in einzelnen Parteinamen wie dem der *KPD* und der *Deutschen Zentrumspartei* könnte man wohlwollend mit Traditionserwägungen erklären.

1 Ideologische Sprach(gebrauchs)konzepte

dings gleichzeitig entsprechende Gründungen von anderer Seite verbot); auch in allen anderen Zonen konnten sich *antifaschistische* Gruppierungen öffentlich etablieren, in der US-Zone etwa *antifaschistische Einheitsausschüsse*. Auch die zunächst noch nicht kommunistischer Unterwanderung zu verdächtigende *Vereinigung der Verfolgten des Naziregimes (VVN)* erhob bei ihrer Gründung im März 1947 – in Anlehnung an das *„Buchenwald-Manifest"* der aus dem KZ Buchenwald Befreiten vom 13.4.1945 – den *Antifaschismus* zum zentralen Fahnenwort. In ihrem Gründungsdokument bekannte sie sich dazu, *Hüter und Mahner der antifaschistischen Einheit* zu sein.[3]

Die Kommunisten in der SBZ waren aber schon im Juli 1945 weit vorgeprescht, indem sie die in der SBZ lange vor den Westzonen bereits zugelassenen Parteien KPD, SPD, CDU und LDP zum Zusammenschluss in der *Einheitsfront antifaschistisch-demokratischer Parteien*, dem sog. *Antifa-Block*, bewogen (Gründung am 14.7.1945). Mit der SBZ-SPD war man sich ohnehin schnell einig geworden, wies doch deren Gründungsaufruf teilweise wörtliche Übereinstimmungen mit dem der KPD auf (Flechtheim 1963: II 2; Weber 1986: 34). Es bedurfte daher auch nur relativ geringer Anstrengungen (allerdings auch etlicher Pressionen gegen Unwillige), die SBZ-SPD im April 1946 in die *Sozialistische Einheitspartei Deutschlands (SED)* zu integrieren; nicht zuletzt das Fahnenwort *sozialistisch* machte es möglich (und die enttäuschenden Ergebnisse der KPD bei den ersten Wahlen, in denen die SPD deutlich dominiert hatte, machte es „nötig"). Der keineswegs nur unfreiwillige weitere Sonderweg der Ost-SPD, der in der Fusion mit der KPD faktisch in eine Sackgasse mündete, war eins der wesentlichen Motive für den zunehmenden Antikommunismus des Vorsitzenden der West-SPD Kurt Schumacher. *Sozialdemokratismus* wurde in der SBZ und späteren DDR tatsächlich – wie schon vor 1933 – zu einem Schmähwort, und nicht selten bekämpfte die SED *sozialdemokratische* Positionen schärfer als den eigentlichen, den „bürgerlichen" Klassenfeind. Milder gestimmt zeigte sie sich erst 1988, als sie sich mit der SPD in einen (letztlich folgenlosen) Diskurs über Gemeinsamkeiten und Trennendes einließ, dessen Ergebnisse im sog. *Streitkulturpapier, „Der Streit der Ideologien und die gemeinsame Sicherheit"*[4]

---

[3] Zitat aus einer Dokumentation der damaligen Veröffentlichungen, die mir das Präsidium der „*VVN – Bund der Antifaschisten*" in Frankfurt am Main und der *VVN*-Landesverband Hamburg dankenswerterweise in Kopien zur Verfügung gestellt haben.

[4] Friedrich-Ebert-Stiftung (Hrsg.) (o.J.): Streitkultur als Friedenspolitik. Bonn: 6–20. Die unterschiedliche Besetzung des Begriffs *Frieden* in Ost und West seit der Kapitulation 1945 wäre im Übrigen einer eigenen Betrachtung wert!

festgehalten wurden. Da aber saß der SED bereits Gorbatschows *Glasnost-* und *Perestrojka-*Politik im Nacken.

2 Die Begriffstrias *Antifaschismus – Demokratie – Sozialismus*

Eine sehr wirkungsvolle semantische Engführung der politischen Kernbegriffe durch die Kommunisten, natürlich stets unter Mithilfe der sowjetischen Besatzungsmacht, begann bereits unmittelbar nach Kriegsende, als die Zuteilung der knappen Lebensmittel eigens eingesetzten, (partei)politisch natürlich zuverlässigen *antifaschistischen Haus- und Straßenbeauftragten* überantwortet wurde. So unbeliebt sie in vielen Fällen auch waren (man verglich sie gelegentlich sogar mit den NS-*Blockwarten*), so wichtig war im täglichen Überlebenskampf ein „gutes Verhältnis" zu diesen Vertretern des offiziellen *Antifaschismus*, der sich damit sehr früh als Leitbild auch fürs praktische Handeln einprägte.

Noch deutlicher wurde auch den politisch weniger Interessierten die *antifaschistische* Leitlinie der gesellschaftlichen Entwicklung in der SBZ mit einer neuen Struktur der Lebensmittelzuteilung, die bereits Konturen einer neuen Sozialordnung zeigte. Die frühen Lebensmittelkarten der SBZ wiesen folgende Kategorienhierarchie auf, in denen die Privilegierung anerkannter (!) *Antifaschisten* für jedermann unübersehbar war:

1. Schwer- und Schwerstarbeiter (aber auch: Ingenieure, leitende Ärzte sowie namhafte antifaschistische Künstler),
2. Arbeiter (auch Ärzte, Richter und Leiter antifaschistischer Organisationen),
3. Angestellte (auch Schüler, Studenten),
4. Kinder (bis 15 Jahre),
5. Sonstige (Alte, Kranke, Hausfrauen, Nazis). (Nach Gries 1991)

Wie sehr sich nichtkommunistische Politiker der SBZ von der scheinbaren Offenheit des Begriffs *antifaschistisch* zunächst noch täuschen ließen, geht aus einer Fülle von Dokumenten hervor, in denen sie – keineswegs nur gezwungen – der semantischen Engführung der politischen Kernbegriffe ungewollt folgten. So gehörte etwa auch der 1948 von der SMAD aus seinem CDU-Parteiamt vertriebene und spätere Bundespolitiker Ernst Lemmer zu den vierzehn Unterzeichnern eines Lizenzantrags an die SMAD vom August 1946 für die Zulassung des *Allgemeinen Deutschen Nachrichtendienstes* (*ADN*), in dem eine überparteiliche Ausgestaltung dieser Agentur zur Förderung der *„gemeinsamen*

1 Ideologische Sprach(gebrauchs)konzepte

Ziele aller antifaschistisch-demokratischen Kräfte" versprochen wurde. Gerade der *ADN* aber entwickelte sich sehr schnell zu einem wichtigen Instrument der SED-Meinungslenkung (Minholz/Stirnberg 1995).

Auch hier taucht jene schon im offiziellen Namen des *Antifa-Blocks* von 1945 fixierte Kopplung von *antifaschistisch* und *demokratisch* auf, die auf Dauer zu einer Spezifizierung der politischen Begriffe im kommunistischen Sinne führte. Es greifen alle Interpretationen schlicht zu kurz, welche die in der unmittelbaren Nachkriegszeit allgemein hoch gehaltenen Kernbegriffe jeweils nur für sich betrachten; wie immer ist der Gebrauchskontext entscheidend, und der lief in der SBZ auf die geradezu sakrosankt werdende Begriffstrias *Antifaschismus – Demokratie – Sozialismus* hinaus, in deren Gebrauch schließlich alle drei Begriffe geradezu tautologisch erschienen, bis zuletzt nur noch *Sozialismus* übrig blieb. Es war auch sehr bald Schluss mit einer freien Verwendung des Wortes *antifaschistisch*. Bezeichnend ist in diesem Zusammenhang eine frühe Äußerung von Walter Ulbricht in einer Rede vom 27. Juni 1945 zur Taktik der KPD, in der er zu Klagen über Zeitverluste in der Durchsetzung von Zielen, die den Sozialdemokraten angelastet wurde, bemerkte: *„Das liegt an der Rummurkserei mit der Antifa"* (Weber 1986: 39). Spätestens mit der Zuordnung in eine der genannten Lebensmittelkartenkategorien erfuhr auch der Letzte, wer sich *Antifaschist* nennen durfte und wer nicht! *Antifaschismus* im Sinne von KPD und SED wurde schließlich zum zentralen Bestandteil eines „Gründungsmythos" der DDR, damit aber auch im Westen Deutschlands mehr und mehr verdächtig, bis schließlich mit der DDR-offiziellen Benennung der „Mauer" von 1961 als *antifaschistischer Schutzwall*, der schon in seiner technischen Anlage eindeutig gegen die eigene Bevölkerung und nicht gegen die angeblichen *Faschisten* im Westen errichtet worden war, dem Begriff *Antifaschismus* in der Bundesrepublik jeglicher Kredit genommen wurde. Für die DDR hatte die parteiliche Engführung des Begriffs die in vielen Fällen tragische Folge, dass zahlreichen Opfern des Naziterrors die Anerkennung als *Antifaschisten* verweigert wurde, was mit entsprechenden sozialen Nachteilen für die Betroffenen einherging.

3 Der Sieg von *Sozialismus*

In ähnlicher Weise wie *Antifaschismus* verlor auch *Sozialismus* seine gesamtdeutsche Attraktivität. Zwar propagierte die westdeutsche SPD noch einige Jahre lang in etlichen Wahlkämpfen *Sozialismus*, konnte damit aber keine nennenswerten Erfolge erzielen. Es nutzte ihr auch nichts, dass sie gegen die kommunistische Vereinnahmung des Begriffs in Wahlkampfslogans *Sozialismus* mit dem im Westen primär geschätzten Hochwertwort *Freiheit* verband. Die bundesdeutsche Stigmatisierung von *Sozialismus* (Bergsdorf 1983: 267; Straßner 1987: 95) erfuhr einen ihrer letzten Höhepunkte, als die CDU im Bundestagswahlkampf 1976 ihren Slogan *„Freiheit statt Sozialismus"* ins Feld schickte (da hatte die SPD im *„Godesberger Programm"* von 1959 freilich längst die letzten marxistischen Spuren ihrer ideologischen Herkunft beseitigt; vgl. Schlosser 2003: 160f.). Die konkreten Erfahrungen mit der ostspezifischen Deutung von *Sozialismus* hatten das Ihre dazu beigetragen, insbesondere die rigiden Enteignungen und Verstaatlichungen in der SBZ, offiziell „Überführung in *Volkseigentum"* genannt.

Diese Maßnahmen aber lagen auf einer strategischen Linie, auf der, wenn nicht ganz Deutschland, so zumindest der kommunistisch beherrschte Ostteil ein *sozialistischer Staat* werden sollte. Einen solchen Staat hatten anfangs auch Nichtkommunisten gefordert, aber als sich die DDR 1968 in ihrer zweiten Verfassung vom Bekenntnis *„Deutschland ist eine unteilbare demokratische Republik"* (1. Verfassung 1949) verabschiedet hatte, definierte sie sich als *sozialistischer Staat deutscher Nation*, der in der dritten Verfassung von 1974 unter Tilgung aller Bezüge zu Deutschland nur noch ein *sozialistischer Staat der Arbeiter und Bauern* sein wollte (Schlosser 1999: 51; Schmidt 2004). Das heißt: *Sozialismus* war also schon längst zu einem Begriff geworden, welcher der „klassenbewussten" Arbeiterschaft und den mit ihr *verbündeten* „fortschrittlichen", d. h. kollektivierten *Genossenschaftsbauern*, de facto der Definitionshoheit der SED vorbehalten sein sollte. Dass diese Spezifizierung von *Sozialismus* nicht nur eine beliebige verbale Konstruktion war, sondern dem Ziel folgte, eine neue, entscheidende Gesellschaftsformation auf dem Weg zur klassenlosen, der eigentlich *kommunistischen* Gesellschaft herzustellen, bewies 1952 der Beschluss der 2. Parteikonferenz der SED zur *„planmäßigen Einführung der Grundlagen des Sozialismus in der DDR"*, der wenige Tage danach die 1949 von der SED gegründete *Nationale Front des Demokratischen Deutschland*[5], ausdrücklich aber auch die darin eingebundenen Parteien NDPD, CDU und LDPD zustimmten.

Damit waren natürlich nicht theoretische *Grundlagen* im Sinne einer marxistisch-leninistischen Philosophie gemeint (die in der SED ohnehin längst galten), sondern weitere tief greifende politische und gesellschaftliche Umstrukturierungen, darunter – ebenfalls wenige Ta-

---

[5] Ein über den *Antifa-Block* hinausgehendes weiteres Instrument der SED-*Bündnispolitik* zur Durchsetzung ihrer politischen Konzepte in allen gesellschaftlichen Bereichen, mit dem anfangs offiziellen Ziel der *„Rettung der deutschen Nation"* (DDR-Handbuch 1985, 2: 929). Später erfolgte auch durch Namensänderung eine Beschränkung auf die DDR: *Nationale Front der Deutschen Demokratischen Republik.*

1 Ideologische Sprach(gebrauchs)konzepte

ge nach dem SED-Beschluss – die Aufhebung der in Resten noch föderalen Länderstruktur zugunsten einer einheitlichen Gliederung in Bezirke.[6] Bis auf ökonomisch bedingte Rückzieher wird u. a. auch die „Vollkollektivierung" der Landwirtschaft oder die Einrichtung von Produktionsgenossenschaften des Handwerks vorangetrieben, wodurch die Möglichkeiten privater wirtschaftlicher Initiativen auf ein Minimum reduziert wurden. Ferner wurden in dieser Phase der DDR-Geschichte umfassende Änderungen im Rechtssystem zugunsten eines *sozialistischen Rechts*[7] – mit deutlicher Abwendung von gesamtdeutschen Rechtsnormen – vorgenommen. Auch das gesamte Bildungswesen wurde 1965 durch das *„Gesetz über das einheitliche sozialistische Bildungssystem"* dem Willen der SED unterworfen. Grundsätzliches Ziel war die Übernahme des sowjetischen Systems, wozu der erste Aufruf der KPD vom 11.6.1945 noch ausdrücklich gesagt hatte:

> „Wir sind der Auffassung, daß der Weg, Deutschland das Sowjetsystem aufzuzwingen, falsch wäre, denn dieser Weg entspricht nicht den gegenwärtigen Entwicklungsbedingungen in Deutschland." (Weber 1986: 34)

Schon sieben Jahre nach dieser Aussage glaubte man offenbar, die nötigen „Entwicklungsbedingungen" bereits geschaffen zu haben, woran so manche Krise in der tatsächlichen Entwicklung, nicht zuletzt der Volksaufstand von 1953 und die Massenfluchten bis zum Mauerbau 1961, durchaus zweifeln ließ. Zur semantischen Einengung der Kernbegriffe lief auch die zunehmende Beschränkung der SED-Politik auf das Territorium der DDR parallel, nicht zuletzt ablesbar an der schrittweisen Abkehr von *Deutschland* und *deutscher Nation*.

4 *Demokratie* mit zentraler Steuerung

Es würde hier zu weit führen, die konkreten politischen Auswirkungen eines so verstandenen *Sozialismus* in der DDR im Einzelnen nachzuzeichnen. Auf den inflatorischen Gebrauch des Attributs *sozialistisch* nach dem SED-Beschluss von 1952 ist noch einzugehen. Dass von der SED-Definition von *Sozialismus* auch das Verständnis von *Demokratie* betroffen sein musste, versteht sich eigentlich von selbst. Allein die Dominanz der SED,

---

[6] Dies war eigentlich schon die erste wesentliche Verfassungsänderung in der DDR, die eine staatsrechtlich-strukturelle Abgrenzung zur föderativ gestalteten Bundesrepublik bewirkte. Schon im Parteiprogramm der KPD von 1919 (Leitsätze, Punkt 6) hatte es geheißen: *„Die K.P.D. verwirft jeden Föderalismus."*

[7] So war etwa der Artikel 1 des neuen Strafgesetzbuchs der DDR vom 12.1.1968 dem *Schutz der Sozialistischen Staatsordnung und der sozialistischen Gesellschaft* gewidmet (Weber 1986: 298; vgl. auch Judt 1997: 83).

die sich ihre Führungsrolle schließlich sogar in der DDR-Verfassung von 1974 bestätigen ließ (Judt 1997: 57) und die damit endgültig wie weiland die NSDAP *die* Partei schlechthin war und auch im Alltag so genannt wurde, hatten mit einem westlichen *Demokratie*-Verständnis überhaupt nichts mehr gemein. Auf den 1945 von Ulbricht geforderten bloßen Anschein von *Demokratie* konnte man nun eigentlich verzichten.

Hatte sich die Vorzugsstellung von KPD und SED bereits vom Beginn der Nachkriegszeit an in der politischen Praxis massiv ausgewirkt, so hat die SED im Januar 1949 in einem Beschluss der 1. Parteikonferenz ganz offen beansprucht, eine *Partei neuen Typus* zu sein, indem sie u.a. feststellte, dass sie als *marxistisch-leninistische Partei* die *„bewußte Vorhut der Arbeiterklasse"* sei (Weber 1986: 132), was trotz aller gegenteilig erscheinenden Formulierungen nichts anderes hieß, als dass sie auch für die klassenbewusste Arbeiterschaft, für das *Proletariat*, das angeblich kollektiv die Macht errungen hatte, durch ein *Politbüro*, also durch ein oberstes Leitungsgremium, stellvertretend zu handeln gedächte. Zum Schlüsselwort dieses Dokuments für die zunächst innerparteiliche Ordnung wurde der Begriff *demokratischer Zentralismus*, wobei *demokratisch* endgültig zum Epitheton ornans verkam.

Es fällt auf, mit welcher Emphase die ostdeutschen Kommunisten anfänglich allem Möglichen das Attribut *demokratisch* zugewiesen haben. Ob *Bodenreform* oder *Schulreform,* ob *Rundfunk* oder (Ostberliner) *Magistrat* und *Sektor* sowie *Deutschland* – immer wieder wird betont, dass das, was KPD und SED planen, einrichten oder durchführen, *demokratisch* sei. Für die unmittelbare Nachkriegszeit kann man dahinter noch den Versuch sehen, die allgemeine Attraktivität des *Demokratie*-Begriffs zu nutzen, um die tatsächlichen Absichten zu verschleiern. Dabei begegnen im Übrigen bereits jene auffällig tautologischen, aber keineswegs zufälligen Formeln wie *demokratische Volksherrschaft* und *demokratische Volksrepublik,* so etwa auch im SED-Verfassungsentwurf von 1946. Doch mit der Zeit, in der der eklatante Mangel an tatsächlich demokratischem Verhalten der SED erkennbar wird, etwa 1948 in der Spaltung Berlins durch Vertreibung des frei gewählten Magistrats und in der Einrichtung eines SED-gelenkten *Provisorischen demokratischen Magistrats,* rücken zwei bestimmte Funktionen im Gebrauch des Attributs *demokratisch* in den Vordergrund: zum einen die der Abgrenzung gegenüber der angeblich undemokratischen Konkurrenz, zum anderen die der Stabilisierung der parteilich eingeschränkten Deutung in den eigenen Reihen, wobei auch hier der interpretatorische Grundsatz angewandt werden darf: Was man immer wieder betonen muss, ist in Wahrheit wohl doch fraglich; denn Selbstverständlichkeiten bedürfen kaum eines besonderen rhetorischen Aufwands!

1 Ideologische Sprach(gebrauchs)konzepte

Ein solcher Aufwand war schon deswegen geboten, weil bereits Wahlen (in denen die Kommunisten vor ihrer Fusion mit der SPD den Sozialdemokraten unterlegen waren) seit 1946 immer mehr zu einer Alibiveranstaltung degradiert wurden.[8] Auch die Umetikettierung der *Einheitsfront der antifaschistisch-demokratischen Parteien* von 1945 in einen um politische Verbände wie FDGB und FDJ erweiterten *Demokratischen Block der Parteien und Massenorganisationen* im Juni 1949 änderte daran natürlich nichts. Dieser Block wurde im selben Jahr vielmehr Teil der schon erwähnten *Nationalen Front des Demokratischen Deutschland*[9], deren Einheitslisten die Wahlen zur Volkskammer und zu den örtlichen Parlamenten jeweils mit mindestens 99 Prozent Zustimmung zu einer Farce machten. Auf diese Listen hatte die Wählerschaft weder bei der Nominierung und der Reihenfolge der Kandidaten, die von der SED bestimmt wurden, noch beim Wahlakt selbst irgendeinen nennenswerten Einfluss. So bürgerte sich als ironische Umschreibung für *wählen* der bezeichnende Jargonismus *falten gehen* ein, weil der Wahlakt im Wesentlichen darin bestand, dass die jeweilige Einheitsliste als Wahlzettel (unter peinlicher Vermeidung der pro forma aufgestellten Wahlkabinen) vor dem Einwurf in die Wahlurne nur noch zu *falten* war. Erst bei den Kommunalwahlen am 7. Mai 1989 änderte sich insofern etwas, als nun erstmals die Wahlkabinen von vielen aus Protest benutzt und die Stimmenauszählung kritisch beobachtet wurden (was die nach der „Wende" gerichtsnotorisch festgestellten Wahlfälschungen durch die SED auch bei dieser Wahl nicht verhindern konnte).

5 Die inflatorische Entwertung von *Sozialismus*

Geradezu inflatorisch wurde dann nach 1952 das Attribut *sozialistisch* eingesetzt, von *sozialistischer Arbeitsdisziplin* über *sozialistische Persönlichkeit* bis *sozialistisches Zeitalter* (Schlosser 1999: 230f.), was natürlich auch zu einer Entwertung des dahinter stehenden Anspruchs führen musste, so dass schließlich auch der Volkswitz sich dieses Attributs bemächtigte und beispielsweise die Schlangen, die sich regelmäßig vor *Verkaufsstellen* bildeten, wenn sie denn einmal bestimmte Mangelwaren anzubieten hatten, in Anlehnung an Ulbrichts Begriff *Sozialistische Menschengemeinschaft* als *sozialistische Wartegemeinschaften* ironisiert wurden.

---

[8] Wie die vorherige Festlegung von Wahlergebnissen funktionierte, ist am Beispiel der Volkskammerwahl von 1950 bei Judt 1997: 63 dokumentiert; vgl. auch ebd.: 67.
[9] Vgl. Anm. 5.

Begünstigt wurden solche alltagssprachlichen Reflexe durch die für den durchschnittlichen DDR-Bürger kaum nachzuvollziehenden parteitaktischen Wendungen, deren spektakulärste ein Vorstoß von Walter Ulbricht 1967 war: Um eine besondere Rolle der SED im Rahmen des Weltkommunismus einzufordern, erklärte er, dass der *Sozialismus* – anders als von Marx und Engels und von der KPdSU vertreten – nicht eine kurzfristige Übergangsphase zum Kommunismus, sondern eine länger währende *"relativ selbständige sozialökonomische Formation"* sei (Weber 1986: 297), womit de facto der Anspruch der SED auf eine eigenständige *sozialistische* Entwicklung der DDR verbunden war. Das war bekanntlich der Anfang von Ulbrichts schleichendem Machtverlust, der vier Jahre später, 1971, in seiner Ablösung durch Erich Honecker gipfelte. Die KPdSU hatte in Ulbrichts These einen Angriff auf ihre führende Rolle beim Übergang zum Kommunismus gesehen. Die notwendigen Rückzieher der SED machten überdeutlich, dass eine aktuell gültige Deutung des Kernbegriffs *Sozialismus* gar nicht in (Ost-)Berlin, sondern nur in Moskau vorgenommen werden durfte. Was schon in der SED galt, war auch im kommunistischen Lager insgesamt maßgeblich: *Sozialistische Demokratie* war immer das, was von oben verordnet und unten entsprechend befolgt wurde.

Die verbalen Eiertänze um die weitere Geltung von *Sozialismus* in der DDR brachten dann so auffällige terminologische Kreationen wie *entwickelte sozialistische Gesellschaft* und *real existierender Sozialismus* hervor, die letztlich nur den Schein einer Begriffskontinuität wahren sollten,[10] die aber immer weniger die Realitäten in der DDR abbilden konnten. Der *Sozialismus* in der DDR sollte zwar als *entwickelt*, aber beileibe nicht schon als vollendet deklariert werden. Auch hinter der Formel vom *real existierenden Sozialismus* darf man eine Demutsgeste gegenüber dem Großen Bruder in Moskau vermuten: Wir haben zwar schon den *Sozialismus* erreicht, aber eben noch nicht in seiner Vollendung, sondern nur in den tatsächlich schon vorzeigbaren Errungenschaften, wobei *real existierend* entweder eine der nicht seltenen Tautologien im kommunistischen Sprachgebrauch war (man denke u. a. an *Volksdemokratie*) oder aber auf einer gerade auch bei SED-Funktionären immer wieder zu beobachtenden Verwechslung von *real* mit *realistisch* beruhte.

Realistisch aber konnte die SED-Politik bis zu ihrem Ende nicht werden, da sie sich dogmatisch an die von ihr einmal fixierten Kernbegriffe klammerte, ohne die tatsächlichen gesellschaftlichen Realitäten noch ernsthaft zu berücksichtigen. Die aber entfernten sich, nicht zuletzt

---

[10] Der Begriff *entwickelte sozialistische Gesellschaft* findet sich allerdings auch schon bei Lenin.

1 Ideologische Sprach(gebrauchs)konzepte

wirtschaftlich, immer weiter von den hehren Zielen der Anfänge, so dass der Begriff *Sozialismus*, der zuletzt als einziger von den anfangs gemeinsam propagierten Kernbegriffen noch penetriert wurde, für die Erfahrungen der DDR-Bevölkerung zur bloßen Worthülse verkommen war. Als unübersehbares Zeichen der Resignation angesichts des frischen Winds aus Moskau im Zeichen von *Glasnost* und *Perestrojka* propagierte die SED 1989 den *Sozialismus in den Farben der DDR* – ein trotziges Bekenntnis zur einmal eingeschlagenen Linie trotz Massenfluchten und deutlichen Mahnungen von Gorbatschow, die in dem berühmt gewordenen Ausspruch kulminierten *„Wer zu spät kommt, den bestraft das Leben."*[11]

6 Wer ist und was darf das *Volk*?

Die seit dem SED-Verfassungsentwurf von 1946 bis zum 40. Jahrestag der DDR am 7.10.1989 unverändert traktierte Parole *„Durch das Volk – mit dem Volk – für das Volk"*[12] (Variante: *zum Wohl des Volkes*) hatte anfangs noch um alle geworben, wurde aber mehr und mehr auf die *Arbeiterklasse* und die *„fortschrittlichen"* Schichten der *Genossenschaftsbauern* und der *werktätigen Intelligenz* eingeschränkt. Aber auch diese hatten im *demokratischen Zentralismus* nur ein lizenziertes Sprachrohr: die SED als die *„bewußte Vorhut der Arbeiterklasse"*, genauer: das SED-Politbüro unter Leitung des SED-Generalsekretärs, der seit 1971 zugleich *Staatsratsvorsitzender der DDR* (anstelle eines *Präsidenten der DDR*) war.

Das *Volk* aber, zumindest seine kritischen Teile, hatte sich gegen alle Propaganda nicht nur 1953, als in der ganzen DDR *„Freie Wahlen"* gefordert wurden, sondern auch 1989 andere Vorstellungen von *Demokratie* bewahrt, nämlich von einer *„Herrschaft des Volkes"* ohne jede Rücksicht auf Deutungsinstanzen. Belege waren u. a. die Parole *„Wir sind das Volk"* (mit deutlich hörbarer Betonung des *Wir*, also gegen den „Stellvertreteranspruch" der SED gerichtet) und die Namen von Bürgerrechtsgruppen, die sich wie *Demokratischer Aufbruch* oder *Demokratie Jetzt!* ausdrücklich zu einer anderen Deutung von *Demokratie* bekannten, als sie die Kommunisten jemals zulassen wollten.

---

[11] Seine Verbreitung beruhte freilich auf einer falschen, inhaltlich verschärfenden Übersetzung des russischen Originals, das wörtlich übersetzt lautete: *„Schwierigkeiten lauern auf/erreichen diejenigen, die nicht auf das Leben reagieren."* (Briefliche Mitteilung des Ohrenzeugen Jens Reich an den Verf.; vgl. auch J. Reich in: DIE ZEIT vom 24.6.1999)
[12] Entwurf einer Verfassung 1946: 10.

Dass die Parole *„Wir sind das Volk"* 2004 in den vorwiegend ostdeutschen Massenprotesten gegen *Hartz IV* noch einmal zu Ehren kommen konnte, ist ein später Reflex des stolzen Bewusstseins, mit dem 1989 die SED-Herrschaft herausgefordert und beseitigt wurde. Nun allerdings diktierte weniger Mut und Stolz als tiefe Angst vor den Entscheidungen eines frei gewählten Parlaments die Protestierenden, was nicht ohne Folgen für die Bewertung einer repräsentativen Demokratie bleiben wird, die – wenn die bundesdeutschen Parteien nach horrenden Fehlern in der „Abwicklung" der DDR nicht sensibler werden – auf eine Stufe mit dem *demokratischen Zentralismus* der SED gestellt werden könnte. Die Verweigerung von Volksabstimmungen, man denke an die Einführung des Euro oder der EU-Verfassung, ist nicht das beste Zeichen für eine Demokratie, die vom Prinzip der *Volkssouveränität* leben sollte.

7 Literatur

Bergsdorf, Wolfgang 1983: Herrschaft und Sprache. Studie zur politischen Terminologie der Bundesrepublik. Pfullingen.

Bundeszentrale für politische Bildung (Hrsg.) 1997: Neubeginn und Wiederaufbau 1945-1949. München.

Bundeszentrale für politische Bildung (Hrsg.) 1996: SBZ – Das sowjetisch besetzte Deutschland 1945–1949.

Burhenne, Wolfgang E. (Hrsg.) 1990: Die Verfassungen und Landtags-Geschäftsordnungen der DDR-Länder bis 1952. Berlin.

DDR-Handbuch: Bundesministerium für innerdeutsche Beziehungen (Hrsg.) 1985: DDR Handbuch. 2 Bde. Köln.

Entwurf einer Verfassung für die deutsche demokratische Republik [1946]. Beschluß einer außerordentlichen Tagung des Parteivorstandes der Sozialistischen Deutschen Einheitspartei Deutschlands am 14. November 1946 in Berlin. Berlin.

Flechtheim, Ossip K. (Hrsg.) 1963: Programmatik der deutschen Parteien. Teil II. (Dokumente zur parteipolitischen Entwicklung in Deutschland seit 1945. Bd. 3). Berlin.

Glaser, Hermann 1998: Deutsche Kultur 1945-2000. Darmstadt.

Gries, Rainer 1991: Die Rationen-Gesellschaft. Versorgungskampf und Vergleichsmentalität: Leipzig, München und Köln nach dem Kriege. Münster.

Judt, Matthias (Hrsg.) 1997: DDR-Geschichte in Dokumenten. Beschlüsse, Berichte, interne Materialien und Alltagszeugnisse. Berlin.

Kinne, Michael 1990: Deutsch in den Farben der DDR. Sprachlich Markantes aus der Zeit vor und nach der Wende, in: Der Sprachdienst 1/1990, 13–18.

Leonhard, Wolfgang 1994: Die Etablierung des Marxismus-Leninismus in der SBZ/DDR (1945-1955), in: Aus Politik und Zeitgeschichte. Beilage zur Wochenzeitung Das Parlament. B 40/94 (7.10.1994), 3–11.

Minholz, Michael/Stirnberg, Uwe 1995: Der Allgemeine deutsche Nachrichtendienst (ADN). Gute Nachrichten für die SED. München, New Providence, London.

Schlosser, Horst Dieter 1999: Die deutsche Sprache in der DDR zwischen Stalinismus und Demokratie. Historische, politische und kommunikative Bedingungen. 2. Aufl. Köln.

1 Ideologische Sprach(gebrauchs)konzepte

Schlosser, Horst Dieter 2003: Wenn sich die Parteien in der Mitte drängeln. Von Erfolg und Misserfolg politischer Identifikationsangebote, in: Nina Janich/Christiane Thim-Mabrey (Hrsg.), Sprachidentität – Identität durch Sprache, Tübingen, 155–170.

Schlosser, Horst Dieter 2005: „Es wird zwei Deutschlands geben" – Zeitgeschichte und Sprache in Nachkriegsdeutschland 1945–1949. Frankfurt am Main.

Schmidt, Hartmut 2004: Artikel 1: „Deutschland ist eine unteilbare demokratische Republik". Zur gesamtdeutschen Tradition und zum Wandel von Verfassungsformeln in der Geschichte der DDR, in: Ruth Reiher/Antje Baumann (Hrsg.): Vorwärts und nichts vergessen. Sprache in der DDR: Was war, was ist, was bleibt. Berlin, 61–73.

Spittmann, Ilse/Helwig, Gisela (Hrsg.) 1989: DDR-Lesebuch 1. Von der SBZ zur DDR 1945–1949. Köln.

Steinbach, Peter/Tuchel, Johannes (Hrsg.) 2000: Widerstand in Deutschland 1933–1945. Ein historisches Lesebuch. München.

Stötzel, Georg/Wengeler, Martin 1995: Kontroverse Begriffe. Geschichte des öffentlichen Sprachgebrauchs in der Bundesrepublik Deutschland. Berlin, New York.

Straßner, Erich 1987: Ideologie – Sprache – Politik. Grundfragen ihres Zusammenhangs. Tübingen.

Weber, Hermann (Hrsg.) 1986: DDR. Dokumente zur Geschichte der Deutschen Demokratischen Republik. 1945–1985. München.

Weber, Hermann 1999: Geschichte der DDR. München.

Hellmut K. Geissner

Demokratie als sprachliche Lebensform
Ideale Sprach(gebrauchs)konzepte der parlamentarischen Demokratie

1 Sprachgebrauch

Es wäre einfach, ließen sich die Wörter „Sprache" und „Demokratie" zusammenbinden, um zu erkennen, was aus ihrer Verbindung herauskommen kann. Wer es unbesonnen versucht, wird zwei ungebräuchliche Wortgebilde erhalten: „Sprachdemokratie" – „Demokratiesprache". Doch was sollen sie bedeuten? Angenommen, dass Wörter überhaupt etwas bedeuten, dass sich mit ihnen denken lässt, zeigt sich schnell, dass die Kombinationen nur ein verschwommenes Bild zum Vorschein bringen, weil nicht klar ist, was die Grundwörter bedeuten. „Irgendwie" wissen wir schon, was mit „Sprache" und „Demokratie" gemeint wird. In vielen Situationen genügt dieses „irgendwie" ja auch, weil sich aus dem Zusammenhang ergibt, was gemeint ist. Aber erst im *Gebrauch* der Wörter finden Lesende und Hörende jeweils die Bedeutung der Wörter, die sie mit den Schreibenden und Sprechenden verbindet, die Bedeutung, in der sie sich und über die sie sich miteinander verständigen können. „Die Bedeutung eines Wortes ist sein Gebrauch in der Sprache" (Wittgenstein 1960: 311).

Gilt, was für die Wörter gesagt wurde, auch für die in ihnen versteckten Begriffe, oder wird mit dieser Frage die Grenze des „irgendwie" erreicht? Fraglich bleibt, ob durch Eingrenzen, das immer gleichzeitig ein Ausgrenzen anderer Möglichkeiten ist, der „immergültige" Begriffskern gefunden wird, oder doch wieder nur ein geschichtlich zufälliger Weberknoten in einem „Netz ohne doppelten Boden".

2 Demokratie als Lebensform

2.1 Die Idee der Basisdemokratie

Demokratie wird begriffen als „Volksherrschaft", aber was heißt das? *Welches* Volk kommt *wie* zum Herrschen und übt *welche* Herrschaft *wie* aus? Geborgt sind Wort und Begriff aus dem Griechischen, vor allem aus Athen. Dabei gab es damals Demokratien auch in anderen griechischen Stadtstaaten, und selbst in Athen gab es „mehrere und verschie-

1 Ideologische Sprach(gebrauchs)konzepte

dene Demokratien" (Aristoteles 1996: 202). An der Volksversammlung, die niemals eine Vollversammlung war, konnten nur freie Bürger teilnehmen oder für kurze Zeit in Gerichtsämter gewählt oder gelost werden. Mitglieder der „ekklesia" waren jeweils höchstens 6.000, also ein Fünftel der 30.000 Freigeborenen; keine Frauen, keine Sklaven, keine Gastarbeiter. Da es sich viele Kleinhandwerker, Marktleute und Tagelöhner nicht leisten konnten, tagelang ihre Arbeit liegen zu lassen und ihre Einnahmen dem Gemeinwohl zu opfern, waren „Kunstgriffe" nötig: „Man gewährt den Armen einen Sold, wenn sie an Volksversammlung und Gericht teilnehmen" (ebd.: 156). Ausschlaggebend war nicht nur die Tugend der Bürger, sondern ihre „Fähigkeit zu handeln", denn vom Handeln hängt das „Wohlergehen" ab. Das gelte für jeden einzelnen Menschen und die Gemeinschaften im Staat; denn es sei klar, dass „dieselbe Lebensform sowohl für jeden einzelnen Menschen wie auch gemeinsam für die Staaten und die Menschen die beste sein muss" (ebd.: 224). Die beste Form sei die Demokratie, weil sie nicht nur eine Staatsform sei, sondern eine *Lebensform.*

Allerdings zeigt sich schon im attischen Stadtstaat, dass „vieles, was demokratisch scheint, die Demokratie zerstört" (ebd.: 186), denn auch das Volk gibt Regeln, achtet auf Gewohnheiten, schränkt Freiheiten ein. „Was alles in der vollendeten Demokratie geschieht, ist auch tyrannisch" (ebd.: 195). Es ist im Grunde verwunderlich, dass sich die im attischen Stadtstaat entstandene Idee einer „Basisdemokratie" erhalten und ausgebreitet hat. Sie hat sich in massenstaatlichen Demokratien entwickeln können, existiert mit unterschiedlichen Verfassungen und gilt heute im Gefolge hegemonialer Politik als Exportartikel. Weniger verwunderlich ist allerdings, dass es auch in den neuen Demokratien Grenzen der Freiheit gibt, Herrschaft, die nicht „vom Volk" ausgeht, Herrschaft der Sprache über das Bewusstsein der Menschen, „an invisible but effective tyranny" (Deetz 1990: 95).

Genau betrachtet widerspricht schon das Repräsentationsprinzip dem basisdemokratischen Ideal: „Alle Staatsgewalt geht vom Volke aus" (GG Art. 20). Das „Volk" sind alle stimmberechtigten Bürgerinnen und Bürger. Aber wie soll in einem 80-Millionen-Volk „egalitär", gar „plebiszitär" funktionieren, was schon bei 8 Millionen Schweizern selten gelingt? Auch eine Änderung des Wahlrechts von der Verhältnis- zur Mehrheitswahl mit freiem Kumulieren und Panachieren gibt keine Antwort auf die spöttische oder zynische Frage des Dichters nach dem Geschick der vom Volk verliehenen Gewalt „ – Aber wo geht sie hin?" (Brecht 1961, 3: 173).

2.2 Parlamentarische Demokratie

Gleichberechtigte Staatsbürger/-innen geben in festgesetzten Perioden ihre *Stimme* ab und hoffen, dass die an ihrer Stelle agierenden Vertreter – „an Weisungen nicht gebunden" – mit der verliehenen Stimme so sprechen, wie es den Stimmgebern entspricht. Dies geschieht in den Institutionen des politischen Miteinandersprechens (*parlare, parler*), den Parlamenten; folglich ist, demokratietheoretisch betrachtet, die deutsche eine „parlamentarische Demokratie".

Freilich wählen die Stimmbürger/-innen nicht frei (wenn auch geheim) nach Herzenslust Personen ihres Geschmacks, sondern bis auf Ausnahmen immer nur „Parteigenossen/Parteigenossinnen", die ihnen nach einem kaum durchschaubaren innerparteilichen Prozess zur Auswahl angeboten werden. Zwar verlangt das Grundgesetz von den miteinander um die Macht streitenden *Parteien*, es müsse ihre „innere Ordnung demokratischen Grundsätzen entsprechen" (GG Art. 21) – also freie Kandidaturen, geheime Wahlen –, aber ob und wie die Gremien einer Parteihierarchie dieses Verfassungsgebot erfüllen, bleibt „intransparent".

Deshalb war es klug von den Müttern und Vätern des Grundgesetzes, den Parteien, die ja immer nur *part*ielle Meinungen vertreten, nur eine *Mit*wirkung an der „politischen Willensbildung des Volkes" einzuräumen (GG Art. 21,1). Sollte eine „Einheitsmeinung" entstehen, die durch eine schon dem Namen nach paradoxe „Einheitspartei" vertreten wird, dann ist die Demokratie am Ende. Das Volk kann jedoch seinen Willen auch außerhalb von Parteien bilden, z.B. in Bürgerinitiativen, nicht gegängelt durch die Formalstrukturen von Satzungen und Parteitagen. Vorausgesetzt ist dann allerdings, dass die Menschen nicht auf andere Weise durch machtvolle Institutionen moralisch und wirtschaftlich gegängelt werden; Institutionen – wie Kirchen und Großunternehmen, Schulen und Universitäten –, deren Macht nicht durch Wahlen zustande gekommen ist, deren Vertreter Macht haben, aber kein Mandat vom Volk. Demokratie ist „keine Zauberformel" (Theodor Heuss am 12.9.1949), mit der alle Probleme politisch gelöst werden können. Demokratie ist mehr als eine Regierungsform, mehr als eine Methode der Mehrheitsbildung, mehr als eine Wahlmaschine, „democracy is a way of life" (Dewey 1939/1993: 229), eine *Lebensform*.

3 Sprache als Lebensform

In dieser Hinsicht stimmen Demokratie und Sprache überein. Auch eine Sprache ist ein geschichtlich gewordenes Gebilde, aber sie ist nur

1 Ideologische Sprach(gebrauchs)konzepte

„am Leben", wenn sie gebraucht, wenn in ihr gedacht, gesprochen, geschrieben, gebärdet wird. Das Regelwerk von Laut-, Wort- und Satzbildung bleibt lange Zeit unverändert und kann in seinem Zustand, etwa im 12., 16. oder 18. Jahrhundert, untersucht werden. Der Wortschatz aber, das „geronnene gesellschaftliche Bewusstsein", ändert sich mit der politischen Ordnung, wie die Lexika aus der Kaiserzeit oder der Weimarer Republik zeigen, der Nazizeit oder der DDR (vgl. Schlosser, im vorliegenden Band). Doch was die Wissenschaft erforscht, ist aus dem Miteinandersprechen der Menschen, ihrem Geschriebenen und Gedruckten ausgefiltert. Sprache ist kein fertiges Produkt, sondern ein unentwegt sich veränderndes, ein „flüssiges" Gebilde, in das nicht nur freie Gedanken, schöne Phantasien, sondern auch die Machtmethoden der jeweils Herrschenden einfließen. Sie ist allgemein gesagt „die sich ewig wiederholende Arbeit des Geistes, den articulierten Laut zum Ausdruck des Gedanken fähig zu machen" (Wilhelm von Humboldt).

Diese „sich ewig wiederholende Arbeit" vollzieht nicht die Sprache von sich aus, sondern diese Arbeit vollziehen die sprechenden, schreibenden und gebärdenden Menschen.

> „Unmittelbar und streng genommen, ist dies die Definition des jedesmaligen Sprechens; aber im wahren und wesentlichen Sinne kann man auch nur gleichsam die Totalität dieses Sprechens als die Sprache ansehen." (Humboldt 1963/3: 418)

Das sprachtheoretische Interesse von Spezialisten beschäftigt die Menschen in ihrem Alltag kaum. Sie aktualisieren, was sie im Hören und Sprechen von ihrer Sprache gelernt haben, im Sprechen und Hören bzw. die Gehörlosen im Gebärden. Nur in der Art, wie sie ihre Sprache in ihrem Leben gebrauchen, lebt ihre Sprache mit ihrem Leben. „Das Sprechen der Sprache [ist] ein Teil [...] einer Tätigkeit, oder einer Lebensform" (Wittgenstein 1960: 300).

Demokratie und Sprache sind beide lebendig nicht in ihren Regelwerken, sondern im „Gebrauch". Gebrauchen ist kein stumpfes „Anwenden", sondern Vergegenwärtigen (Aktualisieren) im Wahrnehmen, Denken und Fühlen: Ohne Demokraten – Frauen und Männer – keine Demokratie, ohne Sprechende, Schreibende, Gebärdende nur eine „tote" Sprache. Während täglich zu erleben ist, dass die Sprache sich verändert, weil das Leben der Menschen sich verändert, scheint die Demokratie unveränderlich. Aber Demokratie heute ist nicht die von Athen, nicht einmal die von Weimar, denn das Leben in Europa, in der globalisierten Welt ändert sich rapid. Gerade die Tatsache, dass beide keine „Versteinerungen" sind, sondern als Lebensformen offene Prozesse, verbindet sie. Die Prozesse werden in beiden Fällen in Gang gehalten nur von den Menschen. Wie also leben die Menschen in ihrer Sprache, damit die Demokratie nicht versteinert, sondern lebendig bleibt?

4 Das Grundkonzept „Lebensform" fordert verschiedene Konzepte

Lebensform als Grundkonzept verlangt für Demokratie und Sprache mehrere Pläne, weil eine massenstaatliche Gesellschaft nicht homogen ist. Sie hat sich seit langem zu einer pluralistischen Gesellschaft gewandelt, in der die Idee der *„Freiheit"* (GG Art. 18) ständig im Streit liegt mit der Idee der *„Gleichheit"*; in der die Idee „von der einen Sprache" so illusionär ist (vgl. Dieckmann, im vorliegenden Band) wie die „von der einen Demokratie", wenngleich das Postulat der hochsprachlichen Einheit (*Ortho*graphie, *Ortho*epie) noch genauso aufrechthalten wird wie das einer egalitären Struktur in allen Lebensbereichen.

4.1 Legislative

Von dem, was in der Legislative geschieht, erfahren Bürgerinnen und Bürger recht wenig. Sie sind angewiesen auf das, was von den Plenarsitzungen in den Medien aktuell berichtet oder später in den amtlichen Bulletins veröffentlicht wird. Von der Arbeit in den Ausschüssen, den Beratungen in den Fraktionen erfahren sie im Allgemeinen nichts. Dagegen spüren sie die Folgen des gesetzgeberischen Handelns vermittelt durch Exekutive und Judikatur oft unmittelbar, meistens am eigenen Geldbeutel. Während die Sprache in den Parlamenten, die einen Querschnitt durch das Volk darstellen (sollen), noch recht alltagsnah ist, also allgemein verständlich sein soll, werden die Ergebnisse übersetzt in Fachsprachen, z. B. in die der Wirtschaft, der Rechtsprechung, des Gesundheitswesens, der Verwaltung.

Die Gewaltenteilung schlägt sich nieder in Sprachdomänen, die noch weiter differenziert sind nach den Wissenschaftsgebieten der politischen Eliten, auf die sich die parlamentarischen Beschlüsse stützen. Abgesehen davon, dass kein Mensch alles weiß, können sich bestenfalls die Fachleute innerhalb der einzelnen Domänen fachsprachlich verständigen. Nichtfachleute bleiben aus den fachlichen Fremdsprachen ausgeschlossen und können die Begründungen nicht verstehen. Wenn die Nichtfachleute verstehen sollen, worum es sich handelt, dann müssen die fachsprachlichen Formulierungen rückübersetzt werden in die *Gemeinsprache*.

1 Ideologische Sprach(gebrauchs)konzepte

4.2 Bürgernähe: Verständlichkeit für alle ...

Was also schon für die schriftliche und mündliche Kommunikation unter Fachleuten gilt, gilt erst recht für die Kommunikation mit Laien, die verstehen müssen, worum es geht, weil sie die Betroffenen sind. Sie sollen z. B. Gesetze beachten, Regeln befolgen, Termine einhalten usw. Deshalb müssen Anordnungen, Gesetze, Urteile, Vorschriften, Formulare so formuliert sein, dass Bürgerinnen und Bürger sie verstehen können. Wenn *Bürgernähe* gefordert wird, dann ist *Verständlichkeit für alle* gefordert, die nur als Stimmbürger gleich, sonst aber ungleich sind. *Verständlichkeit für alle* ist die entscheidende Voraussetzung, schriftlich in den Texten und mündlich in Auskünften, Beratungen, Verhandlungen bei Gericht oder in Ämtern.

Wissenschaftssprachen sind rational und ökonomisch, aber sie bilden zugleich Mauern um einen für Laien unzugänglichen Bezirk. So können *Fachsprachen* auf Laien wie „Geheimsprachen" wirken, die aus undemokratischen Zeiten oder aus undemokratischen Institutionen stammen. Wenn alle – im Rahmen ihrer Denkmöglichkeiten und ihrer sozialen Ungleichheit – verstehen sollen, weil sie handeln müssen, dann sind im Alltag nichtöffentliche Sprachen nicht nur unbrauchbar, sondern undemokratisch.

Bei den Versuchen, die *Gesetzes-, Bescheid-, Gutachten-, Verwaltungs-* und *Formularsprache* aus den Fachsprachen in Gemeinsprache zu übersetzen, sie sprachlich zu demokratisieren, d.h. sie öffentlich, bürgernah und verständlich zu machen, finden sich immer wieder ähnliche Vorschläge: Es sei *präzis, kurz, eindeutig, einfach, sachgerecht, wirkungsvoll* zu formulieren (nicht verschwommen, langatmig, mehrdeutig, fachsprachlich umständlich, ausschweifend, unsachlich, wirkungslos). Diese Vorschläge für Wörter und Sätze erinnern an eine verloren gegangene Tradition; denn im ersten Jahrhundert unserer Zeit fordert Quintilian, wenn auch schon im Untergang der römischen Republik, unterrichtende Reden sollen *klar, kurz, deutlich, durchsichtig, einleuchtend, verständlich und glaubhaft* sein (Quint. IV 2, 31 u. 64).

4.2.1 ... für Männer

Wenn Quintilian überdies meint, es sei immer zu berücksichtigen „was nützlich und passend ist für einen rechtschaffenen Mann" (ebd.: II 16, 19), dann geht es ihm nicht nur um die nackte Sachlichkeit, sondern mit der Nützlichkeit auch um die Gefühlswerte der Betroffenen. Geblieben ist heute für alle amtlichen Verlautbarungen, dass sie nicht nur als „sachlich richtig" aktenkundig, nicht nur hör- und leseverständlich sein sollen, sondern „passend", d. h., dass sie versuchen sollten, die Gefühle der Akzeptierenden anzusprechen, auf jeden Fall, sie nicht zu verletzen.

4.2.2 ... für Frauen

Geändert hat sich allerdings, dass es in den westlichen Demokratien auch um die wahlberechtigten „rechtschaffenen Frauen" geht. Wird dieser im Patriarchat von der Macht ausgeschlossenen, auch sprachlich vernachlässigten quantitativen Mehrheit ihr demokratisches Recht zuteil (GG Art. 3,2), dann hätte das auch, wenngleich nicht nur, sprachliche Folgen. Allerdings sprechen die Mehrheitsverhältnisse in Parlamenten, den Führungspositionen (in Wirtschaft, Redaktionen, Ämtern, Funkhäusern, Universitäten) nicht dafür, dass die Macht des Patriarchats gebrochen ist. Das Zugeständnis an weibliche Endungen: Bürger*in*, Wähler*in*, Zahler*in* etc. oder Kauf*frau*, Lands*frau* (nach der paradoxen Lands*männin*), Ombuds*frau* etc. verändert keine Strukturen. Es sind dies allenfalls Versuche, bewusst zu machen, dass Frauen in den öffentlichen Bereichen gesellschaftlicher Macht verschwinden, nicht nur in den männlichen Endungen. Der Gebrauch demokratisierter Sprache kann Bewusstsein verändern, und dies – so die Hoffnung – mit der Zeit Machtstrukturen.

5 Die Medien

Einsichtig ist, dass die Forderung nach Verständlichkeit auf allen Ebenen der drei staatlichen Gewalten erhoben wird, sie gilt aber auch „als oberste Sprachnorm im Bereich der Presse, des Hörfunks und des Fernsehens" (Weinrich 1980: 21), für die sog. *vierte Gewalt*. Dabei ist sofort klar, dass Produkte, die verkauft werden sollen, so dargestellt und beworben werden müssen, dass Käuferinnen und Käufer mühelos verstehen können, worum es geht, was sie ihnen nützen, ob sich der Kauf lohnt.

Der „Kauf" von Zeitungen, Illustrierten, von Radio- oder Fernsehsendungen kann nicht angeordnet werden, nur in autoritären Staaten. In Demokratien ist die Macht der Print- und av-Medien groß, obwohl die Mächtigen, die „Medienzaren", kein Mandat haben. Medien können aufhetzen oder abwiegeln, informieren oder irreführen; mal sagt ein Bild mehr als tausend Worte, mal lügt es mehr. Medien vertreten im Idealfall anwaltlich die Interessen der Allgemeinheit, die den Aktionen der staatlichen Gewalt ausgeliefert ist. Sie üben die für die Demokratie lebensnotwendige Kritik öffentlich aus. Bürgerinnen und Bürger können dagegen nur über den Markt regulierend eingreifen, bestimmte Zeitungen nicht kaufen, bestimmte Sendungen wegzappen, „Quoten" vermasseln. Sie können aber z. B. Redakteurinnen und Redakteure nicht abwählen, weil sie in den öffentlich-rechtlichen av-Medien kein Wahlrecht haben, ganz und gar nicht in den kommerziellen (vgl. Grewenig, Holly, im vorliegenden Band).

Das Wahlrecht der Lesenden, Hörenden, Sehenden liegt im Gebrauch der angebotenen Waren. Sie zwingen auf diese Weise die Produzierenden, mehr und verschiedenartige Produkte anzubieten, um mit einer größeren „Produktpalette" eine größere Zahl von Lesenden, Hörenden, Zuschauenden zu gewinnen, d.h. zugleich größere Stücke vom finanziellen Kuchen zu ergattern. Wenn aber Wortsendungen, z. B. Nachrichten, „ausgewogen" sein sollen, dann ist dies eine scheindemokratische Attitüde, die die „mündigen Bürger" unterschätzt. Die Differenzierung der Programme richtet sich im günstigsten Fall nicht nach den Machtstrukturen in den Redaktionen, sondern nach den erwarteten Erwartungen der Menschen – vorgestellt als eingehegte Zielgruppen –, nach ihrem Wissen, ihren Interessen, und das heißt besonders, nach ihrem Sprach- und Denkvermögen.

Gesetze können nicht zielgruppenspezifisch formuliert werden, Zeitungen und Sendungen müssen es, auch aus merkantilen Zwängen, vor allem aber aus Gründen ihrer gesellschaftlichen Aufgabe. Die verschiedenen Medienprodukte verlangen verschiedene Sprachstufen, wissenschaftsnah, umgangssprachlich, volkstümlich, und in den av-Medien darüber hinaus verschiedene Sprechstufen, standardsprachlich, regional, dialektal, salopp. Als Grundlage gelten in allen Medien letztlich noch immer – es sei denn man bevorzugte Formulierungen auf dem infantilisierenden „kleinsten intellektuellen Nenner": „Erzähl es einem Kind"! – Quintilians Kriterien: *klar, kurz, deutlich, durchsichtig, einleuchtend, verständlich und glaubhaft.*

Allerdings gibt es zwischen den Printmedien auf der einen und den av-Medien auf der anderen Seite in Inhalt, Sprache und Stil beträchtliche Unterschiede. Die Druckerzeugnisse werden geschrieben für Lesende, d. h. zunächst einmal für Menschen, die lesen können, Menschen, die sich z. B. die Zeitung ihres Geschmacks, ihrer politischen Meinung, ihrer Verstehensfähigkeit aussuchen, sich Zeit für die Lektüre nehmen können, selbst auswählen, was sie in welcher Reihenfolge lesen. Doch es gibt auch Zeitungen, in denen die Lesenden mehr von Bildern gefesselt werden als von Texten. In jedem Falle bleiben die Schreibenden unsichtbar, sie wirken durch ihr Wissen, ihre Meinung, ihren Stil.

Hörfunk und Fernsehen sind zeitgebunden und kurzlebig. Sie kommen ins Haus. Ohne Zusatzgeräte besteht keine Möglichkeit, die Programmfolge zu verändern, „zurückzublättern"; wer einschaltet und nicht zappt, muss „hier und jetzt" dem zuhören oder zuschauen, was gerade gesendet wird. Dabei entwickelt sich oft eine auch gefühlsmäßige Beziehung zu den sprechenden Menschen, den Moderatorinnen und Moderatoren. Ihre Stimme, ihre Sprechweise, ihr Blick, ihr gesamter Ausdruck erzeugen den emotionalen Grund für die Glaubwürdigkeit auch der Inhalte. Zwar werden die Sendetexte geschrieben, ob Nachrichten oder „Wort zum Sonntag", Kommentar oder „Wetten dass" – auch wegen der Programmplanung, der Ablaufzeiten, besonders der Kontrolle – in erster Linie aber, um sich in der Sache, der Sprache und in der Tendenz auf das „erwünschte Publikum" einzustellen, das in der Sendung unmittelbar erreicht werden soll. Wer in den av-Medien schreibt, muss „schreiben fürs Hören". Dies verlangt eine andere Haltung, eine andere Begabung als das „Schreiben fürs Lesen", letztlich eine andere Ausbildung.

Für die Medienwelt insgesamt gilt, dass die sprach-, vor allem die bildvermittelte Wirkung der durch sie erzeugten „öffentlichen Meinung" groß ist, die als veröffentlichte Meinung die Agenda in den Köpfen der Menschen bestimmt. Es gilt aber auch, dass Lesende, Hörende und Zuschauende nichts wissen von den politischen Zwängen in den Institutionen, vom Innenleben der Redaktionen, den von außen undurchschaubaren Hierarchien in Zeitungen und Sende„anstalten". Sie können nicht beurteilen, warum eine Gruppe von Menschen mal als „Aufständische", mal als „Freiheitskämpfer", mal als „Rebellen" bezeichnet wird; vielleicht meinen sie sogar, das läge an der Sprache, obwohl es nur an den Interessen – oder der Gedankenlosigkeit – der Schreibenden liegt. Die „User" können nicht durchschauen, welche Texte, welche Sendungen „eingebettet" sind, in welchen Kontext und in wessen Auftrag – nicht nur die Berichte vom Krieg in Irak – wie sie unterwürfig mitwirken am regierungskonformen „Manufacturing Consent" (Herman/Chomsky 1988). Es gilt weiter, dass die käuflichen Produkte „exklusiv" sind, dass Menschen ausgeschlossen werden, weil nicht jede Meinung veröffentlicht wird, oft ohne Begründung. Das sind zwei Seiten der Presse, auf der einen sichert sie – gestützt auf die *Pressefreiheit* (GG Art. 5,1) – kritisch das demokratische Leben, das sie auf der anderen selbst gefährdet, indem sie die *Freiheit der Kommunikation* einschränkt.

1 Ideologische Sprach(gebrauchs)konzepte

6 Kommunikation

„Kommunikation" bedeutet in verschiedenen technischen, biologischen, ökonomischen Bereichen ganz Verschiedenes. Für die menschliche Kommunikation kann als Ursprung noch immer *communicari* betrachtet werden, durch den Austausch von Zeichen *etwas zur gemeinsamen Sache machen*. Das Grundmuster der menschlichen Kommunikation ist der Austausch von Gedanken und Gefühlen durch Sprechen und Hören im *Gespräch*. Gespräche sind basisdemokratisch, weil alle Bürgerinnen und Bürger daran teilnehmen können, die gesprächsfähig sind.

6.1 Gesprächsfähigkeit als Grundlage

Gesprächsfähigkeit ist folglich die Grundfähigkeit für die Teilnahme am demokratischen und sprachlichen Leben. *Partizipative Demokratie* gibt es nur, wenn und soweit die Bürgerinnen und Bürger gesprächsfähig sind:

> „Gesprächsfähig ist, wer im situativ gesteuerten, personengebundenen, sprachbezogenen, formbestimmten, leibhaft vollzogenen Miteinandersprechen – als Sprecher wie als Hörer – Sinn so zu konstituieren vermag, dass damit das Ziel verwirklicht wird, etwas zur gemeinsamen Sache zu machen, der zugleich imstand ist, sich im Miteinandersprechen und die im Miteinandersprechen gemeinsam gemachte Sache zu verantworten." (Geißner 1988: 129)

Diese Grundfähigkeit verlangt in der Vielfalt demokratischen Lebens – Beratung, Besprechung, Konferenz, Unterhaltung, Diskussion, Debatte – verschiedene Formen, in denen sich Meinungen bilden, die zur öffentlichen Meinung werden können. Meinung *bildet* sich, d. h., sie wird in Demokratien (es sei denn subkutan durch Medien) nicht verordnet, nicht befohlen, wenn *Meinungsfreiheit* in „Wort, Schrift und Bild" (GG Art. 5,1) allgemein erlaubt ist. Sie bildet sich im *Klären* anderer Ansichten, im Klären von Handlungsmöglichkeiten, im Austragen von Meinungsverschiedenheiten durch Argumentieren, durch faires *„Mit-Gründen-Streiten"* über die nächsten Ziele, über den richtigen Weg.

Gesprächsfähigkeit ist nicht angeboren, sie muss entwickelt werden. Erforderlich ist die „Verbesserung der Methoden und Bedingungen des Debattierens, Diskutierens und Überzeugens" (Dewey 1927/1996: 173). Dabei geht es nicht um die Aneignung von Techniken, sondern um das Erwerben einer moralischen Methode. „Demokratische Methode ist Überzeugung durch öffentliche Diskussion, nicht nur in den parlamentarischen Gremien, sondern auch in der Presse, in privaten Gesprächen und öffentlichen Versammlungen" (Dewey 1939/1993: 228). Das schrieb der amerikanische Philosoph John Dewey zu einer Zeit, in der die tyrannische „Partei der Rede" die deutsche Sprache verschandelte, Menschen misshandelte und ermordete.

6.2 Kommunikationsfähigkeit und Politik

Erst nach Kriegsende wurden mit den demokratischen Ansätzen auch Formen des Gesprächs wieder eingebürgert. Dabei entwickelte sich zunächst eine egalitäre und harmonisierende Gesprächsideologie: „Jeder muss mit jedem ins Gespräch kommen". Bald wurde erkannt, dass Gespräche kein Allheilmittel sind, dass sie nicht die wirtschaftlichen Strukturen, nicht die sozialen Bedingungen verändern, in denen sie stattfinden. Es wurde aber auch erfahren, dass sie kritisch genutzt, kommunikative Möglichkeiten bieten, den blinden Befehls-Gehorsams-Mechanimus einzuschränken.

> „Politik verlangt von der Vernunft, daß sie Interessen zu Willensbildungen führt, und alle sozialen und politischen Willensbildungen sind vom Aufbau gemeinsamer Überzeugungen durch Rhetorik abhängig." (Gadamer 1971: 316)

Gadamer vertritt hier keine „Herrschaftsrhetorik", sondern eine auf die wechselseitige Vernünftigkeit der Partizipierenden gegründete kommunikative Rhetorik; sie ist demokratisch begründet und soll die Demokratisierung fördern. Wenn Kommunikation wirklich wechselseitig ist, d. h., wenn alle Beteiligten „sprechen *und* hören" müssen, damit gemeinsame Überzeugungen als Grundlage gemeinsamen Handelns entstehen können, dann geht es um die „Rhetorik des Gesprächs", nicht mehr ausschließlich um die traditionell am Redner orientierte „Rhetorik der Rede". Redner sind immer Repräsentanten einer (verliehenen oder angemaßten) Macht (Parteitagsrede, Predigt, Anklage, Vorlesung, Festrede), die anderen das gleichzeitige Rederecht nimmt, weil sie zuhören müssen (vgl. Volmert, im vorliegenden Band). Insofern war es erforderlich, auch eine Theorie der *Gesprächsrhetorik* zu entwickeln (Geißner 1981 u. 1996), die zusammen mit einer den veränderten politischen Verhältnissen angepassten *Rederhetorik* (z. B. Kopperschmidt 1973 u. 1990) die Grundprozesse sowie die Praxis der *rhetorischen Kommunikation* (Geißner 1969 und 1986) zu analysieren versucht.

Gespräche benötigen keine sprachlichen Kunstformen, sie sind alltagssprachlich und entstehen – abgesehen von literarischen Dialogen – unmittelbar zwischen den Menschen in ihren Situationen durch wechselseitiges Hören und Sprechen.

1 Ideologische Sprach(gebrauchs)konzepte

6.2.1 Zuhören

Damit Menschen nicht aneinander vorbeireden, gilt es, sich sprachlich darauf einzustellen, was die anderen *hören* und wie sie verstehen können. Es geht um die Fähigkeit des unverstellten „gegenseitigen Zuhörens" (Barber 1994: 171). Aber ist dies nicht erneut eine Idealisierung bestehender Zustände?

> „Grob gesagt ist es das Privileg dominanter Gruppen, daß sie sich jederzeit Gehör verschaffen können und das Zuhören *nach unten* nicht nötig haben – es sei denn zum Zweck des Abhörens und Aushorchens. Umgekehrt ist es die Realität dominierter Gruppen und Minderheiten, daß sie in der Mehrheitsgesellschaft kein Gehör finden und zum eigenen Schutz aufs Zuhören *nach oben* angewiesen sind." (Thürmer-Rohr 1994: 125)

Zuhören können ist keine Frage der Ohren! Soziale Ungleichheit zeigt sich in der ungleichen Freiheit zum Zuhören, höreroffene Haltung in der Fähigkeit zum „widerspruchsfreien Zuhören"

6.2.2 Sprechen

Ebenso meint *Sprechen nicht die Physiologie der Sprechorgane*, es geht nicht darum, ob jemand schöner oder weniger richtig spricht, im überregionalen Standard oder mundartlich, lispelt oder stottert. Wer stimmberechtigt ist, ist es, gleichgültig wie er spricht.

> „Sprechen heißt, sich einen der Sprachstile anzueignen, die es bereits im Gebrauch und durch den Gebrauch gibt und die objektiv von ihrer Position in der Hierarchie der Sprachstile geprägt sind, deren Ordnung ein Abbild der Hierarchie der entsprechenden sozialen Gruppen ist." (Bourdieu 1990: 31)

Wenn Menschen sich miteinander im Gespräch verständigen wollen, dann geht es gerade nicht darum, die „Funktion des Redens" besonders zu betonen, denn das vergrößerte noch „die natürliche Ungleichheit der Fähigkeiten einzelner, sich klar, beredt, folgerichtig und rhetorisch geschickt auszudrücken" (Barber 1994: 171).

6.3 Kommunizieren lernen in der Schule

Die in den verschiedenen Ausdrucksweisen sich zeigende Ungleichheit verlangt nicht danach, in einer sprachlichen oder sprecherischen Idealform *uni*formiert zu werden; denn diese Uniformierung bleibt Kosmetik, weil sie nichts an der Vielfalt der Tätigkeiten ändert, nichts an der sozialen Ungleichheit. Es geht um die Sprache der Schule, die nicht die

Lehrersprache ist, wie diese nicht Unterrichtssprache, schon gar nicht die des Sprachunterrichts. Wird nicht Sprache ins Zentrum gerückt, sondern schriftliche und mündliche rhetorische Kommunikation, dann zeigen sich die Unterschiede zwischen Schule, Lehrenden, Unterricht und dem „Unterricht in rhetorischer Kommunikation" noch deutlicher (vgl. Geißner 1998).

6.3.1 Lesefähigkeit

Wie lässt sich Kommunikationsfähigkeit erwerben, ohne *Lesefähigkeit* zu vernachlässigen? Denn „im Leben" werden beide gebraucht. Diese Frage ist durch die Ergebnisse der PISA-Studien noch dringlicher geworden. Sie haben gezeigt, dass viele Schülerinnen, noch mehr Schüler mit der herkömmlichen Vermittlung herkömmlicher Sprachnormen kaum erreicht werden können. Es wird zwar immer wieder versucht, obwohl schon lange klar ist, dass „Sprachnormen sich weder historisch, noch funktionell, sozial, systematisch oder sonst wie begründen [lassen]" (Knoop 1982: 193). Jugendliche hören anders und anderes, sehen anders und anderes, spielen anders und anderes. Erforderlich ist es, dass Lehrende die Zusammenhänge zwischen den „verschiedenen Formen mündlich geprägter Schriftlichkeit" und den „verschiedenen Formen schriftgeprägter Mündlichkeit" (Geißner 1988: 25) verstehen, um sie den Lernenden vermitteln zu können. So könnte es leichter gelingen,

> „Texte zu verstehen, zu nutzen und über sie zu reflektieren, um eigene Ziele zu erreichen, das eigene Wissen und Potenzial weiterzuentwickeln und am gesellschaftlichen Leben teilzunehmen." (Pisa 2001: 80)

Diese Forderung der OECD schließt literarische (Erzählungen, Romane, Gedichte) und nichtliterarische (Zeitungen, Beipackzettel, Mails), kontinuierliche (Sachtexte, Gebrauchsanweisungen) und „nichtkontinuierliche" (Tabellen, Formulare, Fahrpläne, Karten, Modelle) Texte ein. Sie muss noch erweitert werden um das Leseverstehen von multimodalen Fernsehsendungen, Bildschirmtexten, beim Arbeiten am Computer und im Internet (Geißner 2004). Die so verstandene Gesprächs- und Lesefähigkeit ermöglicht die Teilnahme am demokratischen Leben. Ohne Kommunikationsfähigkeit sind Menschen verführbarer, fallen der ökonomischen oder politischen Gewalt zum Opfer, weil sie *Analphabeten* sind. „Analphabetisch" ist eben nicht nur, wer Gedrucktes nicht lesen kann, sondern auch, wer Fernsehen nicht sinnvoll nutzen kann, wer sich im Internet nicht zurechtfindet.

6.3.2 Internet und Demokratie

Es ist zu begreifen, dass das Internet *einerseits* bislang ungeahnte Möglichkeiten bietet: „the audience can send information back to the source, which never had been possible" (Selnow 1998: 22). Alle, die über einen Internetzugang verfügen, können teilnehmen, können sich in ihrer Sprache mit ihrer Meinung einmischen in die Verlautbarungen, die Pläne und Maßnahmen der Regierenden, können ihnen widersprechen, sich mit anderen zusammenschließen. *Andererseits* können die Herrschenden diese Kanäle nutzen, um ihre Pläne vorab zu testen, ihre Ansichten zu infiltrieren, die Betroffenen zu manipulieren (McChesney 1999). Da das WWW nicht wegzuträumen ist, sollten Nutzen und Gefahren der *Teledemokratie* in ihrer Dialektik begriffen, weder verteufelt noch verklärt werden, damit es nicht zu einer *Telediktatur* kommt. Wer Demokratie auch in der elektronischen Zeit erhalten will, muss *kritisch* sein (vgl. Diekmannshenke, im vorliegenden Band).

7 Kritikfähigkeit

> „Mit der Voraussetzung von Demokratie, Mündigkeit, gehört Kritik zusammen. Mündig ist der, der für sich selbst spricht, weil er für sich selbst gedacht hat und nicht bloß nachredet; der nicht bevormundet wird.
> Das erweist sich aber in der Kraft zum Widerstand gegen vorgegebene Meinungen und, in eins damit, gegen einmal vorhandene Institutionen, gegen alles bloß Gesetzte, das mit seinem Dasein sich rechtfertigt." (Adorno 1971: 10)

Dringlich wird die kritische Haltung besonders dann, wenn die Auseinandersetzung mit anderen Meinungen gefordert ist, mit fremden Wahrheitsansprüchen. „Wo es soziales Leben gibt, gibt es auch Konflikte" (Dahrendorf 1972: 179), die mit Konflikt*management* nicht gelöst werden können. In einer pluralistischen Gesellschaft ist die von konkurrierenden Parteien getragene Demokratie notwendigerweise permanent im Konflikt: „Demokratie bedeutet Konflikt" (ebd.: 195). Unsere Demokratie ist eine *streitbare* (*streiten* mit *Gegnern*), sogar eine *wehrhafte* (*sich wehren* gegen *Feinde*) Demokratie. Deshalb ist es ein Missverständnis, wenn von Parteien und in der Öffentlichkeit immer wieder Harmonie gefordert wird. Es hat den Anschein, als hätten Teile der Bürgerschaft sich die ehemals obrigkeitliche Devise einverleibt: „Ruhe ist die erste Bürgerpflicht!"

7.1 „Streitbare Demokratie"

Es ist nicht einfach, aber richtig, das Gegenteil zu verlangen: Unruhe ist die erste Bürgerpflicht, Wachsamkeit. Die Weimarer Republik ist auch an der mangelnden Gesprächsfähigkeit, an der mangelnden Streitbarkeit zugrunde gegangen, in ihrer absoluten Toleranz auch gegenüber den Feinden der Republik. Dagegen setzt das Grundgesetz „unantastbare" (GG Art 79,3) Grundwerte: Wer die demokratischen Freiheiten „zum Kampfe gegen die freiheitlich demokratische Grundordnung mißbraucht, verwirkt diese Grundrechte" (GG Art. 18). Das gilt nicht nur für Einzelpersonen, sondern:

> „Parteien, die nach ihren Zielen oder nach dem Verhalten ihrer Anhänger darauf ausgehen, die freiheitlich demokratische Grundordnung zu beeinträchtigen oder zu beseitigen oder den Bestand der Bundesrepublik Deutschland zu gefährden, sind verfassungswidrig." (GG Art. 22,2)

Bürgerinnen und Bürger müssen rechtliche Entscheidungen zwar dem Bundsverfassungsgericht und die handgreiflichen Auseinandersetzungen mit den Feinden der Demokratie dem Staat überlassen, der das Gewaltmonopol hat, aber sie können sich mit Demonstrationen und in „Wort, Schrift und Bild" zur Wehr setzen: „Keine Freiheit den Feinden der Freiheit!"

7.2 Konfliktfähigkeit

Daran wird deutlich, „dass es Kommunikationsfähigkeit ohne Konfliktfähigkeit nicht gibt" (Geißner 1988: 89). Beide sind vereint in *Streitgesprächen*, müssten folglich beide geübt werden. Innerhalb von Institutionen steht vielleicht der sichere Umgang mit den formalen Regularien der „parlamentarischen Debatte" im Mittelpunkt, mit deren Hilfe Entscheidungen kontrolliert und Minderheiten geschützt werden können. Im offenen Meinungsstreit dagegen steht das sach- und partnerbezogene Streiten mit Argumenten im Mittelpunkt, der Austausch von Gründen und Gegengründen, durch die zu guter Letzt eine Lösung gemeinsam gefunden werden kann, die keinen der Streitenden verletzt. Deshalb sollen junge Demokraten argumentieren lernen, auch argumentatives Schreiben, Argumente analysieren können, sich in einem Wettbewerb „Jugend debattiert" erproben, wenngleich darin die künftigen Angehörigen schriftelitärer Berufe erneut bevorzugt scheinen.

1 Ideologische Sprach(gebrauchs)konzepte

7.3 Deliberative Demokratie

Es wäre jedoch Wunschdenken zu übersehen, dass viele Entscheidungen sprachmächtig, aber ohne offene Argumentation gefällt werden, weil die Machtverhältnisse es zulassen. Wie soll das Ideal einer beratenden und öffentlich beschließenden, einer *deliberativen Demokratie* in einem „Age of Corporate Colonisation" (Deetz 1992) verwirklicht werden? Die imperialen „Global Players" verbinden die Kolonisierung nach innen mit der Kolonisierung nach draußen. Bürgerinnen und Bürger können die Ambivalenz der „verfassten" Freiheit nicht aufheben, aber sie können in der Art, wie sie denken und ihre Sprache öffentlich gebrauchen, Widerstand leisten gegen den Missbrauch der Sprache, und in der Art, wie sie als Demokraten leben, die Demokratie lebenswert machen, damit sie am Leben bleibt.

8 Literatur

Adorno, Theodor W. 1971: Kritik. Kleine Schriften zur Gesellschaft. Frankfurt am Main, 10–19.
Aristoteles 1996: Politik. Übers. u. hrsg. v. O. Gigon. München.
Barber, Benjamin 1994: Starke Demokratie [dt.]. Hamburg.
Becker-Mrotzek, Michael/Brünner, Gisela (Hrsg.) 2004: Analyse und Vermittlung von Gesprächskompetenz. Frankfurt am Main.
Bourdieu, Pierre 1990: Was heißt Sprechen? Die Ökonomie des sprachlichen Tausches [dt.]. Wien.
Bourdieu, Pierre 1998: Über das Fernsehen [dt.]. Frankfurt am Main.
Brecht, Bertolt 1961: Gedichte in 9 Bdn. Frankfurt am Main.
Dahrendorf, Ralf 1972: Konflikt und Freiheit. München.
Dewey, John 1993: The Political Writings. Indianapolis, Cambridge.
Dewey, John ([1927] 1996): Die Öffentlichkeit und ihre Probleme [dt.]. Bodenheim.
Deetz, Stanley 1990: Democracy, Competence, and the Pedagogy of Critical Discourse, in: Hellmut K. Geißner (Hrsg.): Ermunterung zur Freiheit. Frankfurt am Main, 93–106.
Deetz, Stanley 1992: Democracy in an Age of Corporate Colonisation. New York.
Gadamer, Hans-Georg 1971: Replik, in: K. O. Apel u. a.: Hermeneutik und Ideologiekritik. Frankfurt am Main, 283–317.
Geißner, Hellmut K. 1969: Gespräch und Demokratie, in: Film, Bild, Ton. XIX. Jg., H. 10, 105–113.
Geißner, Hellmut K. 1969: Rhetorische Kommunikation, in: Sprache und Sprechen 2, 70–81.
Geißner, Hellmut K. 1981: Gesprächsrhetorik, in: Zeitschrift für Literaturwissenschaft und Linguistik 43/44, 66–89.
Geißner, Hellmut K. 1986: Rhetorik und politische Bildung. 3. Aufl. Frankfurt am Main.
Geißner, Hellmut K. 1988: Sprechwissenschaft. Theorie der mündlichen Kommunikation. 2. Aufl. Frankfurt am Main.
Geißner, Hellmut K. 1988: mündlich – schriftlich. Frankfurt am Main.
Geißner, Hellmut K. 1993: Demokratie und rhetorische Kommunikation, in: R. Dahmen/A. Herbig/E. Wessela (Hrsg.): Rhetorik für Europa. Berlin, 19–32.

Geißner, Hellmut K.1996: Gesprächsrhetorik, in: Gert Ueding (Hrsg.): Historisches Wörterbuch der Rhetorik. Tübingen, Bd. 3, Sp. 953–964.
Geißner, Hellmut K. 1998: Rhetorische Kommunikation in der Schule, in: Rhetorik, Intern. Jb. 17, 17–34.
Geißner, Hellmut K. 2000: Kommunikationspädagogik. Transformationen der „Sprech"-Erziehung. St. Ingbert.
Geißner, Hellmut K. 2004: PISA fordert kommunikationspädagogische Konsequenzen, in: Sprache und Sprechen 42, 144–154.
Geißner, Hellmut K. 2005: Demokratie und rhetorische Kommunikation. St. Ingbert.
Grießhammer, Rolf 1993: Konfliktfähigkeit. St. Ingbert.
GRUNDGESETZ für die Bundesrepublik Deutschland [Ausg. 1975], Bonn.
Habermas, Jürgen 1975: Legitimationsprobleme im Spätkapitalismus. Frankfurt am Main.
Herman, Edward S./Chomsky, Noam 1988: Manufacturing Consent. The Political Economy of the Mass Media. New York.
Humboldt, Wilhelm von 1963: Werke in 5 Bdn. Hrsg. von A. Flitner u. K. Giel. Darmstadt.
Knoop, Ulrich 1982: Der Status der Sprachnorm im Sprachunterricht und die Verbindlichkeit der Sprache, in: Deutsche Akademie für Sprache und Dichtung. Der öffentliche Sprachgebrauch. Stuttgart: Klett-Cotta, Bd. III, 184–198.
Kopperschmidt, Josef 1973: Rhetorik. Einführung in die Theorie der persuasiven Kommunikation. Stuttgart.
Kopperschmidt, Josef (Hrsg.) 1990: Rhetorik. 2 Bde. Darmstadt.
Kopperschmidt, Josef (Hrsg.) 1995: Politik und Rhetorik. Opladen.
Lehtonen, Jaakko 1988: Kommunikative Kompetenz – Ein Paradoxon, in: Sprache und Sprechen 19, 111–118.
McChesney, Robert W. 1999: Rich Media – Poor Democracy. Carbondale, Ill.
PISA-Konsortium (Hrsg.) 2001: PISA 2000. Basiskompetenzen von Schülerinnen und Schülern im internationalen Vergleich. Opladen.
Quintilian, Marcus Fabius 1972: Ausbildung des Redners. Übers. u. hrsg. von H. Rahn. 2 Bde. Darmstadt.
Sarcinelli, Ulrich (Hrsg.) 1990: Demokratische Streitkultur. Bonn.
Selnow, Gary W. 1998: Electronic Whistle-Stops. The Impact of the Internet on American Politics. Westpoint, London.
Thürmer-Rohr, Christina 1994: Achtlose Ohren. Zur Politisierung des Zuhörens, in: dies.: Narrenfreiheit. Berlin, 111–129.
Weinrich, Harald 1980: Über Sprachnormen nachdenken, in: Der öffentliche Sprachgebrauch. Stuttgart, Bd. I, 9–24.
Wittgenstein,Ludwig 1960: Philosophische Untersuchungen, in: ders.: Schriften Bd. I, Frankfurt am Main, 279–544.

2 Demokratische Sprache in verfassungsrechtlichen Institutionen

EVA NEULAND

Ist eine Spracherziehung zur Demokratie möglich?
Ein Diskussionsbeitrag

Was kann eine „Spracherziehung zur Demokratie" im Kontext von Schule oder gar Hochschule bedeuten? Dieser Frage will der Beitrag in vier Schritten nachgehen, und zwar sollen zunächst einige Vorbemerkungen zu einem möglichen Verständnis einer demokratischen Spracherziehung gemacht werden, sodann werden die institutionellen Rahmenbedingungen des Sprachunterrichts genauer betrachtet und anschließend die jüngsten fachgeschichtlichen Entwicklungen des Deutschunterrichts erörtert. Zuletzt werden einige Möglichkeiten zur Förderung eines demokratischen Sprachgebrauchs zur Diskussion gestellt.

1. Zum Vorverständnis einer demokratischen Spracherziehung

Ja, wenn es denn so leicht wäre, dann gäbe es all dies nicht bei Kindern und Jugendlichen: ihre Sprache als Mittel der Diskriminierung und Abwertung, der Unterdrückung, der Manipulation und der Aggression zu nutzen. Anderen nicht nur körperlich, sondern auch sprachlich wehzutun, sie zu beleidigen, sie auszugrenzen, das lernen Kinder schon relativ früh vor Schulbeginn; das Spektrum erweitert sich mit wachsendem Wortschatz und Sprachhandlungsvermögen bis zu den jüngst beschriebenen Formen des *Dissens*, der versuchten Gesichtsverletzung in der Kommunikation unter Jugendlichen.

Aber es wäre wohl auch töricht anzunehmen, dass die Schule oder gar der Sprachunterricht als eine Regulationsinstanz für solchen zu Recht als undemokratisch verstandenen Sprachgebrauch dienen könnten, und diesen Institutionen mithin eine Verantwortung aufzubürden, der auch die Familie und die soziale Umwelt von Kindern und Jugendlichen kaum gerecht werden kann.

EVA NEULAND: Ist eine Spracherziehung zur Demokratie möglich?

Was aber kann Sprachunterricht überhaupt zu einem demokratischen Sprachgebrauch beitragen? Dazu sollen zu Anfang drei Thesen zur Diskussion gestellt werden:

1.1 Demokratischer Sprachgebrauch setzt einen *linguistisch fundierten* und *didaktisch reflektierten Sprachunterricht* voraus.

Diese Voraussetzungen sind allerdings weder allein mit den Prinzipien der Verwissenschaftlichung noch der Wertneutralität gleichzusetzen. Ganz ohne Zweifel kann die wissenschaftliche Fundierung des Deutschunterrichts seit den 60er-Jahren als ein wesentlicher Fortschritt gerade auch im Hinblick auf eine Objektivierung und Aktualisierung der unterrichtlichen Gegenstandsfelder angesehen werden. Dennoch ist die Modernität der Inhalte noch keine Garantie für ihren verantwortungsvollen Gebrauch. Nehmen wir als Beispiel aus dem Lernbereich *Reflexion über Sprache* das Gegenstandsfeld der Entwicklungstendenzen in der Gegenwartssprache. Deren Deutung als „Sprachverfall" kann durch einen linguistisch fundierten Sprachunterricht entgegengewirkt werden. Dabei stößt eine wertneutrale Deskription von Ausschnitten des heutigen Sprachgebrauchs im Unterricht jedoch auch rasch an die Grenzen, denn im Unterricht sind, zumal für die Formulierung von Lernzielen (z. B. reflektierter Umgang mit Anglizismen), begründete Wertentscheidungen nötig.

1.2 Demokratischer Sprachgebrauch setzt *Sprachkompetenz und Sozialkompetenz* voraus.

Das bedeutet zugleich, dass weder die individuelle Sprachkompetenz noch die Fähigkeit zum gemeinschaftlichen Handeln je für sich genommen hinreichende Voraussetzungen für demokratisches Sprachhandeln darstellen; dies kann erst dadurch entstehen, dass individuelle Sprachkompetenz zugunsten gemeinschaftlichen Sprachhandelns und zum Gemeinwohl eingesetzt wird. Dies aber verweist auf kommunikative Kompetenzen, u. a. der Empathie und des Fremdverstehens, der Kooperativität und der Toleranz. Im Deutschunterricht zeigt sich dies besonders deutlich am Beispiel von *Gruppenarbeiten* und *Gemeinschaftsaufgaben*, z. B. der Erarbeitung einer schriftlichen Stellungnahme. Hier mögen Einzelne noch so ausgezeichnete eigenständige Leistungen einbringen können, doch setzt die Präsentation von Ergebnissen der Gruppenarbeit die kollektive Leistung ins Zentrum, und Einzelbeiträge müssen mit den anderen koordiniert und in den Gruppenzusammenhang integriert werden.

2 Demokratische Sprache in verfassungsrechtlichen Institutionen

1.3 Demokratischer Sprachgebrauch trägt in einem umfassenden Sinn zur *sprachlichen Bildung des Einzelnen* und zur *Kultivierung des gesellschaftlichen Sprachgebrauchs* bei.

Sprachkultivierung wird heute als ein dynamischer Prozess der Arbeit an eigenem und fremdem Sprachgebrauch verstanden mit dem Ziel, die Geltungsansprüche des sprachlichen Handelns reflektieren und begründen zu können. Eine solche Kultivierungsarbeit ist zwar von den Subjekten sprachlichen Handelns selbst zu leisten, doch kann der Sprachunterricht Grundlagen für den Erwerb und die Entwicklung sprachlichen Wissens und Könnens vermitteln.

Diese Thesen werden in Kapitel 4 wieder aufgegriffen und exemplifiziert.

2. Institutionelle Rahmenbedingungen

2.1 Neben den fachlichen Lehrplänen machen die Richtlinien in den einzelnen Bundesländern Vorgaben für den *Erziehungs- und Bildungsauftrag der Schulen* auf der Grundlage der Landesverfassungen und der Schulgesetze. Die Verfassung für das hier exemplarisch herangezogene Land NRW sieht in Artikel 7 die Weckung der „Bereitschaft zum sozialen Handeln" als ein vornehmliches Erziehungsziel: „Die Jugend soll erzogen werden im Geiste der Menschlichkeit, der Demokratie und der Freiheit, zur Duldsamkeit und zur Achtung vor der Überzeugung des Anderen [...]".

In den Richtlinien für das Gymnasium S I in NRW wird ausgeführt: „Das Gymnasium vermittelt auf dieser Grundlage eine allgemeine Bildung mit dem Ziel, die Schülerinnen und Schüler zur mündigen Gestaltung des Lebens in einer demokratisch verfassten Gesellschaft zu befähigen." (1993: 11). Dabei soll der Unterricht Einsichten in grundlegende Werte und Normen unserer Gesellschaft, ihre Herkunft und ihren historischen Wandel vermitteln, Einblicke in gesellschaftliche und politische Machtverhältnisse und Entscheidungsprozesse ermöglichen und Anleitung dazu geben, Chancen zur Einflussnahme auf diese Entscheidungsprozesse zu erkennen und wahrzunehmen.

Erziehung und Unterricht in den Jahrgangsstufen 5-10 sollen Hilfen geben „zur Entwicklung einer mündigen und sozial verantwortlichen Persönlichkeit", woraus u.a. folgende Aufgaben abgeleitet werden:

– Entfaltung individueller Fähigkeiten
– Aufbau sozialer Verantwortung
– Gestaltung einer demokratischen Gesellschaft (1993: 12).

In den Richtlinien für die gymnasiale Oberstufe finden sich analoge Formulierungen: Neben der Wissenschaftspropädeutik wird auch hier die persönliche Entfaltung und soziale Verantwortlichkeit in den Mittelpunkt des Erziehungsauftrags gestellt: „Die Schülerinnen und Schüler sollen ihre sozialen Kompetenzen entwickeln und in der aktiven Mitwirkung am Leben in einem demokratisch verfassten Gemeinwesen unterstützt werden." (2004 [1999]: VIIIf.).

Dabei geht es um die Bereitschaft und Fähigkeit, sich mit anderen zu verständigen und mit ihnen zu kooperieren sowie um kritische und konstruktive Auseinandersetzungen mit verschiedenen gesellschaftlichen Einstellungen und Verhaltensweisen und um die Entwicklung von Toleranz, Solidarität und interkultureller Akzeptanz.

Diese Formulierungen eines allgemeinen Bildungsauftrags von Schule auf der Basis grundgesetzlich gesicherter Werte von Freiheit und Gleichberechtigung sind in einer demokratischen Gesellschaft selbstverständlich. Ihre Umsetzung in die einzelnen Schulfächer bedarf allerdings nun der fachunterrichtlichen Konkretisierung, die von den Lehrplänen nicht immer ganz bruchlos gewährleistet wird.

2.2 Für die genauere Betrachtung des *Unterrichtsfaches Deutsch* wird wieder auf das Land NRW und seine neuesten Lehrpläne für die verschiedenen Schulstufen und Schulformen verwiesen. So sieht der Lehrplan für die *Grundschule* unter den Aufgaben des Faches Deutsch auch einen Schwerpunkt *Soziales und demokratisches Handeln* vor (2003: 29). Bei den „Einstellungen und Haltungen" findet sich eine entsprechende Erläuterung: „Ihre sprachlichen Fähigkeiten ermöglichen ihnen miteinander zu kooperieren, sich abzusprechen, aber auch die eigenen Belange zu erkennen, darüber mitzubestimmen und sie konstruktiv mitzugestalten. Soziales und mitverantwortliches Handeln wird entwickelt und gestärkt. Grundlage des sprachlichen Miteinanders ist die gegenseitige Wertschätzung."

Dies wird nun für die einzelnen Lernbereiche entsprechend differenziert. So findet sich für das mündliche Sprachhandeln ein Aufgabenschwerpunkt: demokratisches Miteinandersprechen. Bei den verbindlichen Anforderungen am Ende der vierten Klasse für das mündliche Sprachhandeln heißt es u. a. bei „Fähigkeiten und Fertigkeiten": Sie sprechen mit anderen zu einem Thema, lenken es weiter und äußern eigene Meinungen dazu, sie äußern eigene Gefühle und verstehen die Befindlichkeiten anderer; und bei den „Einstellungen und Haltungen" finden wir u. a.: Sie hören einander respektvoll zu und setzen sich fair mit anderen Meinungen auseinander, sie halten sich an Gesprächsregeln, in Konflikten suchen sie nach gemeinsamen Lösungen (ebd.: 46).

Auch die Detailbeschreibungen der neuen Kernlehrpläne für die Sekundarstufe I, die 2005/2006 in Kraft treten, enthalten Anknüpfungspunkte für demokratisches Sprachhandeln in den einzelnen Lernbereichen. Als allgemeine Aufgabe des Deutschunterrichts für die weiterführenden Schulen gilt, die sprachlichen Fähigkeiten der Schülerinnen und Schüler, d.h. ihre Verstehens-, Ausdrucks- und Verständigungsfähigkeit weiterzuentwickeln. In den Lernbereichen Sprechen und Zuhören werden unter „Gespräche führen" als Anforderungen am Ende der Sekundarstufe I u. a. formuliert: Gesprächsregeln einhalten, die eigene Meinung begründen und nachvollziehbar vertreten und auf Gegenpositionen sachlich und argumentierend eingehen (2004: 13f.).

Und zuletzt sei auf den Lehrplan Deutsch der Sekundarstufe II Gymnasium/Gesamtschule verwiesen, der als Teilkompetenzen die sprachliche, kulturelle, ästhetische, ethische und methodische Kompetenz unterscheidet. Bei der ethischen Kompetenz geht es insbesondere um die Auseinandersetzung mit den Werten und Normen der Gesellschaft, so dass sie Maßstäbe für die persönliche Orientierung gewinnen, und sie auf „die Prinzipien des demokratisch und sozial verfassten Rechtsstaates" verpflichtet werden (2004 [1999]: 6f.).

Greifen wir auch hier den Lernbereich „Sprechen" heraus, so finden sich Ansatzpunkte für demokratischen Sprachgebrauch z. B. bei den Hinweisen für grundsätzliche Gesprächsbereitschaft, gegenseitige Anerkennung und wechselseitige Toleranz im Unterrichtsgespräch, für das Ernstnehmen der Beiträge anderer, die Praktizierung reversiblen und die Ablehnung manipulativen Gesprächs (ebd.: 10f.).

Zwischen dem allgemeinen schulischen Bildungsauftrag einer Erziehung zur Demokratie und den konkreten Feinzielen und spezifischen Umsetzungsformen des Unterrichtsfaches Deutsch ist somit ein nicht unerheblicher Gestaltungsspielraum im Hinblick auf die Auswahl und Begründung von sprachlichen, kulturellen und ethischen Kompetenzen zu konstatieren.

3. Fachgeschichtliche Entwicklungen

Fragen wir uns nun, welche Anknüpfungspunkte und Konkretisierungen einer Spracherziehung zur Demokratie in der jüngsten fachgeschichtlichen Entwicklung des Deutschunterrichts zu finden sind.

3.1 Kennzeichnend für den Deutschunterricht in der Nachkriegszeit war die Entfunktionalisierung des Faches Deutsch als *Gesinnungsfach für Nationalbewusstsein und nationale und völkische Bildung*. Diese Entwicklung vollzog sich allerdings allmählich und erhielt einen entscheidenden Anschub erst durch die ideologiekritischen Auseinandersetzungen der 60er-Jahre.

3.2 Die vorherrschende Konzeption des Deutschunterrichts in der Nachkriegszeit war die *muttersprachliche Bildung*, die sich bis in die Konzepte der Methodik des Deutschunterrichts (Ulshöfer, Essen) und der Didaktik der deutschen Sprache (Helmers) der 50er- und 60er-Jahre ausgewirkt hat. Die damaligen Stichworte „Erziehung zur Sprache und durch Sprache", „Pflege des gesprochenen und geschriebenen Wortes" und „Verantwortung gegenüber der Sprache" verwiesen zugleich auf den Bildungswert der Hochsprache, der keiner weiteren Legitimation mehr bedurfte. Sprachunterricht diente der Pflege der Hochsprache im engeren Sinne und über solche Sprachpflege der Persönlichkeitsbildung im weiteren Sinne. Die Auseinandersetzungen entzündeten sich vor allem am Ulshöfer'schen „Leitbild des ritterlichen Menschen" einer als unzeitgemäße normative Setzung kritisierten rückwärtsgewandten Elitebildung, die sich bis in die einzelnen Lernziele z. B. der Gesprächserziehung im Hinblick auf moralisch-wertgebundene Themenwahl und Gesprächsbeiträge auswirkte. Von der normativen Vorgabe von Persönlichkeitsidealen und ihrer Umsetzung in einem autoritären Unterrichtsstil haben sich die nachfolgenden didaktischen Konzepte des Deutschunterrichts deutlich abgegrenzt.

3.3 Die Kritik an der hochsprachlichen Bildung und einer homogenen Sprachgemeinschaft wurde in den 60er- und 70er-Jahren von der Position eines kritischen Deutschunterrichts (C. Bürger, Ivo) und eines politischen Deutschunterrichts (Ide, Bremer Kollektiv) formuliert. Gemeinsam war solchen *gesellschaftsbezogenen Konzepten des Deutschunterrichts* ein für eine Spracherziehung zur Demokratie ganz wesentliches Moment: nämlich durch Sprach- und Ideologiekritik emanzipatorische Einsicht in die Gebundenheit und Ideologiehaltigkeit von Sprache zu ermöglichen. Diese sprachkritische Dimension bildete einen wichtigen Bestandteil im Reformansatz „Reflexion über Sprache", der, eingeführt durch die Hessischen Rahmenlichtlinien Deutsch S I von 1972, den traditionellen Grammatikunterricht um die kommunikativ-pragmatischen und um die soziolinguistischen Dimensionen der Sprache erweitert und zugleich didaktisch legitimiert hatte. Dem Lernziel Sprachkritik, das zur Kritikfähigkeit und Mündigkeit der Lernenden und mithin zur Demokratisierung der Gesellschaft beitragen sollte, wurde allerdings in der Weiterentwicklung der Deutschdidaktik nicht mehr eine so große Bedeutung beigemessen.

3.4 Entscheidende Einflüsse auf den Deutschunterricht der 80er-Jahre übten vielmehr die *kommunikative Didaktik* und das zentrale Lernziel der Förderung der *kommunikativen Kompetenz* aus: Dabei ging es vorwiegend um das Einüben der Verwendung situationsangemessener sprachlicher Mittel zur Verwirklichung von Sprecherabsichten in gegebenen Kommunikationskontexten. Mit der pragmatisch-kommunikativen Dimension der Sprache wurden zwar zugleich auch für einen demokratischen Sprachgebrauch wesentliche Sprechhandlungen einbezogen, wie z. B. WIDERSPRECHEN, SICH WEIGERN etc. Auch konnten im Rahmen des situations- und projektorientierten Deutschunterrichts viele alltagsnahe Lebenssituationen berücksichtigt und das erfolgreiche sprachliche Handeln darin wirklichkeitsnah erprobt werden. Aspekte einer kommunikativen Ethik blieben allerdings für weite Bereiche des Deutschunterrichts ohne Folgen, so dass die Kritik am zweckrationalen Handeln einer auf kommunikative Effizienz und „Kommunikationsathletik" ausgerichteten Spracherziehung laut werden konnte.

3.5 In der nachkommunikativen Sprachdidaktik ist daher auch wieder verstärkt neben dem sprachlichen Können das sprachliche Wissen, die Bildung von Sprachbewusstsein, auch durch einen erweiterten Grammatikunterricht, sowie von einem reflexiven und von einem reflektierten Sprachgebrauch die Rede. Dies soll im letzten Abschnitt dieses Beitrags wieder aufgegriffen werden.

4. Von der Spracherziehung zum demokratischen Sprachgebrauch: Was kann der Sprachunterricht leisten?

In den bisherigen Arbeitsschritten konnten wichtige Ansatzpunkte für eine Spracherziehung zur Demokratie gewonnen werden, v.a. die Bereitschaft und die Fähigkeit:
– zum kooperativen Sprachhandeln und zur sprachlichen Verständigung,
– zu Toleranz und Akzeptanz unterschiedlicher sprachlicher Normen und Verhaltensweisen,
– zur kritischen Auseinandersetzung mit Meinungen und Positionen,
– zur konstruktiven Mitgestaltung von Entscheidungen und zur Bildung und Begründung einer eigenen Meinung.

Aus diesem Komplex seien im Folgenden drei Aspekte herausgegriffen und genauer diskutiert.

4.1 Kooperativität im Gespräch

Das Gespräch stellt das wesentliche Medium der Verständigung, der Auseinandersetzung und der Meinungsbildung dar; es bildet sozusagen den zentralen Kern eines demokratischen Sprachgebrauchs. Der Gesprächserziehung wird, wie im Abschnitt 2 angesprochen, demnach auch ein wichtiger Stellenwert in den Lehrplänen des Faches Deutsch zuerkannt. Bereits die Gesprächserziehung in der Grundschule dient der Einübung in grundlegende demokratische Handlungsweisen, wie: anderen nicht das Wort nehmen und die Gesprächsregeln einhalten, den Beiträgen der anderen zuhören und diese aufgreifen, den Gesprächszweck vereinbaren und zu seiner Erfüllung beitragen.

Gespräche führen bedeutet Gesprächsarbeit leisten, wie es die aktuelle Gesprächsforschung in inhaltlicher, struktureller und funktionaler Hinsicht belegt hat. Daraus ist für die schulische Gesprächsförderung z. B. die Bedeutung des aktiven Zuhörens als wichtiges neues Lernziel gewonnen worden. Gesprächsarbeit ist aber auch im Hinblick auf die Sicherung der Verständigung durch Sprecher und Hörer zu leisten sowie im Hinblick auf die gemeinsame Bearbeitung des Gesprächszwecks, z. B. ein Informations-, ein Planungs- oder ein Entscheidungsgespräch zu führen.

An der jüngsten Geschichte des schulischen Lernbereichs *Sprechen* lassen sich die eingangs genannten drei Aspekte der linguistischen Fundierung und didaktischen Reflexion des Sprachunterrichts, der Verbindung von Sprachkompetenz und sozialer Kompetenz sowie der Kultivierung des Sprachgebrauchs besonders deutlich aufzeigen. Während es im traditionellen Deutschunterricht um die Einübung der normgerechten und lautreinen Aussprache ging und später in der kommunikativen Didaktik um die erfolgreiche intentionsgemäße Bewältigung von Kommunikationssituationen, ist heute das Lernziel der Förderung einer *Gesprächskultur* in den Vordergrund getreten. Eine solche Gesprächskultur zeigt sich aber gerade auch im halböffentlichen und privaten „geselligen Umgang im Gespräch", z. B. beim Anknüpfen von Kontakten bei Erstbegegnungen, bei Gesprächsinitiativen mit noch unbekannten Gesprächspartnern, und zwar insbesondere in interkulturellen Kontexten.

4.2. Sprachvielfalt und Normtoleranz

Als ein weiterer Aspekt, diesmal aus dem Lernbereich *Reflexion über Sprache*, sei der Umgang mit *Sprachvielfalt* und die Förderung von *Sprachnormtoleranz* hervorgehoben. Auch in diesem Punkt lässt sich die Weiterentwicklung der wissenschaftlichen Grundlegung des Sprachunterrichts und der Lehrplangestaltung deutlich verfolgen, indem an die Stelle der Homogenitätsannahme der Hochsprache und der Sprachgemeinschaft, wie in Abschnitt 3 erwähnt, die Einsicht in die innersprachliche Mehrsprachigkeit und die Unterscheidung der Standardsprache und ihrer Varietäten getreten ist.

Schon Grundschüler werden mit einer Vielfalt von Erscheinungsweisen der deutschen Sprache konfrontiert, und zwar lokale und regionale Formen, informelle und formelle Sprechweisen, Gruppen- und Fachsprachen, Sprachgebrauch der Generationen und Geschlechter. „Sprachvarietäten untersuchen und angemessen verwenden können" ist daher heute ein wichtiger Aufgabenschwerpunkt im Lernbereich Reflexion über Sprache, so in den in Abschnitt 2 erwähnten Lehrplänen Deutsch in NRW.

Dabei kann das sprachliche Wissen um das vielfältige Deutsch nicht nur mit dem sprachlichen Können, d. h. der Beherrschung unterschiedlicher Sprachstile, verbunden werden; vielmehr kann die Einsicht in das vielfältige Deutsch zugleich als Chance zum reflektierten Umgang mit Sprache und zur Toleranz und Akzeptanz unterschiedlicher sprachlicher Normen verstanden werden. Sprachnormen werden der aktuellen Forschung zufolge nicht mehr als schlechthin gegebene Größen und zugleich als Maßstäbe verstanden, nach denen ein Sprachgebrauch als richtig oder falsch beurteilt werden kann. Vielmehr spricht man heute von Normierungshandlungen, die von den Mitgliedern einer Sprachgemeinschaft stets neu (re)produziert und als Erwartungen konventionalisiert werden und in der Interaktion soziale Geltung erlangen. Damit aber können fremde und eigene Normierungen und vor allem deren sachliche Begründungen zum Gegenstand unterrichtlicher Reflexion gemacht und damit Beiträge zu einem kultivierten und reflektierten Sprachgebrauch geleistet werden.

Als Beispiel sei hier auf den geschlechtergerechten Sprachgebrauch verwiesen: Die Formulierungsvariante der Beidnennung soll gegenüber dem generischen Sprachgebrauch – wie oft argumentiert – Frauen „sprachlich sichtbar" machen. Eine solche Normierungsentscheidung kann im Unterricht anderen, z. B. der Sprachökonomie, gegenübergestellt, sie kann erörtert und auch empfohlen, sie sollte aber wohl kaum vorgeschrieben werden.

4.3 Sprachkritik und reflektierter Sprachgebrauch

Damit ist zugleich der für einen demokratischen Sprachgebrauch wichtige Aspekt der *Sprachkritik* angesprochen, der in der jüngsten Fachgeschichte des Deutschunterrichts eher vernachlässigt wurde. Das Lernziel Sprachkritik kann integrativ in den Lernbereichen *Sprechen* sowie *Schreiben* und auch *Umgang mit Texten* behandelt werden; doch in der Form einer linguistisch begründeten Sprachkritik ist es der Systematik des Lernbereichs *Reflexion über Sprache* zuzuordnen. Denn die kritische Auseinandersetzung mit Texten erfordert sprachanalytische Begriffe und Verfahrensweisen auf der Basis von grammatischen Kenntnissen einschließlich der Textgrammatik und Textlinguistik, um die eingangs erwähnten Erscheinungsweisen von Sprache als Mittel der Diskriminierung und Abwertung, der Unterdrückung, der Manipulation und der Aggression in mündlichen und schriftlichen Texten offen zu legen.

„Wörter" bzw. „Unwörter des Jahres" sind beliebte Unterrichtsthemen, an denen Sprachkritik erprobt und eingeübt werden kann. Auch der ebenfalls in Abschnitt 1 erwähnte Umgang mit Anglizismen sowie mit Fach- und Fremdwörtern allgemein bietet ein wichtiges Gegenstandsfeld der Sprachkritik im Unterricht, und zwar auf der Wort- und Textebene, denn die Differenzierung von Kommunikationsbereichen und Textsorten (Fachtexte, Anweisungstexte, Werbetexte) spielt eine wichtige Rolle bei sprachkritischen Beurteilungen. Damit wäre im Unterricht zugleich die wichtige Erkenntnis zu verbinden, dass nicht die Wörter „gut" oder „schlecht" sind, sondern dass entsprechend der Gebrauchstheorie vielmehr die Intentionen zu beurteilen sind, die den Gebrauch der sprachlichen Mittel bestimmen.

Mit diesem Verweis auf den Zusammenhang von sprachlichen, sozialen und ethischen Kompetenzen sind wir aber schließlich an einem entscheidenden Punkt angelangt, der neben den Möglichkeiten vor allem die Grenzen der Sprachanalyse und der Sprachkritik und auch die Grenzen eines reflektierten Sprachgebrauchs verdeutlicht, wie er in den letzten beiden Abschnitten angesprochen wurde.

5. Ausblick

Sprach- und Kommunikationskompetenz, Kooperativität im Gespräch und Normentoleranz, Kritikfähigkeit und Reflexionskompetenz – zur Ausbildung dieser wesentlichen Kompetenzen vermag ein linguistisch fundierter und didaktisch reflektierter Sprachunterricht heute Wesentliches beizutragen. Insofern ist die im Titel genannte zentrale Fragestellung zu bejahen. Dass eine solche unterrichtliche Vermittlung auch mit demokratischen Methoden, d. h. mit Schüler- bzw. Lernerorientierung, und nicht durch Präskription und autoritäre Setzung erfolgen sollte, versteht sich eigentlich von selbst. Neben den Unterrichtsmethoden ist auch die Rolle und auch die Person der Lehrkraft von Bedeutung, was ihre Überzeugungskraft und Argumentationsstärke, aber auch Glaubwürdigkeit und Authentizität betrifft.

2 Demokratische Sprache in verfassungsrechtlichen Institutionen

Ob die Lernenden allerdings außerhalb der Schule von den Möglichkeiten demokratischen Sprachgebrauchs Gebrauch machen, obwohl diese keine unmittelbare Nützlichkeit und keinen direkt messbaren „Gewinn" versprechen und überdies oft genug dem Eigennutz und der Eitelkeit abträglich sind, diese Frage muss am Ende offen bleiben und in die Verantwortung jedes Einzelnen gestellt werden.

Armin Burkhardt

Deutsch im demokratischen Parlament
Formen und Funktionen der öffentlichen parlamentarischen Kommunikation

1 Einleitung

Das Parlament ist schon seiner ursprünglich französischen Bezeichnung nach Sprechen, Besprechung, Versammlung und in metonymischer Umdeutung dann auch der Ort, an dem gesprochen oder genauer: beraten wird. Als Ort der Beratung zwischen gewählten Vertretern, die die Gesamtheit der Bürger repräsentieren, über das Gemeinwohl ist es die Basisinstitution des demokratisch verfassten Staates, von der die Legitimation aller übrigen Institutionen nur abgeleitet ist. Seine Leitidee ist die des „government by discussion" (Schmitt 1985: 12ff. u. 43), sein kommunikatives Prinzip die Deliberation. In den zwar endlosen, aber von Parteidisziplin noch kaum bestimmten Plenardebatten der Frankfurter Nationalversammlung der Jahre 1848/49 sah Carl Schmitt das offen-diskursive Wesen des Parlamentarismus weitgehend realisiert, aber schon der Deutsche Reichstag der Weimarer Republik, als zweites demokratisches Parlament der deutschen Geschichte, konnte diesem Ideal nicht mehr vollständig entsprechen. Das moderne Parlament diskutiert und deliberiert nicht öffentlich, sondern verhandelt über parteiliche Konzepte und Interessen. Dies geschieht v. a. in den Ausschüssen und Fraktionen, während die Plenarsitzung fast nur noch dazu dient, die Ergebnisse vorheriger Diskussionen und die Argumente für und gegen die einzelnen Parteipositionen öffentlich zu dokumentieren (vgl. Friesenhahn 1958: 31), d.h. Bilanz zu ziehen (vgl. J. Klein 1991: 269f.), bevor schließlich zur Abstimmung geschritten wird. Für Parlamente, in denen die meiste politische Arbeit außerhalb des Plenums geleistet wird, ist in der Politikwissenschaft die Bezeichnung „Arbeitsparlament" üblich geworden. Lenkt man jedoch den Blick auf die Tatsache, dass die Redebeiträge der Plenardebatte in der Mediengesellschaft „mehrfachadressiert" (Kühn 1983), d.h. weniger auf die anwesenden Abgeordneten als vielmehr aufs mediale Massenpublikum der Bürger berechnet und insofern „trialogisch" (Dieckmann 1981: 218ff. u. 265ff.; 1985: 54f.) sind, dann hat die Bezeichnung der heutigen Volksvertretung als „Schaufensterparlament" (Burkhardt 2003: 6) zweifellos ihre Berechtigung: Die Plenardebatte zeigt das aktuelle Angebot auf dem politischen Markt und gibt so Einblick in die Ergebnisse der parlamentarischen Arbeit, aber nicht in diese selbst.

2 Deutsch: parlamentarisch-demokratisch

2.1 Parlamentarische Kommunikation

In der parlamentarischen Demokratie ist das Parlamentsplenum die Vollversammlung der gewählten Volksvertreter. Ihre sprachliche Form ist die Debatte, der organisierte öffentliche Redekampf mit abschließender Abstimmung, der als verbaler Austausch zwischen vielen als ein Spezialfall der Großgruppenkommunikation zu bestimmen ist. Die Debatte ist Kern und Aushängeschild der parlamentarischen Arbeit. Hilgers (1961) hat gezeigt, wie das aus dem Französischen zunächst in Verbform übernommene Lehnwort *debate* im englischen Parlamentarismus in seiner substantivierten Form zunächst in der überkommenen weiteren Bedeutung ‚Streit, Meinungsverschiedenheit, Auseinandersetzung' gebraucht wurde, jedoch seit dem Beginn des 17. Jahrhunderts, ausgehend vom Parlament selbst, zum politischen Fachterminus wird und sich – zunächst vereinzelt und innerparlamentarisch, dann auch gemeinsprachlich – semantisch auf die parlamentarische Beratung mit Entscheidungsfindung verengt hat. *Debate* wird nunmehr verstanden als „die Aussprache des Parlaments, deren Zweck die Darlegung der widerstreitenden Meinungen und deren Ziel die Entscheidung durch Abstimmung ist" (ebd.: 107): „[...] the end of debating is to persuade [...]" (Berkeley 1950: 3, 142). Im Zuge der Ausbreitung der kontroversen, aber geregelten parlamentarischen Verhandlungsmethoden erstreckt sich die Verwendung von *debate* seit dem frühen 19. Jahrhundert auch auf öffentliche Bereiche außerhalb des Parlaments.

Wahrscheinlich als Reaktion auf das assoziativ negativ besetzte, aber vom Wort konnotierte Ziel der Persuasion hat seither in Deutschland die Verwendung von *Debatte* in offiziellen Texten beständig abgenommen. In der Geschäftsordnung des Reichstages ist es ebenso wenig zu finden wie in der des Bundestages. Zugleich sind in der offiziellen Fachsprache der Politik für *Debatte* die weniger belasteten Ausdrücke *Aussprache, Beratung* und *Verhandlung* eingetreten.[1] Im Sprachgebrauch der Medien und in der Alltagssprache wird dagegen nach wie vor *Debatte* bevorzugt, das allerdings inzwischen auch allgemein kontroverse Diskussionen in der Öffentlichkeit zu einem bestimmten Thema

---

[1] Für eine ausführliche Differenzierung der parlamentstypischen Dialogsorten vgl. Kilian 1997.

bezeichnen kann (und dann als Quasisynonym zu *Diskurs* fungiert). Wenngleich der Begriff nicht zur „offiziellen" Sprache des Bundestages gehört, wie sie in parlamentsrechtlich relevanten Texten Verwendung findet, ist er doch üblicher Bestandteil der Sprache der Plenarsitzungen selbst geblieben. Könnte man noch sagen, dass die parlamentarischen Schaukämpfe im Plenum Debatten sind, insofern sie kontrovers geführt werden und in eine Abstimmungsentscheidung einmünden, so lassen sie sich hingegen kaum mit Recht als „Aussprache" oder „Beratung" bezeichnen, denn Aussprachen sind engagierte und offene Diskussionen und Beratungen ihrem Wesen nach vertraulich (vgl. Sternberger 1991: 221). Beides gilt aber für das darstellend-begründende Plenum von heute nicht. Vielmehr sind ihm die Ausschuss- und Fraktionssitzungen vorgeschaltet, in denen wirkliche wechselseitige Aussprache und vertrauliche Beratung stattfinden. Bewusst oder unbewusst dient damit auch die bundestagsoffizielle Bezeichnung der Plenardebatten als „Aussprache" oder „Beratung" der Wahrung des „klassisch-altliberalen" Scheins. Auch darin zeigt sich, dass die Deliberation im Plenarsaal noch im „Schaufensterparlament" das Ideal parlamentarischer Kommunikation geblieben ist. Im Rahmen von Debatten, in denen vor weitgehend leeren Bänken bei intensiver Beschallung mit Zwischenrufen ausformulierte Reden abgelesen werden, deren Inhalt den meisten Beteiligten vorher bekannt ist, lässt es sich allerdings nur sehr selten verwirklichen.[2] In der Realität der parlamentarischen Kommunikation in der „trialogischen" Medienwelt stehen der intendierten „Inszenierung" der Debatte als öffentliche Diskussion zahlreiche „Inszenierungsbrüche" gegenüber (vgl. Dieckmann 1981: 276ff.; Burkhardt 2003: 319ff.).

Für die Sprache der Politik im Allgemeinen wie für die des Parlaments im Besonderen gilt, dass sie tendenziell a l l e Wissensbereiche und -bestände mittels Sprache in ihr Sprechen und Handeln einholen muss. Dieckmann (1975: 48) hat gezeigt, wie sich die parlamentarische Sprache „bei näherem Hinsehen in Teileinheiten" auflöst.[3] Insofern sind zwar im Parlament prinzipiell Wörter und Wendungen aus jeder Sprachschicht möglich, doch ist der Gesamtstil der Debatten hinsichtlich Wortwahl und Syntax dem Geschmack und dem übertragungstechnischen Standard der jeweiligen Epoche unterworfen und kann von pathetisch-rhetorisch (Paulskirche) über gelehrt-ironisch (früher Bundestag) bis hin zu mehr alltagssprachlichen Formen (Bundestag

---

[2] Zu den sog „Sternstunden" des Parlaments vgl. Niehr 2000.
[3] Vgl. Dieckmann 1975: 48ff.; vgl. dazu auch Burkhardt 2003: 125ff. sowie Dieckmann und Klein im vorliegenden Band.

heute) reichen. Die Volksvertretungen haben jedoch – abgesehen etwa von parlamentstypischen Formen der Anrede, auf die hier nicht eingegangen werden kann (vgl. dazu Burkhardt 2003: 398ff.) – einige sprachliche Erscheinungen hervorgebracht, die für sie charakteristisch sind und auf sie zurückverweisen: institutionelle Sprechakte und dialogische Sprachformen.

2.2 Institutionelle Sprechakte

Die Welt der Sprechakte ist so groß wie die der sprechaktbezeichnenden Verben, und auch in den parlamentarischen Debattenbeiträgen sind fast alle Arten sprachlicher Handlungen möglich, die nicht auf bestimmte andere Institutionen festgelegt sind. Dennoch haben sich für die parlamentarische Kommunikation seit dem 19. Jahrhundert sprachliche Handlungsformen herausgebildet, die parlamentstypisch sind, aber später auch Vorbildcharakter für andere, nichtparlamentarische Verhandlungs- und Entscheidungsgremien angenommen haben. Zwar hat es in Deutschland bereits vor der Gründung der Parlamente des 19. Jahrhunderts politische Versammlungen gegeben, doch erscheint es berechtigt, „in den nachrevolutionären repräsentativen Gremien neue Sprechhandlungsmuster zu vermuten, die anderen Regeln folgen als frühere sprachliche Verfahren" (Holly 1982: 14). Wie in anderen Institutionen auch haben die teils zum Usus eingespielten, teils schriftlich kodifizierten Verfahrensregeln des Parlaments den Zweck, Arbeit und Kommunikation zu erleichtern und Verfahrenssicherheit zu gewährleisten.

Die typisch parlamentarischen Sprechakte (und Sequenzierungsmuster) kann man in Handlungen des Präsidiums und solche der Abgeordneten unterscheiden. Die Ersteren lassen sich vier Typen zuordnen:

(a) *debattenkonstitutive Sprechhandlungen:*[4]
ERÖFFNEN und SCHLIESSEN DER SITZUNG, AUFRUFEN und VERLESEN DER TAGESORDNUNG, UNTERBRECHUNG oder AUFHEBUNG DER SITZUNG, VERKÜNDIGUNG DES NÄCHSTEN SITZUNGSTAGES, BEKANNTGABE DER TAGESORDNUNG DER NÄCHSTEN SITZUNG

(b) *debattenstrukturierende Sprechhandlungen:*
ERÖFFNEN und SCHLIESSEN DER DEBATTE ZU EINEM TAGESORDNUNGSPUNKT, FRAGESTELLUNG, FRAGE, OB DAS WORT GEWÜNSCHT WIRD, FESTSTELLEN EINES ABSTIMMUNGSERGEBNISSES

---

[4] Hier wie im Folgenden dient die Hervorhebung durch GROSSBUCHSTABEN der Kennzeichnung sprachlicher Handlungen.

(c) *debattenorganisierende Moderationen:*
BITTE UM RUHE, ERTEILEN DES WORTES, FRAGE NACH GESTATTEN EINER ZWISCHEN- ODER ZUSATZFRAGE, ABGABE EINER ERKLÄRUNG DES PRÄSIDIUMS

(d) *autoritative Maßnahmen:*
ORDNUNGSRUF, RÜGE, SACHRUF, ENTZIEHEN DES WORTES, AUSSCHLIESSUNG VON DER SITZUNG, AUFFORDERUNG ZUR RÄUMUNG DER TRIBÜNE.

Diese Sprechakte sind an das Amt des Präsidenten gebunden, d.h., einem anderen als dem amtierenden Präsidenten ist es (vielleicht mit Ausnahme der BITTE UM RUHE) unmöglich, sie wirksam zu vollziehen. Aufgrund der Autorität seines Amtes, d.h. seiner Ordnungs- und Leitungsgewalt, sind die Sprechhandlungen des Präsidenten überwiegend DEKLARATIV (vgl. auch Wunderlich 1976: 315) im Sinne Searles (1982: 36ff.), d.h., sie haben zumeist keine eigentliche Proposition, realisieren die durch sie bezeichneten Tatsachen durch sich selbst und treten unmittelbar durch Aussprechen des Präsidenten in Kraft: Wenn der Präsident sagt, dass er einen ORDNUNGSRUF erteilt, dann ist dieser damit erteilt, und der zur Ordnung Gerufene muss beim dritten Ordnungsruf mit so handfesten Folgen wie dem ENTZUG DES REDERECHTS und dem AUSSCHLUSS VON DER WEITEREN VERHANDLUNG rechnen. Wenn der Präsident sagt, die SITZUNG sei ERÖFFNET, dann ist sie damit eröffnet. Und auch die FESTSTELLUNG EINES ABSTIMMUNGSERGEBNISSES ist keine bloße MITTEILUNG, sondern eine DEKLARATION, die das Ergebnis der Abstimmung „als verbindliches soziales Faktum" festsetzt (vgl. Wunderlich 1976: 318).

Die debattenkonstitutiven, -strukturierenden und -organisierenden Sprechakte steuern den Prozess, etwa bei der Behandlung und Verabschiedung eines Gesetzes, „indem sie Schritt für Schritt *neue soziale Fakten im institutionellen Ablauf* herstellen" (Wunderlich 1976: 314). Wie Wunderlich gezeigt hat, kann sich der Präsident dabei explizit performativer Formen ebenso bedienen („Ich rufe Punkt 3 der Tagesordnung auf", „ich eröffne die Aussprache") wie etwa „idiomatisierter Formeln" des Typs „Wir kommen zu ..." (vgl. ebd.: 316). Durch seine einzelnen Handlungszüge markiert der Präsident jeweils, an welcher Stelle der Tagesordnung bzw. in welchem Stadium der Behandlung eines Tagesordnungspunktes sich die Versammlung gerade befindet. In Bezug auf die FRAGESTELLUNG schreibt §46 der Geschäftsordnung des Bundestages (wie schon §101 derjenigen für den Reichstag) ausdrücklich vor, dass vom Präsidenten die Fragen so gestellt werden müssen, „dass sie sich mit ‚Ja' oder ‚Nein' beantworten lassen"; „in der Regel" seien sie „so zu fassen, dass gefragt wird, ob die Zustimmung

2 Demokratische Sprache in verfassungsrechtlichen Institutionen

erteilt wird oder nicht". Es ist exakt diese aus der Einhaltung ritualisierter Muster und Sequenzen resultierende Durchsichtigkeit des Procedere, welche den schrittweisen und reibungslosen Ablauf der Debatte garantiert.

Als Handlungen der Redner kommen, je nach aktuellem Debattenthema und jeweiliger Kommunikationsabsicht, fast alle Arten von Sprechakten infrage. Parlamentstypisch sind jedoch: STELLEN EINES ENTSCHLIESSUNGSANTRAGS, ÄNDERUNGSANTRAGS oder EINES ANTRAGS ZUR GESCHÄFTSORDNUNG, BEGRÜNDUNG EINES ANTRAGS, GROSSE UND KLEINE ANFRAGE,[5] ABGABE EINER PERSÖNLICHEN ERKLÄRUNG, GESTATTEN bzw. ABLEHNEN EINER ZWISCHEN- ODER ZUSATZFRAGE.[6] Nicht eigentlich für Parlamente typisch, jedoch dort besonders häufig sind AUFRUFE, FORDERUNGEN, MAHNUNGEN oder auch ausdrückliche WARNUNGEN. Um das Rederecht zu erlangen, ist die WORTMELDUNG erforderlich (wobei Rederecht und Rednerfolge im heutigen Parlamentarismus normalerweise über das Zusammenspiel der Fraktionsvertreter im Ältestenrat vorab ausgehandelt werden). Hier wie z. B. beim STELLEN EINES ANTRAGS oder einer ZWISCHENFRAGE sind spezifische Handlungsformen zu beachten.

2.3 Dialogische Formen

Die zeichenhaften Handlungen derjenigen Parlamentsmitglieder, die das offizielle Rederecht nicht besitzen, sind punktuell und naturgemäß zeitlich eng begrenzt und entweder verbal:

(a) Zwischenruf
(b) Zwischenfrage

oder außersprachlich:

(c) Zwischensymptome (Zustimmung, Heiterkeit, Lachen, Widerspruch, Beifall usw.)
(d) Abstimmungszeichen (Handzeichen, Aufstehen, Sitzenbleiben).[7]

---

[5] Vgl. dazu Witte-Wegmann 1972. – Die Geschäftsordnung für den Reichstag nannte die große Anfrage noch „Interpellation" (§§ 55ff.), kannte aber auch schon die kleine Anfrage (§§ 60ff.) (vgl. Zschucke 1928: 33).

[6] Zu den „Textsorten politischer Rede" (etwa Gesetzentwurf, Ausschussbericht, Regierungserklärung, Erklärung zur Abstimmung, persönliche Bemerkung, Aussprache/Aktuelle Stunde, Fragestunde usw.) vgl. Simmler 1978: 45ff. sowie J. Klein 2000: 748ff.

[7] Für eine genauere Darstellung der parlamentarischen Abstimmungsformen vgl. Szmula 1970: 12ff.

All diese Formen des Zeichengebrauchs sind konstitutive Momente parlamentarischer Kommunikation. In den Stenographischen Berichten erscheinen sie als in Klammern eingerückte „Regiebemerkungen" (vgl. dazu Burkhardt 2003: 458ff.). Für sie gilt derselbe Doppelcharakter wie für die den Kern der Debatte ausmachenden Reden und die Sprechhandlungen des Präsidenten. Die drei Arten des Eingreifens der (Teil-)Adressaten in eine Rede (a–c) können als „Zwischensignale" bezeichnet werden, die, als Formen der Rückkopplung in einer vom Grundsatz her asymmetrischen Kommunikationssituation, dazu dienen, den vom Prinzip her monologischen Charakter der Parlamentskommunikation aufzubrechen. Nur die verbalen Zwischensignale können im Folgenden behandelt werden.

2.3.1 Zwischenrufe

Weil im Parlament der Grundsatz gilt, dass niemand reden darf, ohne dass ihm der Präsident das Wort erteilt hat, sieht die Geschäftsordnung des Deutschen Bundestages die Kommunikationsform des Zurufs offiziell gar nicht vor. Da der Zwischenruf jedoch altem Parlamentsbrauch entspricht, wird er in der Geschäftsordnung immerhin als ein mögliches Faktum erwähnt, das in die Plenarprotokolle aufgenommen werden muss, „es sei denn, daß er mit Zustimmung des Präsidenten und der Beteiligten gestrichen wird". Zwar können Zwischenrufe auch zu beleidigenden Zwecken eingesetzt werden, aber ihr eigentliches Anliegen ist einerseits im gruppendynamisch wichtigen Signalisieren von Zustimmung bzw. Ablehnung zu sehen, andererseits liegt ihnen neben dem Wunsch, auf den Redner einzuwirken oder diesen öffentlich zu einer Reaktion auf das Zugerufene zu zwingen, vor allem der Gedanke zugrunde, ihn durch Störung oder Abqualifikation zu verunsichern oder durch kurz eingeworfene Gegenargumente bloßzustellen oder gar lächerlich zu machen. Insofern werden sie vor allem strategisch eingesetzt und sind im Laufe der Parlamentsgeschichte immer zahlreicher geworden. In der „trialogischen" Kommunikationssituation des Deutschen Bundestages kommt etwa ein Zwischenruf auf jede Minute Redezeit (was in etwa dem Zwischenrufaufkommen von 40 Jahren DDR-Volkskammer entspricht, vgl. dazu Burkhardt 2004: 450ff.).

Linguistisch sind Zwischenrufe als kommunikative Beiträge von Personen zu bestimmen, denen der Gesprächsleiter nicht das Rederecht erteilt hat, d.h. als die verbalen Rückmeldungssignale der Hörer monologischer Texte im Rahmen der gesprochenen Großgruppenkommunikation, wie sie von alters für das Parlament besonders charakteristisch sind. Aus der Rolle des Hörers gibt der Zurufer, zumeist stellver-

2 Demokratische Sprache in verfassungsrechtlichen Institutionen

tretend für eine Gruppierung, in nuce seine Einstellung zu dem kund, was der Redner sagt. Die Verteilung des Rederechts selbst – und damit auch die Geltung des Prinzips „Gesprächsleiter [= Präsident oder Vizepräsident] wählt nächsten" (vgl. Henne/Rehbock 2001: 18) – bleibt unangetastet. Darum wird die „Grenze des Zwischenrufs" dann überschritten, wenn „es sich tatsächlich um einen Eingriff in die Diskussion handelt" (Troßmann 1977: § 32.1).

Ihrem Charakter als Einwürfe in die Rede eines anderen entsprechend müssen Zwischenrufe generell kurz sein und gehen über die Länge eines Gefügesatzes oder zweier gleichgeordneter Hauptsätze selten hinaus. Besonders zahlreich sind elliptische Ein- oder Zweiwortsätze, von denen die Standardzurufe „Aha!", „Sehr wahr!", „Sehr richtig!", „Bravo!", „Hört! Hört!", „Pfui!", „Buh!", „Oho!" die häufigsten sind. Zu nennen wären aber auch die gängigen Abqualifikationen „Quatsch!", „Blödsinn!" und „Keine Ahnung!" sowie elliptische Kurzzurufe des Typs „3 Millionen Arbeitslose!", „Mitte-links-Gefälle!", „Ein Panikorchester!" usw. Schon diese Beispiele zeigen, dass UNTERSTÜTZUNG und KRITIK/ABLEHNUNG zwar die Grundfunktionen des Zwischenrufs sind, doch bei genauerem Hinsehen offenbart sich dem Betrachter eine wesentlich größere funktionelle Vielfalt.

Unter syntaktischen Gesichtspunkten lassen sich, neben den bereits genannten elliptischen Kurzzurufen, die zumeist aus Interjektionen bestehen, einige recht interessante Zwischenruftechniken herausarbeiten, von denen die „(Pseudo-)Satzergänzer und -vollender" – neben den Wortspielen – die wohl augenfälligsten sind. Bei den Ergänzungen in diesem Sinne handelt es sich um die Erweiterung einer Redneräußerung durch Anschluss einer syntaktisch möglichen Struktur (zumeist eines konjunktional eingeleiteten Nebensatzes). Die „Satzvollendung" als syntaktisch korrekte und dem intendierten Sinn entsprechende Vervollständigung einer vom Sprecher begonnenen syntaktischen Struktur ist eine aus der Gesprächsanalyse bekannte Hörerstrategie, die im Alltagsgespräch normalerweise dazu dient, vollständiges Verstehen oder sogar Zustimmung vorzeitig an den Sprecher rückzumelden (vgl. Henne/Rehbock 2001: 21). Beide Zwischenruftechniken werden dazu verwendet, den gerade gesprochenen Satz des Redners syntaktisch korrekt zu ergänzen oder zu vervollständigen, dabei jedoch die von diesem intendierte Aussage in ihr Gegenteil zu verkehren. An folgendem Satzvollender wird dies besonders deutlich:

> „**Dr. Wolfgang Schäuble** (CDU/CSU): [...]
> Die Bundesrepublik Deutschland ist ein **ausländerfreundliches** Land.
> (Freimut Duve [SPD]: Gewesen!)" (DB 12/4211)

Weitere typische Zwischenruftechniken sind das Insistieren durch Wiederholung und die Klimax.[8]

Unter pragmatischen Gesichtspunkten lassen sich nach den Intentionen des Rufenden und der dominierenden Handlungskraft 6 Haupttypen von Zwischenrufen unterscheiden, die in Burkhardt (2004: 308ff.) näher bestimmt und als MEMORANDA, AFFIRMATIVA, EROTETIKA, DIREKTIVA, DISSENTIVA und EVALUATIVA bezeichnet worden sind. Während sich die AFFIRMATIVA fast ausschließlich auf die Kurzzurufformen „Sehr gut!", „Sehr richtig!", „Sehr wahr!" und (ggf.) „Bravo!" beschränken und es sich bei den DISSENTIVA häufig um „Buh-", „Pfui"- oder „Oho-Rufe" oder um Ausrufe wie „Unglaublich!", „Unverschämt!", „Unerhört!" handelt, sind die Zwischenrufe der übrigen Klassen sehr vielgestaltig und häufig wesentlich länger. Zum Teil sind sie auf Aus- und Abgrenzungseffekte gerichtet, denen wiederum eine solidarisierende Wirkung auf die Eigengruppe entspricht. Dies gilt vor allem für die EVALUATIVA und einige Subtypen der MEMORANDA, die dazu dienen, ein vom Redner nach Meinung des Rufers übersehenes Argument oder ein wichtiges Ereignis doch noch öffentlich in Erinnerung zu bringen, nicht selten zugleich zum Zweck der ABQUALIFIZIERUNG des politischen Gegners:

> „**Reents** (GRÜNE): [...]
> Aber Sie flüchten dabei in eine klerikal-reaktionäre Philosophie. Sie sagen den Menschen schlicht und einfach: Nehmt doch die Unvollkommenheit des Tuns, aber vertraut uns weiter.
> ([...] – Feilcke [CDU/CSU]: Sind Sie eigentlich immer noch Kommunist?)"
> (DB 10/2539)

Die SUGGESTIVFRAGE des Zwischenrufs präsupponiert: ‚Sie waren früher Kommunist, und als Kommunist ist man moralisch disqualifiziert'.

ABQUALIFIKATIONEN sind deutlich negative Wertungen, die darauf zielen, den politischen Gegner zu desavouieren oder auch zu provozieren. Sie können sich entweder auf den INHALT des Gesagten oder auf die PERSON des Sprechers (oder Dritter) beziehen. Die weitaus häufigsten Formen der ABQUALIFIKATION DES INHALTS im Deutschen Bundestag sind konventionelle Ausrufe wie „Blödsinn!", „Quatsch!", „Unsinn!" oder „Dummes Zeug!" bzw. „Dummes Geschwätz!", die alle zur bloßen, eher rituellen ABLEHNUNG hin tendieren. ABQUALIFIKATIONEN DER PERSON beziehen sich zumeist auf

---

[8] Zu den Zwischenruftechniken vgl. ausführlich Burkhardt 2004: 225ff.

2 Demokratische Sprache in verfassungsrechtlichen Institutionen

die Kompetenz des Redners oder benutzen mehr oder weniger konventionelle Formen der BELEIDIGUNG. Sie erfolgen fast immer in Reaktion auf schwere Angriffe aus dem Lager des politischen Gegners und sind im Bundestag häufig (aber immer mit abnehmender Tendenz) mit einem Ordnungsruf durch den Präsidenten verbunden. In der Geschichte des Bundestages reichen sie von „Rühe, du bist bescheuert!" (DB 10/9748) über „Schweinebande! Mörderbande!", „Quatschkopf!", „Sie sind ein Schwein, wissen Sie das?", „Alter Bolschewist!", „Ratte!", „Sie sind ein Strolch, [...]! Nehmen Sie das zur Kenntnis!", „Sie Dreckschleuder!", „Sie sind ein Lump!", „Professoraler Dummkopf!" „Flegel!", „Lümmel!", „Obertünnes!", „Rotzjunge!", „Mini-Goebbels!" bis hin zu Joschka Fischers inzwischen berühmt (oder eher: berüchtigt) gewordenem, vom Protokoll jedoch unterschlagenen Zuruf: „Mit Verlaub, Herr Präsident, Sie sind ein Arschloch!" (für den er sich allerdings öffentlich entschuldigt hat). In diese Kategorie gehören auch sog. „unparlamentarische Ausdrücke" wie *Lügner, Heuchler, Verleumder, Demagoge* usw., die heute kaum geahndet werden.

Eine statistische Auswertung verschiedener Debatten aus unterschiedlichen Parlamentsepochen zeigt, dass die Zahl der Zurufe (besonders der MEMORANDA) im Plenarsaal kontinuierlich zugenommen hat und dass die EVALUATIVA zwar nach wie vor zu den selteneren Zwischenruftypen gehören, im modernen „Schaufensterparlament" jedoch immer breiteren Raum einnehmen; insbesondere gilt dies für den Typ ABQUALIFIKATION DES INHALTS (vgl. dazu v.a. Burkhardt 2004: 411ff.). Weil er in der Volksvertretung selbst die Freiheit der Meinungsäußerung zur Geltung bringt, lässt sich der Zwischenruf als akustisches Symbol der parlamentarischen Demokratie deuten.

2.3.2 Zwischenfragen

Bei der Zwischenfrage handelt es sich um eine Kommunikationsform, die in früheren Parlamenten nicht vorgesehen war. Erst am 10.12.1953 wurde sie im Bundestag eingeführt, um die dialogischen Momente der Debatte zu verstärken. Gesprächsanalytisch sind die Zwischenfragen als „Selbstselektionen" (vgl. Henne/Rehbock 2001: 17 u.ö.) zu betrach-

---

[9] Faktisch können Zwischenfragen aber auch ohne Vermittlung des Präsidenten direkt vom Redner zugelassen oder abgelehnt werden, wenn dieser das Zum-Saalmikrofon-Treten-und-eine-Hand-Heben eines Abgeordneten als Zeichen des Sich-Meldens zum Stellen einer Zwischenfrage erkennt. Dem Parlamentsbrauch entsprechend hat der Zwischenfrager die Antwort des Redners am Saalmikrofon stehend abzuwarten.

ten, die dennoch der Vermittlung durch den Präsidenten sowie der Zustimmung des Redners bedürfen.[9] Häufig führen sie zu eingeschalteten „minidialogischen" Sequenzen zwischen Redner und Frager, die den ursprünglich geplanten Redetext spürbar verändern. Weil sie (wenigstens im Prinzip) „zwanghaft in die Form einer ‚Frage' gekleidet werden" müssen (K.-P. Klein 1985: 391), war der pragmatische Wirkungsradius der Zwischenfragen anfänglich recht begrenzt. Ursprünglich als INFORMATIONSFRAGE entworfen und zunächst auch in erster Linie zum Stellen sachlich bedingter Fragen an den Redner oder zur Formulierung zumeist punktueller Gegenargumente verwendet, ist inzwischen auch die Zwischenfrage zum Mittel für andere Zwecke pervertiert worden. Sie wird heute zum Vollzug der verschiedensten Arten von Sprechakten verwendet, auch zu solchen, die SPÖTTISCH, IRONISCH oder ABQUALIFIZIEREND sind. De facto kommt es den Zwischenfragern heute weniger darauf an, Informationen zu bekommen, als vielmehr darum, die Eigenposition hervorzuheben und den politischen Gegner oder dessen Standpunkt abzuwerten. Vor allem aber werden Zwischenfragen strategisch dazu verwendet, den Redner zu provozieren, ihn aus dem Konzept zu bringen und ihm so Redezeit zu stehlen. Nicht selten wird daher das Ersuchen um Zulassung einer Zwischenfrage abgelehnt – auch weil es zunehmend zu einer Pervertierung der Frageform gekommen ist. Am Beispiel einer DREIECKS-ZWISCHENFRAGE wird diese Pervertierung besonders deutlich:

> **„Vizepräsident Frau Renger**: Herr Abgeordneter, gestatten Sie eine Zwischenfrage der Abgeordneten Frau Schoppe?
> ([...])
> **Schwenninger** [GRÜNE]: Bitte schön.
> **Frau Schoppe** [GRÜNE]: Walter, kannst du bitte mal die Frau Präsidentin fragen, warum sie bei Deinem Beitrag nicht für Ruhe sorgt, wie das sonst üblich ist?
> (Lachen bei der [CDU/CSU])
> **Schwenniger** [GRÜNE]: Ich danke für diesen Impuls." (DB 10/2444)[10]

Die historisch-vergleichende Untersuchung zeigt, dass die als dialogförderndes Element eingeführte Zwischenfrage im Verlauf von fast 50 Jahren nach und nach zu einem bloßen Spiel mit der Frageform herabgekommen ist, in dem der größte Teil der Zwischenfragen inzwischen nur noch zur Abgabe von STATEMENTS[11] bzw. zur PROVOKA-

---

[10] Nach neuerer Auslegung der Geschäftsordnung sind solche Fragen unzulässig (vgl. DB 12/8907).

[11] Durch Einführung der Möglichkeit einer maximal dreiminütigen „Zwischenbemerkung" im Anschluss an eine Rede (vgl. GOBT §27) hat der Bundestag versucht, dieser Entwicklung Rechnung zu tragen.

TION, BLOSSSTELLUNG, RIDIKÜLISIERUNG und SELBSTDARSTELLUNG verwendet wird. Schon weil sie fast zeitgleich mit der Möglichkeit der Direktübertragung aus dem Plenarsaal eingeführt wurde und insofern zur öffentlichen Diskreditierung des Gegners und der Selbstdarstellung verlockte, stand die Zwischenfrage von Anfang an unter einem unglücklichen Stern. Von daher kann es nicht überraschen, dass sich dieselben Tendenzen auch für die immer häufiger werdenden Kurzdialoge zwischen Redner und Zwischenrufer bzw. -frager nachweisen lassen.[12]

3 Schlussbemerkung

„In einem demokratischen Staate", schreibt Köhler in seinem Ratgeberbüchlein *Versammlung und Diskussion* (1956: 3) mit dem parlamentarischen Idealismus der 50er-Jahre,

> „erfordert das stark pulsierende Versammlungsleben die Beherrschung der Spielregeln des parlamentarischen Lebens. Jede Meinungsrichtung will zu ihrem Recht kommen, alle Vorschläge sollen gerecht gegeneinander abgewogen, die Diskussionen und Überlegungen korrekt und ohne Voreingenommenheit geführt und die Beschlüsse so gefaßt werden, daß sie einem demokratisch hochstehenden Volke würdig sind. Versammlungen und Sitzungen dürfen nie zum Tummelplatz erhitzter Gemüter werden. Stets muß die Freiheit des einzelnen eine Grenze finden in der Freiheit des anderen."

„Hört! Hört!" möchte man an dieser Stelle rufen.

4 Literatur

Berkeley, George 1950: The Works of George Berkeley, Bishop of Cloyne. Ed. by A. A. Luce and T.E. Jessup. Vol. III: Alciphron, or the Minute Philosopher. Ed. by T. E. Jessup. London.
Borgs-Maciejewski, Hermann/Drescher, Alfred 1993: Parlamentsorganisation. Institutionen des Bundestages und ihre Aufgaben. 4. Aufl., Heidelberg.
Burkhardt, Armin 1986: Zur Phänomenologie, Typologie, Semasiologie und Onomasiologie der Frage, in: Deutsche Sprache 14, Heft 1, 23–57.
Burkhardt, Armin 1986a: Soziale Akte, Sprechakte und Textillokutionen. A. Reinachs Rechtsphilosophie und die moderne Linguistik. Tübingen.
Burkhardt, Armin 2003: Das Parlament und seine Sprache. Studien zu Theorie und Geschichte parlamentarischer Kommunikation. Tübingen.
Burkhardt, Armin 2004: Zwischen Monolog und Dialog. Zur Theorie, Typologie und Geschichte des Zwischenrufs im deutschen Parlamentarismus. Tübingen.
Dieckmann, Walther 1981: Politische Sprache. Politische Kommunikation. Vorträge – Aufsätze – Entwürfe. Heidelberg.

---

[12] Für detailliertere Ausführungen zur Zwischenfrage vgl. Burkhardt 2004: 560ff. Zu den „Mini-Dialogen" vgl. ebd.: 602ff.

Dieckmann, Walther 1985: Wie redet man ‚zum Fenster hinaus'? Zur Realisierung des Adressatenbezugs in öffentlich-dialogischer Kommunikation am Beispiel eines Redebeitrags Brandts, in: Wolfgang Sucharowski (Hrsg.): Gesprächsforschung im Vergleich. Analysen zur Bonner Runde nach der Hessenwahl 1982. Tübingen, 54–76.

Falkenberg, Gabriel 1981: ‚Sie Lügner!' Beobachtungen zum Vorwurf der Lüge, in: Linguistik und Didaktik 47/48, 157–164.

Friesenhahn, Ernst 1958: Parlament und Regierung im modernen Staat, in: Veröffentlichungen der Vereinigung deutscher Staatsrechtslehrer, Heft 16, 9–73.

Henne, Helmut/Rehbock, Helmut 2001: Einführung in die Gesprächsanalyse. 4., durchges. u. bibliogr. ergänzte Aufl., Berlin, New York.

Hermanns, Fritz 1989: Deontische Tautologien. Ein linguistischer Beitrag zur Interpretation des Godesberger Programms (1959) der Sozialdemokratischen Partei Deutschlands, in: Josef Klein (Hrsg.): Politische Semantik. Beiträge zur politischen Sprachverwendung. Opladen, 69149.

Hilgers, Alfons J. W. 1961: Debate. Ein Beitrag zur Klärung der Wörter und Begriffe des Parlaments und des öffentlichen Gesprächs. Diss. Bonn.

Holly, Werner 1982: Zur Geschichte parlamentarischen Sprachhandelns in Deutschland. Eine historisch-pragmatische Skizze an Beispielen aus ersten Sitzungen von verfassunggebenden Versammlungen, in: Zeitschrift für Literaturwissenschaft und Linguistik 47, 10–48.

Kilian, Jörg 1997: Demokratische Sprache zwischen Tradition und Neuanfang. Am Beispiel des Grundrechte-Diskurses 1948/49. Tübingen.

Klein, Josef 1991: Politische Textsorten, in: Klaus Brinker (Hrsg.): Aspekte der Textlinguistik. Hildesheim, 245–278.

Klein, Josef 2000: Textsorten im Bereich politischer Institutionen, in: Klaus Brinker/ Gerd Antos/Wolfgang Heinemann/Sven F. Sager (Hrsg.): Text- und Gesprächslinguistik. Ein internationales Handbuch zeitgenössischer Forschung. 1. Halbband. Berlin, New York, 732–755.

Klein, Klaus-Peter 1985: Argumentation in politisch-parlamentarischer Debatte. Linguistische Anmerkungen zur politischen Kultur in der Bundesrepublik Deutschland, in: Georg Stötzel (Hrsg.): Germanistik – Forschungsstand und Perspektiven. Vorträge des Deutschen Germanistentages 1984. 1. Teil: Germanistische Sprachwissenschaft, Didaktik der Deutschen Sprache und Literatur. Berlin, New York, 380–399.

Köhler, Toni 1956: Versammlung und Diskussion. Ein Wegweiser für die korrekte Leitung von Versammlungen, Aufzügen, Sitzungen, Beratungen und Diskussionen. 2., ergänzte Aufl., Kevelaer.

Kühn, Peter 1983: Der parlamentarische Zwischenruf als mehrfachadressierte Sprachhandlung, in: René Jongen/Sabine De Knop/Peter Nelde/Marie-Paule Quix (Hrsg.): Sprache, Diskurs und Text. Akten des 17. Linguistischen Kolloquiums Brüssel 1982. Band 1. Tübingen, 239–251.

Niehr, Thomas 2000: Die Asyldebatte im Deutschen Bundestag – eine ‚Sternstunde' des Parlaments? Untersuchungen zur Debattenkultur im Deutschen Bundestag, in: Armin Burkhardt/Kornelia Pape (Hrsg.): Sprache des deutschen Parlamentarismus. Studien zu 150 Jahren parlamentarischer Kommunikation. Wiesbaden, 241–260.

Schmitt, Carl 1985: Die geistesgeschichtliche Lage des heutigen Parlamentarismus. 6. Aufl., Berlin.

Searle, John Rogers 1982: Eine Taxonomie illokutionärer Akte, in: ders.: Ausdruck und Bedeutung. Untersuchungen zur Sprechakttheorie. Frankfurt am Main, 17–50.

Simmler, Franz 1978: Die politische Rede im Deutschen Bundestag. Bestimmung ihrer Textsorten und Redesorten. Göppingen.
Sternberger, Dolf 1991: Sprache und Politik. Frankfurt am Main.
Szmula, Volker 1970: Die Arbeit des Geschäftsordnungsausschusses. Aufgabe und Bedeutung eines Bundestagsausschusses. Diss. Heidelberg.
Troßmann, Hans 1977: Parlamentsrecht des Deutschen Bundestages. Kommentar zur Geschäftsordnung des Deutschen Bundestages unter Berücksichtigung des Verfassungsrechts. München.
Witte-Wegmann, Gertrud 1972: Recht und Kontrollfunktion der Großen, Kleinen und Mündlichen Anfragen im Deutschen Bundestag. Berlin.
Wunderlich, Dieter 1976: Studien zur Sprechakttheorie. Frankfurt am Main.
Zschucke, Otto Theodor Ludwig 1928: Die Geschäftsordnungen der deutschen Parlamente. Berlin.

EKKEHARD FELDER

Grenzen der Sprache im Spiegel von Gesetzestext und Rechtsprechung

1 Einleitung

In dem vorliegenden Beschreibungsansatz wird die Arbeit mit Texten als zentrales Charakteristikum der Tätigkeit eines juristischen Funktionsträgers dargestellt. Aus diesem Grunde wird die Darstellung juristischen Handelns programmatisch als „juristische Textarbeit" (Felder 2003) bezeichnet. Mit dem Konzept der juristischen Textarbeit soll veranschaulicht werden, wie ein Jurist – von Tatbeständen und Rechtstexten als juristischem Wissensrahmen ausgehend – Sachverhalte der Lebenswelt (alltagsweltliche Wissensrahmen) auf die rechtliche Welt und ihre Schemata zuschneidet. Dazu setzen Juristen Sachverhalte der Welt in Beziehung zu Gesetzestexten, zur bisherigen Rechtsprechung und gegebenenfalls zur rechtswissenschaftlichen Literatur. Im Konzept der juristischen Textarbeit wird die juristische Tätigkeit als textgestützte Integration eines Sachverhalts in Schemata der juristischen Wirklichkeitsverarbeitung aufgefasst. Rechtsanwendung besteht demnach zu einem guten Teil darin, außerrechtliche Sachverhalte in rechtliche Sachverhalte (institutionell definierte und konstituierte Sachverhalte) umzuwandeln (auf der Basis verschiedener Wissensrahmen). Entscheidend ist dabei, dass nicht *der* lebensweltliche Sachverhalt intersubjektiv oder gar objektiv *ermittelt* wird, um ihn juristisch weiterzuverarbeiten, sondern dass ein juristischer Sachverhalt unter Umständen in Abweichung von einer alltagsweltlichen Sichtweise erst von juristischen Funktionsträgern „zubereitet" (wie dies der Rechtswissenschaftler Jeand'Heur 1998: 1292 formuliert) wird – und diese Zubereitung kann unter Juristen durchaus umstritten sein. Mit dieser Formulierung wird die Rolle des juristisch handelnden Subjekts bei der Normkonkretisierung betont. Weder die Norm selber ist im Gesetzestext ante casum enthalten, noch sind die vielfältigen Aspekte des Lebenssachverhaltes positivistisch gegeben, sondern Rechtsnormen werden konstituiert, indem Lebenssachverhalte zu Normtexten (z. B. Gesetzestexten) und ihrem Anweisungs- und Handlungspotenzial in Beziehung gesetzt werden, um sie abschließend durch Richter in eine – auf den konkreten Rechtsfall zugeschnittene – Entscheidungsnorm münden zu lassen. Dieses Zusammenspiel von Normtext und Sachverhaltsfestsetzung in Abhängigkeit von den vorgegebenen Daten des je

2 Demokratische Sprache in verfassungsrechtlichen Institutionen

konkreten Falls soll im Folgenden unter rechtslinguistischen Gesichtspunkten erläutert werden.

2 Erklärungs- und Verstehensansätze der Rechtssprache

Am Anfang ist ein Textgeflecht – nicht das Wort![1] Gängige Erklärungsmuster rechtssprachlicher Besonderheiten setzen bei Rechtstermini oder Gesetzesvorschriften an.[2] „Ohne klare Begriffe und präzise Formulierungen kann der Rechtsanwender nicht auskommen" (Wassermann 1981: 131). Aufgrund dessen versuchen viele rechtssprachliche Untersuchungen spezifische Rechtstermini zu analysieren und hoffen so, die Gesetzesverständlichkeit zu verbessern. Es wird explizit oder implizit behauptet, der Schlüssel zum Verstehen des schwer zugänglichen Sprachgebrauchs in juristischen, rechtlich institutionellen Kontexten liege bei einzelnen Rechtsbegriffen oder der Gesetzesformulierung.[3] Diese Sichtweise ist zu einseitig und illusionistisch, weil sie idealistisch an der Fiktion festhält, sprachliche Elemente hätten einen intersubjektiven und zumindest prinzipiell eindeutig feststellbaren Aufbewahrungscharakter von Bedeutung (problematische „Containermetapher") (Felder 2003: 33).

Neuere rechtstheoretische (Müller 2002, Christensen/Kudlich 2001) und rechtslinguistische (Busse 1992, Felder 2003) Arbeiten zeigen jedoch: Weder die Begriffslehre noch die Gesetzesformulierung sind der entscheidende Ansatzpunkt beim Umgang mit Rechtssprache, sondern die Frage, wie Normtext (z. B. Gesetzestexte usw.) und soziale Wirklichkeit in der Rechtsnorm (die mehr ist als der Normtext) strukturell verbunden werden. Diese Frage ist nur auf der Ebene der Texte bzw. des Textgeflechts und der dort realisierten Sprachhandlungen in Bezug auf den jeweiligen Fall (Sachverhalt) adäquat zu beschreiben.

Der juristische Umgang mit Texten weist ein charakteristisches Spezifikum auf: „nämlich die Tatsache, dass das Recht selbst eine textbasierte Institution ist, deren wesentliche institutionelle Arbeitsvorgänge als (institutionelle) Textarbeit charakterisiert werden können" (Busse 2000: 664). Recht ist demzufolge eine Texte be- und verarbeitende In-

---

[1] Es handelt sich dabei selbstverständlich *nicht* um eine religiös motivierte oder gar theologische Behauptung in Abgrenzung zum Evangelium nach Johannes, das mit den Worten beginnt: „Im Anfang war das Wort".
[2] Vgl. die Beiträge in: Deutsche Akademie für Sprache und Dichtung (Hrsg.) 1981.
[3] Vgl. den Überblick von Schendera 2000 sowie Wassermann/Petersen (Hrsg.) 1983; Fleiner-Gerster 1985 und Luttermann 2000;. kritisch dazu Nussbaumer 2000: 491.

stitution, der Rechtsstaat bildet ein Kontinuum juristischer Texte (siehe Kapitel 4 weiter unten).

Die rechtslinguistische Beschäftigung hat zwischenzeitlich verdeutlicht („Recht als Text" von Busse 1992 oder „juristische Textarbeit" von Felder 2003), wie sich juristische und alltagsweltliche „Verarbeitung" aufgrund unterschiedlicher Wissensrahmen in verschiedenen „sozialen Tatsachen" oder „sozialen Wirklichkeiten" niederschlagen beziehungsweise fachsprachlich und gemeinsprachlich zu unterschiedlichen Sachverhaltskonstitutionen führen können.

Eine solche handlungstheoretisch fundierte semantisch-pragmatische Analyse setzt dementsprechend bereits dort ein, wo Sprache einwirkt in die juristische Wirklichkeitsverarbeitung, nämlich „die normative Stellungnahme zu einer Situation", die nur allzu oft – so formuliert Seibert 1981: 16 – zur „Wirklichkeitsherstellung" wird. Der juristische Zugriff auf die zu beurteilende soziale Wirklichkeit (soziale Situation) setzt schon bei den Kategorien an, die durch juristische Tatbestandsbegriffe gesehen und beschrieben werden. Bei Verbrechen beispielsweise (Kaufhausdiebstahl) deuten schon die Darstellungselemente (= Wörter) für sich genommen sowie ihr Zusammenspiel, mit welchen auf den Vorgang zugegriffen wird: Es findet dadurch eine Etikettierung vor der Sachverhaltsherstellung selbst statt. Seibert weist darauf hin, dass die menschlichen Handlungen (durch ihre kategoriale Zurichtung = Etikettierung von Handlungen) bereits sozial vororganisiert und vorgedeutet sind. Damit erläutert er die Darstellung des juristischen Akts der „Sachverhaltsherstellung", d.h. die bereits juristisch aufbereitete bzw. vorgedeutete Auswahl und Zurichtung von Sachverhaltselementen bzw. Sachverhaltseigenschaften als Zielobjekt der Normanwendung. Diese Zurichtung kann aber nicht einfach als eine weitere Form der Deutung (des „Verstehens") neben die Interpretation des Normtextes gestellt werden, vielmehr vereinigen sich Normtextinterpretation und (juristische) Deutung sozialer Wirklichkeit in einem Prozess juristischen Handelns.

Jeand'Heur spricht in diesem Zusammenhang – wie eingangs erwähnt – trefflich von der „Zubereitungsfunktion", die der Verwendung juristischer Fachtexte zu eigen ist, wodurch der „Fall" überhaupt erst zum rechtlich relevanten „Sachverhalt" umgestaltet wird. Felder 2003 hat in seinen rechtslinguistischen Untersuchungen die richterlichen Aktivitäten mit dem Terminus „Sachverhaltsfestsetzung" etikettiert und zeigt bei der Sachverhaltsformulierung von „Sitzblockaden"-Gerichtsentscheidungen (ein einziger Fall ist hier vom Amtsgericht bis zum Bundesverfassungsgericht durch mehrere Instanzen von Gerichten unterschiedlicher Gerichtsbarkeiten nach den Maßstäben verschiedener Rechtsmaterien zu entscheiden gewesen), wie Gerichte aus der Vielzahl der Sachverhaltseigenschaften eine bestimmte Anzahl als rechtlich relevant klassifizieren und damit als bedeutsam für den Sachverhalt festsetzen.

Das hier zugrunde gelegte Konzept der „juristischen Textarbeit" (Felder 2003) verortet sich innerhalb des rechtstheoretischen Ansatzes der *Strukturierenden Rechtslehre* (Müller 1994) und versteht sich nicht als eine abgeschlossene Theorie, die „ausgehend von ihren Grundbegriffen deduktiv ableiten wollte, was ein Rechtstext seinem Wesen nach ist und wie eine darauf bezogene Tätigkeit juristischer Funktionsträger beschaffen sein müßte" (Müller/Christensen/Sokolowski 1997: 15). Sie setzt vielmehr inmitten juristischer Texte an. „Die Strukturierende Rechtslehre versteht sich als begleitende Reflexion einer Praxis des Rechts, in der die entscheidenden Maßstäbe juristischer Rationalität als verstreute bereits vorhanden sind" (Müller/Christensen/Sokolowski 1997: 15).

3 Sprachliche Aspekte in Rechtstheorie und Rechtswissenschaft

Im System des geschriebenen Rechtes sind die Grobstrukturen von Macht, aber auch die Stellung ihrer Träger, deren Kompetenzen und Handlungsmöglichkeiten sowie die Maßstäbe ihrer (Sprach-)Handlungen vertextet. Fragen und Schwierigkeiten der Vertextung und des Verstehens sind genuin sprachwissenschaftliche Fragestellungen. Rechtstheoretisch zu unterscheiden sind mehrere Strukturierungsebenen in Gestalt der Normstruktur, der Textstruktur des Rechtsstaats sowie der Geltungsstruktur der positiven Rechtsordnung (Felder 2003: 33ff.).

Rechtswissenschaft als die „das Recht betreffende Wissenschaft" gilt gleichermaßen als Geistes- wie auch im weiteren Sinne als Sozialwissenschaft und gliedert sich herkömmlich in Rechtsphilosophie bzw. Rechtstheorie, Rechtssoziologie, Rechtsgeschichte, Rechtsvergleichung, Rechtspolitik und Rechtsdogmatik (siehe den Eintrag Rechtswissenschaft in Tilch 1992).

Die Theorie des Rechts – die sich mit den allgemeinen Fragen des Rechts, insbesondere mit seiner logischen Struktur beschäftigt – wird in eine allgemeine Rechtslehre und in eine Rechtsethik untergliedert (Herbert 1995: 119). Diese Einteilung korrespondiert mit der Unterscheidung zwischen einer deskriptiven und normativen Betrachtungsweise des Gegenstandes „Recht". Die Rechtsethik mit ihrer Fragestellung, wie die Rechtsordnung mit ihren grundlegenden Institutionen und Normen beschaffen sein sollte, ist hier nicht Gegenstand der Erörterung. Die allgemeine Rechtslehre mit ihrem deskriptiven Ansatz hingegen zeigt Überschneidungen mit dem deskriptiven Anspruch eines linguistischen Erkenntnisinteresses.

Ein zentraler Forschungsgegenstand der Rechtsdogmatik (als Wissenschaft von der Behandlung und Darstellung der Gesamtheit der Rechtssätze) ist die Frage nach der korrekten Anwendung des Rechts. Kaufmann versteht unter Rechtsdogmatik mit Hinweis auf Kant „das dogmatische Verfahren der reinen Vernunft, ohne vorangehende Kritik ihres eigenen Vermögens" (Kaufmann 1994: 2). Der Dogmatiker gehe von Voraussetzungen aus, die er ungeprüft als wahr annehme, da er „ex datis" denke. Was Recht sei und unter welchen Umständen, wenn überhaupt, es Rechtserkenntnis gebe, solche Fragen stelle sich der Rechtsdogmatiker nicht, weil er stets systemimmanent argumentiere und das geltende System unangetastet lasse.

Genau solche Fragen stellt sich dahingegen der Rechtsphilosoph. Kaufmann zufolge beschäftigt sich die Rechtsphilosophie – als eine zur Philosophie und nicht zur Rechtswissenschaft gehörende Wissenschaftsdisziplin – mit juristischen Grundsatzfragen und Grundproblemen, die auf juristische Manier reflektiert werden (Kaufmann 1994: 1).

Die Rechtstheorie ebenso wie die Rechtsphilosophie ergänzen das rein systemimmanente Denken der Rechtsdogmatik durch ein systemtranszendentes oder metadogmatisches Nachdenken über rechtlich relevante Fragen. Aufgrund dessen sieht Kaufmann auch keinen Wesensunterschied zwischen Rechtsphilosophie und Rechtstheorie, er betrachtet vielmehr bestimmte Themen der Rechtsphilosophie ausgesondert und diskutiert sie unter der Bezeichnung *Rechtstheorie*, als da etwa sind:

> „Normentheorie, Gesetzgebungstheorie, Theorie der Rechtssprache, weiter Wissenschaftstheorie, Erkenntnistheorie, Argumentationstheorie und Entscheidungstheorie des Rechts, sodann juristische Methodenlehre, Semantik und Hermeneutik, ferner juristische Topik, juristische Rhetorik und noch manches andere mehr." (Kaufmann 1994: 12)

Die Rechtstheorie als Metatheorie begegnet diesen Themen in einer deskriptiven und einer normativen Weise. Sie setzt sich einerseits zum Ziel, die Tätigkeit der Rechtsanwendung angemessen zu erklären bzw. zu verstehen. Sie gibt andererseits Anleitungen, welcher Methoden sich die Rechtsdogmatik bzw. der konkret tätige Richter bei der Rechtsanwendung bedienen sollte. In unserem Zusammenhang ist nicht die grundlegende Erörterung rechtstheoretischer Grundsatzfragen und Ausrichtungen von Interesse, sondern das Augenmerk wird ganz konkret auf die zentrale Rolle von Sprache in rechtstheoretischen

2 Demokratische Sprache in verfassungsrechtlichen Institutionen

Überlegungen zur Normtextverarbeitung im richterlichen Entscheidungsprozess gerichtet.

3.1 Methoden (Kanones) der rechtswissenschaftlichen Gesetzesauslegung

Laut Grundgesetz legen Verfassung und Gesetze das Recht durch schriftlich festgehaltene Normen fest – also in Form von Normtexten (Art. 1 Abs. 3 und Art. 20 Abs. 3 GG regeln unter anderem die Verbindlichkeit der Rechtsnormen für richterliche Entscheidungen). Auf den ersten Blick scheint dies eine klare Bestimmung zu sein. Unter kommunikationstheoretischen Aspekten ist allerdings zu fragen, welchen Veränderungen ein Inhalt unterliegen kann, wenn der Gesetzgeber (als Textproduzent) „gesetzliche Normen in Texten ausdrückt", damit der Richter (als ein Rezipient) diese hinsichtlich eines bestimmten Rechtsfalls „interpretiert" oder „auslegt"[4]. Engisch geht in seiner Einführung in das juristische Denken davon aus, dass Richter bei dieser Tätigkeit (die) Bedeutung ermitteln.

Es sei daran erinnert, dass seit Friedrich Carl von Savigny in der klassischen juristischen Auslegungslehre vier verschiedene Elemente der Gesetzesauslegung unterschieden werden (Schroth 1994: 356). Die klassische heutige Auslegungslehre unterscheidet nach Engisch (1956/1997: 90) ebenfalls vier verschiedene Methoden und Ansätze der Auslegung,

- nämlich die „Auslegung nach dem Sprachsinn (die ‚grammatische' Auslegung)",
- weiterhin „die Auslegung aus dem gedanklichen Zusammenhang (die ‚logische' oder ‚systematische' Auslegung, die sich an die Stellung einer Bestimmung im Gesetz und an ihren Zusammenhang mit anderen Bestimmungen hält)",
- außerdem „die Auslegung aus dem historischen Zusammenhang, insbesondere aus der ‚Entstehungsgeschichte'"
- und schließlich „die Auslegung aus der ratio, dem Zweck, dem ‚Grund' der Bestimmung (die ‚teleologische' Auslegung)".

Diese Auslegungsebene ist allerdings im Rahmen des Auslegungsstreits mit zwei weiteren Ebenen zu kontrastieren. Zum einen handelt

---

[4] So vielfache Formulierungen in klassischen Methodenbüchern, siehe z. B. Larenz 1991: 312ff. und Zippelius 1994: 39: „Ein Gesetz auslegen heißt, die Bedeutung der Gesetzesworte zu ermitteln."

es sich dabei um die Kontroverse zwischen subjektiver und objektiver Auslegungstheorie. Gemäß der subjektiven Theorie wird durch Interpretation die Textbedeutung als ursprüngliche Autorintention, hier „Wille des (historischen) Gesetzgebers", ermittelt. Die objektive Theorie dahingegen stellt auf den „sachlichen Gehalt des Gesetzes" oder auf „den objektiven Sinn des Gesetzes" ab, der „in ihm selbst ruht" (Engisch 1956/1997: 110).

Eine weitere zu berücksichtigende Ebene des Auslegungsstreites betrifft die Abwägung zwischen Gesetzesauslegung bzw. Rechtsanwendung einerseits und Rechtsfortbildung andererseits. Diverse rechtstheoretische Gesetzesauslegungskonzeptionen sehen im Richter den „Mund des Gesetzes" sprechen. Laut Grundgesetz Art. 20 Abs. 3 ist Rechtsprechung an „Gesetz und Recht" gebunden, offensichtlich gibt es neben dem gesetzlichen Normtext noch „etwas anderes". In der Rechtsprechungspraxis können sich Richter darüber hinaus auch auf andere Texte wie z. B. Entscheidungsbegründungen, Kommentare etc. berufen. In der herkömmlichen rechtswissenschaftlichen Lehre bewegen sich ihre Entscheidungsbegründungen dabei im Spannungsfeld zwischen Auslegung – also Argumenten, die sich auf den Normtext zu stützen beanspruchen – und Rechtsfortbildung, also der Befugnis des Gerichts, bei unvollständiger oder fehlender gesetzlicher Regelung (Gesetzeslücke) eine rechtliche Wertung selbst zu finden und der Entscheidung zugrunde zu legen (vgl. Larenz 1991: 366 ff. und Zippelius 1994: 76.). Selbstredend sieht sich das Gericht bei der Rechtsfortbildung einem größeren Rechtfertigungsdruck ausgesetzt.

Nach Schroth wird in der heutigen Rechtswissenschaft überwiegend die Auffassung vertreten, dass das Ziel der Auslegung der heutige Zweck des Gesetzes sei; subjektive Auslegung könne dann nur ein Hilfsinstrument objektiver Auslegung darstellen (Schroth 1994: 358). Viele Autoren versuchen zwischen subjektiver und objektiver Auslegung einen Mittelweg zu finden. Müller in seiner „Juristischen Methodik" geht einen anderen Weg, indem er bestreitet, dass es eine Alternative zwischen subjektiver und objektiver Auslegung gebe. Unterdessen schlägt er ein Verfahren der Normkonkretisierung (Müller 2002: 193ff.) vor, mit dem versucht wird, Normen auf Sachverhalte anzuwenden. Dieser Ansatz wird weiter unten noch ausführlich zu erörtern sein.

3.2 Freiheit und Gebundenheit des Richters

Resümiert man die gesetzlichen Grundlagen der Richterbindung, so sind vor allem drei zentrale Stellen der demokratischen Rechtsordnung zu erwähnen, welche die Unabhängigkeit des Richters einerseits be-

2 Demokratische Sprache in verfassungsrechtlichen Institutionen

kräftigen und andererseits dessen Freiheit einschränken bzw. Bindung betonen: „Die Richter sind unabhängig und nur dem Gesetz unterworfen" (Art. 97 Abs. 1 GG) und der bereits erwähnte Artikel 20 Abs. 3 des Grundgesetzes: „Die Gesetzgebung ist an die verfassungsmäßige Ordnung, die vollziehende Gewalt und die Rechtsprechung sind an Gesetz und Recht gebunden" sowie „Die richterliche Gewalt wird durch unabhängige, nur dem Gesetz unterworfene Gerichte ausgeübt" (§ 1 Gerichtsverfassungsgesetz). Für strafrechtliche Verurteilungen verschärft Art. 103 Abs. 2 (wortgleich mit § 1 StGB) die Gesetzesbindung des Richters sowohl durch das so genannte „Analogieverbot", welches der rechtsprechenden Gewalt verbietet, „Straftatbestände oder Strafen durch Gewohnheitsrecht oder Analogie zu begründen oder zu verschärfen" (Jarass/Pieroth 2000, Art. 103, Rdn. 47), als auch durch den „Bestimmtheitsgrundsatz", der besagt: „Der einzelne soll von vornherein wissen können, was strafrechtlich verboten ist und welche Strafe ihm für den Fall eines Verstoßes gegen das Verbot droht, damit er in der Lage ist, sein Verhalten danach einzurichten." (Jarass/Pieroth 2000, Art. 103, Rdn. 48.)

Jedoch wurde schon seit langem dezidierte Kritik am Gesetzesbindungspostulat geübt. Herkömmlich versteht man darunter in erster Linie die Bindung durch die oben bereits erwähnten Auslegungsregeln, die Bindung durch Richterrecht[5] und die Bindung durch die Rechtsdogmatik (Hassemer 1994: 261ff.). Der Vizepräsident des Bundesverfassungsgerichts Winfried Hassemer geht von einer wenigstens faktischen Bindungswirkung des Richterrechts aus, von den sog. Präjudizien, obgleich formalrechtlich keine Bindung z. B. an höchstrichterliche Rechtsprechung vorgeschrieben ist (Hassemer 1994: 263). Stellvertretend sei die Bilanz des Bundesverfassungsrichters zitiert:

> „Es ist offenbar widersinnig, entgegen den Erkenntnissen zur Vagheit und Porösität von Gesetzesbegriffen oder zum je differenten richterlichen Vorverständnis darauf zu beharren, der Richter müsse sich streng an das Gesetz halten. Er kann es nicht. Konsequenz einer solchen, sich scheinbar rechtsstaatlich begründenden Forderung ist nicht, daß die Rechtsprechung sich exakter an gesetzliche Vorschriften hält, sondern vielmehr, daß sie so tut, als folge sie nur dem Gesetz." (Hassemer 1994: 259)

---

[5] Richterrecht ist „die Bezeichnung für eine ständige Rechtsprechung, besonders im Zusammenhang mit Rechtsfortbildung. Eine exakte und einheitliche Beschreibung dessen, was unter Richterrecht zu verstehen ist, läßt sich nicht finden; in der Verwendung steht der Begriff ‚Richterrecht' zwischen ständiger Rechtsprechung und Gewohnheitsrecht: In der allgemeinen Diskussion wird Richterrecht sowohl für eine gefestigte ständige Rechtsprechung als auch für eine im Wege der Rechtsfortbildung gewonnene tragende Rechtsansicht, besonders höchstrichterlicher Art, verwendet." (Tilch 1992, Bd. 3: 153)

4 Der Rechtsstaat bildet ein Kontinuum juristischer Texte

Dass eine juristische Aufgabe in der „Wortsinnermittlung" bestehe – so eine weit verbreitete Ansicht – ist gemäß den Ausführungen des letzten Kapitels eine Fiktion.[6] Schon die Formulierung mithilfe des Lexems *ermitteln* impliziert ein Sprachverständnis, das problematisch ist. „Ermittlung" legt nahe, die Aufgabe des Rechtsanwenders bestehe im Auffinden einer ante casum vorhandenen Bedeutung des Normtextes im Sinne einer statischen oder fixen Größe. Die hier vorgenommene Sichtweise im Paradigma der Strukturierenden Rechtslehre will hingegen mit dem Nachzeichnen der Art und Weise, wie Bedeutungen aus Normtexten konstituiert werden, einen anders gearteten Beitrag zur Rechtserzeugungsreflexion leisten. Der praktisch tätige Jurist gewinnt nicht „die Bedeutung" des Ausdrucks oder Gesetzestextes, sondern nur mögliche Handlungsmuster, gemäß deren er die bisherigen Bezeichnungs- und Bedeutungsfestlegungen fortsetzen, modifizieren oder durch neue ersetzen kann. Dabei ist zu unterscheiden zwischen (gegebenenfalls umstrittenen) Benennungsfestlegungen einerseits und dem Fixierungsversuch andererseits, bestimmten Termini spezifische (Teil-)Bedeutungen zuzuschreiben und/oder bestimmte Lebenssachverhalte als Referenzobjekt eines rechtssprachlichen Ausdruckes zu fassen (z. B. fallen politisch motivierte Sitzblockaden unter den Referenzbereich von Gewalt im Sinne von § 240 StGB?). Das Favorisieren spezifischer Bezeichnungen oder das Dominantsetzen bestimmter Teilbedeutungen bei Normtextauslegungen in Form von textbasierten Durchsetzungsversuchen in (Rechts-)Diskursen kann als „semantischer Kampf" beschrieben werden (Felder 2003: 179ff.; vgl. Wengeler im vorliegenden Band). Sie bilden sprachliche Denk- und Handlungsmuster divergierender Wirklichkeitsverarbeitung.

Die juristische Arbeit mit Texten nennt der Rechtstheoretiker Friedrich Müller „Rechtsarbeit", Gesetzesmacher und -anwender werden in seiner „Juristischen Methodik" „Rechtsarbeiter" genannt (Müller 2002). Mit diesen Bezeichnungen wird die Rolle des juristisch handelnden Subjekts bei der Normkonkretisierung betont. Gemäß der von ihm konzipierten Strukturierenden Rechtslehre ist demnach das Gesetz nicht Gegenstand einer Rechtserkenntnis, die Rechtsnorm ist infolgedessen nicht länger eine apriorische Vorgabe (Müller 1994: 184ff.) im Rahmen einer Rechtsanwendungslehre, sondern Rechtsnormen gewinnen ihre Struktur unter analytischer Verarbeitung der praktischen Erfahrungen

---

[6] Zur Problematik dieser Fiktion der Ermittlung anstelle der tatsächlichen Festsetzung vergleiche Busse 1992: 79ff. und Felder 2003: 58ff.

2 Demokratische Sprache in verfassungsrechtlichen Institutionen

im Rahmen einer Rechtserzeugungslehre (Müller 2002: 392ff.). Der klassische Positivismus bestimmt als Angelpunkt allein das geschriebene Recht, der Dezisionismus bestimmt dahingegen als Angelpunkt für die Bedeutung das gesprochene Recht des Richters. Die Strukturierende Rechtslehre entwickelt das Konzept der Textstruktur. Demzufolge konstituiert sich Bedeutung von Normtexten – also die Rechtsnorm – im tatsächlichen Handeln der Rechtsarbeiter unter Verarbeitung der Realdaten des konkreten Rechtsfalls. Somit rückt das Problem der Rechtserzeugung ins Zentrum, um diese von rechtsstaatlichen Anforderungen her zu strukturieren (Müller 1994: 263ff.). Dieses juristische Handeln folgt sprachlichen Regeln der semantischen Praxis.

Der von der Strukturierenden Rechtslehre entwickelte Gedanke der Textstruktur, in dem sich juristisches rechtsstaatliches Handeln bewegt, gliedert das Kontinuum juristischer Texte (Müller 1994: 246ff.). Innerhalb dieser Textstruktur der Legalität, die eine durchgehende ist, geht ein Rechtsarbeiter (z.B. Richter, Anwalt, Funktionär der Exekutive) vom vorgelegten Sachverhalt aus. Der Ansatz fasst die konkrete Rechtsarbeit in fünf Textstufen. Der demokratische Rechtsstaat bildet in diesem Modell ein Kontinuum juristischer Texte. Dies sei hier erläutert:

Der Strukturierenden Rechtslehre zufolge bildet der tätige Jurist zunächst anhand bestimmter Eigenschaften des Sachverhalts – so die Modellvorstellungen – Hypothesen über die ihm als einschlägig, als für den Fall passend erscheinenden Normtexte. Grundlage für die Hypothesenbildung ist die Gesamtmenge des so genannten geltenden Rechts, also die Gesamtmenge aller Normtexte; der ausgewählte Normtext entspricht der 1. Textstufe. Als Zwischenergebnis erhält der Rechtsarbeiter aufgrund der interpretierten Sprachdaten ein Normprogramm (2. Textstufe).

Mit dessen Hilfe wählt er aus dem Sach- bzw. Fallbereich, das heißt aus den im Fall aktuellen Realdaten, den Normbereich aus (3. Textstufe). Der Normbereich wird also konstituiert aus den Eigenschaften des Lebenssachverhaltes (als Teilmenge), die rechtlich als relevant eingeschätzt werden und somit den Status der für die Entscheidung als normativ mitwirkenden Tatsachen (Tatbestandsmerkmale) erhalten.

Nun vermag der Rechtsarbeiter auf der Grundlage von Normprogramm (gesetzlich vorgegebene Sprachdaten) und Normbereich bzw. Fallbereich (der im Kontext als relevant erachteten Realdaten des Sachverhalts) eine generell formulierte Rechtsnorm zu erzeugen (4. Textstufe). Diese wird in einem letzten Schritt zur Entscheidungsnorm des konkreten Rechtsfalles individualisiert (5. Textstufe). Alle beschriebenen Stufen und Mittel des richterlichen Arbeitsvorganges sind entweder schon vertextet (Normtexte, Texte von Normvorläufern, Texte aus dem Entstehungsverfahren der fraglichen Normwortlaute, Texte dogmatischer Argumente usw.) beziehungsweise müssen von dem Richter vertextet werden.

Dieser von der Strukturierenden Rechtslehre entwickelte Gedanke der Textstruktur (Müller 1994: 263ff. und Müller 2002: 196ff.) sei in einer Übersicht zusammengefasst:

1. Ausgangspunkt ist der vorgelegte bzw. festgesetzte Sachverhalt. Dem Richter liegen als Eingangsdaten seiner Entscheidung (neben den Normtexten) die Fallerzählungen vor.
2. Der Rechtsarbeiter wählt eine – zum Fall passende – Normtexthypothese aus der Gesamtmenge aller Normtexte aus.
3. Als Zwischenergebnis entsteht das Normprogramm (als Sprachbestandteil einer Rechtsnorm) aufgrund der Interpretation der Sprachdaten der als relevant erachteten Normtexte.
4. Auswahl des Normbereichs (als Sachbestandteil) aus dem Sach- bzw. Fallbereich, das heißt aus den im Fall aktuellen Realdaten. Der Normbereich wird also konstituiert aus den Eigenschaften des Lebenssachverhaltes, die für die Entscheidung als relevant erachtet und somit als normativ mitwirkende Tatsachen angesehen werden.
5. Normprogramm und Normbereich bilden zusammen die vom Rechtsarbeiter auf diesem Wege erzeugte, generell formulierte Rechtsnorm als den – die richterliche Entscheidung tragenden – Leitsatz.
6. Der Rechtsarbeiter individualisiert die Rechtsnorm zur Entscheidungsnorm, die im Tenor (Urteilsformel) zum Ausdruck kommt.

Die bereits erwähnten fünf Textstufen *Normtext, Normprogramm, Normbereich, Rechtsnorm* und *Entscheidungsnorm* stellen ein Kontinuum juristischer Texte im Entscheidungsfindungsprozess dar. Die Legitimation richterlicher Entscheidung ist damit eingebettet in einen – die praktische Tätigkeit reflektierenden – Gedankengang der Rechtserzeugung. „Willkür oder Unfairneß in juristischen Entscheidungen kann man nicht aus der Welt schaffen. Aber sie lassen sich, nicht zuletzt dank der rechtsstaatlich angeordneten Begründungs- und Darstellungspflichten der Amtsträger, erschweren" (Müller/Christensen/Sokolowski 1997: 124).

Fazit: Das Konzept der Textstruktur gibt das herkömmliche Verständnis einer notwendigen Verknüpfung von Normtext und Rechtsnorm auf. Insofern kommt dem Normtext als Eingangsdatum der Normkonkretisierung nur Geltung, nicht schon Normativität als verbindliche Bedeutung zu. Der Rechtsarbeiter als Adressat der Geltungsanforderung, der diese Verknüpfung zwischen Normtext und Rechtsnorm aktiv herstellt, wird für jedermann damit als Schlüsselfigur erkennbar (Müller/Christensen/Sokolowski 1997: 126).

5 Schluss: Zwei Thesen zum Konzept der juristischen Textarbeit

Juristische Textarbeit lässt sich im Wesentlichen charakterisieren durch den Vollzug von drei grundlegenden Sprachhandlungstypen: Zunächst wird ein Sachverhalt festgesetzt, um diesen – gemäß den Normtextvorgaben – den möglichen rechtlichen Sachverhaltsklassifizierungen zu unterziehen, bevor Richter sich für eine Klassifizierung entscheiden und diese Entscheidung argumentativ stützen (Felder 2003: 203ff.). Zur Verdeutlichung werden die Zusammenhänge mittels Thesen zugespitzt:

1. These: Juristische Funktionsträger stellen Relationen zwischen (Sachverhalts-)Eigenschaften (aus den Fallerzählungen) und (Tatbestands-)Merkmalen her und „objektivieren" (= explizieren) sie in Teilbedeutungen, die sie Normtexten (zum Teil auch einzelnen Rechtstermini von Gesetzestexten) im Rahmen der gesetzestextbasierten Normkonkretisierung zuschreiben. Teilbedeutungen von Normtexten korrespondieren demnach mit Merkmalen von juristischen Tatbeständen, und diese wiederum korrespondieren mit Eigenschaften aus Lebenssachverhalten. Diese terminologische Unterscheidung soll heuristisch Erkenntniszusammenhänge klarstellen helfen, es sollen damit nicht getrennte Entitäten (Sprache – Expertenwelt – Alltagswelt) impliziert werden.

In gemeinsprachlichen Varietäten (alltagsweltliche Sachverhaltskonstitution) werden Sachverhalte ohne den juristischen Wissensrahmen von Tatbestandsmerkmalen als vorgelagerter Wahrnehmungsfolie erfasst – es wird also eine direkte Referenzbeziehung zwischen Sachverhaltseigenschaft und Begriffsteilbedeutung des Ausdrucks auf der Grundlage alltäglicher Sprachgebrauchserfahrungen ohne die Zwischeninstanz von Tatbestandsmerkmalen hergestellt. Dabei ist zu bedenken, dass der souveräne Umgang mit juristischen Tatbestandsmerkmalen der fundierten juristischen Diskurserfahrung bedarf und erst in zweiter Linie auf der Handhabung von Rechtsbegriffen basiert. Tatbestandsmerkmale finden auf den ersten Blick ihren Niederschlag in Rechtstermini, deren Handhabung Professionalität verlangt. Eine genauere Betrachtung der juristischen Textarbeit fördert jedoch zu Tage, dass die Produktion und Rezeption von Sprecherhandlungen im juristischen Sprachspiel die zentralen Kategorien juristischen Handelns darstellen. Sind diese hinsichtlich eines bestimmten Normtextes und prototypischer Sachverhalte im juristischen Diskurs mehr oder weniger standardisiert, so lassen sie sich hoch verdichtet und abstrahiert in Fachtermini zusammenfassen (wie sie z. B. als Tatbestandsmerkmale in Gesetzestexten ausgedrückt werden bzw. vorkommen) und gewährleisten damit eine effektive und ressourcenschonende Fachkommunikation unter Juristen. Juristen und Nichtjuristen überschätzen bei der Beschreibung juristischer Tätigkeiten herkömmlich die Rolle der Fachtermini unter Vernachlässigung der eigentlichen Textarbeit. Juristische Textarbeit von Richtern (Rechtsprechung) lässt sich demnach charakterisieren durch die grundlegenden Sprachhandlungstypen Sachverhaltfestsetzen, rechtliche Sachverhaltsklassifizierung und Entscheiden (inkl. Argumentieren) (Felder 2003: 203ff.).

2. These: Mit der Annahme eines alltagsweltlichen und juristischen Wissensrahmens kann die Rechtsarbeit plausibel und nachvollziehbar modelliert werden. Legt man ein vereinfachendes Resümee grundlegender Erkenntnisse der (Wahrnehmungs-)Psychologie zugrunde, so besteht eine fundamentale menschliche Orientierungsfähigkeit darin, realweltliche Vorkommnisse, die nicht in gängige Wahrnehmungs- und Wirklichkeitsschemata passen, so zu verändern, dass sie in das bereits gewohnte Wissen integrierbar sind (Sinnvoll-Machen der Welt bzw. Sinn-Konstanz bei Hörmann).

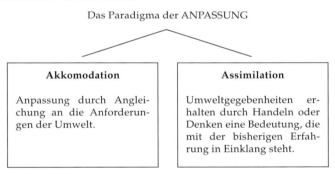

So kann als Beispiel für Akkomodation die (Forderung nach) Verabschiedung eines neuen Gesetzestextes gelten, um bestimmte Lebenssachverhalte justiziabel machen zu können. Auf der anderen Seite kann die erwähnte „Zubereitungsfunktion" (Jeand'Heur 1998: 1292) als Exempel der Assimilation gesehen werden. Außerrechtliche Wirklichkeit wird zunächst einmal auf die rechtliche Welt zugeschnitten, bevor ein Rechtstext auf sie überhaupt „anwendbar" ist. So bewirkt die fachliche Sicht der Jurisprudenz auf die alltagsweltliche Lebenswirklichkeit eigentlich eine institutionelle Konstitution von Wirklichkeit. Juristische Tätigkeit kann daher als textgestützte Integration eines Sachverhalts in juristische Wissensrahmen (Schemata der juristischen Sachverhaltsverarbeitung) aufgefasst werden. Rechtsanwendung besteht zu einem guten Teil darin, außerrechtliche Sachverhalte in rechtliche Sachverhalte (institutionell definierte und konstituierte Sachverhalte) umzuwandeln.

2 Demokratische Sprache in verfassungsrechtlichen Institutionen

Folglich wird eine Wirklichkeit eigener Art, eine institutionelle Wirklichkeit, zuallererst konstituiert. Gesetzestexte spielen in diesem Vorgang eine zentrale Rolle. Doch kann diese Rolle häufig nicht einem einzelnen Rechtssatz (oder gar einem einzelnen Rechtsbegriff) zugeschrieben werden; sie ergibt sich vielmehr erst aus dem Zusammenspiel eines dichten Netzes von in der Rechtsarbeit jeweils neu herzustellenden Wissensrahmen, die im Wesentlichen ihr Fundament in Gesetzestexten – aber nicht ausschließlich (jedenfalls nur teilweise in den kanonischen Gesetzestexten) – haben und darüber hinaus in weiteren Texten der juristischen Binnenkommunikation (Kommentare, Fachliteratur etc.).

Das übergreifende Problem der juristischen Fachkommunikation sollte als ein funktionaler Zusammenhang aufgefasst werden, welcher soziale Sachverhalte, gesellschaftliche und kulturelle Deutungsmuster, institutionelle Rahmenbedingungen, fachsprachliche Spezialterminologie und fachspezifische Sprachhandlungstypen als Teil einer komplexen, Texte be- und verarbeitenden Praxis begreift. Die Vermittlungsproblematik zwischen Recht und Alltag ist daher in anderem Licht zu sehen: Es handelt sich weniger um ein Problem auf Wortebene oder der Gesetzesformulierung als vielmehr um Schwierigkeiten aufgrund divergierender Sprachhandlungsmuster beim Prozess der textbasierten Normkonkretisierung in Bezug auf alltagsweltliche und juristische Sachverhalte.

6 Literatur

Busse, Dietrich 1992: Recht als Text. Linguistische Untersuchungen zur Arbeit mit Sprache in einer gesellschaftlichen Institution. Tübingen.

Busse, Dietrich 2000: Textsorten des Bereichs Rechtswesen und Justiz, in: Klaus Brinker/Gerd Antos/Wolfgang Heinemann/Sven F. Sager (Hrsg.): Text- und Gesprächslinguistik. Erster Halbband. Berlin, New York, 658–675.

Christensen, Ralph/Kudlich, Hans 2001: Theorie richterlichen Begründens. Berlin.

Deutsche Akademie für Sprache und Dichtung (Hrsg.) 1981: Die Sprache des Rechts und der Verwaltung. Stuttgart.

Engisch, Karl 1956/1997: Einführung in das juristische Denken. 1. Aufl. bzw. 9. Aufl., Stuttgart u.a.

Felder, Ekkehard 2003: Juristische Textarbeit im Spiegel der Öffentlichkeit. Berlin, New York.

Fleiner-Gerster, Thomas 1985: Wie soll man Gesetze schreiben? Leitfaden für die Redaktion normativer Texte. Bern, Stuttgart.

Hassemer Winfried 1994: Rechtssystem und Kodifikation: Die Bindung des Richters an das Gesetz, in: Arthur Kaufmann/Winfried Hassemer (Hrsg.): Einführung in Rechtsphilosophie und Rechtstheorie der Gegenwart. 6. Aufl., Heidelberg, 248–268.

Herbert, Manfred 1995: Rechtstheorie als Sprachkritik. Zum Einfluß Wittgensteins auf die Rechtstheorie. Baden-Baden.

Jarass, Hans/Pieroth, Bodo 2000: Grundgesetz für die Bundesrepublik Deutschland. Kommentar. 5. Aufl., München.

Jeand'Heur, Bernd 1998: Die neuere Fachsprache der juristischen Wissenschaft seit der Mitte des 19. Jahrhunderts unter besonderer Berücksichtigung von Verfassungsrecht und Rechtsmethodik, in: Lothar Hoffmann/Hartwig Kalverkämper/Herbert Ernst Wiegand (Hrsg.): Fachsprachen. Erster Halbband. Berlin, New York, 1286–1295.

Kaufmann, Arthur 1994: Rechtsphilosophie, Rechtstheorie, Rechtsdogmatik, in: Winfried Hassemer/Arthur Kaufmann (Hrsg.): Einführung in Rechtsphilosophie und Rechtstheorie der Gegenwart. 6. Aufl., Heidelberg, 1–29.

Larenz, Karl 1960/1991: Methodenlehre der Rechtswissenschaft. 1. Aufl. bzw. 6. Aufl., Berlin u.a.

Luttermann, Karin 2000: Gesetzesinterpretation durch Juristen und Laien. Ein rechtslinguistischer Beitrag zum Nötigungstatbestand, in: Linguistische Berichte, Heft 186, 157–174.

Müller, Friedrich 1994: Strukturierende Rechtslehre. 2. Aufl., Berlin.

Müller, Friedrich 2002: Juristische Methodik. 8. Aufl., Berlin.

Müller, Friedrich/Christensen, Ralph/Sokolowski, Michael 1997: Rechtstext und Textarbeit. Berlin.

Nussbaumer, Markus 2000: Echo: Gesetzesverständlichkeit als interdisziplinäre Aufgabe, in: ZRP, Heft 11, 491–492.

Schendera, Christian F. G. 2000: Die Erforschung der Verständlichkeit von normativen Texten. Eine kritische Darstellung von Modellen, Methoden und Ergebnissen, in: Zeitschrift für Sprachwissenschaft, Heft 19.1, S. 3–33.

Schroth, Ulrich 1994: Philosophie und juristische Hermeneutik, in: Winfried Hassemer/Arthur Kaufmann (Hrsg.): Einführung in Rechtsphilosophie und Rechtstheorie der Gegenwart. 6. Aufl., Heidelberg, 344–370.

Seibert, Thomas-Michael 1981: Aktenanalyse. Zur Schriftform juristischer Deutungen. Tübingen.

Tilch, Horst (Hrsg.) 1992: Deutsches Rechts-Lexikon. 3 Bde. 2. Aufl., München.

Wassermann, Rudolf 1981: Sprachliche Probleme in der Praxis von Rechtsetzung, Rechtspflege und Verwaltung, in: Deutsche Akademie für Sprache und Dichtung (Hrsg.): Der öffentliche Sprachgebrauch. Bd. 2. Die Sprache des Rechts und der Verwaltung. Bearb. von Ingulf Radtke. Stuttgart, 128–142.

Wassermann, Rudolf/Petersen, Jürgen (Hrsg.) 1983: Recht und Sprache. Beiträge zu einer bürgerfreundlichen Justiz. Heidelberg.

Zippelius, Reinhold 1994: Juristische Methodenlehre. 6. Aufl., München.

KORNELIA PAPE

Informelles Regierungshandeln im demokratischen Prozess
In Spitzengesprächen zum Konsens

1 Vorbemerkung

Regierungshandeln zielt auf politische Entscheidungen, es gestaltet und kontrolliert die Politik eines Landes und gibt die Inhalte der Gesetzgebung vor. Regierungshandeln ist immer auch Regierungskommunikation, verlangt doch unsere parlamentarische Demokratie von der Exekutive, Politik zu vermitteln und Entscheidungen zu begründen. Folgerichtig ist die Regierung eingebunden in die spezifische *parlamentarische Kommunikation* (Burkhardt 2003) zwischen den Koalitionsfraktionen, die die Regierungsmehrheit stellen, und die kontrovers verlaufenden Auseinandersetzungen mit der Opposition in den Plenardebatten. Politiker nutzen die ihnen auf Zeit verliehene Macht und stehen deshalb bei den Bürgern in der Pflicht, politische Entscheidungen öffentlich darzulegen, um für gesellschaftliche Reformen eine hohe Zustimmungsbereitschaft zu sichern. Insofern nimmt die größtenteils medial vermittelte *Kommunikation mit der Öffentlichkeit* (Holly/Kühn/Püschel 1986; Holly 1990) einen breiten Raum in der Regierungskommunikation ein. Ein weiterer Aufgabenbereich des Regierungshandelns betrifft die *Kommunikation in der Staatsverwaltung* (Klein 2001). Sowohl im Hinblick auf die Länder und Kommunen, auf die Legislative und die Judikative, wie sie das Grundgesetz bestimmt, als auch im Zusammenhang mit EU-Angelegenheiten regeln überwiegend Verfahrensvorschriften die zum Teil stark normiert ablaufende Kommunikation.

In Anbetracht der Vielfalt der mit dem Regierungshandeln verbundenen kommunikativen Erfordernisse widmet sich die folgende pragmalinguistisch ausgerichtete Untersuchung vor allem den Aspekten der Vorbereitung, der Legitimation und der Präsentation einer politischen Entscheidung, die exemplarisch am „Nationalen Pakt für Ausbildung und Fachkräftenachwuchs in Deutschland" veranschaulicht werden soll. Das Besondere an diesem komplexen und kontroversen Entscheidungsprozess ist der am Ende erzielte Konsens, der nicht in erster Linie durch Abstimmungen im Parlament zustande gekommen ist, der auch nicht auf das komplizierte und langwierige Ringen um die

Einigung zwischen Bund und Ländern angewiesen war, sondern der durch *informelles Regierungshandeln* in Spitzengesprächen erreicht wurde. In schwierigen Zeiten, die die Lösung äußerst komplexer Probleme erfordern, muss auch die Regierungskommunikation neue Wege gehen und ist dabei gefordert, traditionelle ideologische Blockaden zu sprengen, DIALOGE zu INITIIEREN, politischen STREIT zu MODERIEREN, gemeinsame POSITIONEN zu VERHANDELN, um über einen möglichst breiten gesellschaftlichen KONSENS INFORMIEREN zu können. Die derzeitige Entwicklung des deutschen Regierungssystems entspricht nicht (mehr) der „linearen Legitimationshierarchie" (Sarcinelli 2003: 422) hoheitlicher Institutionen. Im Gegenteil – für „modernes Regieren" (Korte 2001) scheinen Tendenzen informellen Regierens im Zusammenhang mit nicht institutionalisierten Formen besonders effizient zu sein. Frank-Walter Steinmeier, 2001 Chef des Bundeskanzleramts, koordiniert die entscheidenden Aktivitäten des Kanzlers und beansprucht für sich, traditionelle staatliche Politikinstrumente durch dialogisch angelegte Entscheidungsprozesse zu ergänzen. Im Rahmen des informellen Regierens der Exekutive sichert vor allem das sprachliche Handlungsmuster VERHANDELN die Bereitschaft zur kommunikativen Kooperation zwischen den Kontrahenten. Im Folgenden soll ein Verhandlungsprozess nachgezeichnet werden, der durch einen Pakt zwischen der Regierung und der Wirtschaft seinen vorläufigen Abschluss fand. Die Verhandlungen zum Lehrstellenkonflikt wurden zwar unter Ausschluss der Öffentlichkeit geführt, die kontroversen Positionen der Protagonisten allerdings ließen sich medial nicht zuletzt durch die bipolaren Schlagwörter *Ausbildungsabgabe* einerseits und *Zwangsabgabe* andererseits plakativ in Szene setzen.

2 Der Dissens: *Zwangsabgabe* vs. *Ausbildungsplatzabgabe*

Jahrelang hat vor allem die SPD für eine Ausbildungsplatzabgabe gestritten. Die öffentliche Diskussion nahm immer dann an Heftigkeit zu, wenn Ausbildungsplätze nicht in hinreichendem Maße zur Verfügung standen. Die Ausbildungsplatzabgabe soll Betriebe, die zu wenig ausbilden, zwingen, in einen Fonds einzuzahlen, um Betriebe, die eine höhere Anzahl von Ausbildungsplätzen zur Verfügung stellen, angemessen fördern zu können. Mit dem „Fahnenwort" (Hermanns 1994; Burkhardt 1998) *Ausbildungsplatzabgabe* bezeichnet die Bundesregierung ein Steuerungsinstrument, das die Unternehmen und Betriebe veranlassen soll, genügend Lehrstellen anzubieten. In seiner Regierungserklärung am 14. März 2003 vor dem Deutschen Bundestag setzte

2 Demokratische Sprache in verfassungsrechtlichen Institutionen

Bundeskanzler Gerhard Schröder (SPD) die „Ausbildungsabgabe" auf seine Agenda:

> „Der Wirtschaft kann nicht erlaubt werden, sich zurückzuziehen, sondern sie muss zu der getroffenen Verabredung zurückkehren. Diese lautet: Jeder, der einen Ausbildungsplatz sucht und ausbildungsfähig ist, muss einen Ausbildungsplatz bekommen! Davon können wir nicht abweichen." (www.bundesregierung.de)

In seiner Rolle als Kanzler nutzt Schröder die parlamentarische Redesorte der Regierungserklärung als besondere Ausdrucksform seiner Richtlinienkompetenz (Korte 2002). Die Regierungserklärung ist „Berufungsinstanz" und „Referenzpunkt", sie gibt eine „Standortbestimmung" und entwirft ein „Entscheidungspaket" (ebd.: 17). Im Zusammenhang mit der Lehrstellenmisere APPELLIERT Schröder an die Moral der Wirtschaft prinzipiell, zu der einst getroffenen Verabredung zu stehen:

> „Jeder weiß, ich bin kein Freund der Ausbildungsabgabe. Aber ohne eine nachhaltige Verbesserung der Ausbildungsbereitschaft [...] ist die Bundesregierung zum Handeln verpflichtet und sie wird das auch tun." (www.bundesregierung.de)

Auch wenn die Medien dem Bundeskanzler unterstellen, der Wirtschaft mit dieser Redesequenz DROHEN zu wollen, könnte man diese FESTSTELLUNG – sehr viel kooperativer – als ein INS-GEWISSEN-REDEN deuten. Die agensabgewandte Formulierung UNTERSTELLT frühere erfolgreiche Übereinkommen und soll die Unternehmen ERMUTIGEN, sich auf ein gesamtgesellschaftliches VERSPRECHEN gegenüber der jungen Generation VERPFLICHTEN zu lassen.

Schröder unterscheidet – wohl bewusst pronominal markiert – nicht nach Fürsprecher und Gegner der möglichen Abgabe, um sich geschickt auf die Seite der Wirtschaft schlagen zu können. Er SIGNALISIERT von Anfang an GESPRÄCHSBEREITSCHAFT, bleibt aber in der Sache hart. Schließlich sehe er sich erst durch die Pflichtverletzung der Wirtschaft zu dieser Maßnahme gezwungen.

Der Diskurs über die Ausbildungsabgabe gewinnt nach diesem Mahnruf des Bundeskanzlers an Brisanz. Kurz nach der Regierungserklärung, am 29. April 2003, treffen sich Regierung und Arbeitgeber zu einem ersten *Spitzengespräch*, um die unterschiedlich gelagerten Interessen im Konflikt um die Ausbildungsabgabe zu sondieren. Bereits in dieser Phase – nach der Initialzündung durch den Kanzler – zeichnet es sich ab, dass trotz unterschiedlicher Positionen ein Interessenausgleich möglich scheint, so dass die grundlegende Bedingung für Verhandlungen in Spitzengesprächen gegeben ist: Beide Seiten einigten sich auf eine gemeinsame Initiative. In allen Pressemitteilungen, Statements, Interviews und auf der anberaumten Pressekonferenz erklärt Wirtschaftsminister Wolfgang Clement (SPD) daraufhin optimistisch, im Jahr 2003 werde es keine „Zwangsabgabe" geben (www.tagesschau.de). Er benutzt das negativ konnotierte Schlagwort, das „Stigmawort" (Hermanns 1996) der Abgabegegner, um sich öffentlich mit der Wirtschaft zu SOLIDARISIEREN.

Im konkreten Fall der Ausbildungsplatzabgabe wird nicht nur der Dialog in den Spitzengesprächen, sondern darüber hinaus auch in den Parteiorganen geführt. Nachdem der SPD-Sonderparteitag im Juni 2003 in seinem Beschluss zur Agenda 2010 verlangt hatte, dass ohne „ausgeglichene Ausbildungssituation" (www.tagesschau.de) eine Abgabe die Folge sein müsse, setzt SPD-Fraktionschef Franz Müntefering den Arbeitgebern eine vierwöchige Frist. Die Wirtschaft verspricht daraufhin „zusätzliche" Anstrengungen. Am 18. November 2003 beschließt dann der SPD-Parteitag in Bochum eine gesetzliche Abgabe (vgl. ebd.). Diese bleibt jedoch in der SPD umstritten: Die Fraktion und das Präsidium der SPD sprechen sich dafür aus, Bundeswirtschaftsminister Clement hingegen rät unablässig davon ab. Nach einem weiteren Treffen mit den Spitzen der deutschen Wirtschaft am Rande der Internationalen Handwerksmesse in München zitiert die Süddeutsche Zeitung (5.3.2004) Bundeskanzler Gerhard Schröder: Im Streit um die Ausbildungsplatzabgabe blieben die Fronten zwischen Wirtschaft und Bundesregierung verhärtet. Die Positionen seien unterschiedlich und das werde wohl auch so bleiben. Am 1. April 2004 wird dann ein gemeinsamer Gesetzentwurf der Fraktionen von SPD und Bündnis 90/Die Grünen in den Bundestag eingebracht. Was seitens der Regierungsfraktionen als „einer der bedeutendsten Gesetzentwürfe" (Plenarprotokoll 15/102) deklariert wird, wird jedoch von der Opposition, bestehend aus CDU, CSU und FDP, als „tragikkomisch" ironisiert, stehe doch dieser Gesetzentwurf „in auffallendem Gegensatz" zu dem, „was aus den Reihen der Bundesregierung" (ebd.) zu hören sei. Der hitzigen Debatte im Plenum folgt am 22.4.2004 eine fünfstündige Anhörung von Sachverständigen im Bildungsausschuss des Bundestages, die die verhärteten Fronten erneut offenbart. Vertreter der Wirtschaft, von Kommunen und Union lehnen die „Zwangsabgabe" ab und stellen sich demonstrativ hinter die Initiative des Deutschen Industrie- und Handelskammertages für einen freiwilligen Ausbildungspakt. Die Gewerkschaften bestehen auf einer gesetzlichen Regelung. SPD und Bündnis 90/Die Grünen sehen sich in ihrer Entschlossenheit bestätigt, das Gesetz schnellstmöglich zu verabschieden. Bundeskanzler Schröder setzt dennoch auf weitere Gespräche: „Die Umlage kommt. Muss aber nicht

2 Demokratische Sprache in verfassungsrechtlichen Institutionen

zum Zuge kommen" und Bundesarbeitsminister Clement hält nach wie vor wenig von dem Instrument einer Abgabe: „Ich lehne ein solches Gesetz ab, weil es zu einer Fehlsteuerung führt" (www.tagesschau.de). Am 7. Mai beschließt dann der Bundestag mit rot-grüner Mehrheit das Berufsausbildungssicherungsgesetz. Die Opposition kritisiert den rot-grünen Gesetzentwurf als „Bürokratie-Monster" und als „Tribut" an die SPD-Linken (ebd.). Schon nach drei Tagen stoppt der Bundesrat dieses Gesetz vorerst und ruft den Vermittlungsausschuss an. Schließlich führen informelle Gespräche von Bundeswirtschaftsminister Clement mit den Wirtschaftsverbänden doch zu einem Konsens, so dass in Anwesenheit des Bundeskanzlers der „Nationale Pakt für Ausbildung und Fachkräftenachwuchs in Deutschland" am 16. Juni 2004 vom Bundesminister für Wirtschaft und Arbeit, der Bundesministerin für Bildung und Forschung, vom Präsidenten des Deutschen Industrie- und Handelskammertages, vom Präsidenten der Bundesvereinigung der Deutschen Arbeitgeberverbände, vom Präsidenten des Zentralverbandes des Deutschen Handwerks und vom Präsidenten des Bundesverbandes der Deutschen Industrie unterzeichnet wird. Im September 2004 berichtet die Tagesschau, dass 573.000 Ausbildungsverträge – das seien drei Prozent mehr als 2003 – abgeschlossen wurden. Zum Jahresende beläuft sich die Zahl der Jugendlichen, die keinen Ausbildungsplatz fanden, aber immer noch auf 14.950 (ebd.).

An dieser Stelle sollte der Diskurs von der Ausbildungsplatzabgabe bis zum Ausbildungspakt in seiner Vernetzung dargestellt werden, um den Stellenwert, aber auch die Effizienz des strittigen Dialogs einer kleinen Zahl von Interessenvertretern aus Politik und Wirtschaft verdeutlichen zu können. Die Dynamik von Spitzengesprächen eröffnet Möglichkeiten der Entscheidungsfindung, die die gesetzgeberischen Aufgaben von Regierung und Parlament wirkungsvoll ergänzen. Bündnisse, Allianzen oder Spitzentreffen fungieren indes weder als „Nebenregierung" noch als „Reparaturwerkstatt", sondern sollen eine „Scharnierfunktion bei der Politik des Wandels" übernehmen (Schröder 1999).

Im Folgenden will ich *Spitzengespräche* als Instrument einer nicht institutionalisierten Form des informellen Regierens untersuchen. Der Analyse des gesellschaftlichen Diskurses über die Ausbildungsplatzabgabe liegt ein Textkorpus zugrunde, das sich zusammensetzt aus dem Vertrag über den „Nationalen Pakt für Ausbildung und Fachkräftenachwuchs in Deutschland", aus Pressetexten überregionaler Zeitungen, Pressemitteilungen von Onlinediensten, aus den Standpunkten, die die Teilnehmer an den Spitzengesprächen auf den Homepages veröffentlicht haben, und aus Plenarprotokollen der Debatte über den Gesetzentwurf zum „Berufsausbildungssicherungsgesetz".

3 Spitzengespräche – ein Gesprächstyp politischer Sprache

Seit einiger Zeit ergänzen *Spitzengespräche* die Kommunikation in staatlichen politischen Institutionen. Die SPD hat 1998 ein „Bündnis für Arbeit" zum Wahlkampfthema gemacht, das die rot-grüne Koalition nach dem Wahlsieg als „Bündnis für Arbeit, Ausbildung und Wettbewerbsfähigkeit" vereinbarte. Für das Bündnis koordinierte das Kanzleramt sowohl die *Spitzengespräche* als auch eine *Steuerungsgruppe* und sieben *Arbeitsgruppen*. Bereits von Januar 1999 bis Dezember 2000 fanden z. B. in der Arbeitsgruppe „Aus- und Weiterbildung" sieben Sitzungen statt, in denen u. a. ein Ausbildungskonsens vorbereitet worden ist. Schon damals wurden elf Beschlüsse gefasst, die die Aus- und Weiterbildung als einen wichtigen Faktor des strukturellen Wandels und der Wettbewerbsfähigkeit der deutschen Wirtschaft betonten (www.bundesregierung.de). Dieser langfristige Diskussionsprozess und die sich im Jahr 2004 erneut verschärfende Lehrstellenmisere besiegelten die konsensorientierten Spitzengespräche.

Die Metapher *Spitzengespräch* kennzeichnet den besonderen Status der Teilnehmer an den Gesprächen. Die lexikalische Bedeutung des Bestimmungswortes weckt die Assoziation, dass sich nur Personen für diese Spitzengespräche qualifizieren, die „eine hohe Position oder einen hohen oder höchsten Rang" (Duden Deutsches Universalwörterbuch 2001: 1488) in Wirtschaft und Politik einnehmen. Mit der Position an der Spitze eines Verbandes, einer Partei oder der Regierung übernehmen die Akteure Verantwortung für große Menschengruppen, vertreten ihre Klientel bei strittigen Auseinandersetzungen, haben insofern aber vor allem auch Einfluss auf die Willensbildung einer breiten Masse der Bevölkerung. Im Hinblick auf den Status, auf Macht und Einfluss suggeriert die Metapher zunächst einmal eine symmetrische soziale Beziehung zwischen den Spitzenvertretern. Eine solche Ausgangssituation sollte ein ergebnisorientiertes Verhandeln begünstigen: Alle Verhandlungsteilnehmer können nur gemeinsam gewinnen oder aber zusammen verlieren. Daher lassen sich die *Spitzen* auf diese Form von Gesprächen nur ein, wenn ein Interessenausgleich im Bereich des Möglichen liegt. *Spitzengespräche* werden im Folgenden als ein Gesprächstyp der Exekutive beschrieben und lassen sich aus gesprächs- und konversationsanalytischer Sicht (Henne/Rehbock 2001, Holly 2001) als mehrmalig in einem begrenzten Zeitraum stattfindende, nichtöffentliche Face-to-Face-Gespräche einer kleinen Gruppe von einander bekannten Repräsentanten aus Institutionen und Verbänden kennzeichnen, die sich treffen, um eine Entscheidung von politischer Tragweite – bei Einhaltung wechselseitigen Respekts – kompetent vorzubereiten, die zugespitzte gesellschaftliche Lage sachorientiert zu diskutieren, alternative Handlungsmöglichkeiten abzuwägen, Ergebnisse zu verabreden und schließlich den erzielten Konsens öffentlich zu vermitteln. Insofern genügen erfolgreiche Spitzengespräche einer Kultur des politischen Streits im besten Sinne. *Spitzengespräche* stehen unter Erfolgsdruck, so dass die Beteiligten Absprachen treffen, die von gegenseitigem Nutzen sind und letztendlich eine kooperative Abstimmung ermöglichen, die schließlich der jeweiligen Klientel ohne Imageverlust zu vermitteln sein muss. Der Chef des Bundeskanzleramtes beschreibt den „innovativen Konsens" (Steinmeier 2001) als Markenzeichen der Politik der Bundesregierung unter Gerhard Schröder. Steinmeier widerspricht den Kritikern, die in der Zusammenarbeit zwischen Bundesregierung, Wirtschaft und Gewerkschaften eine „Politikverflechtungsfalle" (Scharpf 1985) befürchten, die alle Beteiligten davon abhalte, sich auf ihre eigentlichen Aufgaben zu konzentrieren. Diesem Einspruch zum Trotz schmiedet die Regierung erfolgreich Bündnisse und gestaltet Politiknetzwerke.

Das Interesse an einer pragmalinguistischen Analyse dieser besonderen Form informellen Regierens ist zunächst einmal durch die wachsende Bedeutung von Spitzengesprächen im gegenwärtigen politischen Prozess begründet. Darüber hinaus offenbaren Spitzengespräche die Symbiose von Medien und Politik in besonderer Weise: Spitzengespräche werden nicht öffentlich geführt, so dass auch die vorliegende Untersuchung nicht auf die konkreten Sprecherbeiträge zurückgreifen kann, sondern auf die öffentlichen Statements als medial vermittelte Redesequenzen angewiesen ist. In diesem Zusammenhang lässt sich beobachten, dass sich die Spitzen aus Politik und Wirtschaft in Pseudogesprächen medial inszenieren: Sie wenden sich indirekt zum einen an die jeweils eigene Klientel, um ihre Teilnahme an den Spitzengesprächen zu legitimieren, indem sie auf der konsequenten Durchsetzung ihrer vermeintlich unbestreitbaren Forderungen bestehen. Andererseits richten sie sich – ebenfalls indirekt – an die Teilnehmer der Spitzengespräche und bekunden ihre Offenheit für neue Problemlösungen, bestätigen ihren Willen zur Flexibilität, Ergebnisse erzielen wollen, die sozial erfolgreich umzusetzen sind.

4 Problemlösen durch VERHANDELN

Im Rahmen des informellen Regierens der Exekutive ermöglicht das sprachliche Handlungsmuster VERHANDELN die Bereitschaft zur kommunikativen Kooperation zwischen den Protagonisten, die trotz ihrer verschiedenen Sichtweisen ein soziales Problem nur gemeinsam lösen können. Im Folgenden können nicht die isolierten Sprechakte untersucht werden. Im Zentrum der pragmalinguistischen Analyse steht die *Struktur des Verhandlungsprozesses*. Das VERHANDELN zielt darauf ab, einen kontroversen Sachverhalt eingehend zu erörtern und zu beraten, um zu einer Klärung oder Einigung zu kommen (Duden Deutsches Universalwörterbuch 2001: 1698). Diese allgemeine lexikalische Bedeutung liegt dem Sprachhandlungsmuster VERHANDELN zugrunde. Am Beispiel des medialen Diskurses zur Lehrstellenknappheit soll gezeigt werden, wie die konzeptuelle Bedeutung des Sprachhandlungsmusters VERHANDELN kontextuell erweitert wird.

4.1 Ursache des VERHANDELNS: Gesellschaftliche Problemlage – Interessengegensatz – Gemeinsamkeit

Im Berufsbildungsbericht 2004 (www.bundesregierung.de) wurde mitgeteilt, dass sich die Zahl der neuen Lehrverträge nunmehr im vierten Jahr in Folge verringert hat – von 631.000 im Jahr 1999 auf 557.000 im Jahr 2003. Im Jahr 2003 sei bereits jeder neunte Vertrag voll aus öffentlichen Mitteln finanziert worden. Mit dem Eintritt der Schulabgänger des Jahres 2004 in den Arbeitsmarkt würde sich die Situation verschärfen. Dieser Tendenz will die Politik gezielt entgegenwirken. Ein Ansatz zur Lösung des Problems könnte eine Lehrstellenumlage sein. Einer Umfrage des Instituts der Deutschen Wirtschaft im April 2004 zufolge verspricht die Wirtschaft eine größere Anzahl von Ausbildungsplätzen nur unter der Bedingung, dass die Politik die Rahmenbedingungen ändert und eine Ausbildungsplatzabgabe aussetzt. Diese strittigen Kontroversen sind nur erfolgreich zu verhandeln, weil alle Verhandlungspartner ein gemeinsames Anliegen eint: die Situation auf dem Lehrstellenmarkt zu verbessern.

4.2 Akteure des VERHANDELNS: Kontroverse Positionen der Verhandlungspartner

Die Repräsentanten der Regierung und der Wirtschaftsverbände haben den Auftrag, im Interesse ihrer Klientel zu verhandeln. Kontroverse Positionen der Gesprächsteilnehmer werden als mediale Botschaften mehrfachadressiert vermittelt. Sie richten sich nicht nur – nach außen – an die von den Akteuren vertretenen Gruppen, sondern vor allem – auch nach innen – an die Verhandlungspartner. In den ersten öffentlichen Statements inszenieren sich die Beteiligten gern als Gegner. Arbeitgeberpräsident Dr. Dieter Hundt RECHTFERTIGT sich und KLAGT die Politik AN: Der eigentliche Grund für die Probleme bei der

Lehrlingsausbildung seien die schlechte konjunkturelle Lage, der neue Rekord bei Firmenpleiten sowie die mangelhafte schulische Ausbildung vieler Jugendlicher (vgl. www.heute.de: 21.4.2004). Hundt FORDERT die Politik HERAUS und erhofft sich von ihr KORREKTUREN in den bevorstehenden Gesprächen. Im Unterschied dazu KÜNDIGT Ludwig Georg Braun, Präsident des Deutschen Industrie- und Handelskammertages, ENTGEGENKOMMEN AN, die Kammern seien bereit, der Politik „die Hand zu reichen und weit reichende Leistungszusagen zu machen" (ebd.). Konkretisierend HEBT er das Konzept „Regionale Bündnisse für Ausbildung" HERVOR, INFORMIERT über die gegenseitige Unterstützung der Kammern auf Landesebene und ERKLÄRT damit ausdrücklich seine GESPRÄCHSBEREITSCHAFT.

Der Präsident des Bundesverbandes der Deutschen Industrie, Dr. Michael Rogowski, BEKUNDET seine Verhandlungsbereitschaft, indem er über aktuelle Aktionen der Wirtschaft für eine Ausbildungsoffensive INFORMIERT. Durch diese Maßnahmen STIMMT er den Initiatoren der Gespräche ZU und ZEIGT sich mit ihnen EINIG in der SACHE. Er APPELLIERT an Teile der Regierung, vor allem aber an den SPD-Fraktionsvorsitzenden und an die Regierungsfraktionen, von einer Umlage abzusehen, und SOLIDARISIERT sich mit dem Bundeskanzler und dem Bundeswirtschaftsminister: Er (Rogowski – K.P.) erwarte nicht, dass die Abgabe eingeführt werde, selbst wenn es zu einem Gesetz komme. Mit diesem Ausdruck einer optimistischen Grundtendenz UNTERSTELLT er eine WECHSELSEITIGKEIT der Auffassungen der Gesprächsteilnehmer und VERSPRICHT, die Wirtschaft könne das Problem der fehlenden Lehrstellen selbst lösen. Handwerkspräsident Dieter Philipp ENTLARVT die Gegenseite durch seine FESTSTELLUNG, in der Branche sei bereits jeder zehnte Mitarbeiter ein Lehrling und WIRFT der Politik INKOMPETENZ VOR: Man könne der Wirtschaft „nicht die ganze Last vor die Türe kippen". Mit dieser UNTERSTELLUNG INSZENIERT Philipp nach außen den von den Medien erhofften zugespitzten DISSENS. Nach innen VERSCHÄRFT er dadurch den DRUCK auf die Verhandlungspartner.

Von der Regierungsseite verhandelt hauptsächlich Minister Clement. Die Regierung verfügt nicht nur über Autorität – wie alle übrigen Verhandlungspartner auch –, sondern sie verfügt darüber hinaus über die Macht, die ihr zusätzliche Spielräume im Verhandlungsprozess verschafft. Minister Clement muss zwischen Rede und Gegenrede, Vorwurf und Rechtfertigung VERMITTELN. Ganz im Sinne Goffmans (1971) hat er die Images der Gesprächsteilnehmer zu berücksichtigen und profitiert zugleich von dem ihm durch die anderen zugeschriebenen Image, was die konkrete Verhandlungssituation entspannt. Die

Spitzengespräche unterliegen einer rituellen Ordnung, die die kommunikative Interaktion ermöglicht und stabilisiert insofern, als sich die Teilnehmer des Gesprächs über einen begrenzten Zeitraum hinweg als „Schicksalsgenossen" versammeln, um einen Kompromiss zu erzielen. Nicht die vermeintlich unverrückbare Position, sondern das einander verbindende Interesse an einer gesamtgesellschaftlichen Lösung bestimmt die Gespräche.

Wolfgang Clement OPPONIERT als Bundesminister für Wirtschaft und Arbeit öffentlich gegen die Position der Befürworter der Abgabe:

> „Ich setzte darauf [...], dass wir mit den Gewerkschaften zusammenwirken. Die haben ja natürlich auch das gleiche Ziel. Letztlich trennt uns da ein bisschen Streit um den Weg."

Er UNTERSTELLT den Befürwortern INKOMPETENZ und INSZENIERT GEMEINSAMKEITEN MIT DER WIRTSCHAFT: „Ich lehne ein solches Gesetz ab, weil es zu einer Fehlsteuerung führt" (SÜDDEUTSCHE ZEITUNG 23.4.2004).

Bildungsministerin Frau Bulmahn (SPD) HONORIERT – nicht ohne Hoffnung, das eigene Image in diesem Diskurs zu verbessern – in einem Interview mit der FRANKFURTER RUNDSCHAU (11.11.2003) das Engagement der Wirtschaft und LOBT: „Zunächst mal muss ich der Wirtschaft hier meine Anerkennung aussprechen, denn wir haben gemeinsam sehr viel unternommen" –, um dann aber diese Position gleich wieder zu RELATIVIEREN:

> „Wenn ich mir aber die langfristige Entwicklung anschaue, sehe ich, dass der Anteil der Jugendlichen, die eine betriebliche Lehrstelle finden, kontinuierlich sinkt."

Sie VERTEIDIGT – im Gegensatz zu anderen Kabinettsmitgliedern – die Ausbildungsabgabe: „Alle Anstrengungen – die der Politiker, der Wirtschaftsverbände und Gewerkschaften – haben nicht dazu geführt, diesen Prozess aufzuhalten". Bei aller Unentschiedenheit ZIELT aber auch sie auf einen KOMPROMISS:

> „Es geht um die Frage, wie wir sicherstellen, dass Jugendliche eine berufliche Perspektive haben. Darum ringen wir seit langer Zeit. Ich sage ausdrücklich: Das muss die Zielsetzung sein, auch die einer gesetzlichen Regelung. Und uns allen ist es lieber, wenn dies durch freiwillige Maßnahmen gelingt."

Auf einen persönlichen Konflikt innerhalb der Bundesregierung angesprochen STELLT die Ministerin KLAR:

> „Noch mal: Hier geht es nicht um Konflikte zwischen Ministern. Die Position der Bundesregierung ist die, dass freiwillige Lösungen Vorrang haben."

2 Demokratische Sprache in verfassungsrechtlichen Institutionen

Bundeskanzler Schröder richtet seine KOOPERATIVITÄTSBEKUNDUNG in einem Interview des FOCUS (26.4.2004) zusätzlich emotional aus und MOTIVIERT die Vertreter der Wirtschaft, AUF seine Entscheidungskraft zu VERTRAUEN. Er BETONT seinen GUTEN WILLEN im Interesse der Sache und korrigiert den Journalisten, als dieser provokativ das Stigmawort der Opposition gebraucht: Es handle sich nicht um eine „Zwangsabgabe", es sei ein „solidarischer Ausgleich". In der SÜDDEUTSCHEN ZEITUNG (23.4.2004) ZEIGT SICH Schröder wiederholt VERHANDLUNGSBEREIT: „Die Umlage kommt. Muss aber nicht zum Zuge kommen." Vor dem Hintergrund des schließlich dann doch erfolgreichen Entscheidungsmanagements der Spitzengespräche LOBT der Bundeskanzler im Sommerinterview mit dem ZDF vom 7. September den Ausbildungspakt mit der Wirtschaft: „Freiwilligen Vereinbarungen", so Schröder, „gebühre auf diesem Gebiet der Vorzug vor gesetzlichen Regelungen wie einer Ausbildungsumlage".

4.3 Ziel des Verhandelns: Der Konsens

Der „Ausbildungspakt", der dem Wortsinn nach immerhin ein Vertrag ist, beinhaltet das Verhandlungsergebnis und somit die gemeinsamen Positionen der Verhandlungspartner in den Spitzengesprächen. Der Pakt enthält die Verpflichtung von Wirtschaft und Politik, mehr Ausbildungsplätze zur Verfügung zu stellen. Um diesen Konsens zu erreichen, waren Positionskorrekturen notwendig, die vor allem durch drei verschiedene linguistische Strategien erreicht wurden: Erstens durch die Verwendung von Hochwertwörtern, zweitens durch die Vermeidung von konkreten Fakten und Zahlen zugunsten vager Formulierungen und drittens durch die Kaschierung von Wortbedeutungen.

Akzeptable Lösungen werden durch positiv bewertende Schlagwörter und Hochwertwörter (Hermanns 1994, 18) vermittelt: *„Bildung* und *Qualifizierung"* markieren partei- und gruppenübergreifend einen allgemein akzeptierten zentralen Wert der Gesellschaft und begründen laut Pakt die Grundlagen „unseres *Wohlstands"* ebenso wie *„Talente, Fähigkeiten* und *Fertigkeiten,* die den Weg in die *Zukunft* ermöglichen sollen". Deshalb habe man es sich nicht länger leisten können, „auf *Talente* und *Begabungen* zu verzichten". Von *„Ausbildung* und *Qualifizierung"* unserer *„Jugend"* hänge die *„Zukunftsfähigkeit* und *Innovationskraft"* der deutschen Wirtschaft und der Gesellschaft insgesamt ab.

Die eigentlichen Ursachen für die fatale Ausbildungsplatzsituation werden nicht ausdrücklich benannt, man einigt sich auf *„unterschiedliche Gründe",* die die Verfasser des Paktes auch davor bewahren, die Verantwortlichkeiten für die Ursachen explizit ausweisen zu müssen.

Man konstatiert – anders als noch in der ersten Spitzengesprächen – *„ein Auseinanderklaffen zwischen Angebot und Nachfrage nach betrieblicher Ausbildung"* und stellt fest: „Die *Ausbildungsmarktsituation* sei derzeit noch *angespannter als im Vorjahr"*. Die genauen Zahlen, die noch während des Verhandlungsprozesses polarisierten, werden nun vermieden – bis jetzt seien *„weit weniger* betriebliche Ausbildungsplätze gemeldet" worden. Die Vagheit der Formulierung ist auch Ausdruck des komplizierten Verhandlungsprozesses und der unverrückbaren Bedingungen, die zu dieser Form eines Minimalkonsenses geführt haben.

Eine auffällige Kaschierung enthält der Passus, die Arbeitgeber setzten sich das Ziel, während der dreijährigen Laufzeit des Paktes durchschnittlich 30.000 *„neue Ausbildungsplätze* pro Jahr *einzuwerben"*. Die Wortbedeutung des Lexems *neu* bezieht sich auf einen kurzen Zeitraum, auf etwas, das „davor noch nicht da gewesen" ist (Universalwörterbuch 2001: 1134 f.). „Neu" heißt im Kontext des Paktes nicht *zusätzlich*. Die Verbände *sichern* lediglich *zu,* dass *Lehrstellen* angeboten werden, die es bisher nicht gab. Dieser Kompromiss im Kompromiss ist ein Zugeständnis für den Fall, dass die Konjunktur nicht so wachsen sollte wie erwartet. Entsprechenden Forderungen hätten sich die Verbände in den Verhandlungen widersetzt (SÜDDEUTSCHE ZEITUNG 16.6.04). In dem Vertrag heißt es nur, dass sich die Gesamtzahl der Lehrstellen *„möglichst erhöhen"* solle.

5 Fazit: Kooperatives Handlungsmuster und innovativer Konsens

Die Untersuchung wollte zeigen, dass sich *Spitzengespräche* zu einem effizienten Instrument bei der Lösung von Konflikten im Rahmen *informellen Regierungshandelns* entwickelt haben. Der Verlauf des untersuchten Diskurses macht deutlich, dass sich der Prozess des VERHANDELNS über mindestens vier Etappen erstreckt: Die Phase der Initiierung, die Sondierungsphase, die Verhandlungsphase und die Umsetzungsphase.

Thematische Arbeitsgruppen im Vorfeld der Gespräche begründen die Problemlage, die Exekutive wählt den strategisch geeigneten Termin aus und initiiert den Diskurs. Die Verhandlungsphase umfasst dann die konsensorientierten Interaktionen von Regierung und Wirtschaft. Das Ende der Verhandlungen markiert ein Konsens. Während der Umsetzungsphase unterliegt die Realisierung des Paktes einer permanenten Evaluation und bleibt deshalb auch Bestandteil des gesellschaftlichen Diskurses. Wolfgang Clement (SPD) resümiert in seiner Rede vor dem Deutschen Bundestag am 16. Dezember 2004:

> „Der Ausbildungspakt hat in einem Umfang, wie wir das bisher noch nicht erlebt haben, bei allen Partnern dieses Paktes und darüber hinaus erhebliche zusätzliche Ausbildungsaktivitäten, insbesondere in der Nachvermittlungsaktion, angestoßen und damit eine freiwillige Selbstverpflichtung von Wirtschaft und Politik im politisch-wirtschaftlichen Raum in einer Weise realisiert, wie jedenfalls mir das von anderen Selbstverpflichtungen bisher nicht bekannt war."

Am 15. Februar 2005 werten Bundesregierung und Wirtschaft den Ausbildungspakt als Erfolg und verkünden, die Trendwende am Ausbildungsmarkt sei geschafft. „Alle im Ausbildungspakt getroffenen Vereinbarungen sind nicht nur auf Punkt und Komma eingehalten, sondern durch die Bank besser realisiert worden als zugesagt" (www.bundesregirung.de). Nicht zuletzt deshalb warb der Bundeskanzler in seiner Rede anlässlich des Deutschen Arbeitgebertages der Bundesvereinigung der Deutschen Arbeitgeberverbände am 16. November 2004 in Berlin um Verständnis für weitere künftige informelle Gespräche im Rahmen seines Regierungshandelns:

> „ [...] ich meine jetzt nicht nur institutionalisierte Politik, sondern ich rede von einem Politikbegriff, der die ganze Gesellschaft umfasst. Das waren die Schwierigkeiten bei der Umsetzung der „Agenda 2010". Wenn man es fair und objektiv betrachtet, dann kann man sagen, dass wir in Deutschland ein ganz gutes Stück vorangekommen sind, was diese Veränderungsbereitschaft angeht." (www.bundeskanzler.de)

Dieser konsensorientierte Handlungsstil der Exekutive scheint sich als eine politische Strategie modernen Regierens zu etablieren, um bei der Lösung schwieriger gesellschaftliche Probleme für eine breite Zustimmung zu werben und um gemeinsames Handeln zwischen Politik und Wirtschaft berechenbar zu entscheiden. Insofern ist der Pakt de facto ein erfolgversprechender Konsens, der durch *informelles Regierungshandeln* erzielt wurde.

6 Literatur

6.1 Quellen

Deutscher Bundestag. Stenographischer Bericht. 15. Wahlperiode. Plenarprotokoll 15/102. Berlin 2003/2004.
FRANKFURTER RUNDSCHAU (11.11.2003)
SÜDDEUTSCHE ZEITUNG (5.3.2004; 23.4.2004; 26.4.2004; 16.11.2004)
FOCUS (26.4.2004)
www.bundeskanzler.de
www.bundesregierung.de
www.tagesschau.de
www.zdf.de

6.2 Sekundärliteratur

Burkhardt, Armin 1998: Deutsche Sprachgeschichte und politische Geschichte, in: Werner Besch/Anne Betten/Oskar Reichmann/Stefan Sonderegger (Hrsg.): Sprachgeschichte. Ein Handbuch zur Geschichte der deutschen Sprache und ihrer Erforschung. Berlin, New York, 98–122.

Burkhardt, Armin 2003: Das Parlament und seine Sprache. Studien zu Theorie und Geschichte parlamentarischer Kommunikation. Tübingen.

Duden Deutsches Universalwörterbuch 2001: Dudenredaktion (Hrsg.): Deutsches Universalwörterbuch, 4. Aufl. Mannheim, Leipzig, Wien, Zürich.

Goffman, Erving 1971: Interaktionsrituale. Über Verhalten in direkter Kommunikation. Frankfurt am Main.

Henne, Helmut/Rehbock, Helmut 2001: Einführung in die Gesprächsanalyse. 4., [...] Aufl. Berlin, New York.

Hermanns, Fritz 1994: Schlüssel-, Schlag- und Fahnenwörter. Zu Begrifflichkeit und Theorie der lexikalischen ‚politischen' Semantik, in: Arbeiten aus dem Sonderforschungsbereich 245 „Sprache und Situation", Heidelberg, Mannheim. Bericht Nr. 81.

Holly, Werner 1990: Politikersprache. Inszenierungen und Rollenkonflikte im informellen Sprachhandeln eines Bundestagsabgeordneten. Berlin, New York.

Holly, Werner 2001: Beziehungsmanagement und Imagearbeit, in: Klaus Brinker/Gerd Antos/Wolfgang Heinemann/Sven F. Sager (Hrsg.): Text- und Gesprächslinguistik. Ein internationales Handbuch zeitgenössischer Forschung. Berlin, New York, 1382–1393.

Holly, Werner/Kühn, Peter/Püschel, Ulrich 1986: Politische Fernsehdiskussionen. Zur medienspezifischen Inszenierung von Propaganda als Diskussion. Tübingen.

Klein, Josef 2001: Die politische Fachsprache als Institutionensprache, in: Klaus Brinker/Gerd Antos/Wolfgang Heinemann/Sven F. Sager(Hrsg.): Text- und Gesprächslinguistik. Ein internationales Handbuch zeitgenössischer Forschung. Berlin, New York, 1371–1381.

Korte, Karl-Rudolf 2001: Was kennzeichnet modernes Regieren? Regierungshandeln von Staats- und Regierungschefs im Vergleich, in: Aus Politik und Zeitgeschichte (B 5), 26–28.

Korte, Karl-Rudolf 2002: Die Regierungserklärung: Visitenkarte und Führungsinstrument des Kanzlers, in: Karl-Rudolf Korte (Hrsg.): „Das Wort hat der Herr Bundeskanzler". Eine Analyse der großen Regierungserklärungen von Adenauer bis Schröder. Wiesbaden, 11–33.

Sarcinelli, Ulrich 2003: Demokratie unter Kommunikationsstress? Das parlamentarische Regierungssystem in der Mediengesellschaft, in: Aus Politik und Zeitgeschichte (B 43), 422–

Scharpf, Fritz W. 1985: Die ‚Politikverflechtungsfalle': Europäische Integration und deutscher Föderalismus im Vergleich, in: Politische Vierteljahresschrift, Nr. 4, Jg. 26, 323–356.

Schröder, Gerhard 1999: Das Bündnis als Fokus unserer Politik der neuen Mitte, in: Hans-Jürgen Arlt/Sabine Nehls (Hrsg.): Bündnis für Arbeit – Konstruktion, Kritik, Karriere. Wiesbaden, 49–56.

Steinmeier, Frank-Walter 2001: Abschied von den Machern. Wie das Bündnis für Arbeit die Erneuerung schafft – durch Konsens. Die Zeit 10.

3 Demokratischer Wortschatz und Wortgebrauch

Josef Klein

„Grundwortschatz" der Demokratie

Der „Grundwortschatz" der Demokratie ist ein Teilbereich der „Sprache der Politik". Seine angemessene Darstellung erfordert einige Vorklärungen, die vor allem den Begriff der Wortbedeutung betreffen. Dabei soll das Wort *Demokratie* selbst als Hauptbeispiel dienen.

1 Dimensionen der Politik – Dimensionen der Wortbedeutung

Politik entfaltet sich in drei Dimensionen:
1. als politisches System (polity) – im demokratischen Staat manifestiert in der Verfassung und den darauf basierenden Institutionen,
2. als politischer Prozess (politics) – im demokratischen Staat vollzogen im Wettbewerb um Zustimmung für politische Vorstellungen und im Kampf um deren Durchsetzung,
3. als Politikfelder (polities) – im demokratischen Staat sich erstreckend auf die Bereiche des Zusammenlebens, die nach der Verfassung der politischen Gestaltung zugänglich sind.

In jeder Dimension spielt Sprache – genauer: sprachliches Handeln und dessen Verständnis – eine zentrale Rolle. Sprache begegnet uns, je nachdem auf welche Einheiten wir schauen, als Texte, als Sätze oder als Wörter. Unser Thema sind Wörter. Mit Wörtern – und das gilt ganz besonders im Bereich der Politik – lassen sich mehrere Funktionen erfüllen, insbesondere

- Dinge, Personen, Sachverhalte etc. inhaltlich zu charakterisieren (deskriptive Bedeutung),
- diesbezügliche Emotionen und Bewertungen zum Ausdruck zu bringen (emotive bzw. evaluative Bedeutung),
- an Hörer/Leser zu appellieren, sich diesbezüglich auf eine bestimmte Weise zu verhalten (präskriptive bzw. deontische Bedeutung).[1]

---

[1] Vgl. Hermanns 2002.

Manche Wörter können gar nicht verwendet werden, ohne sämtliche drei Bedeutungsaspekte gleichzeitig zu aktualisieren. So charakterisiert man beispielsweise mit der Bezeichnung *Terroristen* Kämpfer gegen eine vom Sprecher akzeptierte herrschende Ordnung, deren Gewaltaktionen auf die Erzeugung von Furcht und Schrecken zielen, bringt damit zugleich Ablehnung, Ängste, Wut o.Ä. gegen diese Personen zum Ausdruck und richtet einen normativen (sog. „deontischen") Appell an die Hörer/Leser, diese Ablehnung zu teilen und den Kampf gegen die so Bezeichneten zu unterstützen. Wer dieselben Personen *Freiheitskämpfer* nennen würde, täte damit ebenfalls dreierlei gleichzeitig – allerdings unter jedem Bedeutungsaspekt geradezu das Gegenteil von dem, was man mit dem Wort *Terroristen* tut: Die bekämpfte Ordnung wäre nicht als vom Sprecher akzeptiert charakterisiert, den bezeichneten Personen gegenüber käme politische Sympathie zum Ausdruck und als deontischer Appell wäre – entsprechend dem Hochwert, der mit dem Wortbestandteil *Freiheit* gegeben ist – eine Unterstützung der so bezeichneten Personen impliziert.

Vielfach ist es allerdings erst der Kontext eines Wortes, der bestimmte Bedeutungsaspekte aktualisiert. Als Beispiel kann das Titelwort dieses Beitrags dienen: *Demokratie*. Abgeleitet vom historischen, der altgriechischen Herkunft verpflichteten Bedeutungskern ‚Herrschaft des Volkes' gibt es unterschiedliche Ausprägungen in der deskriptiven Bedeutungsdimension: Im Kontext der vorherrschenden westeuropäisch-nordamerikanischen Demokratie-Tradition sind allgemeine, freie, gleiche und geheime Wahlen in regelmäßigen Abständen, Gewaltenteilung, Menschenrechte, freier Wettbewerb um politische Machtpositionen, Mehrheitsprinzip, Recht der Minderheit auf ungehinderte Meinungsäußerung, insbesondere auch durch Zugang zu Massenmedien, unabdingbare Elemente in der deskriptiven Dimension der Wortbedeutung. Im Kontext der leninistisch geprägten Demokratie-Auffassung, wie sie u. a. der Staatsdoktrin der Deutschen *Demokratischen* Republik entsprach, gehört zu den deskriptiven Elementen in der Bedeutung von *Demokratie* vor allem die Abhängigkeit dieser Staatsform davon, welche „Klasse" in einer Gesellschaft herrscht, so dass sich unter den Vorzeichen der „Diktatur des Proletariats" die „sozialistische Demokratie als Staatsform" ergibt.[2] So sehr in der Verwendung von *Demokratie* zwischen den beiden politischen Systemen Bedeutungskonkurrenz auf deskriptiver Ebene herrschte, so stimmten sie unter deontischem Aspekt insofern überein, als das Wort in beiden politischen Systemen

---

[2] Vgl. Kosing 1989: 104–106.

als Hochwertbegriff mit normativem Anspruch verwendet wurde. In der DDR herrscht die feste Verbindung *sozialistische Demokratie* vor, was darauf hinweist, dass *Demokratie* dort, anders als im „westlichen" Verständnis, lediglich einen politischen Wert zweiter Ordnung – untergeordnet dem Höchstwert *Sozialismus* (im marxistisch-leninistischen Sinne) – darstellte. Dies ist eine freundliche Lesart des DDR-Gebrauchs von *Demokratie*. Eine weniger freundliche Deutung sieht so aus: Wer *Demokratie* nur im Rahmen einer *Diktatur* (des Proletariats) akzeptiert, der entfernt sich damit so weit von der jahrtausendealten Begriffstradition, dass der Verdacht nahe liegt, hier liege gar kein ernsthafter Versuch einer nachvollziehbaren Begriffsbestimmung vor, sondern lediglich die propagandistische Nutzung eines seit dem 19. Jahrhundert immer massenwirksamer gewordenen politischen Hochwertwortes (vgl. auch Schlosser im vorliegenden Band).

Auch bei der Namenswahl der rechtsextremen National*demokratischen* Partei Deutschlands liegt eine solche Interpretation nahe. In diesem Falle kommt die strategische Intention hinzu, schon im Namen dem Verdacht der Verfassungsfeindlichkeit entgegenwirken zu wollen. Unseriöser, gegebenenfalls betrügerischer Wortgebrauch ist allerdings schwer nachweisbar. Solange nicht explizite Beweise vorliegen, werden die Verdächtigten behaupten, sie würden ernsthaft meinen, was sie sagen. Sonst wäre es ja dahin mit ihrer Glaubwürdigkeit. Darum kommen Sprachkritiker bei solchen Verdachtslagen selten über Plausibilitätsurteile hinaus (vgl. auch Forster im vorliegenden Band).

In bestimmten Situationen kann der Begriff „Demokratie" bzw. können seine nationalsprachlichen lexikalischen Varianten ausgesprochen emotional verwendet werden. In *Demokratie*bewegungen, die gegen Diktaturen aufbegehren, verbindet sich mit dem Begriff nicht nur ein staatsphilosophisch motivierter normativer Anspruch – hier bedeutet das Wort auch Ausdruck von Sehnsüchten, Freude, Hoffnungen und anderen „positiven" Emotionen, die es als Losung und Leitwort geeignet machen.

Demokratie kann allerdings auch ohne Aktivierung des emotionalen und des deontischen Bedeutungspotenzials verwendet werden: vor allem im Kontext politikwissenschaftlicher Forschung. Dann hat es den Status eines Fachterminus und umfasst deskriptive Bedeutungselemente in einer Vielzahl und in einer „Körnung", die weit über das hinausgehen, was etwa in einem großen Wörterbuch der deutschen Sprache als Bedeutung des Wortes *Demokratie* angegeben wird.

Brisante Wörter entfalten häufig auch wortschöpferisches Potenzial. Wo mehr Demokratie gewagt werden soll, steht *Demokratisierung* auf der Tagesordnung, und wo im Rahmen formal-demokratischer Strukturen sich Tendenzen zur Alleinherrschaft zu bilden beginnen, spricht man auch flapsig von *Demokratur*.

Die Verwendungsbeispiele für *Demokratie* geben Gelegenheit, einige weitere bedeutungstheoretische Prämissen dieses Beitrages offen zu legen.

In der kognitiven Dimension hat Bedeutung viel mit Wissen zu tun. Als politikwissenschaftliche oder staatsrechtliche Termini beinhalten viele Wörter des „Grundwortschatzes der Demokratie" einen erheblich weiteren, detaillierteren und komplexeren Bestand an Bedeutungselementen als etwa im massenmedialen Politikdiskurs, in dem man, um z. B. das Wort *Bundesrat* zu verstehen, vielfach mit dem groben Bedeutungswissen „Vertretung der Bundesländer" auskommt. Jeder Wörterbuchschreiber steht vor dem Problem, welches Niveau des Bedeutungswissens er seinen Bedeutungsangaben zugrunde legen soll – oft ist es das Bedeutungswissen des gebildeten Laien, relativiert durch den Platz, den er für seinen Wörterbuchartikel zur Verfügung hat.

Darum ist auch – zumindest in dem hier untersuchten Wortschatzbereich – keine plausible Grenze zu ziehen zwischen einem sog. „sprachlichen Wissen" und einem sog. „nichtsprachlichen Wissen". Es ist nicht einzusehen, dass z. B. „freie Wahlen" zum sprachlichen Wissen über *Demokratie* gehören sollte, weil das von den Autoren der maßgeblichen deutschen Wörterbücher in ihre knappen Bedeutungsangaben aufgenommen zu werden pflegt, während „Minderheitenschutz", „Opposition" und „Gewaltenteilung", weil sie dort nicht auftauchen, Bestandteile des nichtsprachlichen Wissens sein würden. Unterschiede in der kognitiven Dimension der Bedeutung sind in der Gruppen- und Situationsabhängigkeit des Bedeutungswissens begründet und nicht in einer typologischen Differenz zwischen sprachlich und nichtsprachlich. Solche Unterschiede können extrem sein, wie eine Koblenzer empirische Untersuchung des Bedeutungswissens im Bereich des Wortschatzes der Ökonomie gezeigt hat: Es wurden bei der Füllung von Wörtern wie *Globalisierung, Standort* oder *Lohnnebenkosten* mit Bedeutungselementen nicht nur extreme Unterschiede zwischen Experten und Nichtexperten, sondern vor allem auch zwischen dem Bedeutungswissen, das die auf Massenpublikum ausgerichteten Medien zugrunde legen, und dem bei der Mehrzahl der Rezipienten (junge Erwachsene) vorhandenen (erschreckend geringen) Bedeutungswissen nachgewiesen.[3]

Das bedeutet, dass wir beim politischen Wortschatz nicht von einer auch nur einigermaßen homogenen Verteilung dieses „Schatzes" bei

---

[3] Vgl. Klein/Meißner 1999; vgl. auch Busch im vorliegenden Band.

den Sprechern des Deutschen ausgehen können und dass es deswegen notwendig ist, zumindest in etwa anzugeben, auf welches Niveau man in einer Untersuchung jeweils abstellt. Die hier vorgelegte ist – grob gesprochen – orientiert an dem, was der Autor als Niveau politisch interessierter Leser mit hoher bildungssprachlicher Kompetenz annimmt.

Was hier am Beispiel des Wortes *Demokratie* durchgespielt wurde – Mehrdimensionalität des Bedeutung, Kontextabhängigkeit der aktualisierten Bedeutung, ideologisch motivierte Bedeutungskonkurrenz, Möglichkeit missbräuchlicher Verwendung, unterschiedliche Niveaus des Bedeutungswissens – gilt, zumindest prinzipiell, für den gesamten „Grundwortschatz der Demokratie", dem wir uns nun in der Breite zuwenden.

2 Wortbestände

Der Wortschatz, der in der Politik verwendet wird, ist eine Mischung aus vier Hauptingredienzien:

- dem Institutionsvokabular
- dem Ideologievokabular
- dem allgemeinen Interaktionsvokabular
- dem Ressortvokabular

Die Mischung ist allerdings nicht immer die gleiche. In Texten, in denen das politische System thematisiert wird, überwiegt das Institutionsvokabular. Im Prozess des demokratietypischen Wettbewerbs um Zustimmung, Mehrheiten und Macht treten sowohl ideologisch gefärbte Wortverwendungen als auch allgemeinsprachliche Vokabeln, wie sie typisch sind für verbale Auseinandersetzungen, in den Vordergrund. Je mehr es dabei um spezifische Sachbereiche wie Außenpolitik, Finanzen oder Umwelt geht, desto mehr wird Ressortvokabular mit Elementen aus jeweiligen Fachsprachen verwendet.

Der Grundwortschatz der Demokratie besteht im Wesentlichen aus politischen Hochwertwörtern, vornehmlich im Bereich der *Grundrechte* und *Grundwerte*, sowie aus Bezeichnungen für die wichtigsten politischen Institutionen und die sie prägenden Rollen, Normierungen und Handlungen. Konzentriert finden sie sich in Verfassungen, in Deutschland vor allem im Grundgesetz.[4] In der Gliederung des Grundgesetzes

---

[4] Obwohl es im deutschen Sprachraum mit der Schweiz auch einen Staat mit hohem Anteil direkt-demokratischer, sog. *plebiszitärer* Elemente gibt, soll in diesem Beitrag das typische Grundvokabular der parlamentarischen Demokratie in Deutschland im Vordergrund stehen.

kommt eine Rangstufung zwischen den grundlegenden, für den demokratischen Staat konstitutiven Begriffen zum Ausdruck: Die Grundrechte (Art. 1–19) gehen der Staatsorganisation voraus.
Staatsziele kommen im Haupttext des Grundgesetzes nicht vor. Allerdings kann die Präambel in der Fassung von 1949 u.a. als eine Formulierung von Staatszielen (*gleichberechtigtes Glied in einem vereinten Europa; in freier Selbstbestimmung die Einheit und Freiheit Deutschlands zu vollenden*) gelesen werden. Für die 1990 geänderte Präambel gilt dies – nach der Wiedervereinigung und bei einem weit fortgeschrittenen europäischen Einigungsprozess mit Deutschland nicht nur als *gleichberechtigtem Glied*, sondern als einem der stärksten EU-Staaten – nicht mehr; es sei denn, man ist bereit, den (schon mit dem Beitritt zur UNO verpflichtend gewordenen) *Willen ... dem Frieden der Welt zu dienen* als Staatsziel aufzufassen. Ziele zu bestimmen überlässt das Grundgesetz dem politischen Prozess. Es selbst setzt lediglich den normativen und institutionellen Rahmen.

Die zentralen Hochwertbegriffe des Grundgesetzes – im Wesentlichen die deutschsprachigen Fassungen international verbreiteter und für Demokratien „westlicher" Prägung konstitutiver Begriffe, insbesondere des Begriffsfeldes der Menschenrechte – haben eine ausgeprägt deontische Bedeutung. Sie bezeichnen das, was in einem demokratischen Staat unbedingt gewährleistet sein muss. Darum fungieren sie, vor allem wenn es um die Einforderung oder die Verteidigung dessen geht, was einen demokratischen Rechtsstaat ausmacht, als „Fahnenwörter":[5]

Würde des Menschen; Menschenrechte; Grundrechte; Freiheit der Person; Gleichheit vor dem Gesetz; Gleichberechtigung von Mann und Frau; Glaubens-, Gewissens- und Bekenntnisfreiheit; Meinungsfreiheit; Pressefreiheit; Zensurverbot; Freiheit der Kunst; Wissenschaftsfreiheit bzw. Freiheit von Forschung und Lehre; Schutz von Ehe und Familie; Elternrecht; Versammlungsfreiheit; Vereinigungsfreiheit (auch als *Koalitionsfreiheit* bezeichnet); *Brief-, Post- und Fernmeldegeheimnis; Freizügigkeit; Berufsfreiheit; Verbot der Zwangsarbeit; Unverletzlichkeit der Wohnung; Gewährleistung des Eigentums; Asylrecht; Petitionsrecht; Sozialstaat; Rechtsstaat.*[6]

---

[5] Zum Begriff „Fahnenwörter" vgl. Herrmanns 1982. Bei *demokratischer Rechtsstaat* handelt es sich selbst um ein Fahnenwort, d.h. um ein Wort, unter dem man sich im politischen Kampf sammelt und das Gruppenidentität signalisiert.

[6] Die in der Reihenfolge der Grundgesetzartikel aufgeführten Begriffe begegnen uns dort z.T. nicht als Substantivabstrakta, sondern in Satzform, z. B. *Alle Menschen sind vor dem Gesetz gleich* (Art.3.1), *Eine Zensur findet nicht statt* (Art.5.1, Satz 2) oder *Die Bundesrepublik Deutschland ist ein demokratischer und sozialer Rechtsstaat* (Art. 20,1). Da im politischen Diskurs die Substantivabstrakta jedoch die übliche Gebrauchsform darstellen, sind diese hier als Zitierform gewählt.

3 Demokratischer Wortschatz und Wortgebrauch

Die Hauptbegriffe dieses Wortschatzausschnitts sind für Diskurse in der Prozessdimension (politics) besonders wichtig. Insofern die aufgeführten Wörter den Rang verfassungsrechtlich relevanter Begriffe haben, gibt es im Hinblick auf ihre Geltung als Maßstab für Gesetzgebung und Rechtsprechung mit dem Verfassungsgericht eine Letztinstanz für die Auslegung dieser Begriffe – unbeschadet der Tatsache, dass deren Gebrauch außerhalb des verfassungsrechtlichen Diskurses, d.h. vor allem im politischen Tageskampf, aufgrund ihrer alltagssprachlichen Vagheit und/oder Mehrdeutigkeit keineswegs immer mit der verfassungsrechtlich korrekten Verwendung genau übereinstimmt. Bevor wir die Rolle dieser und anderer Hochwertwörter im Bereich von „politics" näher beleuchten, soll zunächst eine katalogartige Übersicht über denjenigen Wortbestand gegeben werden, der die grundlegenden institutionellen Strukturen und Prozesse des demokratischen Staates bezeichnet. Hierbei gehen wir über den Wortbestand des Grundgesetzes hinaus.

a) Bezeichnungen für die staatlichen Organisationen, die politischen Institutionen und deren Untergliederungen:

Bundesstaat, parlamentarische Demokratie, Bundesrepublik Deutschland, Parlament, Bundestag, Vermittlungsausschuss, Parlamentarischer Untersuchungsausschuss, Bundesrat, Bundesregierung, Bundeskabinett, Bundesverfassungsgericht, Bundesministerium, Bundesanstalt (für ...), (...) Bundesamt (für ...), Enquete-Kommission, Sachverständigenrat, Bundesland, Landtag, Landesregierung, Abgeordnetenhaus, Bürgerschaft, Senat, Landschaftsverband, Landschaftsversammlung, Kreis(tag), Gemeinde(rat), Plenum, Fraktion, Opposition, Träger öffentlicher Belange, Partei, die Parteinamen etc.

b) Bezeichnungen für staatliche und politische Rollen:

Mandat, Amt, Bundespräsident(in), Bundestagspräsident(in), Bundeskanzler(in), Ministerpräsident(in), (Regierende[r] Bürgermeister(in), Bundes-/Landes-/Staatsminister(in), Senator(in), Verfassungsrichter(in), (Parlamentarische[r]) Staatssekretär(in), Regierungssprecher(in), Wehrbeauftragte(r), Datenschutzbeauftragte(r), Bundestags-/Landtags-/Bürgerschaftsabgeordnete(r), Mitglied des Bundestages/ Landtages/Abgeordnetenhauses/der Bürgerschaft, MdB, MdL, MdA, MdBü, Parteitagsdelegierter etc.

c) Bezeichnungen für kodifizierte Normierungen politisch-institutionellen Handelns:

Charta der Vereinten Nationen, Grundgesetz, Landesverfassung, Staats-/Freundschafts-/Grundlagen-/Friedens-/...vertrag, Gesetz, Pakt, Gemeindeordnung, Parteistatut etc.

d) politikspezifische Bezeichnungen für politische Handlungen, Prozesse und Zustände:

freie, gleiche und geheime Wahlen, Bundestags-/Landtags-/...wahlen, Volksbegehren, konstruktives Misstrauensvotum, Ratifizierung, namentliche Abstimmung, Plenardebatte, erste / zweite / dritte Lesung, aktuelle Stunde, große / kleine Anfrage, Überweisung (an den X-Ausschuss), öffentliche Anhörung, Ausschusshearing, Bürgerbeteiligung; Bürgeranhörung, Regierungserklärung, Bericht zur Lage der Nation, Staatsakt, Legislaturperiode, Sitzungswoche, Immunität, Inkompatibilität von Amt und Mandat, Fraktionssitzung, Fraktionszwang, Parteitag, Wahlkampf, Wahlkundgebung etc.

3 Der Grundwortschatz im politischen Prozess

Die Verwendungsfrequenz der aufgeführten Wörter hängt ab von der Rolle, der Vorkommenshäufigkeit und der öffentlichen Aufmerksamkeit für das, was durch sie bezeichnet wird. So begegnet uns das Wort *Bundeskanzler* ungleich häufiger als beispielsweise die Wörter *öffentliche Anhörung, Immunität* oder *Parteitagsdelegiert*er, obwohl die damit bezeichneten Handlungen, Rechte und Funktionen für eine demokratische Ordnung unverzichtbar sind.

Während die Verwendung des grundlegenden Institutionsvokabulars nicht auf bestimmte Felder oder Funktionen des politischen Prozesses spezifiziert ist – denn es bezeichnet die institutionellen Umstände, in denen sich die politischen Akteure ständig bewegen und auf die daher immer wieder sprachlich Bezug genommen werden muss –, erfolgt die Verknüpfung zwischen dem grundrechtlichen Vokabular und dem politischen Prozess (politics) primär in den Begründungen für politische Vorhaben (oder für deren Ablehnung), vor allem auch in Parteiprogrammen, insbesondere in Grundsatzprogrammen, in denen die konkrete Politik der politischen Gruppierungen fundiert ist bzw. sein soll. Das bedeutet: Im politischen Diskurs haben die grundlegenden Hochwertwörter der Demokratie vor allem Begründungs- und Rechtfertigungsfunktion. Um diese genauer zu bestimmen, benötigen wir einen kurzen Blick auf einen erst kürzlich entdeckten argumentationstheoretischen Zusammenhang: Die Argumentation in politischer Diskursen folgt – sofern es wie meistens um das Pro und Kontra zu politischem Handeln geht – geradezu universell einem charakteristischen Schema mit den Elementen

- Situationsdarstellung,
- Situationsbewertung,
- Prinzipien (Normen, Werte) und
- Zielsetzung

als Haupttypen von Gründen für oder gegen die Handlungen, um die es geht (Gesetzesvorhaben, außenpolitische Maßnahmen, Forderungen, Meinungsäußerungen etc.).[7] Diese Gründetypen („Topoi") bilden eine Argumentationshierarchie: Situationsbewertungen (Motivationstopos) stützen sich einerseits auf Situationsdarstellungen (Datentopos), andererseits auf Prinzipien, Normen oder Werte (Prinzipientopos). Diese dienen als Argumente für Zielsetzungen (Finaltopos), die wiederum als Begründung für die Befürwortung oder Ablehnung des jeweils zur Diskussion stehenden politischen Handelns dienen. Begriffe aus dem Grundrechtekatalog besetzen dabei vielfach die Position des Prinzipientopos. Dazu ein Beispiel:

> Datentopos: Die Medizintechnik ermöglicht es, vegetative Lebensfunktionen fast beliebig lange aufrechtzuerhalten, auch dann wenn die für Menschen typischen Gehirnfunktionen zerstört sind, so dass der Mensch zum Objekt von Entscheidungen anderer wird.
>
> Prinzipientopos: *die Würde des Menschen*
>
> Motivationstopos: Dass die medizintechnische Entwicklung Menschen zu bloßen Objekten der Entscheidung anderer werden lässt, ist eine nicht hinnehmbare Gefahr für die *Würde* der betroffenen Personen.
>
> Finaltopos: Der Mensch soll, soweit sein Lebensende Gegenstand von Entscheidungen ist, möglichst selbst entscheiden.
>
> Politisch-praktische Konklusion: Gesetz zur Patientenverfügung.

Im Grundgesetz sind die Grundrechte primär als Abwehrnormen – eben als „Grundrechte" des Individuums gegen potenzielle Übergriffe des Staates – formuliert. Dementsprechend wird das Bundesverfassungsgericht vor allem dann angerufen, wenn – tatsächlich oder vermeintlich – eine Verletzung der Grundrechte durch den Gesetzgeber vorliegt. Demgegenüber interpretieren die politischen Parteien den Imperativ, der in den grundrechtlichen Begriffen steckt, weniger als Verbot, sondern eher als Auftrag. Im Beispiel „Patientenverfügung" handelt es sich um gesetzgeberisches Handeln zur Abwehr von Gefahren, die nicht vom Staat, sondern von wissenschaftlich-technischen Entwicklungen ausgehen. Vielfach werden die Grundrechte auch als Aufforderung betrachtet, ihren Geltungsbereich auszudehnen – z. B. im Namen der *Freiheit* die gesetzliche Kündigungsfrist für Mieter zu ver-

---

[7] In rhetorischer Perspektive handelt es sich dabei um Topoi (vgl. Klein 2000), in handlungslogischer Perspektive um Prämissen eines (alltagssprachlich und damit formal meist unzureichend formulierten) sog. „praktischen Schlusses" (vgl. von Wright 1974).

kürzen, während gleichzeitig *Sozialstaatlichkeit* bzw. *soziale Gerechtigkeit* als Prinzip zur Legitimation dafür, dass dies für vermieterseitige Kündigungen nicht gelten soll, herangezogen werden kann.

Mit diesem Beispiel sind wir in dem Bereich politischer Praxis angekommen, in dem die Deutung der grundlegenden Wertbegriffe der Demokratie zum Gegenstand des ideologie- und interessenbedingten Streits wird. In ihren meist als Grundsatzprogramm bezeichneten programmatischen Basistexten greifen die Parteien zentrale Hochwertwörter des Grundgesetzes auf. Sie tun das allerdings selektiv und je nach ideologischer und interessenbezogener Orientierung unterschiedlich. Wie das Grundgesetz mit den *Grundrechten* beginnt, so werden in den Anfangskapiteln der Grundsatzprogramme von CDU und SPD die sog. *Grundwerte* behandelt: *Freiheit, Gerechtigkeit* und *Solidarität* – eine Trias, die auf die Parole der Französischen Revolution (*Freiheit, Gleichheit, Brüderlichkeit*) zurückgeht.

Die Unterschiedlichkeit der Ideologien und Interessen manifestiert sich in folgender Weise:

1. In der Unterschiedlichkeit der Bedeutung, mit der gleich lautende Lexeme benutzt werden (sog. „ideologische Polysemie" oder „Bedeutungskonkurrenz").
2. In der Unterschiedlichkeit des Rangs, den ein Begriff innerhalb des ideologischen Wertesystems hat. Alle Parteien, die sich in der Bundesrepublik um die sog. „Mitte" bemühen, „bekennen sich" z.B. sowohl zur *Freiheit des Einzelnen* als auch zur *sozialen Gerechtigkeit*. Doch während die Mitte-links-Orientierung durchweg mit starker Betonung der *sozialen Gerechtigkeit* verbunden ist, liegt bei Mitte-rechts-Orientierung die Priorität bei *Freiheit des Einzelnen.* Und während bei rechts-konservativer Orientierung z.B. *Recht, Ordnung* und *Fleiß* sehr weit oben in der Werthierarchie stehen, findet man sie in anderen Ansätzen eher nachrangig und dann auch nicht mit quasi universalem Geltungsanspruch, sondern konkretisiert auf bestimmte Referenzbereiche z. B. *Fleiß der Arbeitnehmer, Ordnung der Finanzen* u. Ä.
3. In der Unterschiedlichkeit der Referenzbereiche, auf die sich der Wertbegriff jeweils bezieht. Bei wirtschaftsliberaler Orientierung wird z. B. *Freiheit* außer auf den staatsbürgerlichen Bereich primär bezogen auf ökonomisches Handeln und wird konkretisiert vor allem in der Gewerbefreiheit, in der Freiheit von staatlicher Produktions- und Marktreglementierung sowie in der unternehmensinternen Entscheidungsfreiheit des Unternehmers (*unternehmerische Freiheit*). Bei „sozialdemokratischer" Orientierung referiert *Freiheit* neben dem Bezug auf den staatsbürgerlichen Bereich dagegen pri-

3 Demokratischer Wortschatz und Wortgebrauch

mär auf die Entfaltungsmöglichkeit breiter Bevölkerungsschichten in einer Vielzahl von Lebensbezügen. *Freiheit* wird dann – entsprechend der oben genannten Abhängigkeit vom Begriff der *sozialen Gerechtigkeit* – konkretisiert z.B.
- bei sozial schwachen Empfängern von Sozialzuwendungen als Freisein von ärgsten Einschränkungen, die aus materieller Not erwachsen,
- bei Mietern als Beseitigung der Abhängigkeit von bestimmten Vermieterentscheidungen, insbesondere hinsichtlich Kündigung und Mieterhöhung,
- im Bildungswesen als Freisein von sozial bedingten Beeinträchtigungen bei der Wahl der Bildungsgänge.

Vor diesem Hintergrund ist es nicht verwunderlich, dass bei Diskussionen um die Mitbestimmung der Arbeitnehmer in den Unternehmen, wie sie die Bundesrepublik Deutschland seit den frühen 1950ern kennt, Gegner wie Befürworter sich u.a. auf den „Grundwert" *Freiheit* berufen – die Gegner auf der Basis des wirtschaftsliberalen Freiheitsbegriffs, die Befürworter auf der Basis des „sozialdemokratischen" Freiheitsbegriffs.

Zum Abschluss dieses Beitrages seien einige Beispiele aufgeführt, wie in den Debatten des politischen Alltags politische Kämpfe als „semantische Kämpfe" um die Priorität und um die Auslegung zentraler Fahnenwörter der Demokratie geführt werden:

In einer „Positionsschrift" vom 3. November 2003 versucht Guido Westerwelle als Vorsitzender der FDP, die seit je dem Grundwert *Freiheit* hohe Priorität vor allen anderen Werten einräumt, für die politische Gestaltung der Verhältnisse der Menschen zueinander, welche die großen Parteien unter die Grundwerte *Gerechtigkeit* und *Solidarität* stellen, einen neuen Wert zu etablieren: die *Fairness*. *Für die freie und faire Gesellschaft* lautet der Titel, und der kämpferischste Abschnitt ist überschrieben *Von der gleichen zur fairen Gesellschaft*. Hier wird ein weiteres Charakteristikum der Auseinandersetzung um die politischen Grundbegriffe deutlich: die negative Deutung der Grundwerte-Deutung des politischen Gegners. Westerwelle qualifiziert als Gleichmacherei bei SPD und Teilen der Union ab, was diese, sofern es ihre Politik tatsächlich betrifft, als Politik der *sozialen Gerechtigkeit* bezeichnen würden.

Kurz nachdem zum ersten Mal in der Geschichte der Bundesrepublik Deutschland offiziell mehr als 5 Millionen Arbeitslose gemeldet wurden, hielt Bundespräsident Horst Köhler am 15. März 2005 eine Grundsatzrede, die unter dem Motto *Ordnung der Freiheit* stand und für die er als Plattform das Arbeitgeberforum „Wirtschaft und Gesellschaft" gewählt hatte. Die innere Logik, die in dieser Rede zwischen den Grundwert-Begriffen und der Realität der Massenarbeitslosigkeit entfaltet wird, lässt sich auf die Formel bringen: durch mehr wirtschaftliche *Freiheit* weniger Arbeitslosigkeit und damit mehr *soziale Gerechtigkeit* – wobei Köhler die Vokabel *soziale Gerechtigkeit* allerdings nicht explizit in den Mund nimmt, sondern von *sozialem Fortschritt* und *modernem Sozialstaat* spricht. Die Kritiker dieser Rede nehmen diese Zielsetzung, die Massenarbeitslosigkeit als größte soziale Ungerechtigkeit zu bekämpfen, nicht ernst und konzentrieren sich ganz auf die mit der *Ordnung der Freiheit* einhergehende Rücknahme bestimmter sozialer Leistungen und Besitzstände – so die Ministerin Renate Künast (Grüne), die Köhler *soziale Kälte* vorwirft (AACHENER NACHRICHTEN, 26.3.2005: 1). Eine raffiniertere Form der Köhler-Kritik trägt Außenminister Joschka Fischer (Grüne) in der Bundestagsdebatte am 17.3.2005 vor (DAS PARLAMENT, 21. März 2005: 23):

> „Ich bin nämlich der Meinung, dass es Freiheit unter den Bedingungen der sozialen Demokratie und der ökologischen Grenzen nur im Dreisatz gibt. Die Wettbewerbsfähigkeit, die auf Freiheit gründen muss, kann nicht bedeuten, dass wir uns von dem sozialen Gerechtigkeitsanspruch und der ökologischen Nachhaltigkeit verabschieden."

Er schließt die Rede ab mit der „Verpflichtung, dass wir es packen" (die Arbeitslosigkeit zu vermindern, J.K.) „und dass wir Freiheit verbinden mit sozialer Gerechtigkeit und mit Nachhaltigkeit." Fischer tut hier dreierlei gleichzeitig: Erstens zeiht er Köhler, ohne ihn zu nennen, der Einseitigkeit in der Grundwerte-Orientierung zugunsten der (ökonomischen) *Freiheit*. Zweitens hält er der „klassischen" Grundwertetrias von Union und SPD (*Freiheit, Gerechtigkeit, Solidarität*) die grüne Trias *Freiheit, soziale Gerechtigkeit, Nachhaltigkeit* entgegen. Und drittens verknüpft er in den Formulierungen *soziale Demokratie* und *ökologische Nachhaltigkeit* die Grundwerte unverkennbar mit den beiden Parteien der rot-grünen Koalition und ihren (von Fischer unterstellten) Grundwert-Prioritäten (Sozialdemokratische Partei Deutschlands: *soziale Demokratie*; Grüne: *ökologische Nachhaltigkeit*).

Der Grundwortschatz der Demokratie wird von den demokratischen Parteien also keineswegs identisch gedeutet und einheitlich verwendet. Der Kampf um Prioritäten und die Auseinandersetzung um die „richtige" Bedeutung der Grundbegriffe (sog. „Bedeutungskonkurrenz") gehören zur lebendigen Demokratie notwendig dazu. Dies betrifft vornehmlich das Hochwertvokabular des Grundrechts- und Grundwertebereichs und nur ausnahmsweise die Bedeutungsseite des Institutionsvokabulars. (Solche Ausnahmen könnte z. B. die 2004 begonnene Auseinandersetzung um eine Reform des *Föderalismus* bescheren.)

4 Literatur

Dieckmann, Walther 1969: Sprache in der Politik. Heidelberg.

Hermanns, Fritz 1982: Brisante Wörter. Zur lexikographischen Behandlung parteisprachlicher Wörter und Wendungen in Wörterbüchern der deutschen Gegenwartssprache, in: Herbert Ernst Wiegand (Hrsg.): Studien zur neuhochdeutschen Lexikographie II (= Germanistische Linguistik 3 – 6/80) Hildesheim, Zürich, New York, 87–102.

Hermanns, Fritz 2002: Dimensionen der Bedeutung I: Ein Überblick, in: Alan D. Cruse/Franz Hundsnurscher/Michael Job/Peter Rolf Lutzeier (Hrsg.): Lexikologie. Ein internationales Handbuch zur Natur und Struktur von Wörtern und Wortschätzen. 1. Halbband. Berlin, New York, 343–350.

Kirchhof, Paul 2002: „Rechtsprechen ist mehr als Nachsprechen von Geschriebenem", in: Ulrike Haß-Zumkehr, (Hrsg.): Sprache und Recht. Berlin, New York, 119–135.

Klein, Josef 1989: Wortschatz, Wortkampf, Wortfelder in der Politik, in: Josef Klein (Hrsg.): Politische Semantik, Opladen, 3–-50.

Klein, Josef 2000: Komplexe topische Muster, in: Thomas Schirren/Gert Ueding (Hrsg.): Topik und Rhetorik. Tübingen, 623–640.

Klein, Josef/ Meißner, Iris 1999: Wirtschaft im Kopf. Begriffskompetenz und Einstellungen junger Erwachsener zu Wirtschaftsthemen im Medienkontext, Frankfurt am Main, Bern [usw.].

Kosing, Alfred 1989: Wörterbuch der marxistisch-leninistischen Philosophie. 4. Aufl., Berlin.

von Wright, Georg H. 1974: Erklären und Verstehen. Frankfurt am Main

ALBERT BUSCH

Sprachschichten: Demokratischer Wortschatz zwischen Experten und Laien

1 Volkssouveränität als Laiensouveränität in der Wissensgesellschaft?

„Erst durch eine Sprache, die die Menschen erreicht, gewinnen Ideen, Entwürfe und Projekte klare Konturen und lassen sich politisch bearbeiten", betont der damalige designierte Bundespräsident Johannes Rau 1999 im „Sprachdienst". Die Adressaten politischer Sprache sind demnach die viel zitierten „Menschen im Lande" und diese sind in der Mehrzahl politische Laien. Wie auch bei den Fachsprachen müssen Wissen und Wortschatz von Experten für Laien aufbereitet werden. Dieser Beitrag geht deshalb den folgenden Fragen nach:

1   Was ist ein politischer Laie?
2   Was ist unter demokratischem Experten- und Laienwortschatz zu verstehen?
3   Welche laienorientierten Kommunikationsstrategien versuchen Expertenkonzepte und Expertenpositionen in den Laienbereich zu transportieren?

Demokratische Gesellschaft und *Wissensgesellschaft* sind einander ergänzende Perspektiven, in denen der Begriff des *Laien* eine wichtige Rolle spielt. Die Demokratie ist die Regierungsform, in der die Staatsgewalt beim Volk und das heißt in großem Umfang bei politischen Laien liegt. Hinzu kommen als Politikexperten insbesondere diejenigen, die (besonders in einer parlamentarischen Demokratie) politische Ämter innehaben oder Berufspolitiker sind. Diese politische Souveränität der Laien kann man positiv oder negativ bewerten; der Begriff des Laien jedenfalls ist für die deutsche Demokratie so grundlegend, weil er eng mit dem Prinzip der Volkssouveränität zusammenhängt, das in Artikel 20 des Grundgesetzes festgeschrieben ist:

> „Alle Staatsgewalt geht vom Volke aus. Sie wird vom Volke in Wahlen und Abstimmungen und durch besondere Organe der Gesetzgebung, der vollziehenden Gewalt und der Rechtsprechung ausgeübt." (GG Art. 20,2)

Dieser Artikel legt die letzte politische Macht in Deutschland in die Hände aller erwachsenen Bürger ohne Ansehen von Alter, Geschlecht, Stellung im Beruf, Bildungsgrad oder politischen Kenntnissen, eben in die Hand politischer Laien. Insofern lässt sich Volkssouveränität als Laiensouveränität auffassen.

Zu dieser politischen Verfassung kommt die spezifische Wissensverfassung Deutschlands als einer Gesellschaft, für die der Austausch von Experten- und Laienwissen konstitutiv geworden ist. Eine Kommunikationstheorie, die die verschiedenen Kommunikationsformen über diese Wissenskonstellationen hinweg erfassen soll, muss daher analog zu Weingarts Bestimmung einer Wissenssoziologie (vgl. Weingart 2003: 140) *eine Theorie der Wissenskommunikation und der wechselseitigen kommunikativen Beziehungen zwischen den Wissensformen und ihrer sprachlichen Realisierungen in der Gesellschaft* sein.

Diese Theorie der Wissenskommunikation muss die Laienkommunikation intensiv einbeziehen, da an der öffentlichen und zumal an der so prägenden massenmedialen Kommunikation auf der Rezeptionsseite überwiegend Laien beteiligt sind. Die Ergebnisse der Experten-Laien-Lexikographie (vgl. Wichter 1994, Busch 2004) haben gezeigt, dass die Unterschiede zwischen Experten und Laien in kommunikativer Hinsicht weniger explizit sind als beim Wissen selbst. Kommunikativ gesehen ist der Expertenbezug zwar eine Orientierungsmarke, aber nicht in jedem Fall notwendig, denn die Kommunikation zwischen Partnern ein und desselben Wissensniveaus funktioniert häufig problemlos, auch wenn das beteiligte Wissen aus Expertensicht lückenhaft oder falsch ist. Wenn ich etwa über Präimplantationsdiagnostik lediglich das weiß, was ich gerade einem kurzen Zeitungsartikel darüber entnommen habe, kann ich mit einem ähnlich teilinformierten Gesprächspartner problemlos darüber sprechen, auch wenn dieses Wissen aus Expertensicht sehr verkürzt und punktuell ist.

Wenn eine demokratische Wissensgesellschaft derart von Laienstatus und Mehrheitsprinzip bestimmt ist, dann ist auch in dieser Hinsicht Volkssouveränität Laiensouveränität.

2 Was ist ein politischer Laie?

Das wichtigste Kennzeichen des Laienbegriffes ist, dass es sich hierbei (wie beim Expertenbegriff auch) um einen Relationsbegriff handelt; es gibt ebenso wenig *den* politischen Laien wie *den* Experten als Normalfall, sondern die Begriffe *Experte* und *Laie* markieren jeweils Extrempunkte auf einer Skala verschiedener Kenntnisniveaus, die vom Nichtwissen bis zur Expertise eines Berufspolitikers im hohen Amt reichen können. Wenn in diesem Beitrag von *Laie* (ohne weitere Niveaumarkierung) gesprochen wird, ist künftig ein mittlerer Bereich gemeint, dessen Vertreter, häufig auch als mündige Bürger bezeichnet, idealtypisch dadurch gekennzeichnet sind, dass sie in etwa über die folgenden Kenntnisse, Fähigkeiten und Eigenschaften verfügen:

- politisches Grundwissen (was immer auch dazugehört);
- politische Denkfähigkeit (Analyse-, Urteils- und Handlungsfähigkeit) und, damit Grundwissen und Denkfähigkeit nicht zum Selbstzweck verkommen, sondern zum demokratischen Handeln führen:
- eine demokratische Verhaltensdisposition (Breit 2004: 196).

Die sprachlichen Realisierungen dieser drei Dimensionen politischer Mündigkeit schlagen sich in der konkreten Nomination der weiter unten beschriebenen Kernelemente demokratischen Wortschatzes nieder.

Das angesprochene politische Grundwissen allerdings differiert in der Bevölkerung stark und führt dazu, dass bestimmte Wörter (Wortbedeutungen sind Wissensrepräsentationen) in alltäglichen Diskursen sehr unterschiedlich verstanden werden können, und so stellt sich eine Mehrdeutigkeit des in Rede stehenden Wortschatzes ein, die ihrerseits die Handlungsmöglichkeiten und die von Breit (2004: 296) betonte „politische Denkfähigkeit" beeinflusst.

3 Demokratischer Wortschatz

„Demokratischer Wortschatz" ist ein sehr umfassender Begriff für einen gesamtgesellschaftlichen Wortschatzbereich, der sich in drei große Teilmengen ausdifferenzieren lässt:

- *Diskurswortschatz*: Dies ist im weitesten Sinne der Wortschatz demokratierelevanter Diskurse, die Spanne reicht hier buchstäblich von A wie *Abtreibung* über T wie *Terror* bis Z wie *Zuwanderungsgesetz*.
- *Politikwortschatz im engeren Sinne* ist der gesamte Politikwortschatz, der sich auf demokratische Systeme bezieht. Innerhalb einer demokratischen Gesellschaft bildet er eine Art politischen „Grundwortschatz" (vgl. Klein im vorliegenden Band), der in Fachwörterbüchern kodifiziert ist.
- *Demokratiewortschatz im engsten Sinne* ist die Teilmenge des Politikwortschatzes, die sich auf die demokratische Regierungsform und ihre Grundkonzepte bezieht wie etwa *Volkssouveränität* (vgl. Klein im vorliegenden Band).

Wie umfangreich sind nun diese drei Wortschatzbereiche und in welchem quantitativen Verhältnis stehen sie zueinander? Einen Überblick gibt die folgende Abbildung:

3 Demokratischer Wortschatz und Wortgebrauch

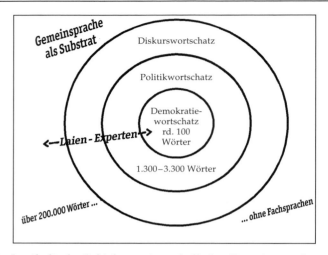

Abb. 1 Lexikalische Schichtung innerhalb der Gemeinsprache

Wie sind die angegebenen Quantifizierungen legitimiert? Zunächst zum *Diskurswortschatz*: Er ist quantitativ nicht zu beziffern, da seine Grenzen nicht festgesetzt werden können und Diskurse in erster Linie durch ihr thematisches Zentrum bestimmt werden. Solche thematischen Diskurszentren binden umfangreichen Wortschatz aus den verschiedensten Bereichen, wie etwa das „Zeitgeschichtliche Wörterbuch der deutschen Gegenwartssprache" von Stötzel/Eitz (2002) zeigt, das in 64 Stichwortartikeln zentrale zeitgenössische Debatten entlang ihrer Schlüsselwörter beschreibt, oder wie auch zahlreiche Spezialstudien belegen, wie z. B. die von Warnke (2003) zum Menschenrechtsdiskurs oder die von Busch (2004) zur lexikalischen Entwicklung des Computerdiskurses mit seinen zahllosen Lexemen, die er in die Gegenwartssprache gebracht hat. Daran wird sichtbar, wie eng Diskurswortschätze mit dem Gesamtwortschatz verwoben sind.

Wie umfangreich ist nun dieser *Gesamtwortschatz*? Hier können (wie auch beim Politik- und Demokratiewortschatz) Quantifizierungen nur sehr vorläufig und annähernd vorgenommen werden. Best (2000) beantwortet die Frage „Wie viele Wörter hat das Deutsche" nach der Analyse zahlreicher Wörterbücher und nennt Orientierungswerte:

> „Als untere Grenze des gemeinsprachlichen Wortschatzes lässt sich eine Zahl von über 200000 Wörtern angeben; nimmt man die Fachsprachen hinzu, so kann man offenbar leicht auf mehrere Millionen Wörter kommen." (Best 2000: 37)

Zur Umfangsbestimmung von expertennahem Politik- und Demokratiewortschatz ist die Fachlexikographie hilfreich. So setzt Manfred G. Schmidt (2004) in seinem „Wörterbuch zur Politik" 3.300 Stichwörter an, das „Politiklexikon" von Schubert/Klein (2003) 1.500 Wörter und das „Lexikon der Politik" von Drechsler/Hilligen/Neumann (2003) 1.380 Stichwörter. Das Lexikon von Drechsler/Hilligen/ Neumann (1995) ist bei der Ausdifferenzierung von Politikwortschatz und Demokratiewortschatz besonders hilfreich, weil es den Wortschatz nach Sachgruppen unterteilt und der Sachgruppe „Demokratie" 102 Lexeme zuordnet.

Die in der Graphik angedeutete Experten-Laien-Skala verweist darauf, dass Demokratie-, Politik- und Diskurswortschatz in der gesellschaftlichen Kommunikation keine festen Einheiten bilden, sondern nach Kenntnisniveaus in Experten- und Laienwortschätze geschichtet sind (vgl. Wichter 1994). Für diesen vertikal in Experten-Laien-Niveaus geschichteten Wortschatz gilt übergreifend, dass er häufig auch in den Dienst politischer Überzeugungen gestellt und auch persuasiv und manipulierend verwendet wird. Die häufigsten Basisstrategien sind

- das Besetzen von Begriffen (vgl. Wengeler im vorliegenden Band),
- die Begriffsprägung,
- die Bezeichnungskonkurrenz,
- das Umdeuten,
- das Umwerten,
- das Ausbeuten von Assoziationen.[1]

Wenn nun die Gemeinsprache ebenso wie der Diskurs-, Politik- und Demokratiewortschatz jeweils immer durch unterschiedliche Kenntnisniveaus fundiert werden, was ist dann für diese Experten- und Laienwortschätze charakteristisch?

3.1 Demokratischer Expertenwortschatz

Demokratischer Expertenwortschatz, z. B. der Wortschatz von Politikern, politisch tätigen Bürgern, Politikwissenschaftlern oder politischen Journalisten, ist der Wortschatz derer,

- die als Politikexperten in dieser Gesellschaft anerkannt sind,
- die in hohem Maße über politisches Wissen verfügen und/oder

---

[1] Vgl. zusammenfassend Busch 2004: 180–183.

3 Demokratischer Wortschatz und Wortgebrauch

- über ausgeprägte politische Erfahrungen verfügen,
- die das theoretische Politikwissen kompetent und zielbezogen anwenden können und
- die beruflich in der Politik oder politiknah arbeiten.

Diese Politikexperten unterscheiden sich hinsichtlich ihrer Expertise voneinander. So muss der Berufspolitiker kein Politikwissenschaftler sein und politische Journalisten sind in erster Linie Journalisten. Dennoch ist ihnen gemeinsam, dass sie über ihren Gegenstand ein ausgeprägtes Wissen haben, das allerdings im Gegensatz zu vielen anderen Bereichen der Expertise nicht zwingend durch eine institutionalisierte Ausbildung vermittelt wird. Gerade in der Politik ist Erfahrungswissen ausgesprochen wichtig.

Wie lässt sich unter diesen Bedingungen der Expertenwortschatz zu Politik und Demokratie nun genauer beschreiben? Was ist sein Zentrum? Eine Leitlinie für die Bestimmung des lexikalischen Expertensystems, seines Zentrums und des weiteren politischen Wortschatzes bieten Drechsler/Hilligen/Neumann (1995), die dem Sach- und Nominationsbereich *Demokratie* zwei Wortschatzschichten zuordnen. In der ersten lexikalischen Schicht finden sich 12 Schlüsselbezeichnungen für Kernelemente einer Demokratie als grundlegender Idee. Damit ist innerhalb des demokratischen Wortschatzes eine engste Auswahl getroffen, die die wichtigsten ideengeschichtlichen Elemente als engste Kerngruppe des demokratischen Wortschatzes ausweist und das Zentrum des demokratischen Wortschatzes bildet:

Zentrum demokratischen Wortschatzes im Wörterbuch *Demokratie* als Idee, Theorie und Ideologie
Freiheit, Gleichheit, Emanzipation, Kommunitarismus, Gemeinwohl, Gewaltenteilung, Mehrheit, Plebiszit, Parlamentarismus, Demokratisierung, Mitbestimmung, Selbstverwaltung

Tab. 1: Zentrum demokratischen Wortschatzes

Um dieses lexikalische Zentrum herum gruppieren sich, systematisch zugeordnet, 102 Lexeme, die in der 1995er-Auflage den wichtigsten Unterfeldern zugeordnet werden. Diese onomasiologische Zuordnung des Wortschatzes zur zugrunde liegenden Sachstruktur ordnet die Lexik nach expertenseitigen Prioritäten und macht diese auch für interessierte Laien transparent:

Expertensystem: Demokratiewortschatz in Sachstruktur		
Grundbegriffe	**Parlamentarismus, repräsentative Demokratie**	**Staat**
Volkssouveränität, Gemeinwohl, Gewaltenteilung, Macht und Herrschaft, Mehrheit, Kompromiss, Konsens, Political Correctness, Diktatur, Gewalt, Oligarchie, Akklamation, Demagogie, Manipulation, symbolische Politik, Ämterpatronage	*Abgeordneter, Mandat, Rotationsprinzip, Immunität, Indemnität, Inkompatibilität, Diäten, Fraktion, Koalition, Opposition, Ältestenrat, Hammelsprung, Anfrage, Interpellation, Hearing, Impeachment, Misstrauensvotum, konstruktives Misstrauensvotum, Richtlinienkompetenz, Vertrauensfrage, Petition, Ombudsmann*	*Rechtsstaat, Sozialstaat, Bundesstaat, Föderalismus, freiheitlich-demokratische Grundordnung*
Demokratisierung	**Wahlen**	**Organe**
Volksbegehren, Plebiszit, Mitbestimmung, Schülermitbestimmung, runder Tisch, Politikverdrossenheit, politische Apathie, politische Bildung, Emanzipation, politische Kultur, politische Ethik, demokratischer Sozialismus,	*Wahlrecht, Wahlsysteme, Bundestagswahlen, Europawahlen, Reichstagswahlen*	*Bundestag, Bundesrat, Bundesregierung, Bundespräsident, Bundeskanzler, Bundesminister, Bundesverfassungsgericht, Bundesversammlung, gemeinsamer Ausschuss, Europäisches Parlament, Reichstag, Reichskanzler, Reichspräsident, Reichsregierung*
Selbstverwaltung	**Widerstand**	**Menschenrechte, Grundrechte**
Kommunalpolitik, Gemeinde, Stadtplanung, Regionalplanung	*passiver Widerstand, ziviler Ungehorsam, Kriegsdienstverweigerung*	*Grundwerte, Freiheit, Gleichheit, Gleichberechtigung, soziale Gerechtigkeit, Solidarität, Asylrecht, Berufsfreiheit, Brief-, Post-, Fernmeldegeheimnis, Datenschutz, Demonstrationsrecht, Freizügigkeit, Gewissensfreiheit, Glaubensfreiheit, Religionsfreiheit, Meinungsfreiheit, Koalitionsfreiheit, Vereinigungsfreiheit, Versammlungsfreiheit*

Tab. 2: Expertensystem Demokratiewortschatz

3 Demokratischer Wortschatz und Wortgebrauch

Dieser politische und politikwissenschaftliche Expertenwortschatz bildet eine Schnittmenge aus Fachwörtern verschiedener Bereiche, etwa Politik, Soziologie, Verfassungsrecht und anderen. Er kodiert grundlegende Konzepte, die im allgemein-demokratischen Rechtsempfinden verankert sind und die lexikalische Seite der oben angesprochenen demokratischen Verhaltensdisposition bilden. Zentrale Lexeme aus diesem Feld werden in den Laienbereich transferiert und tauchen nahezu täglich in der gemeinsprachlichen Diskurskommunikation auf. Eine Teilmenge dieser Wortschatzschicht bleibt aber meist der Diskussion auf expertennahen Niveaus vorbehalten, denn die Bedeutung von Wörtern wie *Indemnität, Hammelsprung, Interpellation* oder *Impeachment* sind nur kleineren Sprecherkreisen bekannt. Taucht ein solches Fachwort in der Tagespresse auf, wird es häufig erläutert wie im folgenden Beispiel eines Zeitungskommentars mit dem Titel „Freies Wort im Parlament":

> „Indemnität, das ist ein kompliziertes Wort für eine einfache und alte Grundregel des Parlamentarismus: Jeder darf im Parlament sagen, was er will, ohne dass er dafür gerichtlich verfolgt wird. Man darf sich nicht von Neonazis zum Verzicht darauf drängen lassen." (SÜDDEUTSCHE ZEITUNG, 30.1.05, S. 4)

Solche Erläuterungen finden sich auch in den folgenden Beispielen, die dem Leipziger Online-Wortschatzlexikon entnommen sind:[2]

- Für Äußerungen im Parlament genießt der Redner Indemnität, also Straffreiheit. (Quelle: Süddeutsche Online)
- Es kommt zum „Hammelsprung": Alle Abgeordneten versammeln sich vor zwei Türen, über der einen steht JA, über der anderen NEIN. (Quelle: BILD 2001)
- Ihrer Meinung nach wurde das Thema bereits genügend behandelt durch die von den Grünen eingebrachte Interpellation; falls es jemanden interessiert: das ist eine parlamentarische Anfrage an die Regierung. (Quelle: TAZ 1988)
- Wenn Sonderermittler Starr Clintons Sex-Handlungen beweisen kann, ist der Weg für eine Amtsenthebung („Impeachment") frei! (Quelle: BILD 1998)

Ein (im oben skizzierten Expertensystem enthaltener) Terminus wie *Inkompatibilität*, der z. B. für Frankreich und die USA (im Gegensatz zu den Verhältnissen in Deutschland) „besagt, dass die gleichzeitige Ausübung von zwei oder mehreren öffentlichen Funktionen (z.B. öffentliches Amt und Abgeordnetenmandat) unzulässig ist"[3], findet sich in dieser Bedeutung im Leipziger Wortschatzfundus überhaupt nicht. Er

---

[2] http://wortschatz.uni-leipzig.de
[3] Drechsler/Hilligen/Neumann 2004: 485.

wird gemeinsprachlich offenbar nicht verwendet und ist einem sehr kleinen Expertenkreis vorbehalten. Auch dass im oben angesprochenen Expertensystem Lexeme aus der Weimarer Demokratie wie *Reichsregierung*, *Reichstag* oder *Reichspräsident* aufgeführt sind, deutet auf die Expertenbindung dieses Feldes.[4]

Allerdings sind auch Politikexperten häufig ihrerseits Laien, wenn sie sich mit Sachproblemen beschäftigen, die aus Feldern stammen, in denen der jeweilige Politiker kein Fachmann ist. Experten- und Laienstatus liegen im Berufsbild der Abgeordneten dicht beieinander, wie Zimmermann hervorhebt:

> „So ist der einzelne Abgeordnete einmal als Experte für ein Sachthema im Ausschuss gefragt, während er als Plenardebattenteilnehmer als universalkompetenter Honoratior über die unterschiedlichsten Themen abstimmen – und theoretisch als Informant der Öffentlichkeit auch berichten muss." (Zimmermann 1997: 272)

Die Wissensabhängigkeit politischen Handelns und die wie Weingart (2003: 98) formuliert „Diversität wissenschaftlicher Auffassungen" können dabei zu erheblichen Irritationen führen, wie der FDP-Abgeordnete Laermann in einer parlamentarischen Debatte zur Technikfolgenabschätzung plastisch herausstreicht:

> „Ich habe so meine Erfahrungen in den Enquete-Kommissionen. Führen nicht widersprüchliche Aussagen von Experten in reinen Sach- und Fachfragen auf den verschiedensten Gebieten, nicht nur in der Technik, die oft auch diffus und vorurteilsbehaftet sein können, eher zur Verunsicherung und Verwirrung der Politiker als zu deren Erleuchtung? Da sagt der eine Experte: ja, der andere Experte sagt: nein; wir stehen da und müssen entscheiden. Entscheiden wir nach der Farbe der Krawatte, die passender zum Anzug ist, als die eines anderen?" (PLPR 11/16, 4.6.1987: 1056)

Politikexperten sind also häufig auch Laien in Fachfragen (man denke zur Verdeutlichung nur an die Debatten um die friedliche Nutzung der Kernenergie, Präimplantationsdiagnostik, BSE oder den sog. genetischen Fingerabdruck) und benötigen eine Aufbereitung des Wissens und des Wortschatzes der an einer Debatte beteiligten Teilgebiete.

Ähnlich ist dies für Politiklaien, die ihrerseits in vielen anderen Bereichen und Fächern Experten sein können. Für sie ist gerade der politische Wortschatz oft uneindeutig und vage, insbesondere dort, wo er in Diskurse und öffentliche Diskussionen eingebunden ist.

---

[4] Zur semantischen Entwicklung des Demokratiekonzeptes im 19. und 20. Jahrhundert vgl. Kilian 1995, 1996, 1999.

3 Demokratischer Wortschatz und Wortgebrauch

3.2 Demokratischer Laienwortschatz

Demokratischer Laienwortschatz ist der in der öffentlichen Alltagskommunikation verwendete politisch-demokratische Wortschatz, wie er uns täglich in Zeitungen, Zeitschriften, Radio, Fernsehen und Internet begegnet. Diese Lexik ist 1.) umfangreich und hoch frequent, unterliegt 2.) einer vertikalen Schichtung und ist 3.) medial transportiert.

3.2.1 Häufigkeit demokratischer Laienlexik

Demokratischer Laienwortschatz ist Hochfrequenzlexik; im Alltag erreichen uns aus dem Potenzial des Politik- und Demokratiewortschatzes ständig Thematisierungen, Wörter und Wendungen. So finden sich unter den 1.000 häufigsten Wörtern des Deutschen (in der Momentaufnahme vom 28.12.2004) allein 16 Wörter, die dem Politikwortschatz zuzurechnen sind.

Wortform	Platz von 1.000
SPD	202
Regierung	231
CDU	303
Präsident	341
Partei	365
Politik	369
Grünen	433
politischen	441
politische	516
Bevölkerung	695
Bürgermeister	763
Parteien	807
Präsidenten	827
Ministerpräsident	871
Staaten	913
CSU	931
EU	962

Tab. 3: Platzierung politikbezogener Wörter unter den 1.000 häufigsten Wörtern des Deutschen

Überprüft man systematisch, welche der Wörter aus dem oben umrissenen Experten-Demokratiewortschatz in der Alltagssprache am häufigsten vorkommen, ergibt sich das folgende Bild von 14 Lexemen, die im Leipziger Korpus jeweils in fünfstelliger Höhe, also zehntausendfach, repräsentiert sind.

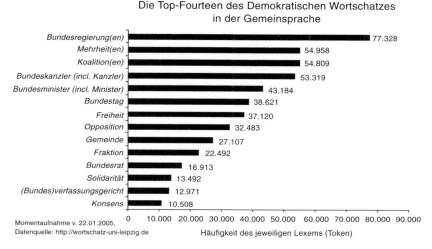

Abb. 2: Demokratielexeme in der Gemeinsprache

Die Übersicht illustriert, wie häufig und selbstverständlich demokratischer Wortschatz in unserer Gemeinsprache zu finden ist, und wie sehr er unsere Alltagskommunikation, insbesondere die medial gestützte, prägt.

3.2.2 Demokratischer Wortschatz als vertikal geschichtete Lexik

Demokratischer Wortschatz wird vor allem in öffentlichen Diskursen verwendet. Hier treffen politische Experten und Laien kommunikativ aufeinander und die verwendeten Wörter werden in aller Regel nicht von allen Diskursbeteiligten in gleicher Weise verstanden und verwendet, sondern die lexikalischen Inventare unterliegen einer Ausdifferenzierung in Experten- und Laienlexik. Diese Wortschatzvertikalität, der auch der Laienbereich unterliegt, ist Ausdruck einer kommunikativen gesellschaftlichen Praxis, die alle Lebens- und Alltagsbereiche durchzieht und zu den grundlegenden Kommunikationsprinzipien einer medial geprägten, arbeitsteiligen Gesellschaft zählt. Die Folge dieser Vertikalität ist eine kommunikative Vagheit im Umgang mit dem entsprechenden Vokabular, wie Kilian etwa mit Blick auf die parlamentarische Lexik konstatiert:

> „Aus dieser Vagheit resultieren dann im laien- wie auch im expertensprachlichen Gebrauch der Ausdrücke Interpretationsverschiedenheiten wie beispielsweise die, ob ein politischer Dialog nun eine Diskussion, eine Debatte oder eine Aussprache war." (Kilian 1996: 509)

3 Demokratischer Wortschatz und Wortgebrauch

Die angesprochene Vagheit, Zufälligkeit und Gleichzeitigkeit, mit der verschiedene Bedeutungsrepräsentationen im Lektüre- und Kommunikationsalltag an einen Politiklaien herangetragen werden können, lässt sich an einem Kernwort wie *Demokratie* verdeutlichen. Während die expertensprachliche Verwendung eine klare Dimensionierung vorsieht (Mehrheitsprinzip und repräsentative vs. direkte Demokratie als Grundformen) und sich jeweils auf verschiedene und klar definierte Demokratiemodelle bezieht,[5] lassen sich im öffentlichen laiennahen Sprachgebrauch vorwiegend vier Lesarten ausmachen, die einander wechselseitig durchdringen:

Demokratie	
Gemeinsprachl. Lesart	**Beispiel[6]**
als Regierungsform	*Aber dieses Europa mit Demokratie, Rechtsstaat und friedlichem Interessenausgleich ist besser für die Welt als die atomar bewachte Spaltung vor dem Mauerfall.* (Quelle: Der Spiegel ONLINE)
als Wert	*Als Grundwerte nennt das Programm Ökologie, Selbstbestimmung, Gerechtigkeit und Demokratie.* (Quelle: Der Spiegel ONLINE)
als politische Technik/ Methode	*Aber einsichtig machen, Ziele verdeutlichen, argumentieren und entscheiden – das ist doch Demokratie.* (Quelle: Der Spiegel ONLINE)
als eine alle Beteiligten gerecht einbeziehende Vorgehensweise	• „*Weder mit dem Trainer noch mit den Eltern wurde vorher gesprochen, das war undemokratisch, uns wurde etwas über-/gestülpt*", *kritisierte Hüttenrauch.* (Quelle: Berliner Zeitung 1997) • *Jeder Marketingexperte weiß, dass Verpackung genauso wichtig ist wie das Produkt selbst. Obwohl wir uns an ein Weltbild klammern, in dem das Leben fair und demokratisch abläuft.* (Quelle: Die Zeit 1999)
als Gegenkonzept	• „*Da denken wir an bärtige Gestalten mit einem Turban, die mit Demokratie und anderen Freiheitsrechten nicht viel am Hut haben, aber überall an die Macht wollen.* (Quelle: Der Spiegel ONLINE) • „*Warum gibt es im Islam keine Demokratie?* (Quelle: Der Spiegel ONLINE)

---

[5] Vgl. Drechsler/Hilligen/Neumann 2003: 205–219.
[6] Die Beispiele stammen aus dem Leipziger Wortschatzlexikon unter http://wortschatz.uni-leipzig.de

So wie in diesen Beispielen wird das Wort *Demokratie* sehr häufig verwendet; im Leipziger Korpus ist es in diesen Lesarten zu Beginn des Jahres 2005 immerhin 30.696-mal im Singular und 1904-mal im Plural belegt und bildet damit eine gemeinsprachliche Polysemie aus, die sich in vielen Punkten an die expertensprachliche Verwendung anlehnt, aber in aller Regel eine spezifische Mischung stereotyper Bedeutungspositionen enthält, die einen ausgeprägten Konnotationshorizont kreieren. Diesen positiven Assoziationshorizont illustriert auch „Graph v. 1.5 für Demokratie" aus dem Analysesystem des Leipziger Onlinewörterbuches. In der Mitte steht das Kernwort *Demokratie* und ihm werden die Ausdrücke zugeordnet, die besonders häufig mit ihm zusammen auftauchen:

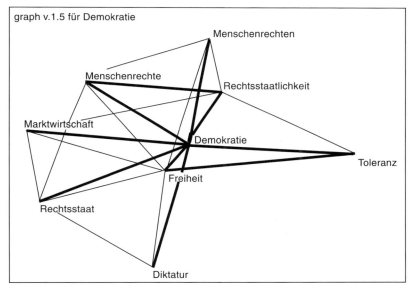

Abb. 3: Bezugskonzepte zu *Demokratie* in der Gemeinsprache

Die laiensprachliche Verwendung des Wortes *Demokratie* ist überaus produktiv und führt zu zahlreichen Variantenbildungen und Kompositionen. Die gemeinsprachliche Wortfamilie mit dem Basislexem *Demokratie* weist (in der Momentaufnahme des 23.1.2005) insgesamt 1.017 Komposita auf, davon 683 rechts verzweigende nach dem Muster *Demokratie...* und 576 links verzweigende nach dem Muster *...demokratie*. Dieser große Umfang der Wortfamilie zeigt ihre Wichtigkeit

3 Demokratischer Wortschatz und Wortgebrauch

für die deutsche Gemeinsprache, und ihr Verwendungsreichtum deutet überdies darauf, dass die überschaubare Anzahl von Fachwörtern, deren Kompositionsbestandteil *Demokratie* ist, in der laiennahen Gemeinsprache sehr umfangreich variiert wird. Die Variationsstufen lassen sich drei Verwendungsebenen zuordnen, einem fachsprachennahen, einem fachsprachenferneren und einem rein laiensprachlichen Verwendungsniveau.

Das fachsprachennahe Verwendungsniveau wird signalisiert von Wörtern, die in der Nähe der Termini liegen, wie etwa *Demokratietheorie*, *Demokratiemodell*, *Demokratieverständnis* oder *Demokratiereform*. Dieses Niveau ist an der Fachsprache orientiert und weist auch auf der Bedeutungsseite deutliche Anbindungen an den Expertenwortschatz auf. Die Lexeme bilden eine expertensprachliche Schicht innerhalb der Gemeinsprache, deren Nutzung in aller Regel auf ein überdurchschnittlich hohes Politikwissen der Sprecher oder Schreiber deutet, dies allerdings unabhängig davon, ob die jeweils unterstellte Kompetenz auch bei jedem Sprecher vorhanden ist.

Auf einem fachsprachenferneren Verwendungsniveau finden sich z. B. mit *Demokratiedefizit*, *Ereignisdemokratie*, *Mediendemokratie*, *Geschlechterdemokratie* oder *Demokratieprozess* Wörter, die auf einen kommentierend-variierenden Sprachgebrauch deuten. Sie stammen selbst nicht mehr aus dem Arsenal der Fachsprachen, sondern akzentuieren bestimmte Detailaspekte.

Auf einem laiensprachlichen Verwendungsniveau begegnen uns zahlreiche Varianten, etwa die folgenden:

> *Cyberdemokratie, Schönwetterdemokratie, Ein-Mann-Demokratie, Hausbesitzerdemokratie, Demokratiedividende, Demokratieverächter, Erregungsdemokratie, Schacherdemokratie, Demokratie-TÜV, Knopfdruck-Demokratie, Überdemokratie, Wegwerfdemokratie, Demokratie-Hebamme, Demokratie-Klimbim, Demokratie-Oberlehrer, Demokratie-Spielwiese, Demokratielust, Demokratiesäugling, Demokratietölpel, Demokratietempel.*

Solche laiensprachlichen Bildungen haben keine erkennbare Bindung mehr an ein Fachkonzept von Demokratie, sondern sie nutzen die gemeinsprachlich stereotype Bedeutung zur freien Variation mit anderem gemeinsprachlichen Wortmaterial. Sie realisieren damit die am weitesten gehende Entfachlichung des Expertenwortschatzes, indem sie das Kernwort der gemeinsprachlichen Wortfamilie, das noch über ein expertensprachliches Pendant verfügt, mit nahezu beliebigem Wortmaterial verbinden. Dennoch sind diese Wortbildungen nicht sinnlos oder gar unverständlich; sie sind eben nur nicht mehr fachbezogen. Meist sind solche Wortbildungsprodukte von hoher Anschaulichkeit und metaphorisch aufgeladen.

Bewertet man diese Niveaustufung (fachsprachennahes, -ferneres, laiensprachliches Verwendungsniveau) ausgehend von den im Hintergrund stehenden Fachkonzepten, so handelt es sich um Produkte einer diskursiven Entterminologisierung, d. h., der Expertenwortschatz wird auf dem Weg in die Laiensprache durch die Kombination mit gemeinsprachlichem Wortmaterial entterminologisiert und entfachlicht. Diese Entfachlichung von Expertenlexik setzt aber umgekehrt eine Art Verfachlichung der Sprechergemeinschaft voraus, denn die Expertenkonzepte müssen zumindest in stereotyper Form nahezu allen Sprechern zur Verfügung stehen, wenn die popularisierten Wortvarianten von der Breite der Adressaten verstanden werden sollen.

3.2.3 Demokratischer Wortschatz als Medienwortschatz und das Prinzip der stereotypen Stimmigkeit

Politisches Wissen und der dazugehörige Wortschatz „oder zumindest ein höherer Wissenstand in Bezug auf den politischen Bereich [ist] fast immer mit der Nutzung des politischen Informationsangebotes in Fernsehen und Tageszeitung verbunden."[7] So haben Kinder und Jugendliche, die dieses Angebot stärker nutzen als ihre Altersgenossen, „nicht nur mehr Wissen über aktuelle politische Ereignisse, sondern auch spezifischeres und fundamentaleres Wissen um politische Zusammenhänge"[8], wie verschiedene empirische Untersuchungen zeigen. Auch für erwachsene Medienkonsumenten gilt: Wer häufiger politische Magazine und Nachrichtensendungen sieht, ist, wie der Erziehungswissenschaftler Hans Peter Kuhn (2003: 31) betont, „politisch interessierter, glaubt eher etwas von Politik zu verstehen und politisch Einfluss nehmen zu können [und] hat eine positivere Einstellung zur Idee der Demokratie". Die zentrale Funktion der Massenmedien fasst Kuhn (2003: 31) bündig zusammen: „Der wichtigste Beitrag der politischen Information in den Massenmedien zur politischen Sozialisation dürfte in der Vermittlung von politischem Wissen liegen". Diese Wissensvermittlung ist von der sprachlichen Einbindung dieses Wissens nicht zu trennen.

Auf welche Weise werden politisches Wissen und demokratischer Wortschatz sowie die dazugehörenden Bedeutungskonzepte vermittelt? Besonders zwei Wege sind hier zu nennen: der *politische Journa-*

---

[7] Hermann 2002: 31.
[8] Hermann 2002: 31.

lismus und das *Infotainment*. Politischer Journalismus versucht zu informieren, Meinungsspektren zu vermitteln und diskursiv zu wirken. Es gibt eine breite Spanne dieser Formen, die in erster Linie auf Information und Diskussion ausgerichtet sind. Wenn in diesem Umfeld aktuelle politische Themen besprochen werden, liefern sie ggf. den zu diskursiven Schlüsselwörtern avancierten Fachwortschatz und die Bedeutungserklärungen gleich mit. Prototypische Formate des politischen Journalismus sind Nachrichtensendungen, Zeitungsnachrichten und -kommentare zu politischen Themenfeldern sowie Polittalks oder politische Magazine. Solche Medienformate wollen inhaltlich betrachtet zwar in erster Linie informieren, aufklären und demokratische Diskursteilnahme ermöglichen. Der Unterhaltungsaspekt spielt aber auch hier bereits eine gewisse Rolle, und Formate wie „Sabine Christiansen" werden häufig bereits dem Infotainment zugeordnet (vgl. Grewenig im vorliegenden Band).

Demokratisch-politisches Wissen wird aber in erheblichem Umfang auch auf anderen Wegen für Laienöffentlichkeiten variiert, „Politik im Unterhaltungsformat", wie Andreas Dörner (2003: 31) das Politainment nennt, ist allgegenwärtig. Da tritt der Bundeskanzler bei *Wetten dass ...* auf, im *Forsthaus Falkenau* geht es, wie Dörner (2003: 20) betont „um Umweltpolitik, um die Erhaltung der Natur und um nachhaltige Wirtschaftsreformen", in der *Lindenstraße* wird eine Bürgerinitiative gegründet, Filme wie *Schindlers Liste* und die zwölfteilige Serie *Klemperer – ein Leben in Deutschland* machen den Holocaust in der Prime Time zum Thema, und *Wag the dog* oder *The Trueman Show* thematisieren Fragen nach Macht, Herrschaft und Demokratie und führen politische „Verwerfungsszenarien"(Dörner 2003: 236) vor.

Die Wirkung solcher Unterhaltungsformate ist umstritten. Auf der einen Seite stehen Skeptiker wie Pierre Bourdieu, der im Fernsehen eine große Gefahr für die Demokratie sieht und davor warnt, das Fernsehen habe ein „faktisches Monopol bei der Bildung der Hirne eines Großteils der Menschen" (Bourdieu 1998: 23). Solchen allzu pauschalen Etikettierungen erteilen Forscher wie Dörner, die sich auf die jüngeren Ergebnisse der empirischen Rezeptions- und Aneignungsforschung berufen, eine Absage; Dörner (2003: 237) nennt Bourdieu wegen seiner Skepsis sogar einen „Apokalyptiker".

Aus dieser Diskussion lässt sich für die Frage nach dem Transfer politisch-demokratischen Wissens durch Politainment eine wichtige Erkenntnis gewinnen: Zwar ist die Unterhaltungsöffentlichkeit und -industrie in erster Linie an Unterhaltung und nicht an Wissensvermittlung interessiert, dennoch transportiert sie zentrale Botschaften und Werte, die von den Laienrezipienten in ihr Weltbild integriert werden.

Die kommunikative Realität der Laien ist komplexer als es Bourdieu in seiner Zuspitzung unterstellt. Laien entwickeln ihr politisches Wissen und damit die Bedeutungshorizonte politischer Lexik nach dem Prinzip der individuellen Sinnhaftigkeit und Stimmigkeit, wie Dörner anschaulich macht:

> „Die Zuschauer bauen die medialen Angebote in den alltäglichen Prozess der Kommunikation ein, ohne die Vorgaben einfach zu übernehmen. Sie nutzen die Materialien zur Konstruktion von Realität und Identität. Sie deuten die Bilder vor dem Horizont der eigenen Lebensgeschichte und im Rahmen der aktuellen Lebenssituation. Sie selektieren und montieren, wie es ihnen gerade passt. Gleichwohl sind die Ausgangsmaterialien, die massenmedialen Texte, jeweils die gleichen." (Dörner 2003: 238)

Leitlinie für dieses Montageverfahren, das wir alle intuitiv verwenden, ist das Prinzip der stereotypen Stimmigkeit, das besagt, dass nahezu beliebige Bedeutungselemente so in individuelle Bedeutungsensembles integriert werden, dass sie keine kognitiven Dissonanzen erzeugen und individuell zufrieden stellende Erklärungen liefern können. Vor diesem Hintergrund lassen sich aus den von Dörner (2003: 236–245) und Hermann (2002) herausgearbeiteten Erkenntnissen zum Politainment fünf Dimensionen für den Erwerb politischer Lexik und ihrer Bedeutung durch Politainment gewinnen: Personalisierung, Komplexitätsreduzierung, Emotionalisierung, Identifizierung und Mobilisierung.

4 Resümee: Regularitäten der Verwendung demokratischen Wortschatzes zwischen Experten und Laien

Schaut man zurück auf die Eingangsfragen nach dem Status der politischen Experten, Laien und ihrer Sprache, so lassen sich aus den angestellten Überlegungen zusammenfassend die folgenden Regularitäten ableiten:

1) Der Begriff des *Laien* ist konstitutiv für das politische Geschehen nach dem Mehrheitsprinzip wie für die Verfassung einer Wissensgesellschaft. Insofern bedeutet Volkssouveränität auch gleichzeitig Laiensouveränität.

2) Die Begriffe politischer *Laie* und *Experte* sind Relationsbegriffe, die jeweils das Ende eines ganzen Spektrums von Laien- und Expertenniveaus in lexikalischer und wissensmäßiger Hinsicht markieren.

3) Es gibt auf dem Substrat der Gemeinsprache ein lexikalisches Schichtensystem, das den Diskurswortschatz, den Politikwortschatz und den Demokratiewortschatz umfasst.

4) Der Diskurswortschatz umfasst die themenbezogene Lexik zeitgenössischer Diskurse und öffentlicher Diskussionen.
5) Der Politikwortschatz ist der Wortschatz, der sich auf demokratische Systeme im weiteren Sinne bezieht.
6) Der Demokratiewortschatz ist eine Teilmenge des Politikwortschatzes, der zur Nomination der demokratischen Grundkonzepte verwendet wird.
7) Demokratischer Expertenwortschatz umfasst die Fachwörter zur wissenschaftlichen Beschreibung demokratischer Verhältnisse. Er ist fachlexikographisch kodiert.
8) Demokratischer Laienwortschatz ist der in der Alltagskommunikation verwendete politisch-demokratische Wortschatz. Er ist überaus umfangreich und variantenreich. Politische Laienlexik weist in sich eine vertikale Schichtung auf; wird vornehmlich medial transportiert und muss initial explizit im Rahmen politischer Bildung vermittelt werden.
9) Prominente Verwendungsebenen demokratisch-politischen Wortschatzes in der Gemeinsprache sind politischer Journalismus und Politik im Unterhaltungsformat (Politainment).
10) Die Bedeutungsangebote zu politisch-demokratischen Konzepten, Wörtern und Werten, die die Politiklaien über die Massenmedien erreichen, werden nach individuellen Perspektiven und dem Prinzip der stereotypen Stimmigkeit in ein Gesamtbild integriert.

Über diese Perspektiven hinaus ist festzuhalten, dass eine empirisch gesicherte Erforschung der Bedeutungsgehalte politischer Laienlexik bisher ein zentrales Forschungsdesiderat ist.

5 Literatur

Best, Karl-Heinz 2000: Unser Wortschatz. Sprachstatistische Untersuchungen, in: Eichhoff-Cyrus/Hoberg (Hrsg.) 2000, 35–52.

Bourdieu, Pierre 1998: Über das Fernsehen. Frankfurt am Main.

Breit, Gotthard 2004: Interesse, Skepsis, Anteilnahme – Zur Entwicklung einer demokratischen Verhaltensdisposition, in: Breit, Gotthard/Schiele, Siegfried (Hrsg.) 2004: Demokratie braucht politische Bildung. Berlin, 196–212.

Busch, Albert 2004: Diskurslexikologie und Sprachgeschichte der Computertechnologie. Tübingen.

Busch, Albert/Stenschke, Oliver (Hrsg.) 2004: Wissenstransfer und gesellschaftliche Kommunikation. Festschrift für Sigurd Wichter. Frankfurt am Main.

Dörner, Andreas 2003: Politainment. Politik in der medialen Erlebnisgesellschaft. Frankfurt am Main.

Dörner, Andreas/Vogt, Ludgera (Hrsg.) 1995: Sprache des Parlaments und Semiotik der Demokratie. Studien zur politischen Kommunikation in der Moderne. Berlin, New York.

Drechsler, Hanno/Hilligen, Wolfgang/Neumann, Franz (Hrsg.) 1995: Gesellschaft und Staat. Lexikon der Politik. 9., neubearbeitete und erweiterte Auflage. München.

Drechsler, Hanno/Hilligen, Wolfgang/Neumann, Franz in Verbindung mit Gerd Bohlen (Hrsg.) 2003: Gesellschaft und Staat. Lexikon der Politik. 10., neu bearbeitete und erweiterte Auflage. München.

Dutt, Carsten (Hrsg.) 1999: Herausforderungen der Begriffsgeschichte. Heidelberg.

Eichhoff-Cyrus, Karin/Hoberg, Rudolf (Hrsg.) 2000: Die deutsche Sprache zur Jahrtausendwende. Sprachkultur oder Sprachverfall? Mannheim, Wiesbaden.

Hermann, Michael C. 2002: „Verbotene Liebe", „Marienhof", und „Arabella" – nur unpolitische Unterhaltung? Thesen zur Beeinflussung politischer Weltbilder durch Soaps und Talks, in: Koziol/Hunold (Hrsg.) 2002, 39–52.

Kilian, Jörg 1995: „Demokratie" und „Parlament". Zur semantischen Entwicklung einer komplizierten Beziehung am Beispiel deutschsprachiger Wörterbücher aus dem 19. und 20. Jahrhundert, in: Dörner/Vogt (Hrsg.) 1995, 249–277.

Kilian, Jörg 1996: Das alte Lied vom Reden und Handeln. Zur Rezeption parlamentarischer Kommunikationsprozesse in der parlamentarisch-demokratischen Öffentlichkeit der Bundesrepublik, in: Zeitschrift für Parlamentsfragen. 3/96, 503–518.

Kilian, Jörg 1999: „Demokratie" als Merkwort der Nachkriegszeit. Linguistische Begriffsgeschichte im Zeichen der kognitiven Semantik. In: Dutt (Hrsg.) 1999, 105–131.

Koziol, Klaus/Hunold, Gerfried W. (Hrsg.) 2002: Politainment – Politikvermittlung zwischen Information und Unterhaltung. Stuttgart.

Kuhn, Hans, Peter 2002: Politische Sozialisation zwischen Information und Unterhaltung, in: Koziol/Hunold (Hrsg.) 2002, 23–38.

Putnam, Hilary 1991: Repräsentation und Realität. Frankfurt am Main: Suhrkamp.

Rau, Johannes 1999: Sprache und Politik, in: Der Sprachdienst 2/99, 49–54.

Schmidt, Manfred G. 2004: Wörterbuch zur Politik. Stuttgart: Kröner.

Schubert, Klaus/Klein, Martina 2003: Das Politiklexikon. Bonn.

Statistisches Bundesamt (Hrsg.) [...] 2004: Datenreport 2004. Zahlen und Fakten über die Bundesrepublik Deutschland. Berlin.

Stötzel, Georg/Eitz, Thorsten (Hrsg.) 2002: Zeitgeschichtliches Wörterbuch der deutschen Gegenwartssprache. Unter Mitarbeit von Astrid Jährling-Marienfeld, Lea Plate u. a. Hildesheim u. a.

Weingart, Peter 2003: Wissenschaftssoziologie. Bielefeld.

Warnke, Ingo 2004: Grammatische Formen und ihre kommunikativen Funktionen im Menschenrechtsdiskurs, in: Busch/Stenschke (Hrsg.) 2004: 311–329.

Wichter, Sigurd 1994: Experten- und Laienwortschätze. Umriss einer Lexikologie der Vertikalität. Tübingen.

Zimmermann, Thomas 1998: Mehrfachadressierung, Handlung und Konflikt: dargestellt am Beispiel der Asylrechtsdebatte vom 26. Mai 1993. Frankfurt am Main u. a.

Franz Januschek

Arbeit an der Wortbedeutung: demokratisch? Termini, Leerformeln, semantische Kompromisse und die unsichtbare Hand

1 Wortbedeutungen ändern sich – aber wer ändert sie?

Wortbedeutungen liegen nicht ein für alle Mal fest.

Um nur gleich ein einschlägiges aktuelles Beispiel zu nennen: Vor fünfzig Jahren bedeutete *Europa* einen Kontinent; es war ein geographischer Begriff. Die *europäische* Kultur, Politik usw. waren jeweils diejenige Kultur, Politik usw., die in irgendeiner Weise zu diesem Erdteil gehörten. Heute wird *Europa* zu einem politischen, und zwar im engeren Sinne staatsrechtlichen Begriff. Man kann heute sagen „Europa *und* die Ukraine (oder Albanien/Norwegen/Russland/die Schweiz/Weißrussland) pflegen gutnachbarschaftliche Beziehungen" – ohne dass jemand protestiert: „Wieso, das ist doch ein *Teil* von Europa!". *Europa* bedeutet heute für viele Menschen einfach: die EU – und zu der gehören besagte Länder bekanntlich nicht.

Wenn Wortbedeutungen sich ändern, kann man sich fragen, wie. Wer hat das bewirkt, wer ist dafür verantwortlich? Das Beispiel legt die Antwort nahe: niemand. Es ist einfach durch Gewohnheit gekommen. Man hat sich an die abkürzende Redeweise „Europa" für die europäischen politischen Institutionen gewöhnt, und mit der wachsenden öffentlichen Bedeutsamkeit letzterer ergab es sich, dass fast immer, wenn von „Europa" die Rede war, diese Institutionen gemeint waren; und die Gesamtheit dieser Institutionen bildet seit einiger Zeit eben die Europäische Union. Demokratische Arbeit an der Wortbedeutung war das anscheinend nicht.

Anderes Beispiel: *Fundamentalisten*. Darunter verstand man vor fünfzig Jahren christliche Gemeinschaften, die die Bibel „wörtlich nahmen", will sagen, sie glaubten z. B., Gott habe die Welt in 6 Wochentagen à 24 Stunden erschaffen, den ersten Mann aus einem Erdklumpen und die erste Frau aus einer überzähligen Rippe jenes Mannes. Vor zwanzig Jahren verstand man unter *Fundamentalisten* diejenige Fraktion innerhalb der Grünen-Partei, die im politischen Alltag nicht bereit war, um der Beteiligung an der Macht willen radikaldemokratische und ökologische Ziele aufzugeben. Heute verstehen wir unter *Fundamentalisten* Muslime, die abendländische Werte ablehnen und diese als

3 Demokratischer Wortschatz und Wortgebrauch

gottlos bekämpfen. Sie gelten als bedrohlich; die Kurzform/Koseform *Fundis*, die für die Grünen geläufig war, dürfte auf sie kaum Anwendung finden.

Es ist verlockend, diese Verschiebung der Wortbedeutung bestimmten Urhebern zuzuschreiben, jenen nämlich, die davon profitieren konnten. Wer Grünen-Politiker/-innen als *Fundamentalisten* bezeichnete, brachte sie in Verbindung mit Hinterwäldlern, die den gesamten Fortschritt der Naturwissenschaften verschlafen hatten. Wer Muslime als *Fundamentalisten* bezeichnet, bringt sie in Verbindung mit Leuten, mit denen politische Auseinandersetzungen fruchtlos sind. Es profitierten im ersten Fall die sog. *Realos*, die kompromissbereiten Grünen-Politiker/-innen nämlich; im zweiten Fall profitieren alle jene, die jede Diskussion über die abendländischen Werte (und insbesondere deren hässliche Manifestationen im Alltagsleben) scheuen. Nicht sehr demokratisch!

Aber überzeugend ist das nicht: Denn diese Profiteure allein hatten nicht die Macht, einen veränderten Wortgebrauch allgemein durchzusetzen. Dazu brauchten sie immer auch viele andere Leute, die diesen Sprachgebrauch überhaupt erst einmal verstanden und dann auch noch bereit waren, sich ihm anzuschließen.

Über den Bedeutungswandel politisch brisanter Wörter ist viel geschrieben worden, von Laien wie von Linguist(inn)en: Der Ausdruck *Krieg* wird heute ganz offiziell und keineswegs metaphorisch auf den militärischen Kampf zwischen einem Staat und missionarischen Mordbrenner-Banden angewandt (Eppler 2003); die Wortbedeutung von *Terror(ismus)* wird so eingeengt, dass sie grundsätzlich nicht auf eigene Handlungen der USA bezogen werden kann (Chomsky 2003: 224ff.); der Ausdruck *Volk* hat eine lange Geschichte, die ihn im gegenwärtigen Deutsch weitgehend tabuisiert (Hermanns 2003).

Auch *demokratisch* selbst ist ein erhellendes Beispiel, insofern nämlich, als ganze Generationen von Deutschen lernen mussten, dass man darunter Verschiedenes, gar Unvereinbares verstehen könne, je nach dem, wie es *definiert* werde. Wenn *demokratisch* neben *deutsch* stand (wie im Untertitel des vorliegenden Buches), war in aller Regel klar, was gemeint war, nämlich das, was man in der *Deutschen Demokratischen Republik* darunter verstand:[1] Das Volk, in Gestalt der Führung der Einheitspartei, bestimmt über alles, was die Menschen tun und lassen dür-

---

[1] Deshalb wären Untertitel und Anlage dieses Buches auch als Versuch einer *Enteignung* einer Wortbedeutung verstehbar: Eine Wortverbindung solle neu „besetzt" werden. Vgl. dazu den einschlägigen Buchtitel von Liedtke/Wengeler/Böke 1991 und vgl. Wengeler im vorliegenden Band.

fen, und schützt sich auf diese Weise vor der Macht des großen Kapitals. Im bürgerlich-demokratischen Sinne ist gerade dies *undemokratisch*, insofern es die Bürger(inn)en permanent daran hindert, wirtschaftliche Entscheidungen allein oder in freier Abstimmung zu treffen. – Man wusste also, dass es sich um verschiedene, sogar wissenschaftlich definierte Wortbedeutungen handelt, man versuchte nicht, semantische Kompromisse zu machen – und trotzdem: das Wort *demokratisch* ist im Alltagsgebrauch eine Leerformel geblieben, von der man nur weiß, dass sie als politisches Hochwertwort überall einsetzbar ist. Vielleicht war gerade dies – die Zerstörung eindeutiger Wortbedeutungen von *demokratisch* – eine demokratische Arbeit an der Wortbedeutung?

2 Sprachklempnerei

Zweifellos gibt es Fälle, in denen eine Wortbedeutung ausdrücklich festgelegt wird, etwa in wissenschaftlichen Definitionen. Z. B. gehört zur mathematischen Definition eines *Punktes*, dass er keine Ausdehnung besitzt. Mathematisch gesehen ist das sinnvoll, aber kein Mathematiker käme auf die Idee, zu bestreiten, dass im vorliegenden Text Punkte stehen, bloß weil diese Satzzeichen allesamt – im Widerspruch zur Definition – eine winzige Fläche auf dem Papier einnehmen. Definitionen können die Bedeutung eines Wortes also nur in einem eng umgrenzten Bereich fachlicher Kommunikation festlegen und die eigenständige Entwicklung der alltäglichen Sprache kaum beeinflussen.

Bemühungen, Wortbedeutungen gezielt irgendwie festzulegen oder in eine bestimmte Richtung zu entwickeln, nenne ich *Sprachklempnerei*. Dieser Ausdruck soll andeuten, dass das Ergebnis solcher Bemühungen nie das eigentlich angestrebte ist und dass es immer eine Reihe unerwünschter Nebenwirkungen gibt (*fragen Sie Ihren Linguisten oder Deutschlehrer*). Sprachklempnerei kommt in sehr unterschiedlichen Zusammenhängen vor, von denen die wichtigsten sicherlich die technischen und wissenschaftlichen Terminologien sind. Z. B. musste die Bedeutung von Ausdrücken wie *Absatz, Anmerkung, Datei, Dokument, einfügen, Fußnote, kopieren* normiert werden, damit beim Erlernen der Arbeit mit Textverarbeitungssystemen nicht dauernd Missverständnisse auftraten. Allerdings konnte diese Sprachklempnerei nur in dem Maße erfolgreich sein, wie die Anwender der Software diese Festlegungen verstanden und akzeptierten. Z. B. wurde die terminologische Unterscheidung zwischen *Absatz* und *Abschnitt* offenbar nicht hinreichend verstanden und akzeptiert und deshalb wieder abgeschafft. Eine andere Art der Sprachklempnerei ist die Produktnamen-Festlegung (Platen 1997). Dabei geht es im Wesentlichen um die Privatisierung von

Bedeutungen. Ein bestimmtes Wort – sei es ein bereits geläufiges oder sei es eine Neuprägung aus bekannten Bestandteilen oder gar ein Kunstwort – soll nicht mehr das bedeuten dürfen, was man spontan damit verbindet, sondern nur noch für das Produkt stehen, das ein Unternehmen gern verkaufen möchte (wofür es beim Markenamt viel Geld zahlt).

Sollten wir also die Frage danach, wie „Arbeit an Wortbedeutungen" erfolgt, auf Fälle wissenschaftlicher o. ä. Definitionen und die betreffende fachsprachliche Kommunikation eingrenzen? Im Lehrbuch „Angewandte Linguistik" geschieht eben dies. „Arbeit an der Sprache" wird umstandslos mit „Sprachsteuerung" gleichgesetzt (Göpferich 2004: 431). Das leuchtet insofern ein, als es dort um *Arbeit* im Sinne von Berufsfeldern für künftige Linguist(inn)en geht: Entwicklung und Standardisierung von Terminologien u.a. gemäß DIN- und ISO-Normen, Optimierung kommerzieller Informationsflüsse und Vermeidung von Reibungsverlusten bei Übersetzungen. Eine solche Einengung des Begriffs „Arbeit an Sprache" auf einen nur scheinbar unproblematischen Bereich[2] kann hier jedoch nicht akzeptiert werden, weil es uns ja gerade um den möglichen *demokratischen* Charakter dieser Arbeit geht, und der lässt sich gewiss nicht als eine bestimmte Art und Weise der Bevölkerungsbeteiligung an institutionellen Entscheidungsprozessen über Terminologien begreifen. Interessant wird der Prozess ja erst dadurch, dass eine Bedeutungsveränderung (sei sie absichtlich erfolgt oder nicht) von einem relevanten Teil der Sprachgemeinschaft akzeptiert und praktiziert wird.

Das ist nicht einfach zu beurteilen. Halten wir erst einmal fest:

- Demokratische Arbeit an Wortbedeutungen ist nicht zu begreifen als ein institutioneller Diskussionsprozess über Wortbedeutungen, an dessen Ende eine alle Teilnehmenden bindende Mehrheitsentscheidung steht.
- Das Gegenteil demokratischer Arbeit an Wortbedeutungen ist demzufolge auch nicht die willkürliche Festlegung von Wortbedeutungen durch einen „Sprach-Diktator" o. Ä.

3 Gibt es überhaupt Wortbedeutungen?

Gehen wir einen Schritt zurück und präzisieren erst einmal, wovon die Rede ist:

[2] Lediglich der Aufsatz von Janich im genannten Lehrbuch nähert sich der hier diskutierten Thematik. Allerdings befasst er sich nicht mit der Arbeit an Wortbedeutungen, sondern mit Sprachenpolitik allgemein und der Auseinandersetzung mit Fremdwörtern im Besonderen (Janich 2004).

In welchem Sinne *existieren* Wortbedeutungen überhaupt? Mindestens in folgendem Sinne: Wenn jemand sagt: „Herr Stoiber hat wieder geemdet", so kann man fragen, was das Wort *emden* bedeutet. Dabei unterstellt man, dass der Sprecher mit „geemdet" nicht nur etwas in dieser Situation Einzigartiges, Unwiederholbares gemeint hat, sondern dass es an dem Wort etwas gibt, wodurch es auch in anderen Situationen sinnvoll gebraucht werden kann. Dieses Unterstellte kann man die Wortbedeutung von *emden*[3] nennen. Solche Unterstellungen sind sehr sinnvoll für sprachliche Verständigung – aber Unterstellungen bleiben es trotzdem. Ob Wortbedeutungen mehr sind als dies, ob sie „im"[4] Bewusstsein oder gar im Gehirn eines Menschen anzutreffen sind, ist theoretische Spekulation; aber immerhin hat es sich als möglich erwiesen, die unterstellten Wortbedeutungen zu präzisieren und in Lexika zu erläutern und damit z.B. das Erlernen einer fremden Sprache zu erleichtern.[5]

Wir unterscheiden verschiedene *Arten* von Wortbedeutungen und verschiedene *Aspekte* an Wortbedeutungen. Die Bedeutung von *Eigennamen* ist z. B. anders als die von *Appellativa*, die Bedeutung von *Inhaltswörtern* ist anders als die von *Funktionswörtern*. Wortbedeutungen haben einen *beschreibenden*, aber auch einen *bewertenden* Aspekt, sie haben einen verbindlichen, *denotativen* Aspekt und einen unverbindlich subjektiven *konnotativen* Aspekt. – Diese Aufzählung, die man noch um einiges verlängern könnte, soll nur die Vielfalt der Möglichkeiten illustrieren, wie sich Wortbedeutungen ändern können. Vor falschen Verallgemeinerungen muss man immer auf der Hut sein, auch bei dem unten diskutierten Beispiel.

---

[3] *Emden*: „Andere Leute nicht zu Wort kommen lassen, indem man die beim eigenen Vortrag entstehenden Sprechpausen durch ständiges ‚Em'-Sagen ausfüllt." (Stichwort „Emden" in Adams/Lloyd/Böttcher 1992).

[4] Die Anführungszeichen sollen nur daran erinnern, dass hier eine problematische Metapher gebraucht wird: Das *Bewusstsein* ist *nicht* so etwas wie ein *Behälter*.

[5] Ludwig Wittgenstein schrieb: „Die Bedeutung eines Wortes ist sein Gebrauch in der Sprache" (Phil. Unters. §43) – und das wird üblicherweise für eine tief schürfende philosophische Erkenntnis gehalten. In Wirklichkeit wollte Wittgenstein wohl bloß eine bestimmte Sorte von Theoretikern ärgern. Denn zu eines Wortes „Gebrauch in der Sprache" gehören natürlich sämtliche einzelnen Fälle seines Gebrauchs – also unendlich viele –, und die alle zu beschreiben und in Regeln zu systematisieren, ist unmöglich, bzw., wo es dennoch geschieht, ist es bloß die Erläuterung eines bereits vorhandenen unterstellten Wissens. Merke: Wer als Theoretiker glaubt beweisen zu müssen, dass der Gegenstand, über den er schreibt, auch existiere, sonst sei seine Tätigkeit sinnlos, für den ist Wittgenstein ein wirkliches Ärgernis. (Schon Descartes scheiterte übrigens mit seinem Anspruch, sich seine eigene Existenz erst einmal zu beweisen: Was man nicht umhin kann vorauszusetzen, das kann man nämlich gar nicht beweisen.)

Was ist nun *Arbeit* an Wortbedeutungen? Diesen Begriff auf Sprachklempnerei zu begrenzen, macht wie gesagt wenig Sinn. Auf der anderen Seite ist es aber auch wenig sinnvoll, jegliche Veränderung von Wortbedeutungen als *Arbeit* zu bezeichnen. Zusätzlich erschwert wird das Problem dadurch, dass es ja nicht um Arbeit an Wort*formen* geht: diese ist ja viel offensichtlicher (also ob man z. B. *Fernsehen* durch *TV* ersetzt und ob man dieses dann „Tevau" oder „Tiewie" ausspricht) und ihre Konsequenzen für die *Bedeutungen* der betreffenden Wort*formen* werden meist erst nachträglich bemerkt.

4 „Arbeit an Wortbedeutungen"

Was ist die Wortbedeutung von *Arbeit*? *Arbeite* ich an der Wortbedeutung von *Arbeit*, wenn ich vorschlage, dieses Wort in einem bestimmten Sinne zu verstehen?[6] Machen wir die Probe aufs Exempel:
an etwas arbeiten kann ein Verb mit einem Ortsadverbial sein:

(i)   *A arbeitet am Fließband.* (Wo?)

Oder aber ein Verb mit Präpositionalobjekt:

(ii)   *A arbeitet an der Entwicklung eines Fließbands.* (Woran?)

Arbeit an Wortbedeutungen ist klar im Sinne von (ii) gemeint. In diesem Sinne ist sie ein zielgerichteter Prozess, durch den das genannte Objekt verändert werden soll. Bei dem grammatischen Subjekt von *an etwas arbeiten* kann es sich um Menschen, Tiere, Maschinen handeln, und das Ziel der Arbeit muss ihnen auch keineswegs immer bewusst sein: Z. B. kann man sagen, ein Computer *arbeite* an der Lösung einer Aufgabe; oder jemand *arbeite*, ohne es zu wissen, an der Entwicklung von High-Tech-Waffen. Dieses grammatische Subjekt muss also nicht jene Person bezeichnen, die der Arbeit ihr Ziel setzt, und dieses Ziel muss auch nicht bekannt sein, obwohl der Prozess als zielgerichtet begriffen wird. Indem wir den Prozess als zielgerichtet begreifen, unterscheiden wir ihn auch vom *Spielen*, das ja auch üblicherweise als eines der Gegenteile von *Arbeiten* angesehen wird.

---

[6]   *Arbeit* ist ein sehr altes germanisches Wort, dessen Bedeutungen auch vor tausend Jahren schon den heutigen recht ähnlich waren, auch wenn einige Differenzierungen und Akzentuierungen hinzugekommen bzw. weggefallen sind. Das ist seit langem bekannt (vgl. z. B. das Grimm'sche Wörterbuch) und braucht hier nicht nacherzählt zu werden.

FRANZ JANUSCHEK: Arbeit an der Wortbedeutung: demokratisch?

Arbeit an Wortbedeutungen wäre in diesem Sinne ein zielgerichteter Prozess des Veränderns von Wortbedeutungen, wobei dies den Beteiligten aber nicht unbedingt bewusst sein muss (vgl. zum „Begriffe-Besetzen" Wengeler im vorliegenden Band).

Dieser Begriffsdefinitions-Vorschlag gibt sich nun selbst gerade *nicht* als *Arbeit an der Wortbedeutung,* weil er sich ja auf eine bereits *bestehende* Bedeutung von *Arbeit* beruft, also gar nichts verändern will. Doch das scheint nur so, und zwar aus folgenden Gründen:

1. *Arbeit an Wortbedeutungen* ist ein Prozess, dessen Ziel den Beteiligten *notwendig* unbekannt ist.[7] Wenn man – im üblichen Sprachgebrauch – an etwas arbeitet (z. B. an einer Theateraufführung oder einem Festtagsmenü), so ist es im Prinzip möglich, zu wissen, was dabei entsteht; wenn man hingegen an Wortbedeutungen arbeitet, so ist es im Prinzip *nicht* möglich, zu wissen, was dabei herauskommt – abgesehen von den bereits erwähnten uninteressanten Fällen von Terminologie, die die allgemeine Sprachpraxis nicht berühren.

2. Wer den üblichen Gebrauch eines Ausdrucks, in diesem Falle *Arbeit,* beschreibt, beeinflusst eben dadurch auch den zukünftigen Gebrauch dieses Ausdrucks – und wenn auch vielleicht nur dadurch, dass er dessen Variationsmöglichkeiten einengt.

Arbeit ist auch zum zentralen Begriff in der Philosophie von Karl Marx geworden. Dort bezeichnet er die besondere Beziehung zwischen Mensch und Welt: Indem wir Menschen Gegenstände *verarbeiten,* werden sie für uns zu *sinnvollen* Gegenständen, und eben dadurch *vergegenständlichen* wir uns in ihnen. Subjekt und Objekt bestimmen sich in diesem Prozess wechselseitig. Diese wechselseitige Determination, die auch nicht dadurch außer Kraft zu setzen ist, dass man sich vorab einen *Plan* seines Arbeitsprodukts macht, lässt sich recht gut auf den Prozess der Veränderung von Wortbedeutungen übertragen, wo sich die Vorstellung, man könne das Ergebnis des Prozesses allein bestimmen, eben noch weit deutlicher als Illusion erweist. In diesem Sinne spreche ich von *Arbeit an Wortbedeutungen*; und das ist sicher selbst ein Versuch, die Bedeutung von *Arbeit* zu verändern, weil man dieses Wort üblicherweise eben nicht in diesem philosophischen Sinne versteht.

Arbeit an einer Wortbedeutung geschieht immer dann, wenn A mit B redet und dabei ein *bekanntes* Wort W in einer *neuen* Situation gebraucht und wenn B und A einander dabei *verstehen,* das heißt einander

---

[7] Bedeutungswandel ist – wie Sprachwandel überhaupt – als „Prozess der unsichtbaren Hand" beschrieben worden (Keller 1990), das heißt als Prozess, der weder durch Absichten noch durch Ursachen zu erklären ist, weil er die unvorhersehbare Folge eines Geflechts vieler unterschiedlicher Absichten ist.

3 Demokratischer Wortschatz und Wortgebrauch

wechselseitig unterstellen, dass der Gebrauch von W in dieser Situation angemessen war und also diese Situation, obwohl es sie nie vorher gab, irgendeine Gemeinsamkeit mit all jenen Situationen hat, die den Bedeutungsumfang von W ausmachen. Ob diese Arbeit gelingt und wohin sie führt, kann A nicht vorab wissen, weil jede Situation irgendwie *neu* ist und A nicht wissen kann, ob und wie B W *neu* verstehen wird, so dass die wechselseitige Unterstellung dieses *Neu*-Verstehens unauflöslich an diese bestimmte Situation gekoppelt ist.[8] Dieser Prozess des Bedeutungswandels ist also untrennbar mit dem alltäglichen Sprachgebrauch verbunden – woraus folgt, dass jeder Versuch, Bedeutungswandel als etwas Besonderes, nur unter bestimmten Umständen Stattfindendes, von bestimmten Persönlichkeiten Bewirktes zu begreifen, problematisch ist.

5 „Demokratische Arbeit an Wortbedeutungen"

Demokratisch werde ich Arbeit an Wortbedeutungen in dem Maße nennen, wie sie den folgenden Bedingungen genügt:
1. Möglichst viele Menschen wirken dabei mit.
2. Möglichst wenige Menschen versuchen, diesen Prozess willkürlich zu steuern.
3. Möglichst wenige Menschen distanzieren sich von der Wortbedeutung, die sich dabei etabliert.
4. Möglichst wenige Menschen werden durch die sich etablierende Wortbedeutung benachteiligt.

Diese Bedingungen müssen erläutert werden:
Zu 1. Dass an einem *demokratischen* Prozess möglichst alle Menschen, die er betrifft, mitwirken müssen, dürfte einsichtig sein. Da aber die gesamte deutsche Sprache alle Deutschsprachigen im Prinzip betrifft, müssten insofern auch alle daran beteiligt sein. Früher oder später mag das faktisch auch für alle Wortbedeutungen der Alltagssprache zutreffen – aber das lässt sich weder kontrollieren noch überhaupt feststellen. Feststellen lässt sich allenfalls, ob es in einem konkreten Fall tatsächlich viele Mitwirkende gegeben hat und ob es umgekehrt viele andere gegeben hat, an denen der Prozess lange Zeit völlig vorbeilief (die also z. B. eine traditionelle Wortbedeutung konservierten). Wichtig ist: Die genannte Bedingung besagt keineswegs, dass die Mitwirkung bewusst oder gar absichtlich erfolgte.

---

[8] Für ein ausführlich diskutiertes drastisches Beispiel zu diesem sprachtheoretischen Grundproblem vgl. Januschek 1980. Das sprachtheoretische Konzept „Variation in der Übernahme" ist in Bredehöft u.a. 1994: 30–34 erläutert.

Zu 2. Man kann als Sprachklempner versuchen, eine Wortbedeutung nach eigenem Gutdünken festzulegen, also z. B. das ohne *h* geschriebene Wort *Föhn*, damit es sich ausschließlich auf ein bestimmtes Markenprodukt beziehe. Solche Versuche nenne ich – auch wenn sie, wie sich gezeigt hat, illusionär sind – undemokratisch. Das betrifft aber nicht *Vorschläge* (auch sprachklempnerisch-illusorische) für die Festlegung einer bestimmten Wortbedeutung, weil (und insoweit) diese auf Verständigung mit den anderen Betroffenen angelegt sind (also z. B. fachwissenschaftliche Terminologievorschläge).

Zu 3. Da Bewusstheit und Absicht für die Arbeit an Wortbedeutungen nicht entscheidend sind, darf man sich nicht an explizit gegnerischen Stellungnahmen als Maßstab dafür orientieren, wie viele Leute sich einer bestimmten zu etablierenden Wortbedeutung widersetzen. Es gibt eine ganze Reihe mehr oder weniger expliziter Weisen, sich von einem bestimmten Wort zu distanzieren, z. B. eine ironische Betonung, eine Verzögerungspause, eine Diktumscharakterisierung wie *Ich sag mal*, das Ausweichen auf unübliche Synonyme oder Periphrasen, Anführungszeichen. Belege für derartige Distanzierungen in alltäglichen Gesprächen oder Texten zu finden ist generell möglich: Ein Teil der politischen Witze in Gesellschaften, in denen eine scharfe Sprachlenkung versucht wurde, zeugt davon.

Zu 4. Dies ist eine problematische Bedingung. Um es an einem Beispiel zu verdeutlichen: *Arbeitslos* werden alle jene und nur jene genannt, die keiner Erwerbsarbeit nachgehen, obwohl sie persönlich dazu fähig sind und vielleicht für sich auch sehr viel zu Hause arbeiten. Menschen hingegen, die in Lohn und Brot stehen, dafür aber keine ernsthafte Arbeitsleistung erbringen müssen, gelten nicht als *arbeitslos*. Diese Verengung der Wortbedeutung von *arbeitslos* auf *erwerbslos* diskriminiert also die Erwerbslosen als Untätige und wertet Faulpelze zu honorigen Bürgern auf. Darin kann man eine undemokratische Ungerechtigkeit sehen. Sie ist allerdings den meisten Erwerbslosen als solche nicht bewusst und manifestiert sich auch kaum in entsprechend distanzierendem Sprachgebrauch. Von daher kann man auch argumentieren: Wenn die Betroffenen sich widerstandslos einem sie benachteiligenden Sprachgebrauch anschließen, so ist daran nichts Undemokratisches. Mit dieser vierten Bedingung ist also erkennbar ein allgemeines demokratietheoretisches Problem angesprochen.

Zusammen sollen diese vier Bedingungen das Problem lösen, wie man einen Prozess als *demokratisch* qualifizieren kann, bei dem es auf Entscheidungen nicht ankommt, weder individuelle, noch mehrheitliche.

3 Demokratischer Wortschatz und Wortgebrauch

6 *Zuwanderung* als Ergebnis demokratischer Arbeit

Als ein Beispiel demokratischer Arbeit an der Wortbedeutung lässt sich der Ausdruck *Zuwanderung* mitsamt seinen Ableitungsformen betrachten. Dieser Ausdruck war noch vor wenigen Jahren ein recht seltener Fachterminus für Bevölkerungsbewegungen (z.B. zwischen Städten und Gemeinden). Mittlerweile ist er überall geläufig und wird allgemein für Arbeitsmigration (auch in Bezug auf osteuropäische Spätaussiedler) gebraucht. *Zuwanderer* hat in vielen Kontexten auch den Ausdruck *Einwanderer* ersetzt, mit dessen Gebrauch man ehedem noch seine Ablehnung der Regierungsthese, Deutschland sei kein Einwanderungsland, demonstrieren und sich von den abwertenden Ausdrücken *Ausländer* und *Gastarbeiter* abgrenzen konnte. *Zuwanderung* hat also die Wortbedeutung von *Einwanderung* übernommen – wenn auch nicht ganz, denn das Wort eignet sich eben nicht mehr zum demonstrativen Protest.[9] Interessant ist dabei, dass *Einwanderung* früher regelmäßig mit den so genannten „klassischen" Einwanderungsländern USA, Kanada, Australien in Verbindung gebracht wurde, in die die Menschen vor allem deshalb auswanderten, weil ihnen die Heimat keine hinreichende wirtschaftliche Existenzgrundlage mehr bot. Eben deshalb sollte die BRD nach dem Willen der damaligen Bundesregierung kein *Einwanderungsland* sein, denn es könne nicht das gelobte Land für die Mühseligen und Beladenen dieser Welt sein. Aber genau dieses Motiv wurde dann für das neue, und nun *so* genannte *Zuwanderungsgesetz* wesentlich: Deutschland braucht qualifizierte Arbeitskräfte aus dem Ausland, um seine Wirtschaftskraft und seine Versorgungsstandards zu halten. Nichts hätte also anscheinend näher gelegen, als die früheren politischen Illusionen zu begraben und die faktische Einwanderung auch als das zu bezeichnen, was sie nach damaliger Wortbedeutung war, eben *Einwanderung*. Wie ist es stattdessen dazu gekommen, dass *Zuwanderung* diese Bedeutung von *Einwanderung* übernahm?

Im Zuwanderungsgesetz selbst ist von *Zuwanderung* kaum die Rede. Dieser Ausdruck fungiert lediglich als Oberbegriff über den gesamten Regelungsbereich des Gesetzes, und das sind Zuzug und Aufenthalt von Ausländern in der BRD ganz allgemein, aus welchen Gründen auch immer, d.h., auch Flucht und Asyl gehören dazu (Art.1 Kap.1 §1). Damit entspricht das Gesetz offenbar den Vorgaben der vom Bundes-

---

[9] Man könnte sagen, die Denotation sei die gleiche, die Konnotation aber unterschiedlich – aber das trifft nur einen Teil des Sachverhalts. So ist z. B. ein *Zuwanderer* in Bezug auf seine Heimat ein *Auswanderer* geblieben und nicht etwa zum *Abwanderer* geworden – auch diese Inkonsequenz gehört zum „Hof" der Bedeutung von *Zuwanderung*.

innenminister zur Gesetzesvorbereitung eingesetzten Zuwanderungskommission („Süssmuth-Kommission"):

> „Unter ‚Zuwanderung' werden im vorliegenden Bericht alle Arten der Migration verstanden, auch diejenigen, die nur vorübergehenden Charakter haben. Von ‚Einwanderung' wird nur dann gesprochen, wenn ausdrücklich die dauerhafte Niederlassung in Deutschland gemeint ist." (Bericht der Unabhängigen Kommission „Zuwanderung" 2001: 13)

Dieses Zitat liest sich wie eine Definition; es ist aber keine. Denn bereits vorher war in diesem Text seitenlang von *Zuwanderung* ganz selbstverständlich die Rede gewesen und mehrfach war außerdem ausdrücklich gesagt worden, Deutschland sei sehr wohl ein *Einwanderungsland*. Wenn in dieser Definition also die *Einwanderung* als eine Unterkategorie von *Zuwanderung* hingestellt wird, so erläutert sie offenbar nicht einmal den eigenen Sprachgebrauch der Kommission zutreffend. In Wirklichkeit *ersetzt* die Kommission den einen Ausdruck nahezu vollständig durch den anderen,[10] und zwar unter gleichzeitiger Anerkennung des anderen als eines immer schon angemessenen und zu Unrecht verpönten.

Man ist geneigt, dies einen semantischen Trick zu nennen. Aber er war und ist so leicht zu durchschauen, dass eigentlich niemand auf ihn hätte hereinfallen können. Wahrscheinlicher ist, dass die Einwanderungsbefürworter ihr Fahnenwort den Einwanderungsgegnern hergaben und damit deren politisches Gesicht schonten, um dafür die gesetzliche Regelung, also Legalisierung, des Zuzugs von Menschen aus ärmeren Teilen der Welt zu erreichen.

Kein manipulativer Trick also, sondern ein politisches Geschäft zwischen der damals neuen rot-grünen Bundesregierung und den abgewählten Christdemokraten, die beide aus unterschiedlichen Gründen einen Ausweg aus der Illusion „Deutschland ist kein Einwanderungsland" benötigten? Aber wenn es *bloß* ein solches politisches Geschäft, ein parlamentarischer Kuhhandel gewesen wäre, dann hätten die vielen antirassistischen Bewegungen, Verbände, Initiativen und auch Wissenschaftler/-innen, die sich jahrzehntelang für die Einwanderer stark gemacht hatten, mit Dummheit geschlagen sein müssen, wenn sie auf die Bezeichnung *Einwanderung* für Einwanderung ausgerechnet in dem Moment verzichteten, wo Deutschland quasi amtlich als *Einwanderungsland* anerkannt wurde. Sie hätten diese durchsichtige semantische Verschiebung vehement bekämpfen müssen, anstatt sie schleichend zu akzeptieren. Letzteres taten sie nämlich – nicht alle sofort, aber doch

---

[10] Mehr als 400-mal ist von *Zuwanderung* die Rede, aber nur 7-mal von *Einwanderung* (Carius 2004: 112).

3 Demokratischer Wortschatz und Wortgebrauch

allmählich – und daraus kann man schließen, dass ihnen das Wort *Zuwanderung* mit seiner neuen Bedeutung ganz recht war.

Zur Akzeptanz von *Zuwanderer* an Stelle von *Einwanderer* mag Folgendes beigetragen haben:

- Beide Ausdrücke hatten bereits vorher eine sehr ähnliche Bedeutung.
- Beide Ausdrücke wurden nicht allgemein als abwertend verstanden.
- Die Bezeichnung *Einwanderer* wurde klassisch meistens für Menschen gebraucht, die im Einwanderungsland sesshaft und dessen Staatsbürger werden wollten. Auf dem Ausdruck *Einwanderer* zu bestehen, hätte einem also leicht den Verdacht einbringen können, den Migranten zu unterstellen, sie wollten alle Deutsche werden – was ja angesichts der deutschen Geschichte nicht unbedingt als erstrebenswert gelten konnte.

Wie vielen Menschen diese Zusammenhänge mehr oder weniger bewusst gewesen sind, lässt sich nicht ermitteln. Zeigen lässt sich eher schon, dass die neue Bedeutung von *Zuwanderung* nicht widerwillig, sondern mit Selbstverständlichkeit akzeptiert wurde.

Der Sachverständigenrat für Zuwanderung und Integration hat in seinem Jahresgutachten 2004 der Abgrenzung der Wortbedeutungen in seinem thematischen Zusammenhang immerhin ein sechs Seiten langes Kapitel gewidmet, worin er den seither erfolgten Bedeutungswandel nur noch konstatiert:

> „Während in der englischsprachigen Welt für jede Art von Einreisen und Einreisenden die Bezeichnungen ‚immigration' und ‚immigrants' verwandt werden, wird von Einwanderern und Einwanderung im deutschen Sprachraum nur dann gesprochen, wenn Einreise und Aufenthalt von vornherein auf Dauer geplant und zugelassen werden, wie zumeist in der Geschichte der klassischen Einwanderungsländer USA, Kanada, Australien und Neuseeland. In Deutschland haben sich in den letzten Jahren die Begriffe der Zuwanderung und der Zuwanderer für alle Formen der grenzüberschreitenden Migration eingebürgert." (Jahresgutachten 2004 des Sachverständigenrates für Zuwanderung und Integration: 9)

Bis 1998 war hingegen zumindest in den wichtigsten deutschsprachigen Presseorganen der Ausdruck *Einwanderung* (bzw. die vom Wortstamm *einwander-* abgeleiteten Ausdrücke) weitaus geläufiger als der Ausdruck *Zuwanderung*: ungefähr dreimal so häufig, wie die Datenbank des Düsseldorfer Projekts „Migrationsdiskurse" ausweist:[11]

---

[11] Migrationsbezogene Artikel aus 7 dt., 3 österr., 4 schwz. Presseorganen, und zwar bis 1985 systematisch, danach bis 1998 unsystematisch; vgl. Datenbank für Zeitungsartikel zum Migrationsdiskurs.

FRANZ JANUSCHEK: Arbeit an der Wortbedeutung: demokratisch?

	1970–1974	1975–1979	1980–1984	1985–1989	1990–1994	1995–1998
Einwander-	136	43	111	16	21	15
Zuwander-	57	14	37	5	7	7

Um die Gründe für den seitherigen Bedeutungswandel zu ermitteln, kann man unmöglich alle Verwendungen der betreffenden Ausdrücke in den vergangenen Jahren dokumentieren und daraus die Motive des jeweiligen Sprachgebrauchs rekonstruieren. Man ist grundsätzlich auf die Interpretation einzelner Dokumente und der sich in ihnen manifestierenden sprachlichen Selbstverständlichkeiten angewiesen. Diese erkennt man daran, dass dort, wo Auseinandersetzungen über Begriffe erwartbar gewesen wären, keine solchen stattfinden.

Zur Durchsetzung des Ausdrucks *Zuwanderung* anstelle von *Einwanderung* könnte die Tagung „Einwanderungskonzeption für die Bundesrepublik Deutschland" der Friedrich-Ebert-Stiftung beigetragen haben, deren Vorträge 1995 publiziert wurden.[12] Die Verfasser/-innen der veröffentlichten Beiträge lassen sich recht klar dem *Einwanderungs-* oder dem *Zuwanderungs*-Lager zuordnen, allerdings mit der mehr oder weniger großen Bereitschaft, zur Abwechslung gelegentlich den anderen Ausdruck als Synonym zu benutzen. Lediglich in einem Beitrag (von M. Wollenschläger) wird eine begriffliche Differenzierung erwogen. Die inhaltliche Einführung in das Tagungsthema nahm der damalige stellv. Vorsitzende der SPD-Bundestagsfraktion vor, der drei Jahre später zum u.a. für die Schaffung eines Einwanderungsgesetzes zuständigen Innenminister wurde: Otto Schily. Er sprach meist von *Einwanderung*, wich aber nicht selten auch auf *Zuwanderung* aus – ohne begriffliche Differenzierung. Auf seinem weiteren Weg durch die politische Landschaft Deutschlands nahm Otto Schily die Wortbedeutung von *Einwanderung* offenbar mit: Man kann sie in seinem neuen Ausdruck *Zuwanderung* wieder erkennen, gerade so, wie man im heutigen Innenminister ja auch das vormalige Grünen-Gründungsmitglied Schily wieder erkennen kann.

Gerade dort – das besagt dieses Beispiel – wo man sich *nicht* streitet über Begriffe, sondern kontrafaktisch und vielleicht auch kontraintuitiv geteiltes Verstehen unterstellt (hier die Synonymie von *Einwanderung* und *Zuwanderung*), findet die eigentliche Arbeit an der Wortbedeutung statt.

Wie früher beim Ausdruck *Einwanderer* so gibt es übrigens auch jetzt im allgemeinen Sprachgebrauch beim Ausdruck *Zuwanderer* eine Be-

---

[12] Einwanderungskonzeption 1995 (Internet 1999).

deutungsgrenze zu *Flüchtlinge* und *Asylbewerber*. *Zuwanderer* ist für letztere keineswegs (wie von einigen Sprachklempnern geplant) zum Oberbegriff geworden. Das lässt sich leicht nachweisen, wenn man im Internet mit einer Suchmaschine nach „Flüchtlinge und Zuwanderer" oder „Zuwanderer und Flüchtlinge" sucht: Diese Wortverbindungen werden zahlreich und mit Selbstverständlichkeit gebraucht – was ja bedeutet, dass das eine nicht als Oberbegriff des anderen verstanden wird. *Asylsuchende* gelten offenbar nach wie vor als bloß aus moralischen Gründen Geduldete (und nicht als Menschen mit unbestreitbarem Rechtsanspruch) – im Unterschied zu den *Zuwanderern*, die nach ihrem Nutzen zu beurteilen sind. Humanistische Moral und gesellschaftliches Interesse mögen wir Deutsche nicht in einem einzigen Begriff miteinander verbinden.

Das vorläufige Ende der Entwicklung möchte ich an zwei weiteren Dokumenten zeigen:

1. Im Migrationsbericht 2004 der Ausländerbeauftragten Marieluise Beck findet sich *zu(ge)wander-* 125-mal, *ein(ge)wander-* dagegen nur ein einziges Mal. Bei der Pressevorstellung der Daten aus diesem Bericht scheint Beck aber beide Wortstämme verwendet zu haben: Das lässt sich aus drei voneinander unabhängigen Presseberichten vom 18.1.2005 entnehmen (Die Welt, Frankfurter Rundschau, Nordwest-Zeitung), die allesamt beide Wortstämme in etwa gleicher Verteilung verwenden (6:4, 4:4, 5:3), und zwar anscheinend synonym. Man kann das so deuten: Die Grünen-Regierungspolitikerin Beck verzichtet im geschriebenen Regierungsdeutsch auf *einwander-*, und zwar sogar dort, wo nach ihren eigenen Definitionen dieser Ausdruck angebracht wäre (für jene Migranten, die auf Dauer bleiben wollen); sie verwendet ihn aber im weniger offiziellen Sprachgebrauch einer Pressekonferenz auch weiterhin. Journalisten – auch konservativer Zeitungen – verstehen die beiden Wörter als synonym und schreiben entsprechend.

2. In einer neueren wissenschaftlichen Untersuchung über „Lebenslagen von Mädchen und jungen Frauen mit griechischem, italienischem, jugoslawischem, türkischem und Aussiedlerhintergrund" – also über Menschen, die nach den politisch unstrittigen Kriterien am ehesten als *Einwanderer* zu bezeichnen wären – kommt dieser Wortstamm nur noch ganze drei Mal vor, *zu(ge)wander-* hingegen 31-mal (Boos-Nünning/Karakaşoğlu 2004). Das ist ein sehr deutlicher Hinweis darauf, dass die beiden Ausdrücke keineswegs in jenem terminologischen Sinne gebraucht werden, den die amtlichen Stellen offiziell propagieren, sondern eben als Synonyme (von denen das eine dann auch schadlos außer Gebrauch geraten kann).

7 Fazit

Die Veränderung der Wortbedeutung von *Zuwanderung* kann als demokratische Arbeit an der Wortbedeutung entsprechend den oben entwickelten Kriterien angesehen werden: (1) Es haben offenbar viele daran mitgewirkt. (2) Wenige haben die Bedeutungsentwicklung willkürlich zu beeinflussen versucht bzw. diejenigen, die darüber schrieben, taten dies offenbar halbherzig und außerdem unter dem Vorwand, nur einen bereits etablierten Sprachgebrauch zu explizieren. (3) Distanzierungen von der Bedeutungsveränderung hat es offenbar kaum gegeben, und (4) Benachteiligungen lassen sich auch schwerlich ausmachen: *Zuwanderer* ist zum – bevorzugten – Synonym für *Einwanderer* geworden, nur mit dem Unterschied, dass niemand mehr befürchten muss, dass ihm aus parteipolitischen Gründen der *Zuwanderer*-Status streitig gemacht wird. Die von den amtlichen Stellen betriebene Sprachklempnerei mit diesen und anderen einschlägigen Begriffen war gewiss ein *Teil* dieser demokratischen Arbeit an der Wortbedeutung – aber doch offenkundig eher deren Begleitmusik.

Mithilfe der Umdeutung des Wortes *Zuwanderung* haben wir Einwanderung in Deutschland gesellschaftlich akzeptabel gemacht. Wir: das sind wir alle, Gegner wie Befürworter von mehr Ausländern in Deutschland. Es war – obgleich nicht so geplant – eine gemeinschaftliche Arbeit. So funktioniert Volksherrschaft über Sprache.

8 Literatur

Adams, D./J. Lloyd/S. Böttcher 1992: Der tiefere Sinn des Labenz, Hamburg.
Bericht der Unabhängigen Kommission „Zuwanderung", 2001. Berlin (auch als Download unter www.bmi.bund.de).
Boos-Nünning, Ursula/Yasemin Karakaşoğlu 2004: Viele Welten leben. Lebenslagen von Mädchen und jungen Frauen mit griechischem, italienischem, jugoslawischem, türkischem und Aussiedlerhintergrund. Download unter www.bmfsfj.de/Kategorien/Forschungsnetz/forschungsberichte (Januar 2005).
Bredehöft, Sonja/Gloy, Klaus/Januschek, Franz/Patzelt Rainer 1994: Studium und Arbeitslosigkeit. Zur diskursiven Aneignung neuer Lebenssituationen. Opladen.
Carius, Björn 2004: Im „berechtigten Eigeninteresse". Die Konstruktion nationaler Identität, in: Siegfried Jäger/Franz Januschek (Hrsg.): Gefühlte Geschichte und Kämpfe um Identität, Münster, 105–131.
Chomsky, Noam 2003: Hybris. Die endgültige Sicherung der globalen Vormachtstellung der USA, Hamburg.
Datenbank für Zeitungsartikel zum Migrationsdiskurs: www.phil-fak.uni-duesseldorf.de/germ1/migration/ (Januar 2005).
Einwanderungskonzeption für die Bundesrepublik Deutschland : eine Tagung der Friedrich-Ebert-Stiftung am 23. Mai 1995 in Bonn/Forschungsinstitut der Friedrich-Ebert-Stiftung, Abt. Arbeits- und Sozialforschung. Bonn 1995, Electronic ed.: Bonn: FES Library, 1999, http://library.fes.de/fulltext/asfo/ 00229toc.htm

3 Demokratischer Wortschatz und Wortgebrauch

Eppler, Erhard 2003: Was nennen wir „Krieg"?, in: Der Deutschunterricht 2, 37–38.

Göpferich, Susanne 2004: An der Sprache arbeiten. Einleitung, in: Angewandte Linguistik. Ein Lehrbuch, hrsg. von Karlfried Knapp u.a., Tübingen, Basel, 431–434.

Hermanns, Fritz 2003: „Volk" und „Nation". Zur Semantik zweier geschichtsmächtiger Begriffe, in: Der Deutschunterricht 2, 26–36.

Jahresgutachten 2004 des Sachverständigenrates für Zuwanderung und Integration: www.zuwanderungsrat.de (Januar 2005).

Janich, Nina 2004: Sprachplanung, in: Angewandte Linguistik. Ein Lehrbuch, hrsg. von Karlfried Knapp u.a., Tübingen, Basel, 481–501.

Januschek, Franz 1980: Arbeit an sprachlichen Handlungsmustern, in: Osnabrücker Beiträge zur Sprachtheorie, 16, 163–192.

Keller, Rudi 1990: Sprachwandel. Von der unsichtbaren Hand in der Sprache, Tübingen.

Liedtke, Frank/Wengeler, Martin /Böke, Karin (Hrsg.) 1991: Begriffe besetzen. Strategien des Sprachgebrauchs in der Politik, Opladen.

Migrationsbericht 2004 (Bericht des Sachverständigenrates für Zuwanderung und Integration im Auftrag der Bundesregierung), www.integrationsbeauftragte.de/download/Migrationsbericht_2004.pdf (Januar 2005).

Platen, Christoph 1997: ‚Ökonymie'. Zur Produktnamen-Linguistik im europäischen Binnenmarkt. Tübingen.

Wittgenstein, Ludwig 1971: Philosophische Untersuchungen, Frankfurt am Main.

Zuwanderungsgesetz (Gesetz zur Steuerung und Begrenzung der Zuwanderung und zur Regelung des Aufenthalts und der Integration von Unionsbürgern und Ausländern), Bundesgesetzblatt Jahrgang 2004, Teil I Nr. 41 (auch als Download unter www.bmi.bund.de).

MARTIN WENGELER

„Streit um Worte" und „Begriffe besetzen" als Indizien demokratischer Streitkultur

1 Einstieg

Vor 15 Jahren hat Josef Kopperschmidt in einem Sammelband mit dem Titel „Begriffe besetzen" Gründe dafür angeführt, warum seiner Meinung nach „der politische Wortstreit [...] merklich an Virulenz verloren" (1991: 84) habe. Dies begründet er u.a. mit einer „abstrakt und technokratisch geworden[en]" (ebd.: 85) politischen Rede, mit der „Pluralisierung der bundesrepublikanischen Parteienlandschaft", wegen der ihre „Schlüsselbegriffe" „immer weniger ideologisch binär [zu] differenzieren" (ebd.) seien, sowie damit, „daß genuin politische Fragen längst außerhalb der Politik [gemeint ist: in der Wirtschaft] entschieden werden" (ebd.: 86).

Diesem Befund möchte ich zunächst einige aktuelle Belege entgegenstellen, die die Virulenz des politischen Wortstreits auch in gegenwärtig zentralen innenpolitischen Debatten zeigen. Im Anschluss daran werde ich die Geschichte des sprachpolitischen Konzepts des Begriffe-Besetzens referieren und auf die wesentlichen Differenzierungen des Konzepts sowie auf die Chancen und Grenzen des Begriffe-Besetzens für die Politiker eingehen. Abschließend möchte ich zu einer eigenen Bewertung kommen, die die Rolle der Sprache weder über- noch unterschätzt und die den „demokratischen" Effekt des Streits um Worte als ein von den Akteuren unbeabsichtigtes Ergebnis ihrer manches Mal gar nicht so demokratisch, sondern oft eher sprachdogmatisch motivierten Bemühungen auffasst.

2 Aktuelle „Streite um Worte"

Die folgenden Belege zeigen, dass in jüngster Zeit die Aufmerksamkeit für politische „Begriffe" und deren „Besetzung" durch bestimmte Inhalte möglicherweise wieder zugenommen hat, jedenfalls aber vorhanden ist. In der SÜDDEUTSCHEN ZEITUNG vom 31. August 2004 beklagt der Kölner Kommunikationswissenschaftler Lutz Hachmeister „Die Kälte der Begriffe" und meint damit den „Slang" der Schröder-Regierung:

> „In der Amtszeit der Schröder-Regierung hat sich ein merkwürdiger Slang herausgebildet, der als bezeichnend für die demokratische Kälte der Politik wahrgenommen wird [...]. Es ist ein Mischmasch aus McKinsey-Jargon, Rest-

3 Demokratischer Wortschatz und Wortgebrauch

beständen der 68er-Soziologie und pseudo-futuristischen Visionen, der als unheimlich und bedrohlich verstanden wird."

In der FRANKFURTER RUNDSCHAU kritisiert der Soziologe Gert Keil diesen „merkwürdige[n] Slang" als Annäherung an die „Sprache der Manager":

> „Mit der Hartz-Operation hat die Regierung sich der Sprache der Manager angenähert: von der ‚Ich-AG' bis zum ‚Job-floating'. [...] Die Managersprache ist eine vermeintlich werbende, aber sie ist keine gewinnende Sprache. Die Managersprache ist der new-economy weit stärker aufgesessen, als sie es sich selbst eingesteht. [...] Es geht nicht um eine Edelfeder. Um eine andere Agentur. Es geht um eine Sprache und ein Denken, das Heimat bietet, das behaust." (FRANKFURTER RUNDSCHAU 10.9.2004)

Während hier also der aktuellen Regierungspolitik vorgehalten wird, eine falsche Sprachpolitik zu verfolgen, die mit ökonomisierten Begriffen an ihren Wählern vorbeiredet, werden in dem 2004 bei Suhrkamp erschienenen „Glossar der Gegenwart" „Begriffe, die in den aktuellen politischen und kulturellen Debatten eine Schlüsselstellung einnehmen", betrachtet – und zwar solche, die „sich durch die fraglose Plausibilität aus[zeichnen], die ihnen über politische Fraktionierungen und soziale Milieus, über Disziplingrenzen und fachliche Zuständigkeiten hinweg zukommt" und die von „hoher strategischer Funktion" sind: Denn sie umfassen „Deutungsschemata, mit denen die Menschen sich selbst und die Welt, in der sie leben, interpretieren" (Bröckling u.a. 2004: 10f.). Analysiert werden „Begriffe" wie *Beratung, Test, Mediation* und *Evaluation*, aber auch *Globalisierung, Nachhaltigkeit, Sicherheit* und *Zivilgesellschaft*, ein relativ heterogenes Begriffsspektrum also, dem aber die Gemeinsamkeit zugeschrieben wird, dass sie – im Sinne des Foucault'schen Verständnisses des modernen „Regierens" (statt „Herrschens") – gelesen werden können „als Programme des Regierens, die Probleme definieren, sie in einer bestimmten Weise rahmen und Wege zu ihrer Lösung vorschlagen." Sie „formen die Realität", prägen „Wahrnehmungs-, Beurteilungs- und Handlungsweisen" und funktionieren als „Brille", mit der „man die Gegenwart unter der Perspektive des jeweiligen Leitbegriffs beobachtet" (ebd.: 12). Dies aber war immer schon die Funktion von „Leitbegriffen", weshalb der Streit um ihre inhaltliche Füllung, um ihre „Besetzung", den politisch Handelnden lohnenswert erschien. Das Neue an diesen „Leitbegriffen" dürfte sein, dass viele dieser aus Ökonomie, Psychologie und Soziologie stammenden „Begriffe" stärker als die abstrakten Hochwertbegriffe der 1970er-Jahre in die alltäglichen Lebensvollzüge aller hineinragen, den Lebensalltag „regieren" und damit den von Foucault diagnostizierten Übergang von der Disziplinar- in die Kontrollgesellschaft anzeigen.

In den beiden referierten Fällen geht es also um die Rolle von „neuen" politischen Begriffen. Demgegenüber thematisiert ein Bündnis „Soziale Gerechtigkeit in Hessen" in traditioneller Weise „Begriffsumdeutungen", indem es der von ihr diagnostizierten „Verkürzung" zentraler Hochwertwörter auf bestimmte Inhalte die eigene Bedeutungsgebung gegenüberstellt:

> „Die voranschreitende soziale Spaltung unserer Gesellschaft wird in der öffentlichen wie politischen Diskussion durch eine Umdeutung der Begriffe ‚Solidarität', ‚Gerechtigkeit', ‚Subsidiarität' und ‚Freiheit' begleitet. Rechte und Pflichten der Bürgerinnen und Bürger werden neu gewichtet.
> – Solidarität wird verkürzt auf zwischenmenschliche Solidarität.
>
> Aber: Die Gewährleistung der gesamtgesellschaftlichen Solidarität durch den Staat darf nicht dagegen ausgespielt werden.
> – Gerechtigkeit wird verkürzt auf Fairness und Chancengerechtigkeit. Verteilungsgerechtigkeit wird denunziert.
>
> Aber: Ohne Verteilungsgerechtigkeit gibt es keine gleichen Chancen für alle.
> – Subsidiarität wird verkürzt auf die Eigenverantwortung der Bürgerinnen und Bürger für ihre soziale Sicherheit.
>
> Aber: Subsidiarität bedeutet, ‚die Einzelpersonen und die untergeordneten gesellschaftlichen Ebenen zu schützen und zu unterstützen, nicht jedoch, ihnen wachsende Risiken zuzuschieben.' (Sozialwort der Kirchen von 1997).
> – Freiheit wird verkürzt auf die Freiheit zur Selbsthilfe und zur Selbstvermarktung.
>
> Aber: Die Verwirklichung von Freiheit ist gebunden an materielle Voraussetzungen.
>
> Durch die Umdeutung der Grundwerte soll die Reformpolitik legitimiert werden."[1]

Typisch und traditionell an dieser Thematisierung von Hochwertbegriffen ist zum einen die Klage darüber, dass „die anderen" – die hier nicht namentlich genannt werden, sondern nur als so etwas wie „der herrschende Diskurs" angesprochen sind – Begriffe in ihrem Sinne „besetzt" (hier: „umgedeutet") hätten. Zum anderen ist es die explizite Bestimmung dieser Begriffe mit einem eigenen Bedeutungsgehalt, was in dem Text auch noch an anderen Stellen praktiziert wird, wenn es heißt: „demokratisch heißt für uns, [...] solidarisch heißt für uns, [...] zukunftsfähig heißt für uns [...]". An dem Beispiel interessant ist auch, dass hier genau die Hochwertwörter „zurückerobert" werden sollen,

---

[1] „Sozialcharta" des Bündnisses „Soziale Gerechtigkeit in Hessen". Abgedruckt in: FRANKFURTER RUNDSCHAU. Dokumentation, 18.9.2004, 7.

deren Rückeroberung die Konservativen in den 1970er-Jahren auf ihre Fahnen geschrieben hatten, als sie genau die hier kritisierten Bedeutungsgehalte einforderten – gegen die für sie vom politischen Gegner bestimmten und von diesem nun, 2004, als zurückzugewinnend betrachteten Bedeutungen. Heiner Geißler schrieb dazu 1979:

> „Solidarität ist für uns nicht der Kampfaufruf, mit Gleichgesinnten die eigenen Interessen durchzusetzen, sondern die Aufforderung, füreinander einzustehen. [...]
> Gerechtigkeit ist für uns nicht die Gleichbehandlung der Menschen ungeachtet ihrer verschiedenen Anlagen und unterschiedlichen Bedürfnisse, sondern die Chance für alle Menschen, sich ihrer Unterschiedlichkeit entsprechend zu entfalten." (Geißler 1979: 30)

Zu sehen, wer hier – mindestens implizit – die Besetzung der Hochwertwörter durch den politischen Gegner beklagt und wer meint, explizit sprachthematisierend das eigene Verständnis einbringen zu müssen, bedeutet auch zu sehen (oder ein Indiz dafür zu haben), wer jeweils über die „kulturelle Hegemonie" (Antonio Gramsci) in der gesellschaftspolitischen Auseinandersetzung verfügt – nämlich jeweils der oder die, gegen deren Sprachverwendung hier vorgegangen wird. Dass hier die gleichen Hochwertwörter und Begriffsbesetzungen von verschiedenen politischen Seiten zum Thema gemacht werden, ist zudem ein erster Hinweis auf mein zentrales Argument, solche „Streite um Worte" als eine genuin demokratische Angelegenheit zu bewerten (vgl. auch Januschek im vorliegenden Band). Als ein letztes Beispiel für die Virulenz und Aktualität des „Begriffe-Besetzen"-Konzepts sei darauf verwiesen, dass die FRANKFURTER RUNDSCHAU die jüngsten programmatischen Bemühungen der CDU dahingehend kommentiert, dass Merkel es für wichtig halte, „in Vorbereitung perspektivischer Programmatik [...] frühzeitig an Begriffen zu arbeiten, um Rot-Grün in Berlin herausfordern zu können. Etwa mit: Neue soziale Marktwirtschaft, oder auch: Patriotismus [dessen ‚Besetzung' anschließend geschildert wird]." (FRANKFURTER RUNDSCHAU 6.12.2004, 2)

3 Zur Geschichte des „Begriffe-Besetzens"

Wie im Rahmen der erörterten Beispiele schon angedeutet wurde, können sowohl das Konzept des „Begriffe-Besetzens" als auch die konkreten, z.T. mit der expliziten Erörterung des Begriffsbesetzungs-Spiels einhergehenden Begriffsbesetzungen und Kämpfe um die kulturelle Hegemonie auf eine lange Tradition zurückblicken.

Zunächst einmal lässt sich feststellen, dass die ausdrückliche Reflexion der Relevanz des „Begriffe-Besetzens" oder des „Kampfes um

Wörter" einer „linken" Tradition zuzurechnen ist, auf die sich in der jüngeren Vergangenheit sowohl linke Gruppierungen – z.B. aus der Studentenbewegung – als auch Publikationen der „Neuen Rechten" wie die Zeitung JUNGE FREIHEIT berufen: Der italienische Kommunist und Revolutionstheoretiker Antonio Gramsci (1891–1937) war es, der in seinen in der Haft verfassten Schriften den Kampf um die kulturelle Hegemonie und damit um die Köpfe der Menschen als zentral für die politischen Ziele der Linken erkannte (vgl. Maas 1989: 274ff.). Und zur kulturellen Hegemonie gehört eben auch, die Definitionsmacht über zentrale politische Schlüsselwörter zu erlangen, so dass sich mit ihnen die eigenen Konzepte verbinden. Zudem war es in den 1930er-Jahren in Deutschland Ernst Bloch, der die Tatsache, dass die Nazis „ungestört in große, ehemals sozialistische Gebiete" (1977: 16) eingedrungen seien, u.a. damit erklärte, ihnen sei es gelungen, die großbürgerlichen Kategorien des Irrationalen wie „Leib, Seele, Unbewusstes, Nation, Ganzheit, Reich" zu „besetzen": „Nazis sprechen betrügerisch, aber zu Menschen, die Kommunisten völlig wahr, aber von Sachen" (ebd.: 153). Die kommunistische Partei müsse sich daher daranmachen, dies nicht bloß zu „entlarven, sondern [sie müsse dies] konkret überbieten und sich des alten Besitzes dieser Kategorien erinnern [...]; sie könnten, richtig besetzt, Breschen sein oder zumindest Schwächungen der reaktionären Front." Es bestehe daher „die Pflicht zur Prüfung und Besetzung möglicher Gehalte" (ebd.: 17f.) dieser Kategorien. Das Besetzen von Begriffen erscheint Bloch also für die Linke „als die Waffe im Kampf um die Herzen des Volkes, und die Analyse der von den Nazis besetzten Begriffe durch die fortschrittlichen, linken Kräfte" (Reuffer 1991: 124) sei unabdingbar: „Nichts befreit daher vom Untersuchen der Begriffe, die der Nazi zum Zweck des Betrugs [...] so verwendet wie entwendet hat" (Bloch 1977: 126).

In genau dieser revolutionären Stoßrichtung wurde der Gedanke von der Studentenbewegung und ihrem Vordenker Herbert Marcuse in den 1960er-Jahren wieder aufgegriffen, auch wenn die Begriffsbesetzungs-Metapher dabei keine Rolle spielte. Marcuse analysierte die politische Sprache der herrschenden Kreise der bundesrepublikanischen Gesellschaft als ein zentrales Herrschaftsmittel und legte damit den Grundstein für eine politische Haltung, die seither mit der Begriffsbesetzungs-Metapher immer wieder von beiden Seiten des politischen Spektrums thematisiert wird: „Politische Linguistik ist [...] eine der wirksamsten ‚Geheimwaffen' von Herrschaft und Verleumdung. Die herrschende Sprache von Gesetz und Ordnung [...] ist nicht nur die Stimme, sondern auch die Tat der Unterdrückung" (Marcuse 1984: 302f.). Eine „linguistische Therapie" müsse die „Wörter (und damit Be-

3 Demokratischer Wortschatz und Wortgebrauch

griffe) von der nahezu totalen Entstellung ihres Sinns [...] befreien. Gleichermaßen muß das soziologische und politische Vokabular umgeformt werden: es muß seiner falschen Neutralität entkleidet werden [...]" (Marcuse 1969: 20). Auf diese Diagnose (samt Therapievorschlag) stützten sich die 68er-Rebellen, wenn sie die herrschende Sprache als „Sprache der Herrschenden" unter generellen Manipulationsverdacht stellten, daher andere „Begriffe" und Umdeutungen zentraler Leitbegriffe wie *Demokratie* und *Freiheit* benutzten sowie herrschende Sprachgebräuche konkret anprangerten.

Noch vor den mit der Studentenbewegung beginnenden polarisierten innenpolitischen Auseinandersetzungen, durch die auch „die Sprache" und das „Besetzen von Begriffen" zu einem öffentlich verstärkt wahrgenommenen Thema wurden, hatte der konservative Philosoph Hermann Lübbe in einem gleichnamigen Aufsatz den „Streit um Worte" (1967) als eine genuin demokratische Angelegenheit aufzuzeigen versucht. U.a. anhand des Streits um die Benennung derjenigen, die nach 1945 aus den ehemaligen östlichen deutschen Gebieten in die BRD gekommen waren (*Heimatvertriebene* wollten sie heißen und nicht etwa *Flüchtlinge* oder – wie in der DDR – *Neubürger*), zeigte Lübbe darin, dass „die aristotelische Regel, nicht um Worte zu streiten", für die öffentlich-politische Auseinandersetzung in der Demokratie nicht gelten könne: „Wer hier nachgibt, ist nicht immer der Klügere" (1975: 109), denn er räumt dem politischen „Gegner einen Alleinvertretungsanspruch bezüglich der hohen Zwecke ein, die in jenen Worten Parole sind" (ebd.: 108). Während „politisches Wortverbot" und „politische Sprachverfolgung" Mittel totalitärer Systeme seien, stellt er den „politischen Wortstreit" (ebd.: 104) als ein wesentliches Merkmal von demokratischen Auseinandersetzungen dar. „Daß die Worte [ihren ...] schwankenden Gebrauch haben", damit müsse jeder politisch Handelnde „im Verhältnis zur großen politischen Öffentlichkeit rechnen, und entsprechend bleibt es auch im Verhältnis zum politischen Gegner unvermeidlich, die Auseinandersetzung mit ihm nicht zuletzt als Wortstreit zu führen" (ebd.: 107).

Wenn demnach z. B. heute nicht mehr darum gestritten würde (was nicht der Fall ist), ob es angemessen ist, *Lohnnebenkosten* als etwas zu sehen, was die Entfaltung der deutschen Wirtschaft behindert, *Globalisierung* als etwas, aufgrund dessen *Reformen* im heutigen Sinne (vgl. Weber 2005) notwendig sind, und ob mit *Subventionen* zu Recht auch Sozialleistungen gemeint sein sollten, dann wäre dies kein gutes Zeichen für eine funktionierende demokratische Auseinandersetzung. Denn dann hätte die eine Seite im politischen Meinungsspektrum in diesem thematischen Feld die Hegemonie der anderen hingenommen.

Das genuin Demokratische des politischen Wortstreits ist es aber, dass solche Begriffsverfestigungen mit der dazugehörigen Durchsetzung von Weltsichten eben per Sprachthematisierung, mit Umdeutungsbemühungen und entgegengesetzten Begriffsbesetzungsversuchen aufgebrochen und demontiert werden können.

Und genau das ist in der Geschichte der Bundesrepublik seit Anfang der 1970er-Jahre mit politischen Wortstreiten und an ihnen ablesbar mehrfach geschehen: Die Veränderung von Bewusstseinslagen, die Verschiebung der kulturellen Hegemonie über den öffentlichen, gesellschaftlichen Diskurs und damit eine Veränderung des gesellschaftlichen, sozialen Wissens, dessen, was eine Mehrheit der Bevölkerung für „wahr" und „wirklich" hält. Dass genau dies durch den Sprachgebrauch der „Neuen Linken" und der sozialliberalen Koalition Anfang der 1970er-Jahre passieren könnte, dass nämlich die in deren „Begriffen" zum Ausdruck kommende Weltsicht dominant werden könnte, das eben haben Anfang der 1970er-Jahre der damalige CDU-Generalsekretär Kurt Biedenkopf und eine stattliche Anzahl anderer konservativer Intellektueller erkannt. Als Folge davon starteten sie eine sprachkritische Offensive, die als „konservative Sprachkritik" in die Geschichte der Sprachkritik eingegangen ist und die zentral mit der Begriffsbesetzungs-Metapher verknüpft ist:

> „Revolutionen finden heute auf andere Weise statt. Statt der Gebäude der Regierungen werden die Begriffe besetzt, mit denen sie regiert, die Begriffe, mit denen wir unsere staatliche Ordnung, unsere Rechte und Pflichten und unsere Institutionen beschreiben. Die moderne Revolution besetzt sie mit Inhalten, die es uns unmöglich machen, eine freie Gesellschaft zu beschreiben und – auf Dauer – in ihr zu leben. [...] Wir erleben heute eine Revolution, die sich nicht der Besetzung der Produktionsmittel, sondern der Besetzung der Begriffe bedient."[2]

Das ist die zentrale Passage, mit der Kurt Biedenkopf 1973 auf dem CDU-Parteitag die Aufmerksamkeit der Unionsparteien auf die Sprache lenkte. Neben der „Rückeroberung" wichtiger Hochwertwörter wie *Freiheit* oder *Demokratie* in Form ihrer Besetzung mit eigenen Inhalten gehörten z.B. die Etablierung von *Chancengerechtigkeit* als programmatische Vokabel im bildungspolitischen Diskurs oder die Etablierung *der neuen sozialen Frage* im sozialpolitischen Zusammenhang zu den Folgen der semantischen Aufmerksamkeit der Unionsparteien in den 70er-Jahren. Auch wenn diese Entwicklungen länger gedauert haben,

---

[2] Kurt Biedenkopf: Bericht des Generalsekretärs. In: CDU (Hrsg.): 22. Bundesparteitag der Christlich Demokratischen Union Deutschlands. Niederschrift. Hamburg 18.–20. Nov. 1973. Bonn. Hier zit. nach Klein 1991: 46.

so stellte Biedenkopf selbst schon zwei Jahre nach seiner Klage über die Begriffsbesetzungen „der anderen" auf dem CDU-Parteitag 1975 fest: „In der Auseinandersetzung um die politischen Begriffe waren wir erfolgreich. Wir haben wichtige Begriffe für uns besetzt" (Biedenkopf 1975: 170).

Wie strategisch motiviert auch immer eine solche Äußerung gewesen sein mag, sie markiert jedenfalls die Hoch-Zeit einer öffentlichen politischen Auseinandersetzung um Sprache, bei der von konservativer Seite in zahlreichen Veröffentlichungen „der Linken" vorgehalten wurde, zentrale „Begriffe" der öffentlichen Auseinandersetzung in unrechtmäßiger Weise mit eigenen Inhalten besetzt zu haben.[3] Zur Illustration der öffentlichen Relevanz dieser z.T. vehementen Auseinandersetzung, in deren Zuge in der CDU auch eine eigene „Projektgruppe Semantik" von 1973 bis 1977 bestand – deren Arbeit und Erträge allerdings laut Insiderauskunft von Josef Klein ausgesprochen mager ausfielen (vgl. Klein 1991: 48f.) – seien hier lediglich die wichtigsten Publikationstitel aufgeführt: Gerd-Klaus Kaltenbrunners Sammelband von 1975: „Sprache und Herrschaft. Die umfunktionierten Wörter" mit Aufsätzen wie „Die rote Semantik" (Heinrich Dietz) und „Despotie der Wörter. Wie man mit der Sprache die Freiheit überwältigen kann" (Helmut Kuhn), Hans Maiers „Können Begriffe die Gesellschaft verändern?" (erstmals 1972), Helmut Schelskys „Macht durch Sprache" (1975 im genannten Kaltenbrunner-Band, erstmals am 12.4.1974 in: DEUTSCHE ZEITUNG, Nr. 15, S. 2) sowie Wolfgang Bergsdorfs 1979 nachgereichter Sammelband „Wörter als Waffen. Sprache als Mittel der Politik".

Als erfolgreicher Begriffsbesetzer aus den Reihen der CDU/CSU, dem in der Öffentlichkeit auch des Öfteren die Biedenkopf'sche „Entdeckung" des Begriffebesetzens als wichtiges politisch-strategisches Mittel zugeschrieben wird,[4] gilt allerdings der von 1977 bis 1989 amtierende CDU-Generalsekretär Heiner Geißler, dem auch die oben angedeuteten sprachpolitischen Erfolge der CDU mit „neuen" Begriffen wie *Chancengerechtigkeit, neue soziale Frage, Erneuerung der sozialen Marktwirtschaft* sowie Neubesetzungen von Schlüsselbegriffen wie *Solidarität* und *Gerechtigkeit* zugesprochen werden. Deshalb wurde Geißler auch Anfang der 1980er-Jahre komplementär zur Empörung der Konservativen in den 1970er-Jahren über die „linken" Sprachveränderer von den

---

[3] Vgl. dazu die ausführlichen Analysen von Behrens/Dieckmann/Kehl 1982, Kopperschmidt 1991 und Wengeler 1995.

[4] Mit Bezug auf Sätze wie: „Politische Entwicklungen oder Revolutionen werden heute nicht mehr dadurch in Gang gesetzt, dass man Bahnhöfe oder Telegrafenämter besetzt, sondern dadurch, dass man Begriffe besetzt" (Interview in BUNTE ILLUSTRIERTE 1.8.1985, zit. nach Uske 1986: 14).

sog. neuen sozialen Bewegungen, aber auch von den Sozialdemokraten als führender Sprachmanipulateur ausgemacht (vgl. Uske 1986: 13ff.). Insbesondere in der Umwelt- und Friedensbewegung wurde in dieser Zeit Sprache als Machtwerkzeug der Herrschenden in der Tradition von Herbert Marcuse u.a. thematisiert, wobei es hier weniger um die „Besetzung" von Hochwertbegriffen durch den Gegner, sondern mehr um die Kreation neuer, als beschönigend und verschleiernd verstandener „Begriffe" wie *Entsorgungspark, Restrisiko, Kernkraftwerk, Nachrüstung, Null-Lösung* ging. Da diese Debatten ebenfalls gründlich aufgearbeitet und analysiert sind (vgl. Wengeler 1992, Jung 1994), seien auch hier nur einige vom Titel her „sprechende" zentrale Publikationen solcher Sprachkritik genannt: „Kernenergiewerbung. Die sprachliche Verpackung der Atomenergie. Aus dem Wörterbuch des Zwiedenkens" (Hartmut Gründler 1977), „Enteignung der Sprache im militärischen Sektor" (Albrecht Schau 1982), „Der Atomschocker. Anmerkungen zur ‚Sprach-Rüstung'" (Armin Burkhardt 1984), „Neusprache der Aufrüster: Ist MAD verrückt?" (Herbert Wulf 1985).

Die öffentliche Auseinandersetzung der beiden großen Parteien um das „Begriffe-Besetzen" erlebte auf dem Germanistentag 1984 einen „Nachschlag". Die Generalsekretäre (bzw. Bundesgeschäftsführer) der beiden großen Parteien Heiner Geißler und Peter Glotz waren eingeladen, über politische Sprache zu referieren und zu diskutieren (vgl. Geißler 1985, Glotz 1985). Sie nutzten die Gelegenheit noch einmal dazu, dem politischen Gegner das „Begriffe-Besetzen" vorzuhalten – Geißler kritisierte u.a. *Frieden, Berufsverbot* und *Gewalt* im Sprachgebrauch seiner Gegner, Glotz z.B. *Sicherheit, Leistung* und *Demokratie* in der Sprache der Rechten. Geißler vertrat das Begriffe-Besetzen aber auch offensiv als eigene Strategie. Bezeichnend für Glotz' Haltung und die der linksliberalen Intellektuellen zu diesem Problem ist dagegen der Titel seines Vortrags: „Die Rückkehr der Mythen in die Sprache der Politik". Zwar rekurriert auch Glotz in seinem Beitrag auf „Gramsci bis Biedenkopf", um die Relevanz von „Begriffen und Wörtern" (Glotz 1985: 232) für die Politik hervorzuheben. Allerdings werden von ihm alle – z.T. hellsichtig analysierten – sprachlichen und konzeptionellen Bemühungen des politischen Gegners (neben der CDU auch die Grünen) als „Re-Mythisierung der Politik", als „Gegenaufklärung und Gegenreform" (ebd.: 234) sowie als „konsequenter Nominalismus" (ebd.: 240) gebrandmarkt. Wenn er als eigene Strategie nur eine „zu den Sachen" stimmende Sprache, „die auch Phantasie und Leuchtkraft hat [...] und dennoch nicht lügt, dennoch keine Mythen fabriziert" (ebd.: 243), empfiehlt, so scheint dies nur geringfügig über die Antwort der SPD-nahen Intellektuellen Ende der 1970er-Jahre hinauszuführen, die

3 Demokratischer Wortschatz und Wortgebrauch

der Sprachoffensive der Konservativen 1976 mit ihrem Buch „Worte machen keine Politik" (Fetscher/Richter) ein Konzept entgegensetzten, das die wirklichkeitskonstituierende Leistung der Sprache auch für die eigene Politik eher ignoriert oder abstreitet.

Allerdings kann für die 1980er-Jahre insgesamt festgehalten werden, dass die Thematisierung des „Begriffe-Besetzens" durch „die anderen" nun – wie bei Glotz und im Kontrast zu den 70er-Jahren – zumeist von linksliberaler Seite ausging: Offenbar ist den Beteiligten jeweils intuitiv klar, wer im öffentlichen Diskurs die Wirklichkeitsinterpretationen, die sich vor allem auch in sprachlichen Benennungen niederschlagen und durch sie auch geschaffen werden, dominiert. Die kulturelle Hegemonie war – nicht nur qua Regierungsübernahme, sondern auch im öffentlichen Diskurs – offensichtlich auf die konservative Seite übergegangen – wenn auch mit thematischen Ausnahmen in der ersten Hälfte der 1980er-Jahre bezüglich des Themas „Frieden" und „Aufrüstung", bei dem von konservativer Seite ganz allgemein die Begriffsbesetzungen der Friedensbewegung[5] oder speziell der „Missbrauch" des Hochwertwortes *Frieden* durch die Friedensbewegung wiederholt beklagt wird und versucht wird, z.B. durch Benennung eigener Kundgebungen für den NATO-Doppelbeschluss als *Friedensdemonstration*, das Hochwertwort „zurückzuerobern" (vgl. dazu Wengeler 1992: 271ff.). Als kennzeichnend für die „linke" Empörung über die Begriffsbesetzung durch die Konservativen können die Buchpublikation „Die Sprache der Wende" (Uske 1986) sowie zwei große ZEIT-Artikel von Uwe Wesel und Barbara Sichtermann angeführt werden, die die Begriffsbesetzungsmetapher z.T. schon im Titel führen. Während es Uwe Wesel (1988) dabei um eine allgemeinere Kritik der Terminologie der Kohl-Regierung geht, reflektiert Barbara Sichtermann den Sprachgebrauch ihres politischen Gegners im Kontext der Debatten um die Ausgestaltung des § 218. Sie verbindet dabei ihre Kritik an der Begriffsbesetzung der anderen („Die Gegner des reformierten Paragraphen 218 sind zur Sammlung und Offensive übergegangen. Sie haben die Begriffe besetzt": DIE ZEIT 23.6.1989) mit Forderungen nach einer alternativen Terminologie und gibt damit zu erkennen, wie deutlich ihr die realitätskonstituierende Kraft der Sprache ist.

---

[5] So Bundeskanzler Helmut Kohl in der Eröffnungsrede zur Frankfurter Buchmesse 1984. Zitiert in: FRANKFURTER RUNDSCHAU 3.10.1984.

4 Zur wissenschaftlichen Reflexion und zur Systematik des „Begriffe-Besetzens"

Während ich mit den Eingangszitaten zeigen wollte, dass der politische Wortstreit auch heute noch virulent ist, sind mir aus den letzten 15 Jahren keine dem letzten Zitat vergleichbare Belege bekannt, in denen politische Sprachstrategien in dieser allgemeinen Form mit der Begriffsbesetzungs-Metapher als eine Gesamtstrategie des (partei)politischen Gegners thematisiert worden sind. Es war eher das Konzept der *Political Correctness*, das in dieser Zeit immer mal wieder Gegenstand grundsätzlicherer öffentlicher Sprachauseinandersetzungen gewesen ist. Die Frage, ob die Nichtthematisierung des Begriffe-Besetzens im Allgemeinen bei fortdauernder Aufmerksamkeit für sprachliche Einzelphänomene in der letzten Dekade mit einer weniger aufgeregten, abgeklärteren oder ideologisch weniger aufgeladenen politischen Debatte nach Ende des Kalten Krieges zu tun hat, vermag ich nicht zu beantworten. Dass dies mit der (sprach)wissenschaftlichen Thematisierung des Phänomens zusammenhängt, dürfte wohl eher unwahrscheinlich sein. Da diese aber stattgefunden hat und sowohl zu Differenzierungen des Konzepts als auch zu Reflexionen über die Chancen und Grenzen des Begriffe-Besetzens geführt hat, möchte ich diese nun im Anschluss an den bisherigen geschichtlichen Abriss referieren.

Nachdem sich Jürgen Habermas schon 1979 in seiner Einleitung zu den „Stichworten zur ‚Geistigen Situation der Zeit'" zum Kampf um Wörter seitens der Konservativen geäußert hatte – und zwar mit Unverständnis darüber, dass man glauben könne, „politisch-theoretische Grundbegriffe" dadurch in ihrem Bedeutungsgehalt ändern zu können, daß man sie „über sprachpolitische Werbeagenturen auf links oder rechts trimmen" lässt; vielmehr ließen sie sich nur dadurch verändern, „daß sie komplexe Argumentationen aufsaugen, daß sich in ihnen Innovationen und Lernprozesse niederschlagen" (1979: 21) –, setzte sich als erste wissenschaftliche, nichtparteiliche Publikation Martin Greiffenhagens gleichnamiger Sammelband mit dem politischen „Kampf um Wörter" auseinander. Dabei lässt sich der Herausgeber von der – auch hier vertretenen – Prämisse leiten, dass zur „pluralen Demokratie" auch dieser „Kampf um Wörter" gehört (Greiffenhagen 1980: 16). Zeitnah zu den oben geschilderten Auseinandersetzungen, in denen Greiffenhagen die Gefahr einer Polarisierung in der Bundesrepublik sah, ließ er hier mit dem Anspruch, „Aufklärung über die verschiedene Bedeutung politischer Begriffe" (ebd.: 24) zu leisten, jeweils Politiker und politisch engagierte Wissenschaftler der zwei großen politischen Lager ihr Verständnis von zentralen politischen Schlüsselwörtern wie *Entspannung, Freiheit, Leistung, Solidarität* oder *soziale Marktwirtschaft* darstellen. Legitimität und Relevanz des „Kampfes um Wörter" wurden hier gezeigt, indem die im jeweiligen Wortgebrauch „kondensierten" gegnerischen Positionen essayistisch-unpolemisch deutlich wurden – mit dem Zweck, „zur Achtung des politischen Gegners" (ebd.: 37) beizutragen. Behrens'/Dieckmanns/Kehls Analyse der konservativen Sprachkritik von 1982 liefert dann bereits eine sehr umfassende Bestandsaufnahme und Kritik der konservativen Sprachpolitik der 1970er-Jahre, die ja hauptsächlich unter dem Label des „Begriffe-Besetzens" angetreten war. Hier werden die sprachkritischen konservativen Stimmen nach sprachdogmatischen und sprachrelativistischen Positionen unterschieden und jeweils ausführlich an den einschlägigen Texten vorgeführt und kritisch bewertet.

Nach diesen frühen Aufarbeitungen und Stimmen aus dem wissenschaftlichen Raum im Anschluss an die 1970er-Jahre-Debatte war es dann der Germanistentag von 1984 (s.o.), der die Generalsekretäre der beiden großen Parteien über politische Sprache räsonieren und dies durch den Mentor der Politolinguistik Walther Dieckmann kritisch kommentieren ließ (s.o.). Als wichtigste sprachwissenschaftliche Publikation zu diesem Thema (neben Behrens/Dieckmann/Kehl 1982) aber kann vielleicht – etwas unbescheiden gesagt – unser Sammelband „Begriffe besetzen. Strategien des Sprachgebrauchs in der Politik" (Liedtke/Wengeler/Böke) von 1991 gelten, in dem in einigen Beiträgen das Konzept sehr grundsätzlich aufgearbeitet wurde. Insbesondere die dort von Josef Klein vorgenommene Differenzierung in „Typen des strategischen Operierens mit Wörtern und des lexematischen Konkurrenzkampfes" (1991: 53) lohnt, hier noch einmal wiedergegeben zu werden, sowie Fritz Kuhns „Anmerkungen zu einer Metapher aus der Welt der Machbarkeit", in der er die Gründe reflektiert, warum in einer demokratischen, massenmedialen Gesellschaft „Begriffe" nicht einfach voluntaristisch „besetzt" werden können. Dass dies so ist, erscheint mir zusammen mit der Beobachtung, dass es von verschiedenen, konkurrierenden Seiten dennoch immer wieder versucht wird, als zentrales Argument dafür, dass der „Streit um Worte" eine genuin demokratische Angelegenheit ist und dass er in einer heterogenen Gesellschaft unvermeidbar und sogar wünschenswert ist.

Nachdem Georg Stötzel schon 1980 in einem Aufsatz über „Konkurrierenden Sprachgebrauch in der deutschen Presse" einige Typen heterogenen öffentlichen Sprachgebrauchs beschrieben hatte, lieferte Klein in zwei Aufsätzen eine bis heute immer wieder zitierte Einteilung der Typen des Wortkampfes in der Politik. Er unterscheidet:

1. die ausdrucks- *und* inhaltsseitige Prägung eines „Begriffs" durch die eigene Gruppierung, die häufig bei der Formulierung politischer Zielvorstellungen verwendet wird (*soziale Marktwirtschaft, Demokratisierung, Chancengerechtigkeit, Generationengerechtigkeit, nachhaltige Entwicklung*);
2. das parteiliche Prädizieren, die Bezeichnungskonkurrenz: die Bezeichnung eines vorhandenen, meist umstrittenen Sachverhalts mit einem Ausdruck, in dem die eigene Deutung des Sachverhalts dominant ist (*Anschluss* vs. *Beitritt* [der DDR zur BRD], *Arme* vs. *sozial Schwache, Nachrüstung* vs. *Aufrüstung, Gesundheitsprämie* vs. *Kopfpauschale, Reform des Sozialstaats* vs. *Sozialabbau, multikulturelle Gesellschaft* vs. *Parallelgesellschaft*);
3. das Umdeuten, die deskriptive Bedeutungskonkurrenz: die Durchsetzung der Bedeutung eines politisch wichtigen Wortes, die in die eigene Position einpasst (s.o.: *Solidarität, Gerechtigkeit, Subsidiarität und Freiheit, Subventionen, Patriotismus*);
4. das Umwerten, die deontische Bedeutungskonkurrenz: Es handelt sich zumeist um unterschiedlich bewertete Selbst- und Fremdbezeichnungen für politische Einstellungen, Systeme und Gruppierungen (Beispiele: *konservativ, Sozialismus, liberal, multikulturell*);
5. das Ausbeuten von Konnotationen, die Konkurrenz um positiven Glanz: der Versuch, ein positiv bewertetes sprachliches Zeichen mit der eigenen Position oder Person zu verbinden, es als „Erkennungsmarke" zu etablieren (Beispiele: *menschlich, Freiheit, Sicherheit, Zukunft, nachhaltig, Mitte, Reformer*).

5 Zu den Erfolgschancen des „Begriffe-Besetzens"

Die Erfolgschancen solcher sprachlicher Operationen im politischen Feld sind auf der Düsseldorfer „Begriffe besetzen"-Tagung von 1989 vom späteren Grünen-Parteivorsitzenden Fritz Kuhn in einer Weise ausgelotet worden, die m.E. heute immer noch Gültigkeit hat und die ich daher hier zusammenfassen möchte. Die Metapher des Begriffe-Besetzens habe für Politiker zunächst zwei Vorteile. Erstens könne mit Entlarvungsgestus dem politischen Gegner damit illegitimes Handeln vorgeworfen werden. Zweitens aber biete sie dem Entlarver auch ein attraktives Versprechen, das ihn als Macher und strategischen Kopf ausweise: „Wenn die Lage auch katastrophal ist, Freunde, es sei Euch gesagt, wir können etwas tun. Wir erobern die Begriffe zurück oder versuchen, mit neuen Begriffen das Geschäft zu machen" (1991: 93). Dass dies aber „unter den Bedingungen einer modernen […] fernsehdominierten Demokratie" (ebd.: 96) nicht so einfach gelingen kann, ei-

3 Demokratischer Wortschatz und Wortgebrauch

nem einzelnen politischen Akteur nicht, aber auch einer politischen Institution nicht, liege u.a. an folgenden Rahmenbedingungen, deren Beachtung allerdings die Chancen erhöht, wenigstens tendenziell einen „Begriff" zu besetzen, d.h. mit einer positiven Bedeutung eines Wortes als politische Partei oder Gruppierung in Verbindung gebracht zu werden:

1. Ein erstes Problem für Begriffsbesetzer besteht darin, dass die eigene Verwendungsweise eines wichtigen politischen Schlüsselwortes sich so allgemein durchsetzen kann, dass das Wort nicht mehr mit der eigenen Position verbunden wird.
2. Eine Begriffsbesetzung kann nur erfolgreich sein, wenn inhaltliche Entwicklungen und Veränderungen „in der Luft liegen", wenn also – mit der Habermas'schen Metaphorik gesprochen – neue „Begriffe" oder Neubedeutungen im gesellschaftlichen Diskurs bereits vorhandene Argumentationen oder Denkmuster „aufsaugen" und „begrifflich" kanalisieren. Allerdings ist dies ein wechselseitiger Prozess, denn auch die entsprechende Begriffsbesetzung hat wiederum erheblichen Anteil daran, die in ihr kondensierten Denk- und Argumentationsweisen zu forcieren.
3. Ein weiteres Problem für Begriffsbesetzer nennt Kuhn „Inflationsproblem": Wer einen Begriff besetzen will, muss ihn beständig in seinem Verständnis wiederholen, damit er sich festsetzt. Das aber führt zu „kommunikativem Überdruß" (Kuhn 1991: 101), weil dadurch beständig die Grice'sche Informativitätsmaxime verletzt wird, nach der nicht mehr gesagt werden sollte als nötig. Eine Folge davon ist die Reaktion „die sagen ja immer das Gleiche".
4. Erfolgreich Begriffe besetzen ist erst eine Folge davon, Themen bzw. Diskurse zu besetzen. Wer die Diskussion um ein Thema in der Öffentlichkeit beherrscht, dem gelingen auch Begriffsbesetzungen in diesem Rahmen. Erfolg versprechend ist dabei vor allem die Etablierung polarer Ausdrücke. *Reformer* vs. *Blockierer* ist ein jüngeres Beispiel, bei dem dies gelungen ist. Die Besetzung des *Reform*-Begriffs im heutigen neoliberalen Sinn hat zur Voraussetzung und forciert gleichzeitig die Besetzung des Themas, des Diskurses dahingehend, dass der sog. *Umbau* des Sozialstaates, die Verminderung der sog. *Lohnnebenkosten*, Lohnabstriche, Mehrarbeit etc. notwendig seien, um den Sozialstaat Deutschland und den Wirtschaftsstandort zu retten. Gleichzeitig hat die FDP (s. Punkt 1) ein Problem damit, dass solche von ihr eingeführten Diskursrichtungen und „Begriffe" Allgemeingut geworden sind.
5. Politisches Sprechen konkurriert heute mit einer Vielzahl anderer Formen der öffentlichen Kommunikation: Insbesondere, so Kuhn,

konkurriere es mit der kommerziellen Warenwerbung, die ebenfalls Hochwertwörter wie *Freiheit* oder *Sicherheit* „besetzt": So hätten Camel und Marlboro die *Freiheit*, Schwäbisch Hall hätte das *familiäre Glück*, Allianz und o.b. hätten die *Sicherheit* besetzt (vgl. ebd.: 105f.).

6. In diesen Zusammenhang gehört auch, dass Begriffsbesetzer in einer „Welt der Bilder" operieren, mit denen es ja gerade der Werbung gelingt, ihre Begriffsbesetzungen zu verfestigen: „Wer in einer bilderdominierten Demokratie erfolgreich kommunizieren will (z. B. indem er im Streit um Wörter Punkte macht), der muß auch die entsprechenden Bilder haben, die authentisch und glaubwürdig diese Wörter [...] visualisieren" (ebd.: 107). Auf die Glaubwürdigkeit der Bilder kommt es dabei in besonderem Maße an, aber auch auf die Personen, mit denen „Begriffe" personalisiert werden können, was nur funktioniert, wenn die Personen die „Begriffe" glaubwürdig verkörpern. So kann man – in Abwandlung des Kuhn'schen Beispiels Lafontaine – mit Fischer oder Schröder kaum Ausdrücke wie *Familie* oder *Treue* „besetzen", auch wenn Schröder sich darum in den letzten Jahren bemühen mag. Kampf um Begriffe ist jedenfalls heutzutage auch Kampf um Bilder.

Dieses Bedingungsgefüge, in dem sich Begriffsbesetzer bewegen, das ihre Erfolgschancen einschränkt, das aber andererseits nicht ignoriert, dass in einer modernen massenmedialen, immer noch – trotz neuer Medien – fernsehdominierten Demokratie die politische Auseinandersetzung weiterhin vor allem sprachlich ausgetragen wird, vermag ein realistisches Bild davon zu entwerfen, welchen Stellenwert der Streit um Worte und das „Begriffe-Besetzen" auch heute noch haben.

6 Fazit

Es ist jedenfalls auch heute nicht vermessen zu behaupten, dass der Streit um Worte – wie es bei Lübbe auch 1967 schon anklang – eine genuin demokratische Angelegenheit ist, denn nur wo heterogener Sprachgebrauch zwischen konkurrierenden politischen Gruppen erkennbar ist, gibt es eine Auseinandersetzung um und keine diktatorische Festsetzung von Wirklichkeitssichten, Deutungsmustern und „Wahrheiten". Dem widerspricht auch nicht, dass gerade wenn politisch Handelnde das Begriffe-Besetzen des politischen Gegners mit Empörungs- und Entlarvungsgestus explizit thematisieren, dies häufig mit einer sprachdogmatischen Haltung verbunden ist, die davon ausgeht, dass nur die eigene Begriffsverwendung die der Wirklichkeit, der „Sache" angemessene sei und der politische Gegner, der anders spricht, folglich lüge, täusche, manipuliere. Damit wird ja unterstellt, dass es nur eine, sich in der Sprache, in den Begriffen ausdrückende „richtige" Wirklichkeitssicht geben kann – was einer demokratischen Grundhaltung widerspricht. Aber trotz solcher sprachdogmatischen Haltung ihrer Protagonisten hat auch die so präsentierte Sprachkritik beider Seiten des politischen Spektrums den demokratischen Charakter öffentlicher Auseinandersetzungen befördert: Denn wenn Akteure und Rezipientinnen immer wieder damit konfrontiert werden, dass der jeweilige eigene Sprachgebrauch der einzig richtige und wahrheitsgetreue und der des politischen Gegners manipulativ und „falsch" sei, kann die Einsicht wachsen, dass Sprachgebrauch immer weltanschauungs- und interessenabhängig ist. Als Folge davon wird bewusster, dass es nicht um „wahre" oder „richtige" Bezeichnungen in der öffentlichen Debatte geht, sondern um verschiedene und jeweils (zumeist) legitime Weltsichten, die sich notwendigerweise sprachlich niederschlagen. Wenn somit das Recht auf Benennungen, die der eigenen Wirklichkeitssicht entsprechen, allen öffentlichen Akteuren zugestanden wird, wird eine tolerantere, undogmatischere und somit auch demokratischere öffentliche Auseinandersetzung befördert. Gegenüber dem eher dogmatischen Wortkampf der 1970er-/1980er-Jahre hat sich heute eine solche undogmatischere Haltung in der öffentlichen Auseinandersetzung durchgesetzt. Das würde jedenfalls erklären, warum in den letzten 15 Jahren keine Stimmen mehr zu hören sind, die dem politischen Gegner ganz grundsätzlich „die Besetzung der Begriffe" mit Empörungsgestus vorwerfen. Einen Streit um einzelne Wörter und das Bemühen um eine parteiliche Prägung von „Begriffen" gibt es aber sowohl implizit als auch explizit weiterhin. „Und das ist auch gut so."

Allerdings ist das auch kein Grund, in Euphorie über einen gänzlich freien, demokratischen, nicht machtbasierten öffentlichen Diskurs zu verfallen. Vielmehr könnte es sich erweisen, dass die Begriffe, die sich heute durch- und festsetzen, tatsächlich, wie es das anfangs referierte „Glossar der Gegenwart" analysiert, Indizien sind für die von Foucault diagnostizierte und weiter voranschreitende Ablösung von „Herrschaft" durch eine moderne Regierungskunst, durch die „Gouvernementalität". Aber vielleicht ist eine solche „Kontrollordnung" wiederum, wenn schon eine gänzlich freie Gesellschaft nicht zu haben ist, „trotz alledem" eine der demokratischsten und menschlichsten Gesellschaftsordnungen, deren Bewahrung sich auch dadurch lohnt, dass dogmatischen Begriffsbesetzungsversuchen entgegengetreten wird.

7 Literatur

Behrens, Manfred/Dieckmann, Walther/Kehl, Erich 1982: Politik als Sprachkampf; in: Hans Jürgen Heringer (Hrsg.): Holzfeuer im hölzernen Ofen. Aufsätze zur politischen Sprachkritik. Tübingen, 216–265.

Biedenkopf, Kurt H. 1975: Bericht des Generalsekretärs auf dem 23. Bundesparteitag der CDU, Mannheim 23. bis 25. Juni 1975; zit. nach den Protokollen des 23. Parteitages, 167–179.

Bloch, Ernst 1977: Erbschaft dieser Zeit [1935]; in: Gesamtausgabe IV. Frankfurt am Main.

Bröckling, Ulrich/Krasmann, Susanne/Lemke, Thomas (Hrsg.) 2004: Glossar der Gegenwart. Frankfurt am Main.

Dieckmann, Walther 1985: Herrschaft durch Sprache durch Herrschaft über Begriffe; in: Georg Stötzel (Hrsg.): Germanistik – Forschungsstand und Perspektiven. Vorträge des Deutschen Germanistentages 1984. Berlin, New York, 245–252.

Fetscher, Irving/Richter, Horst Eberhard (Hrsg.) 1976: Worte machen keine Politik. Reinbek bei Hamburg.

Geißler, Heiner 1979: Generationenkonflikt – Neue Dimensionen gesellschaftlicher Auseinandersetzung?, in: Heiner Geißler/Matthias Wissmann (Hrsg.): Zukunftschancen der Jugend. Stuttgart, 20–32.

Geißler, Heiner 1985: Sprache und Politik; in: Georg Stötzel (Hrsg.): Germanistik – Forschungsstand und Perspektiven. Vorträge des Deutschen Germanistentages 1984. Berlin, New York, 222–230.

Glotz, Peter 1985: Die Rückkehr der Mythen in die Sprache der Politik, in: Georg Stötzel (Hrsg.): Germanistik – Forschungsstand und Perspektiven. Vorträge des Deutschen Germanistentages 1984. Berlin, New York, 231–244.

Greiffenhagen, Martin (Hrsg.) 1980: Kampf um Wörter? Politische Begriffe im Meinungsstreit. München.

Habermas, Jürgen 1979: Einleitung, in: ders. (Hrsg.): Stichworte zur „Geistigen Situation der Zeit". Bd. 1. Frankfurt am Main, 7–35.

Jung, Matthias 1994: Öffentlichkeit und Sprachwandel. Zur Geschichte des Diskurses über die Atomenergie. Opladen.

Klein, Josef 1991: Kann man „Begriffe besetzen"? Zur linguistischen Differenzierung einer plakativen politischen Metapher, in: Frank Liedtke/Martin Wengeler/Karin Böke (Hrsg.): Begriffe besetzen. Strategien des Sprachgebrauchs in der Politik. Opladen, 44–69.

Kopperschmidt, Josef 1991: Soll man um Worte streiten? Historische und systematische Anmerkungen zur politischen Sprache, in: Frank Liedtke/Martin Wengeler/Karin Böke (Hrsg.): Begriffe besetzen. Strategien des Sprachgebrauchs in der Politik. Opladen, 70–89.

Kuhn, Fritz 1991: „Begriffe besetzen". Anmerkungen zu einer Metapher aus der Welt der Machbarkeit, in: Frank Liedtke/Martin Wengeler/Karin Böke (Hrsg.): Begriffe besetzen. Strategien des Sprachgebrauchs in der Politik. Opladen, 90–110.

Maas, Utz 1989: Sprachpolitik und politische Sprachwissenschaft. Sieben Studien. Frankfurt am Main.

Liedtke, Frank/Wengeler, Martin /Böke, Karin (Hrsg.) 1991: Begriffe besetzen. Strategien des Sprachgebrauchs in der Politik. Opladen.

Lübbe, Hermann 1975: Der Streit um Worte. Sprache und Politik [1967], in: Gerd-Klaus Kaltenbrunner (Hrsg.): Sprache und Herrschaft. Die umfunktionierten Wörter. München, 87–111.

Marcuse, Herbert 1969: Ist Sozialismus obszön?, in: Konkret 2.6.1969, 20–23.

Marcuse, Herbert 1984: Versuch über die Befreiung [1969], in: ders.: Schriften, Band 8. Frankfurt am Main.
Reuffer, Petra 1991: Das Besetzen von Begriffen. Anmerkungen zu Ernst Blochs Theorie der Ungleichzeitigkeit, in: Frank Liedtke/Martin Wengeler/Karin Böke (Hrsg.): Begriffe besetzen. Strategien des Sprachgebrauchs in der Politik. Opladen, 123–131.
Stötzel, Georg 1980: Konkurrierender Sprachgebrauch in der deutschen Presse. Sprachwissenschaftliche Textinterpretationen zum Verhältnis von Sprachbewußtsein und Gegenstandskonstitution, in: Wirkendes Wort 30, 39–53.
Uske, Hans 1986: Die Sprache der Wende. Bonn.
Weber, Silke 2005: Das Schlüsselwort Reform in der politischen Sprache der Bundesrepublik Deutschland von 1969-2003, in: Martin Wengeler (Hrsg.): Sprachgeschichte als Zeitgeschichte. Konzepte, Methoden und Forschungsergebnisse der Düsseldorfer Sprachgeschichtsschreibung für die Zeit nach 1945. Hildesheim, New York, 355–376.
Wengeler, Martin 1992: Die Sprache der Aufrüstung. Zur Geschichte der Rüstungsdiskussionen nach 1945. Wiesbaden.
Wengeler, Martin 1995: „1968" als sprachgeschichtliche Zäsur, in: Georg Stötzel/Martin Wengeler u.a.: Kontroverse Begriffe. Geschichte des öffentlichen Sprachgebrauchs in der Bundesrepublik Deutschland. Berlin, New York, 383–404.
Wesel, Uwe 1988: Die Sprache der Wende. Wie man Begriffe ‚besetzt' und Worte mit anderer Bedeutung füllt, in: DIE ZEIT 3.6.1988, 53–54.

IRIS FORSTER

Lexikalische Verführer – euphemistischer Wortschatz und Wortgebrauch in der politischen Sprache

„When *I* use a word", Humpty Dumpty said in rather a scornful tone, „it means just what I choose it to mean – neither more or less."
„The question is", said Alice, „wether you *can* make words mean so many different things. "
„The question is", said Humpty Dumpty, „which is to be the master – that's all." (Carrol 1994: 100)

Im Verlauf dieses in der Sprachphilosophie viel zitierten Gesprächs wird allerdings die Schwierigkeit einer Kommunikation deutlich, bei der sich ein Kommunikationspartner nicht an die Konventionen hält. Nicole Zöllner bemerkt dazu:

„So ist es keine Frage, wer bestimmt oder wer der Stärkere ist. Sobald jemand grundlegend von der allen Sprachteilnehmern bekannten Bedeutung der Wörter abweicht, hilft ihm keine Macht der Welt dabei, verstanden zu werden. Er kann also nur in dem Rahmen handeln, den die einzelnen Wörter an Bedeutung zulassen." (Zöllner 1997: 323)

Wie weit dieser Rahmen indes sein kann, zeigt sich gerade bei der Beschäftigung mit dem sprachlichen Phänomen „Euphemismus".

1 Euphemismus und politische Sprache

Vor einer Auslotung der Erscheinungsweisen und Funktionen des Euphemismus speziell in der politischen Sprache steht die Überlegung, ob dieser Terminus, zu definieren als „beschönigende o[der] verschleiernde Verwendung eines positiv bewerteten o[der] neutralen sprachlichen Ausdrucks für einen unangenehmen o[der] tabuisierten Sachverhalt" (Paul 2002: 10) und traditionellerweise in den klassischen Tabubereichen wie Tod (z.B. *entschlafen*) und Sexualität (z. B. *Schniepel*) angesiedelt, für die Politik überhaupt zu verwenden ist. Existierten Euphemismen in der Politik beziehungsweise in der Sprache der Politik als wichtiges persuasives Instrument schon zu allen Zeiten,[1] so ist in

---

[1] Vgl. z. B. Psalm 55, Vers 22 in der Bibel: „Ihr Mund ist glätter denn Butter, und sie haben doch Krieg im Sinn. Ihre Worte sind gelinder denn Öl, und sind doch bloße Schwerter."

der einschlägigen Forschungsliteratur zum Euphemismus eine verstärkte Einbeziehung von Beispielen aus dem politischen Wortschatz sowie ein Bezug des Euphemismusbegriffes auch auf die Sprache der Politik doch erst in den letzten drei Jahrzehnten zu konstatieren[2] – Hans H. Reich etwa stellte noch 1973 die Möglichkeit, den Euphemismusbegriff für den politischen Bereich zu gebrauchen, infrage.[3]

In der neueren Euphemismusforschung wird hingegen verstärkt eine manipulative Verwendung von Sprache im Kommunikationsbereich der Politik untersucht – nicht nur in Diktaturen, sondern auch in der Demokratie, wo politisches Sprechen idealerweise durch eine klare und eindeutige Benennung der beschriebenen Gegenstände und Sachverhalte gekennzeichnet sein soll (vgl. Geißner im vorliegenden Band). Scheint dies nicht gegeben, taucht der „Euphemismus-Vorwurf"[4] als Kritik an diesem Sprachgebrauch auf.

Um nun aber die Besonderheiten euphemistischer Sprachelemente in der politischen Sprache festzumachen, bieten sich Überlegungen zur kommunikativen Funktion des Euphemismus an. Diese sind zum einen vom Sprecher und seiner Intention, zum anderen von der Aufnahme beim Hörer, also von der Wirkung her, zu betrachten. So geben beispielsweise Keith Allan und Kate Burridge in ihrer Definition als Funktion des Euphemismus die Abwendung eines möglichen Gesichtsverlustes – wohl beim Sprecher wie auch beim Hörer – an:

> „In short, euphemisms are alternatives to dispreferred expressions, and are used in order to avoid possible loss of face. The dispreferred expression may be taboo, fearsome, distasteful, or for some other reason have too many negative connotations to felicitously execute Speaker's communicative intention on a given occasion." (Allan/Burridge 1991: 14)

Ähnlich geht auch Roberta Rada vor, wenn sie zwischen der Sprecherseite – „Sprecherabsichten beim Euphemismusgebrauch" – und der Hörerseite – „Euphemismen und ihre Wirkung auf den Hörer" – unterscheidet.[5]

Die heute in der Forschung allgemein konstatierte Zweisträngigkeit des Euphemismus, mit dessen Hilfe der Redner einerseits unangenehme beziehungsweise anstößige Worte verhüllen, andererseits ihm un-

---

[2] Hier mögen die verstärkt kommunikativ-funktionale Ausrichtung der Linguistik sowie eine Veränderung der Tabubereiche, besonders bezüglich der Sexualität, mit einer Verlagerung auf andere, politische Sphären von Bedeutung sein. Als erste wichtige Publikation ist hier Leinfellner 1971 zu nennen.
[3] Vgl. Reich 1973.
[4] Vgl. Strauß/Haß/Harras 1989: 623, sowie Rada 2001: 74–76.
[5] Vgl. Rada 2001: 64–87, speziell 65 und 80.

liebsame Tatsachen verschleiern kann, geht zurück auf Elisabeth Leinfellner, die in ihrer Untersuchung vor allem politischer Euphemismen vom doppelten Anreiz des Euphemismus spricht, da dieser „erstens der Verhüllung von empirischen Bedeutungen (Designata) und zweitens der Verhüllung von Tabu-Worten u.ä. dienen kann" (Leinfellner 1971: 52). Dabei wird differenziert zwischen dem Vermeiden unangenehmer Wörter bei Euphemismen außerhalb der politischen Sprache (z.B. *Stuhl* ‚Exkremente') und dem Verschleiern von Tatsachen bei Euphemismen innerhalb der politischen Sprache (z.B. *Entsorgungspark* ‚Atommüllendlager'). Darauf aufbauend werden in der Forschungsliteratur nach der Terminologie von Sigrid Luchtenberg „verhüllende" und „verschleiernde" Euphemismen unterschieden:

> „Verhüllende Euphemismen dienen zur Kommunikation über tabuisierte Begriffe etc. bzw. der Rücksicht auf Gefühle und Wertvorstellungen. Dabei ist i.a. von einer Gleichberechtigung zwischen Sprecher und Hörer auszugehen, die das Tabu anerkennen und demzufolge eine entsprechende Bestimmung wählen. Verschleiernde Euphemismen haben dagegen die Aufgabe, bestimmte Sachverhalte dem Hörer in einer vom Sprecher ausgewählten Weise darzustellen, wodurch i.a. eine für den Sprecher günstige Auswahl getroffen wird."
> (Luchtenberg 1985: 24)

Allerdings können politische Euphemismen nur unzureichend vor dem Hintergrund gesellschaftlich wirksamer Tabus erklärt werden. Im politischen Bereich stehen Euphemismen und Tabus weniger für allgemein verinnerlichte Verbote als für taktische Überlegungen bei unbequemen Themen:[6]

> „Almost all politicians dislike displeasing almost all groups of people if they can avoid it, and therefore are usually willing to agree on euphemistic terms for them." (Hoggart 1985: 176)

Häufig scheint also das jeweilige politische Ziel Motiv der Euphemisierung zu sein, und es ist in der Forschung umstritten, ob die herkömmliche Definition des Euphemismus als sprachliches Mittel zur Umge-

---

[6] So Zöllner 1997: 346ff. Andreas Bohlen dagegen hält die Mehrheit der politischen Euphemismen für einen Ausdruck existierender Tabus (Bohlen 1994, 142ff.). Vgl. auch Burkhardts Überlegungen in Burkhardt 1998: 109–111. Elisabeth Leinfellner unterscheidet in ihrer Untersuchung politische, religiöse/„abergläubische" und umgangssprachliche Euphemismen – ihre Auffassung, politische Euphemismen hätten den Charakter von Deckworten bzw. -ausdrücken für Tabus bis auf wenige Ausnahmen verloren (Leinfellner 1971: 69), wird in der einschlägigen Forschungsliteratur nicht unbedingt geteilt: Sigrid Luchtenberg (1985) z.B. betont, politische Euphemismen nähmen keine Sonderstellung ein, vgl. ebenso Bohlen 1994: 142.

hung eines Tabus in diesem Fall noch greift. Ganz eindeutig kann von einem Tabu in der Politik gesprochen werden, wenn bestimmte politische Einstellungen oder Handlungen nicht öffentlich vertreten werden können, da die Mehrheit der Mitglieder einer Gesellschaft diese als überaus moralisch verwerflich ablehnt (*Sonderbehandlung* statt *Ermordung* oder *Folter*).[7]

In jedem Fall jedoch soll über politische Euphemismen, geprägt von einzelnen Individuen oder einer Personengruppe mit gleichem Interesse, die Weitergabe von Informationen beeinflusst werden, soll Einfluss auf die übrigen Angehörigen der Sprachgemeinschaft ausgeübt werden beziehungsweise sollen unwillkommene Aspekte des eigenen politischen Handelns verborgen bleiben – in manchen Fällen vielleicht auch, weil sie allgemeine Tabubereiche berühren. Dies zeigt sich in demokratischen Systemen ebenso wie in Diktaturen: Der Machterhalt bzw. -ausbau steht im Vordergrund, unerwünschte Effekte wie offener Protest oder Kritik sollen vermieden werden. Für die Differenzierung in verhüllende und verschleiernde Euphemismen bedeutet dies, dass das Verschleiern in der politischen Sprache gehäuft auftritt.

2 Euphemismus zwischen Sprecherabsicht, Hörerwirkung und „objektivem richtigem Wort"

Andreas Bohlen bemerkt zur Euphemisierung in der politischen Sprache:

> „Im Gegensatz zum Verhüllen geht es beim *Verschleiern* von Gegenständen, Prozessen, Sachverhalten usw. weniger um das Einhalten bestimmter Normen oder die Umgehung bestimmter Tabus mit sprachlichen Mitteln, sondern hier tritt eine beim Kommunikationspartner angestrebte, intendierte Wirkung, z.B. eine bestimmte gewünschte Reaktion, eine Handlung o.ä., in den Vordergrund. Eine solche Reaktion kann primär passiver Art sein (z.B. Akzeptanz, Bekräftigung, Zustimmung, Befürwortung bestimmter sprachlicher Ausdrücke und damit direkt der in ihnen widergespiegelten Gegebenheiten) oder derart erfolgen, daß bestimmte gewollte, eventuell aber auch unerwünschte Handlungen ausgelöst werden, also eine aktive Reaktion beim Rezipienten hervorgerufen wird (z.B. Protestreaktion, offene Unterstützung einer Politik, Überzeugung anderer im politischen Gespräch von der Richtigkeit bestimmter politischer Schritte der Regierung, der Opposition usw.)." (Bohlen 1994: 170)

Allerdings ist die Sprecherabsicht kein hinreichendes Kriterium für die Zuordnung von politischen Euphemismen – wie auch von Euphemismen allgemein – zu den verschleiernden Euphemismen:

---

[7] So z. B. auch gesehen in Zöllner 1997: 346ff.

> „Ein sprachlicher Ausdruck kann durchaus objektiv etwas verschleiern, ohne daß dies in der ausdrücklichen Absicht des Sprechers/Schreibers liegt. Vielmehr ist zu ermitteln, ob der Autor einer sprachlichen Äußerung sich an bestehenden Normen und Tabus orientiert, wenn er solche Euphemismen verwendet, d.h. ob er verhüllt oder ob er, ohne daß ihn bestimmte sprachliche und außersprachliche Normen bzw. Tabus an einem Gebrauch direkter, neutraler, unverblümter sprachlicher Ausdrücke ‚hindern' würden, sprachliche Ausdrücke verwendet, die die Aufmerksamkeit des Rezipienten auf bestimmte Aspekte lenken, die vom Wesen eines Objektes, Zustandes, Zusammenhanges usw. ablenken und die damit objektiv den Interessen bestimmter Personen, Personengruppen, Parteien, der Regierung usw. entsprechen und er damit etwas verschleiert. Eine Täuschungsabsicht ist im konkreten Fall ohnehin schwer nachweisbar, da die empirischen Fakten dem Rezipienten aus o. g. Gründen selten direkt zugänglich sind und dieser, auch das ist zu beachten, kaum Zeit und Möglichkeiten besitzt, für jeden Einzelfall die Adäquatheit eines sprachlichen Ausdruckes in einem bestimmten Kontext eingehend zu prüfen." (Bohlen 1994: 171)

Andreas Bohlen weist in seiner Untersuchung ferner darauf hin, dass eigene politische Einstellungen und Ansichten einen Einfluss darauf ausüben, ob ein bestimmter sprachlicher Ausdruck vom Individuum (so z.B. auch vom Sprachwissenschaftler) als Euphemismus betrachtet wird[8] – es sich z.B. um eine sinnvolle *Reform des Steuerwesens* oder aber eine bloße *Steuererhöhung* handelt –, und Walther Dieckmann bemerkt:

> „Wenn Sie nämlich meinen, Sie könnten einen Euphemismus feststellen, ohne eine ideologiekritische oder eine politische Position, dann setzen Sie voraus, daß es ein neutrales, allgemeines Wirklichkeitsverständnis gibt, auf dessen Basis sich dann alle darüber einigen können, was nun ‚verschleiernd' oder ‚täuschend' oder ‚euphemistisch' ist, in welcher vagen Bedeutung auch immer. Ich meine, das ist nicht der Fall!"[9]

Hier treten prinzipiell bei der Zuordnung zum Euphemismus Probleme auf. Laut Dieckmann existieren drei Möglichkeiten der Analyse euphemistischer Spracheinheiten: die Betrachtung des Euphemismus von der Sprecherintention her, die Betrachtung des Euphemismus von der Hörerwirkung her sowie die Betrachtung des Euphemismus von der objektiven Relation zwischen Wort und Wirklichkeit her.[10]

Für die Sprachwissenschaft ergeben sich bei jeder dieser Betrachtungsweisen Schwierigkeiten: Bei der Berufung auf eine mögliche *Absicht des Sprechers* stellt sich, abgesehen davon, dass eine solche Absicht

---

[8] Vgl. Bohlen 1994: 139.
[9] Dieckmann in der Diskussion nach dem Vortrag von Hans H. Reich über „Die Verwendbarkeit des Begriffs Euphemismus bei der Untersuchung politischen Sprachgebrauchs"; Reich 1973: 235f.
[10] Vgl. ebd.: 239.

schwer nachzuweisen bleibt, die Frage, wie ein scheinbarer Euphemismus einzuschätzen ist, wenn er die subjektive Überzeugung des Sprechers widerzuspiegeln scheint.[11] Wer beispielsweise die Wortgruppe *Sinti und Roma* benutzt, muss keineswegs die Absicht hegen, das inkriminierte Wort *Zigeuner* vermeiden zu wollen, sondern kann im Gegenteil gerade die mit *Sinti und Roma* bezeichneten Gruppierungen hervorheben wollen. Und auch die *Wirkungen* verhüllender beziehungsweise verschleiernder Sprache auf den Hörer sind mit sprachwissenschaftlichen Mitteln nur schwer festzumachen,[12] ebenso die *„objektive Relation zwischen Wort und Wirklichkeit"*.

Beim Nachweis von Euphemismen erscheint also prinzipiell das Problem der Bezugsgröße, der Relation der (politischen) Sprache zur Welt(ansicht). Zu Recht kritisiert Caroline Mayer daher:

> „Außerdem wird die klischeehafte Verwendung des Euphemismus-Begriffs von der fragwürdigen Sprachauffassung der Abbildtheorie getragen. Die Rede von verhüllenden, verschleiernden und beschönigenden Euphemismen impliziert nämlich, daß es eine ‚wahre' oder zumindest neutrale und richtige Sprache gibt, die die Realität so widerspiegelt, wie sie ist. Oftmals ist es aber gar nicht möglich, einen neutralen, wert- und ideologiefreien Ausdruck für einen Sachverhalt zu finden [...]. Kriterien dafür, ob eine bestimmte Bezeichnung ein Euphemismus ist, lassen sich – wenn es um ideologische Wertungen und dabei nicht gerade um offensichtliche Fälle (z.B. ‚Kollateralschäden') geht – kaum am Wort selbst festmachen, sondern liegen in der Absicht des Sprechers. Diese ist von außen, wenn überhaupt, nur schwer zu beurteilen." (Mayer 2002: 203f.)

Die klassische Rhetorik geht dabei von der Existenz eines Verbum proprium aus – wie aber ist dies auf politische Sprache zu übertragen? Ist ein Ausgehen vom Sachverhalt möglich, wo doch politische Sachverhalte in den meisten Fällen Sprachverhalte sind? Ist ein Ausgehen von dem für diesen Sachverhalt üblichen Wort möglich, von der proto-

---

[11] Hans H. Reich führt für diese Problematik Beispiele aus der NS-Sprache an: „Unterstellt man, daß Hitler oder irgendeiner seiner Nachredner den ‚Anschluß' Österreichs wirklich für die vorsehungsgewollte Wiederherstellung einer natürlichen Ordnung gehalten haben (mit welchen Mitteln auch immer sie erreicht worden sein mag), ist dann dieser Sprachgebrauch akzeptabel, ist er dann unangreifbar geworden? Folgt man den Untersuchungen und Aussagen, die es nahelegen, daß das Töten jüdischer Häftlinge von den SS-Angehörigen in den KZs tatsächlich als etwas anderes verstanden und empfunden wurde als das Totmachen anderer Menschen, hört dann ‚Sonderaktion' im KZ-spezifischen Gebrauch auf, ein ‚Euphemismus' zu sein?" (Reich 1973: 231).

[12] Und auch mithilfe anderer wissenschaftlicher Disziplinen wie Psychologie, Soziologie oder Geschichtswissenschaft bleibt ein solches Unterfangen schwierig, wenn nicht unmöglich.

typischen Verwendung, was einen pragmatischen Ansatz bedingte?[13] Im letzteren Fall verlöre auch ein durchschauter verschleiernder Euphemismus seinen Status nicht, da ja der Widerspruch zwischen Wort und Wirklichkeit bestehen bleibt.

Euphemistisch sind sprachliche Einheiten demnach immer in Bezug auf eine Sichtweise. Für den politischen Bereich ist die Auffassung, welche Benennung als neutral und angemessen erscheint, abhängig vom eigenen politischen Standpunkt, von der eigenen Ideologie; dies sollte bei der Kritik an diversen Formen der politischen Sprachverwendung beachtet werden.

Weitgehend unbestritten bleibt die Tatsache, dass bei politischen Euphemismen in vielen Fällen mithilfe der Sprache manipuliert werden soll – d.h., Ziel ist es, das Bewusstsein, die Denkgewohnheiten und Gefühle des Gegenübers zu lenken und zu prägen. Theodor Lewandowski definiert „Sprachmanipulation" als „Beeinflussung, Meinungsbildung, Steuerung des Verhaltens aufgrund (meist) unbewußter Motivationsbildung durch beschönigende oder verschleiernde, in bestimmter Weise interpretierende und emotionalisierende Versprachlichung von Sachverhalten, die auch mit der Selektion und Kombination von Informationen aus einem vorhandenen Nachrichtenrepertoire im Interesse einer Gruppe verbunden sein kann" (Lewandowski 1985, Band 3: 988). Die in der Wissenschaft häufig getroffene Unterscheidung zwischen Manipulation *der* Sprache (gezielter Einsatz bestimmter sprachlicher Mittel und Methoden) und Manipulation *durch* Sprache (Meinungsbeeinflussung, Verhaltenssteuerung etc. unter Verwendung von Sprache) ist an dieser Stelle zu vernachlässigen – findet doch eine Manipulation *durch* Sprache immer über eine Manipulation *der* Sprache statt, und Euphemismen sind dabei häufig das sprachliche Mittel der Wahl.

3 Formale Aspekte des Euphemismus

Prinzipiell wird der Euphemismus als eine mögliche Funktion von Sprachelementen aufgefasst; zu differenzieren sind in Bezug auf seine Realisierung eine formal-grammatische und eine inhaltlich-semantische Betrachtungsweise.

---

[13] Caroline Mayer bemerkt zu diesem gebrauchstheoretischen Ansatz: „[...] dann hinge die euphemistische Qualität des fraglichen Ausdrucks vom Wertebewußtsein der gesamten Sprachgemeinschaft ab. Aber auch in diesem Fall wäre der Nachweis, daß es sich bei einem Wort um einen Euphemismus handelt, zumeist nur schwer zu führen, da es praktisch nicht möglich ist, für den fraglichen Sachverhalt einen Ausdruck anzugeben, der von allen Sprachbenutzern als neutral bewertet werden würde" (Mayer 2002: 230).

3 Demokratischer Wortschatz und Wortgebrauch

Unter formalen Gesichtspunkten kann sich der Euphemismus aus einem einzelnen Wort oder einem Syntagma konstituieren, es sind aber auch euphemistische Teilsätze oder Texte mit euphemistischer Wirkung denkbar.[14] Im Gegensatz zu Elisabeth Leinfellner[15] wird an dieser Stelle nicht davon ausgegangen, dass ein Euphemismus nur als euphemistischer Satz befriedigend erklärt werden kann und dass das Vorhandensein eines euphemistischen Ausdrucks aus einem Satz zwingend einen euphemistischen macht – prinzipiell können sprachliche Elemente auf allen Ebenen euphemistische Funktion beziehungsweise Wirkung ausüben, und Einzelwörter können innerhalb eines Satzes als „euphemistisches Zentrum"[16] fungieren, natürlich in Wechselwirkung zu ihrem sprachlichen Umfeld.[17]

Armin Burkhardt definiert Euphemismen als „lexikalische *oder syntaktische* Formen des Beschönigens" (Burkhardt 1998: 109; Hervorhebung durch Kursivdruck von I. F.) und weist so auf die erweiterten Möglichkeiten der Euphemismusbildung über die Grenze des Wortes oder der Wortverbindung hinaus.

Eine euphemistische, also verhüllende oder verschleiernde Ausdrucksweise kann demnach prinzipiell auf der Ebene des Lexems, des Syntagmas beziehungsweise der Lexemverbindung, des Satzes oder der Grammatik auftreten.[18] Ein Beispiel für einen Euphemismus auf der grammatischen Ebene stellt etwa die beliebte Verwendung des integrativen *Wir* (statt *Ich*) in der Politik dar, wenn es gilt, eine starke Position vorzutäuschen.

Während diese formal-grammatische Betrachtungsweise in der einschlägigen Forschung zumeist im Hintergrund blieb oder ganz ausgespart wurde, zeigt sich die Bedeutung der semantischen Eigenschaften von Euphemismen in diversen Modellen zur Bildungsweise von Euphemismen unter semantisch-inhaltlichen Gesichtspunkten. So unterscheidet Roberta Rada in ihrer Übersicht einen formal-logischen, einen gebrauchssemantisch ausgerichteten, einen strukturalistischen

---

[14] Vgl. Luchtenberg 1985: 141.
[15] Vgl. Leinfellner 1971: 18ff.
[16] Vgl. Bohlen 1994: 183.
[17] Vgl. dazu auch Weinrich 1970: 34-38, der für die Lüge zu dem Schluss kommt: „Wörter, die man sich ohne jede Kontextdetermination denkt, können nicht lügen. Aber es genügt schon ein kleiner Kontext, eine ‚und'-Fügung etwa, daß die Wörter lügen können. [Weinrich führt hier als Beispiel die Zusammenstellung ‚Blut und Boden' an; I.F.] [...] Begriffe können folglich lügen, auch wenn sie für sich allein stehen. Sie stehen nämlich nur scheinbar allein. Unausgesprochen steht ein Kontext hinter ihnen: die Definition. Lügende Wörter sind fast ausnahmslos lügende Begriffe" (ebd.: 37).
[18] Vgl. Rada 2001: 91–95.

sowie einen kognitiv-semantischen Ansatz und arbeitet selbst mit einem kognitiv basierten Konzept.[19] Bei allen Ansätzen werden die semantischen Charakteristika von Euphemismen in Relation zu den entsprechenden Merkmalen der ersetzten, d.h. nichteuphemistischen sprachlichen Einheiten erörtert. So verschweigt u. U. *Tarifkorrektur*, daß es sich dabei um eine Korrektur nach oben, um eine ‚Tariferhöhung' also, handelt.

Wenn auch prinzipiell fast alle sprachlichen Einheiten in entsprechendem Kontext als Euphemismus fungieren können, so lassen sich aus der Fülle an Varianten doch bestimmte Bildungsweisen als besonders geeignet zur sprachlichen Realisation von Euphemismen, v.a. auf der lexematischen Ebene, herausstellen. Sigrid Luchtenberg systematisiert wie folgt:

> „Es können also insgesamt zwei Arten der Euphemismusbildung unterschieden werden: einmal besteht die Möglichkeit, auf unterschiedlichen Wegen wie Metaphern, Verallgemeinerungen, Schlagwörtern etc. einen Ausdruck zu finden, der als Ersatz für den tabuisierten Begriff dienen kann, da er in einem unbeanstandeten Teilaspekt mit ihm übereinstimmt. Diese Möglichkeit gilt für verhüllende wie verschleiernde Euphemismen, wenn auch in unterschiedlicher Ausprägung, da bei verhüllenden Euphemismen das Gemeinte erkenntlich sein muß, so daß der Teilaspekt des Ersatzausdrucks die Einsicht ins Gemeinte nicht verdecken darf, während beim verschleiernden Euphemismus das Herausgreifen eines Teilaspekts gerade verhindern soll, daß die übrigen Aspekte wahrgenommen werden. Da verhüllende wie verschleiernde Euphemismen also gleichartig gebildet werden können, ist die Kontextanalyse und Einbeziehung der Sprecher-Hörer-Situation zur eindeutigen Bestimmung unerläßlich. Eine zweite Art der Tabuumgehung besteht in der Veränderung der Gestalt des tabuisierten Wortes auf verschiedene Weise. Dies ist fast ausschließlich bei verhüllenden Euphemismen möglich." (Luchtenberg 1985: 140f.)[20]

Die folgenden Ausführungen stellen die Semantik der Wortbildung als das Verhältnis von Euphemismus und ersetzter sprachlicher Einheit in den Mittelpunkt der Betrachtung. Anzumerken bleibt, dass einzelne Bildungsweisen nicht immer voneinander zu trennen sind: In der Praxis können ein euphemistischer Ausdruck bzw. eine euphemistische Wendung mehreren Bildungsweisen zugeordnet werden – so vermögen Fremdwörter eine stilistische Inkongruenz hervorzurufen, eine Abkürzung entsteht natürlich nur durch Buchstabenveränderung usw.

---

[19] Vgl. Rada 2001: 95–125.
[20] Vgl. Roberta Rada, die feststellt, dass „bei den Euphemismen entweder eine Art formale oder semantische Analogie zwischen der euphemistischen und der nichteuphemistischen Bedeutung entdeckt werden kann" (Rada 2001: 127).

Möglich bei dem Ersatz des zu vermeidenden Ausdrucks[21] sind vage oder mehrdeutige Ausdrücke (*unsere Situation*), eine Verallgemeinerung (Substitution eines Teils durch ein Ganzes, wenn z. B. von *Waffen* statt genauer von *Atombomben* die Rede ist), die Aspektbetonung (Substitution des Ganzen durch einen Teil), Leerformeln und Schlagworte wie *Ruhm und Ehre* oder *Demokratie*, die Mehrsinnigkeit (Polysemie), die Hyperbel, Untertreibungen, die Litotes (*keine größeren Einschränkungen*), die Periphrase, der abschwächende Komparativ, Metaphern, Oxymora (es ist umstritten, ob hier die Verbindung *soziale Marktwirtschaft* einzuordnen ist), Fremdwörter und seltene Wörter, der Jargon, die stilistische Inkongruenz, die Ironie oder Zahlen mit lautlicher oder inhaltlicher Beziehung (die sich beispielsweise auf einen Paragraphen im Gesetzbuch beziehen).

Der zu vermeidende Ausdruck wird verändert durch eine Abkürzung beziehungsweise ein Kurzwort, Buchstabenveränderung und lautliche Differenzierungen („Wortspiele", z.B. Reduplikationen, Buchstabentrennungen, Anagramm), das Hinzufügen von Buchstaben oder Wörtern (z.B. Suffigierung, „so genannt" in *so genannte DDR*), das Weglassen von Buchstaben oder Wörtern (in der NS-Zeit: *Endlösung* statt *Endlösung der Judenfrage*), den Einsatz von Strichen und Pünktchen, die Kennzeichnung des Euphemismus als solchen. – Die Vermeidung bzw. Auslassung des Ausdrucks schließlich kann ebenfalls verschleiernd oder verhüllend wirken und wird deshalb als Nulleuphemismus bezeichnet.

In der Politik treffen die häufig zu konstatierende „Unbestimmtheit des Wortinhalts" sowie die „ideologische Polysemie"[22] mit möglichen sprachlichen Realisationen des Euphemismus zusammen: Politische Euphemismen werden vor allem mithilfe verallgemeinernder, vager und mehrdeutiger Termini (*die Sachlage, die Umstände*, ohne die politische Situation genauer darzustellen), metonymischer Wendungen sowie über Fremdwörter oder Auslassungen gebildet. Dennoch finden sich, im Gegensatz zur Auffassung Elisabeth Leinfellners,[23] z. B. auch Metaphern-Euphemismen häufig im politischen Bereich,[24] so etwa,

---

[21] Zusammenstellungen über mögliche Bildungsweisen von Euphemismen unter semantisch-inhaltlichen Aspekten bieten Luchtenberg 1985, Kapitel III, 1–4; Dietl 1996, Spalten 2–3; Zöllner 1997, Kapitel 5. Für eine genauere Erläuterung der einzelnen Bildungsweisen mit Beispielen aus den unterschiedlichsten (Lebens-)Bereichen sei an dieser Stelle auf die Sekundärliteratur verwiesen.

[22] Vgl. die entsprechenden Kapitel bei Dieckmann 1975, 61–75.

[23] Vgl. Leinfellner 1971, 48, 94ff.

[24] Vgl. die Beispiele in Luchtenberg 1985, 128 sowie Bohlen 1994, 117ff. Über metaphorisches Sprechen können unliebsame Elemente einer Aussage ausgeblendet oder zumindest in den Hintergrund gerückt werden.

wenn statt von *Selbstbedienung in der Waffenkammer* von *Selbstbedienung im Spielzeugladen* die Rede ist.

Bei der Auslassung des Tabuwortes kommt dem Kontext die Aufgabe zu, die ausgelassene sprachliche Einheit zu evozieren; besonders deutlich wird dies z. B. in syntagmatischen Euphemismen. Um einen Grenzfall der Euphemisierung handelt es sich, wenn ein Politiker auf ihm gestellte Fragen in seiner Antwort überhaupt nicht eingeht.

Damit die Sprachmanipulation Erfolg hat, darf der Rezipient sie möglichst nicht als solche erkennen. Sobald der euphemistische Charakter eines Wortes, einer Wortgruppe, eines (Teil-)Satzes oder eines Textes aufgedeckt ist, verblasst der politische Euphemismus. Aus diesem Grund findet sich im Bereich der politischen Sprache ein hoher Anteil okkasioneller Euphemismen nach der oben gegebenen Definition: Traditionelle Euphemismen eignen sich weniger zur Verschleierung. Der Verblassungseffekt kommt in der Alltagssprache, wie bereits erwähnt, dadurch zustande, dass der euphemistische Ausdruck die negativen Konnotationen des tabuisierten Ausdruckes übernimmt – beim politischen Euphemismus dagegen erfolgt er, wenn die sprachliche Manipulation durchschaut wird.

> „Deshalb verblassen Euphemismen in der politischen Sprache sehr viel schneller als die Euphemismen der Alltagssprache. In der Folge entstehen neue Euphemismen, die kurzfristig geeigneter erscheinen, die negativen Aspekte einer politischen Handlung zu verschleiern. Je mehr Euphemismen sich zur Umschreibung eines Sachverhalts nachweisen lassen, desto größer ist die Wahrscheinlichkeit, daß dem Bürger unbequeme Informationen vorenthalten werden sollen." (Zöllner 1997: 357)

4 Sprachliche Ebenen und inhaltliche Bereiche euphemistischer Sprache in der Politik

Nach dem Blick auf Funktion und Bildungsweise stellt sich nun die Frage, auf welcher Ebene und in welchen inhaltlichen Bereichen euphemistische Sprache in der Politik verstärkt auftritt.

Von Interesse für eine kritische sprachwissenschaftliche Analyse euphemistischer Sprache ist gemeinhin weniger der interne Fachjargon der Politiker als derjenige Sprachgebrauch in der Politik, der darauf abzielt, bestimmte Ansichten, Entscheidungen, Handlungen und Ziele der Bevölkerung überzeugend zu präsentieren – in diesem Sinne fällt „politische Sprache" zusammen mit „Sprache der Öffentlichkeit".[25]

---

[25] Vgl. Zöllner 1997, 340. Siehe auch Burkhardt 1998.

3 Demokratischer Wortschatz und Wortgebrauch

Dieckmann unterscheidet in Bezug auf die Wortschätze Ideologiesprache („Bezeichnungen für die politische Doktrin und die Miranda"), Institutionssprache („Bezeichnungen für die einzelnen Institutionen und Organisationen eines Gemeinwesens, ihre interne Gliederung, die Aufgaben, die sie erfüllen, und die Prozesse, in denen sie funktionieren") und Fachsprache des verwalteten Sachgebiets („politikeigene Sprachformen, die sich mit der staatlichen Verwaltung der verschiedenen Sachgebiete ergeben").[26] Auf der Ebene des Sprachstils hebt Dieckmann die „Funktionssprache" zur „organisatorischen Verständigung innerhalb des staatlichen Apparates und seiner Institutionen" von der „sich nach außen an die Öffentlichkeit" richtenden „Meinungssprache" bei Vermittlung von „Deutungen, die die Ideologie von der Wirklichkeit gibt" ab (Dieckmann 1975: 81; vgl. auch Dieckmann im vorliegenden Band).[27] In allen aufgeführten Wortschätzen sowie auf der Ebene aller Sprachstile können Euphemismen auftauchen, unbewusst verwendet oder bewusst als sprachliche Strategie im Dienst politischer Interessen eingesetzt werden.

In Bezug auf die Funktion kann folgender Unterschied gesetzt werden: Während euphemistische Sprachelemente in der internen Sprache beziehungsweise der Funktionssprache eher verhüllend wirken – hier ist davon auszugehen, dass sowohl Sprachsender als auch Sprachempfänger das Tabu kennen und anerkennen –, soll in der öffentlichen Sprache beziehungsweise Meinungssprache über eher verschleiernde Euphemismen eine bestimmte Sicht des Sprachempfängers auf den beschriebenen Sachverhalt erreicht werden. So ist es ein Unterschied, ob *Steuerreform* (statt *Steuererhöhung*) in einer Ausschusssitzung verwendet wird und alle Teilnehmer die damit verbundenen Inhalte kennen oder ob ein Politiker auf diese Weise in einer Talkshow die Erhöhung der Steuern verschleiern möchte.

Dort werden solche Sachverhalte beziehungsweise Entscheidungen euphemisiert, die bei Teilen der Bevölkerung auf fehlende Akzeptanz stoßen und somit das Bild des Politikers in der Öffentlichkeit und damit seine Wahl gefährden – naturgemäß wird der politische Gegner denselben Sachverhalt anders benennen oder beschreiben; hier zeigt sich die Abhängigkeit des Euphemismus von Kontext und politischer Überzeugung.

---

[26] Vgl. Dieckmann 1975, 50–52; Zitate hier 50.
[27] Strauß/Haß/Harras unterscheiden „binnen- oder institutionsinterne", „institutionsexterne" (d.h. interinstitutionelle) sowie „öffentlich-politische" Kommunikation (Strauß/Haß/Harras 1989, 30f.).

Euphemismen in der Außenpolitik betreffen vor allem das Verhältnis zu anderen Staaten und eigene kriegerische Handlungen: Als Beispiel auf der lexematischen Ebene ist der *Kriegsminister* in nahezu allen Staaten zum *Verteidigungsminister* geworden; öffentlich kritisiert wurde die Wendung *Kollateralschaden*, wenn im Krieg Ziele verfehlt und die nicht an Kampfhandlungen beteiligte Bevölkerung getroffen wurde.

In der Innenpolitik finden sich viele Wendungen aus klassischen Tabubereichen (wie Alter und Tod in der Familien- und Sozialpolitik); so werden Benennungen wie *Atommüllendlager*, die Angst und Besorgnis auslösen könnten, durch *Entsorgungspark* oder *Endlager* (ohne Hinweis darauf, was gelagert wird) ersetzt. Geradezu immer werden in der Wirtschaftspolitik Steuererhöhungen bzw. die Kürzung von Zulagen verschleiert (naturgemäß von der regierenden Partei, während die Opposition, die diese Politik kritisiert, andere Ausdrücke wählt), ebenso schlechte Werte z.B. beim Wirtschaftswachstum, bei Umfragen und Wahlen. Beispiele sind *Beitragsanpassung*, *Diätenanpassung* statt *Preis-* oder *Diätenerhöhung*, *Nullwachstum* statt *Stillstand* oder *Stagnation*, *Synergieeffekt* als Beschreibung für Einsparungen, die bei der Zusammenlegung zweier Teile möglich wurden und z.B. auch Personal betreffen können. An der Börse hört sich die *Gewinnwarnung* immer noch positiver als eine *Verlustankündigung* an.

Die moralische Bewertung eines solchen Sprachgebrauchs bleibt schwierig: In der Politik wie im Alltagsleben versuchen Menschen, die Welt in einer für sie angenehm(er)en Sicht darzustellen – sei es, um sich mit Tabubereichen wie Tod, Krankheit etc. nicht (sprachlich) direkt zu konfrontieren, sei es, um ihre Mitmenschen zu manipulieren: Wie gezeigt wurde, sind die Grenzen dabei fließend. Bei der Sprache in der Politik sind sich die Rezipienten und potenziellen Wähler im Großen und Ganzen darüber bewusst, dass politisches Sprechen häufig inszeniert ist – ob sie jedoch einzelne manipulative Strategien erkennen, sei dahingestellt. Ein moralisches Problem tritt vor allem dort auf, wo über die Kontrolle der Massenmedien eine massive Verbreitung euphemistischer Sprache in eine Richtung im Zusammenspiel mit dem Verbot anders gerichteter Äußerungen ohne Möglichkeit des Empfängers, die Aussagen empirisch zu überprüfen, stattfindet. Dies ist ein wichtiger qualitativer Unterschied beim Auftreten von euphemistischer Sprache in Demokratien und Diktaturen.[28]

Einen Staat, dessen Machthaber Euphemismen in verschleiernder Form konsequent verwenden, um über Sprache das Denken zu kor-

---

[28] Dass es darüber hinaus auch einen quantitativen Unterschied gibt, ist unbestritten.

3 Demokratischer Wortschatz und Wortgebrauch

rumpieren und die totale Überwachung des Individuums zu erreichen, präsentierte George Orwell 1948 in seinem Roman „Nineteen Eighty-Four" und prägte für jene Sprache den Begriff „Newspeak"[29]. In seinem 1946 geschriebenen Essay „Politics and the English Language" bemerkt Orwell:

> „In our time, political speech and writing are largely the defense of the indefensible. [...] Thus political language consists largely of euphemisms, question-begging and sheer cloudy vagueness. Defenceless villages are bombarded from the air, the inhabitants driven out into the countryside, the cattle machine-gunned, the huts set on fire with incendiary bullets: this is called *pacification*. Millions of peasants are robbed of their farms and sent trudging along the roads with no more than they can carry: this is called *transfer of* population or *rectification of frontiers*. People are imprisoned for years without trial, or shot in the back of the neck or sent to die of scurvy in Arctic lumber camps: this is called *elimination of unreliable elements*. Such phraseology is needed if one wants to name things without calling up mental pictures of them." (Orwell 1970: 162)

Dass dies nicht nur in Diktaturen der Fall ist, zeigen Andreas Bohlens „Untersuchungen zur Verwendung politischer Euphemismen in britischen und amerikanischen Printmedien bei der Berichterstattung über den Golfkrieg im Spannungsfeld zwischen Verwendung und Missbrauch der Sprache" (Bohlen 1994).

Elisabeth Leinfellner betont in ihrer „Moralischen Schlußbetrachtung":

> „[...] die Tatsache, daß die Politiker politische Euphemismen in ihren Reden verwenden, hat noch nicht zur Folge, daß dadurch ein Staatssystem undemokratisch wird. Das undemokratische Element tritt erst dann in Erscheinung, wenn – auf welche Weise immer – verhindert wird, daß die Sprache des Politikers analysiert, kritisiert und u. U. verworfen wird." (Leinfellner 1971: 157)

5 Literatur

Allan, Keith/Burridge, Kate 1991: Euphemism & Dysphemism. Language Used as Shield or Weapon. New York, Oxford.

Bohlen, Andreas 1994: Die sanfte Offensive. Untersuchungen zur Verwendung politischer Euphemismen in britischen und amerikanischen Printmedien bei der Berichterstattung über den Golfkrieg im Spannungsfeld zwischen Verwendung und Mißbrauch der Sprache. Frankfurt am Main [u.a.].

---

[29] „Newspeak" (oder „Doublespeak") sollte die „Oldspeak" (Standard English) spätestens im Jahr 2050 vollständig ersetzt haben; zur detaillierten Beschreibung siehe: Appendix: The principles of Newspeak (Orwell 2000: 270–281).

Burkhardt, Armin 1998: Deutsche Sprachgeschichte und politische Geschichte, in: Werner Besch/Anne Betten/Oskar Reichmann/Stefan Sonderegger (Hrsg.): Sprachgeschichte. Ein Handbuch zur Geschichte der deutschen Sprache und ihrer Erforschung. 2., vollständig neu bearbeitete und erweiterte Auflage. Erster Teilband. Berlin, New York, 98–122.

Carroll, Lewis 1994: Through the Looking Glass. Reading.

Dieckmann, Walther 1975: Sprache in der Politik. Einführung in die Pragmatik und Semantik der politischen Sprache. 2. Auflage. Heidelberg.

Girnth, Heiko 2002: Sprache und Sprachverwendung in der Politik. Eine Einführung in die linguistische Analyse öffentlich-politischer Kommunikation. Tübingen.

Hoggart, Simon 1985: Politics, in: D. J. Enright (Hrsg.): Fair of Speech. The Uses of Euphemism. Oxford, New York, 174–184.

Leinfellner, Elisabeth 1971: Der Euphemismus in der politischen Sprache. Berlin.

Lewandowski, Theodor 1985: Linguistisches Wörterbuch. 4., neu bearbeitete Auflage. Band 1–3. Heidelberg.

Luchtenberg, Sigrid 1985: Euphemismen im heutigen Deutsch. Mit einem Beitrag zu Deutsch als Fremdsprache. Frankfurt am Main, Bern, New York.

Mayer, Caroline 2002: Öffentlicher Sprachgebrauch und Political Correctness. Eine Analyse sprachreflexiver Argumente im politischen Wortstreit. Hamburg.

Orwell, George 1970: Politics and the English Language, in: ders.: A Collection of Essays. New York, 156–171.

Orwell, George 2000: Nineteen Eighty Four. Ed. by Ronald Carter and Valerie Durow. London.

Paul, Hermann 2002: Deutsches Wörterbuch. Bedeutungsgeschichte und Aufbau unseres Wortschatzes. 10. Auflage bearbeitet von Helmut Henne, Heidrun Kämper und Georg Objartel. Tübingen.

Rada, Roberta 2001: Tabus und Euphemismen in der deutschen Gegenwartssprache. Mit besonderer Berücksichtigung der Eigenschaften von Euphemismen. Budapest.

Reich, Hans H. 1973: Die Verwendbarkeit des Begriffs Euphemismus bei der Untersuchung politischen Sprachgebrauchs, in: Manfred W. Hellmann (Hrsg.): Zum öffentlichen Sprachgebrauch in der Bundesrepublik Deutschland und in der DDR. Methoden und Probleme seiner Erforschung. Aus den Referaten einer Tagung zusammengestellt von Manfred W. Hellmann. Düsseldorf, 216–232. Diskussion 233–241.

Strauß, Gerhard/Haß, Ulrike/Harras, Gisela 1989: Brisante Wörter von Agitation bis Zeitgeist. Ein Lexikon zum öffentlichen Sprachgebrauch. Berlin, New York.

Weinrich, Harald 1970: Linguistik der Lüge. 4. Auflage. Heidelberg.

Zöllner, Nicole 1997: Der Euphemismus im alltäglichen und politischen Sprachgebrauch des Englischen. Frankfurt am Main.

4 Demokratische Kommunikation

JOHANNES VOLMERT

Kanzlerrede
Regierungserklärungen als Inszenierung von
repräsentativ-parlamentarischer Herrschaft

1 Was ist eine „große Regierungserklärung"?

Wenn in unserem Beitrag von „Kanzlerrede" gesprochen wird, so sind damit die rhetorischen Auftritte der deutschen Bundeskanzler vor dem Parlament, d.h. dem Deutschen Bundestag, gemeint. Insbesondere werden wir uns mit einer prominenten Textsorte der parlamentarischen Kanzlerreden befassen, den Regierungserklärungen. Seit der ersten Regierungserklärung von Konrad Adenauer am 20. September 1949 sind diese rhetorischen Auftritte eines neu- oder wiedergewählten Kanzlers zu einer Institution von großer Dignität geworden, zu einem feierlichen Ritual, das von der inner- und außerparlamentarischen Öffentlichkeit, dem „Wahlvolk" ebenso wie dem „Ausland" mit großer Spannung erwartet wird. Vorbilder für diesen bedeutungsvollen Auftritt bilden sicher – nach der Einrichtung der zweiten deutschen Republik – die feierliche Amtseinführung des britischen Premierministers sowie – mehr noch – die weltweit beachteten „inaugural addresses" der US-amerikanischen Präsidenten.

Die deutschen Regierungserklärungen zum jeweiligen Amtsantritt der Kanzler werden schon unter Adenauer zu einer festen Tradition; durch die Ritualisierung erhalten sie eine derart stabile Struktur – hinsichtlich Aufbau, Inhalten, Stil –, dass es auch heute, nach fast 60 Jahren, kaum denkbar ist, davon grundsätzlich abzuweichen.[1]

Anlass für die Regierungserklärungen sind nicht nur die ersten parlamentarischen Auftritte der Kanzler nach ihrer (Wieder-) Wahl, sondern auch die jährlichen Debatten zum Bundeshaushalt, die durch Regierungserklärungen eröffnet werden und meist zu großen „Redeschlachten" im Bundestag führen. Daneben motivieren Umbrüche bzw.

---

[1] Alle Kanzler der BRD haben bisher zu ihrem Amtsantritt mehrere große Regierungserklärungen abgegeben, mindestens zwei (Erhard; Brandt) und höchstens fünf (Kohl).

Veränderungen in der Regierungsarbeit (vgl. Korte 2002a: 12f.; v. Beyme 1979), auch Naturkatastrophen, Terroranschläge oder wichtige außenpolitische Ereignisse die Regierungschefs zur Abgabe einer offiziellen Stellungnahme. Ebenso boten die „Berichte zur Lage der Nation im geteilten Deutschland" (bis 1989, aber erstmals durch Kiesinger am 3.3.1969) regelmäßig Anlass zu einer regierungsoffiziellen „Lagebeurteilung". Interessant ist das stetige Anwachsen der Zahl der Regierungserklärungen: „Zwischen acht (in der dritten Wahlperiode) und 49 (in der 10. Wahlperiode) Regierungserklärungen wurden bisher von den Bundeskanzlern bzw. den Bundesministern abgegeben" (Korte 2002a: 12). Nach Einschätzung von Korte hängt

> „die Zunahme der Anzahl [...] auch mit der Entwicklung der Mediendemokratie zusammen. Durch jede öffentliche Themenpräsentation erfahren der Kanzler bzw. seine Minister besondere Aufmerksamkeit, die sich durch medienadressierte Personalisierung trefflich visualisieren lässt. Die Regierungserklärung ritualisiert das alte Refugium der parlamentarischen Demokratie in der Bundesrepublik, den Plenarsaal des deutschen Bundestages. Die Rede zeigt sich resistent gegenüber den modernen Verlockungen und Formaten des Infotainments." (Korte 2002a: 12)

Die wichtigsten Funktionen der „großen Regierungserklärungen" (zum Amtsantritt der Kanzler) sind sowohl durch die Verpflichtung zur demokratischen Legitimation als auch durch die Erwartungen der Öffentlichkeit an den Charakter, den Stil, die Ziele der neuen Regierung begründet. Der erste Auftritt wird verstanden als „Visitenkarte", als Bekenntnis, als Zeugnis der Selbstdarstellung einer Person und eines Teams – und das gilt umso mehr im Zeitalter der Personalisierung und Visualisierung von Politik. Nicht nur die Leitartikler der „veröffentlichten Meinung" lesen diese rhetorischen Auftritte als zeitgenössische Dokumente politischer Kultur, als Ausweis von Führungsqualitäten und Führungswillen. Nach Korte (2002a: 16ff.)

> „sind es – in der strengen Tradition dieses Rituals – vor allem vier Hauptfunktionen, die die Erste Regierungserklärung erfüllen muss:
> 1. Die Entfaltung der Programmatik, des Selbstverständnisses und des Standortes der Koalitionsregierung [...].
>
> 2. Die Vorstellung des Entscheidungspaketes bis zum Ende der Legislaturperiode [...]. Welche Politikfelder sind wie explizit und mit welchen Worten aufgeführt [...]. Gleichzeitig wird mit der Rede der Einigungsrahmen der Koalitionsabsprachen dokumentiert.
>
> 3. Die Nutzung der Rede als besondere Ausdrucksform der Richtlinienkompetenz des Kanzlers [...]. Diese Funktion ist sowohl an die politischen Akteure als auch an die Ministerialbürokratie gerichtet [...]. Die Regierungserklärung bleibt Berufungsinstanz und Referenzpunkt des Regierungshandelns.

4 Demokratische Kommunikation

> 4. Die Einordnung der Rede als zeitgeschichtliches Dokument, in dem Inhalte und Sprache zu Quellen ersten Ranges werden, wenn die Interpretation von Kanzlerschaften im Zeitgeschehen ansteht. Wie bringt der Kanzler das spezifische Signum der Zeit auf den Begriff? Wie lassen sich die geweckten Erwartungshaltungen zugespitzt ausformulieren? Sowohl die Problematisierung der Themen als auch die Wahl der Sprache legen ein beredtes Zeugnis vom Zeitgeist der Kanzlerschaften ab [...]".

2 Strukturen und Inhalte der „großen Regierungserklärungen"

Zum Aufbau der Regierungserklärungen beim Amtsantritt lässt sich Folgendes feststellen: Seit Adenauer (1949) folgen sie einem festen Schema, das in nur geringen Variationen in allen folgenden deutschen „inaugural addresses" wiederkehrt. Nach dem Dank an die Wähler für das den Regierungsparteien „geschenkte Vertrauen" wird zunächst der „Wählerauftrag" – im Sinne der eigenen politischen Intentionen – interpretiert. Fallweise wird auch ein höflich-formeller Dank an den Vorgänger im Kanzleramt ausgesprochen. Dann folgt ein beliebter, bei einem „Machtwechsel" quasi obligatorischer Topos: Die Klage über das schwere Erbe, das die Vorgängerregierung hinterlassen hat, eine „Bilanz" der Belastungen, insbesondere die „schwierige Finanzsituation" bzw. der „Scherbenhaufen", vor dem die neue Regierung stehe. Dieses bietet den Begründungszusammenhang für einen weiteren Topos, die Vorstellung des (eigenen) Dringlichkeitsprogramms, um die Situation zu meistern bzw. Folgeschäden abzuwenden. In den meisten Regierungserklärungen schließt sich daran die Programmatik zur Wirtschafts- und Finanzpolitik, eine Abfolge, die zugleich diesem Politikfeld den höchsten Rang in der Regierungsarbeit zuweist. Vor allem bei Ludwig Erhard und Helmut Schmidt nimmt dieser Bereich beträchtlichen Raum ein, auch zu Lasten der übrigen Politikfelder, die meistens in wechselnder Rang- und Reihenfolge „abgearbeitet" werden. Deren Inhalte werden regelmäßig durch die Zuarbeit der einzelnen Ressorts vorstrukturiert, vom Redenschreiberteam des Kanzlers bzw. von ihm selbst aber unterschiedlich gewichtet und mit Akzenten versehen. Einen beträchtlichen Rang nimmt obligatorisch auch die Außenpolitik und bis 1989 die Deutschlandpolitik ein; wenn sie nicht bereits am Anfang steht, fordert ihre ausführliche Behandlung im Schlussteil noch einmal die besondere Aufmerksamkeit des Plenums und der Öffentlichkeit. Der Abschluss der Rede bietet – ähnlich wie der Eingangsteil – dem Rhetor die Möglichkeit, seine Persönlichkeit und seine Richtlinienkompetenz als Kanzler in den Vordergrund zu stellen: seine Motive, seine politischen Ziele, seinen Führungsstil in der Koalition.

3 Zur Entstehung der Regierungserklärungen

Es ist nicht nur an dieser Stelle notwendig, die Entstehung, d.h. die schriftsprachliche Produktion der großen Regierungserklärungen, zu entmythologisieren. Nur für einen einzigen Fall, die Antrittsrede Konrad Adenauers am 20.9.1949, kann gelten, dass der gewählte Kanzler große Teile der Rede eigenhändig, d.h. unter Verzicht auf einen Chefredenschreiber und unter bewusster Abschirmung vor den Einwendungen der Koalitionspartner und des Kabinetts, ausformulierte. Es gehört zu Adenauers eigentümlicher Form des Informationsmanagements, die Endfassung des Redemanuskripts dem Kabinett und auch den Fraktionen bis zum Schluss vorzuenthalten – bzw. ihnen erst unmittelbar vor der Plenarsitzung „Einsicht" zu gewähren; dadurch hatten sie keine Möglichkeit mehr, ausführliche Änderungsvorschläge einzubringen. Das Informationsmanagement des Kanzlers bei der Erstellung des Redetextes gehört seitdem zu den wichtigsten Instrumenten des Regierungshandelns. Aber nur Willy Brandt (1969) und nach ihm Helmut Schmidt (1976 und 1980) haben das Informationsmanagement in ähnlich restriktiver Weise gehandhabt, haben auch entschiedener als andere Kanzler mit eigenen Formulierungen in die Schlussfassung des Redemanuskriptes eingegriffen. Kurz: Die eigene, authentische Formulierung der Regierungserklärung aus „Kanzlerhand" bleibt ein Mythos, eine wohlfeile Fiktion, an der die Regierungschefs bis heute – allerdings immer weniger – festhalten. Es scheint – im Vergleich zu den USA und Großbritannien – ein typisches Phänomen der deutschen Politikkultur zu sein, dass die Glaubwürdigkeit der Führungspersönlichkeit eng mit der Authentizitätsfiktion ihrer öffentlichen Verlautbarungen verbunden ist.

Noch immer gibt es empfindliche Reaktionen von Kanzlern (und dem Kanzleramt), wenn sich professionelle Redenschreiber, besonders Journalisten, als „Ghostwriter" (eigentlich: „speechwriter") outen und damit die Illusion zerstören, die Kanzlerrede repräsentiere deren persönliche Formulierungskunst, die eigenen wohlkalkulierten persuasiven Strategien, ja ihre Sprachgewalt als „begnadete Redner".

Die Wirklichkeit ist natürlich eine ganz andere; ein großer Apparat ist wochen- oder monatelang bei der Vorbereitung dieser wichtigsten Kanzlerinszenierung tätig; jede einzelne Phase würde die Möglichkeiten und Fähigkeiten eines individuellen Autors überfordern:

> „Jeder Bundeskanzler hält durchschnittlich 200–250 Reden im Jahr, bis zu sieben in einer Woche und bis zu drei Reden täglich zu den verschiedensten Anlässen. Die inhaltliche Vorbereitung einer Rede dauert im Durchschnitt vier bis sechs Stunden, bei wichtigen Reden wesentlich länger. Würde der Kanzler

4 Demokratische Kommunikation

> seine Reden selbst schreiben, bliebe ihm wenig Zeit für die weiteren Aufgaben des Regierens." (Schwarze/Walther 2002: 34)

Eine erste Regierungserklärung ist ein hochkomplexes „Gesamtkunstwerk", an dem die unterschiedlichsten Personen, Gruppen und Institutionen beteiligt sind. Ein jeweils vom Kanzler „handverlesenes" Redenschreiberteam, unterstützt durch Referenten aus den Ressorts, entwickelt unter der Verantwortung des Bundeskanzleramtes in einem mehrstufigen Prozess die Vortragsfassung: Aus einer ersten Material- und Ideensammlung, angereichert durch Papiere und Entwürfe aus den Ressorts, entstehen Rohmanuskripte. Erst die sozialdemokratischen Kanzler seit Willy Brandt haben auch Journalisten, Intellektuelle und Künstler (z. B. Günter Grass) hinzugezogen, um den Ideenpool zu bereichern und die (oft monotone) Routine der Ressortprogrammatik zu durchbrechen.

> „Mit der Redenproduktion für den Kanzler direkt sind fünf bis 10 Mitarbeiter befasst, vom Honorarvertragszuarbeiter bis zum Chefredenschreiber." (Schwarze/Walther 2002: 39)

Abgesehen vom Kanzler selbst, der der Erstellung der ersten Regierungserklärung weit größere Aufmerksamkeit widmet als allen anderen Reden, spielen die Chefredenschreiber bei der permanenten Koordination und Überarbeitung der eingehenden Manuskriptentwürfe eine zentrale Rolle. Die Chefredenschreiber werden von jedem Kanzler persönlich berufen, entstammen aber z.T. schon dem früheren Mitarbeiterkreis. Man unterscheidet einen formellen von einem informellen Chefredenschreiber. Ersterer ist fest angestellt und bekleidet eine bedeutende Funktion im Kanzleramt (als Referats- oder Abteilungsleiter), Letzterer wird als Honorarkraft meist nur für die Vorbereitung der großen Regierungserklärung berufen.

> „Die machtpolitischen Konstellationen im Bundeskanzleramt und in der Regierung spiegeln sich auch im Beteiligtenkreis wider. Die Kenntnis über diesen bleibt daher der Öffentlichkeit möglichst vorenthalten. Während mit der inhaltlichen Konzeption und Ausarbeitung der Rede insgesamt ein Team von fünf bis sieben Personen beauftragt wird, übernimmt ein Kern von zwei bis drei Personen die Ausformulierung des endgültigen Manuskripts. Zu diesem Kern gehört der Chefredenschreiber. (Schwarze/Walther 2002: 40)

Das Kanzleramt übernimmt die Funktion der „Hauptschaltstation" (Fröhlich 1997) bei der Entstehung des Redetextes. In der Schlussphase tragen allerdings die Chefredenschreiber die alleinige Verantwortung für das Endmanuskript; in permanenter Abstimmung mit dem Kanzler setzen sie die persönlichen Akzente des neuen Regierungschefs, und das kann nur funktionieren, wenn beide quasi „gedankliche Zwillinge" (Schwarze/Walther 2002: 45f.) sind, d. h., wenn der Chefredenschreiber sich so in die Gedankengänge, Überzeugungen, den Redestil seines Chefs einfühlt, als wenn dieser selbst dächte und spräche.

4 Konflikte und Kompromisse

Seit Konrad Adenauers erster „Investiturrede" ist der rhetorische Charakter der Regierungserklärungen bestimmt durch den Zwang zum Konsens. Der wichtigste Grund: Seit ihrer Entstehung wurde die Bundesrepublik ausnahmslos durch Koalitionen regiert – obwohl die CDU/CSU bei der Bundestagswahl 1957 die absolute Mehrheit errungen und so die Möglichkeit zur Alleinregierung bekommen hatte.[2] Je nach dem Stimmenanteil, und das heißt nach dem Machtanspruch der Partner, gestalteten sich die Koalitionsverhandlungen unterschiedlich schwierig, und das schlug sich natürlich auch in den Regierungserklärungen nieder. Am einfachsten war es für Adenauer 1957 und für Gerhard Schröder 1998, als der schwache Koalitionspartner von der übermächtigen Regierungspartei dominiert werden konnte; am schwierigsten wurde es 1966 für Kurt Georg Kiesinger, der nach Erhards Scheitern mit der fast gleich starken SPD eine große Koalition bilden musste. Die Balance der Kompromisse schlug sich u.a. in der Art und Intensität der Behandlung der einzelnen Politikfelder nieder. Während Adenauer in seiner ersten Regierungserklärung noch eine detaillierte und extensive Beschreibung aller Ressorts, ihrer Programme und Maßnahmen vornehmen konnte, findet sich in Kiesingers Regierungserklärung eine Ausklammerung der meisten Politikfelder – mit Ausnahme der Finanz- und Wirtschafts-, der Außen- und Deutschlandpolitik (das heißt, dass 15 von 19 Ressorts in seiner Regierungserklärung keine Erwähnung fanden). Die fundamentalen Gegensätze der beiden Parteien hatten in den Koalitionsverhandlungen nicht überbrückt werden können, viele Streitfragen waren unentschieden geblieben.

So zeigt sich rückblickend Adenauer als „Meister der Integration", Kiesinger als „Meister des Ausklammerns" (wie ihn zeitgenössische Kommentatoren nannten; vgl. Kempf 2002: 159). Konfliktthemen, offener Streit und unerledigte Forderungen werden auch in den anderen Antrittsreden sorgfältig vermieden, und diese Taktik wird zugleich wirksam verschleiert. Vorrang hat(te) immer, das Image einer entschlossenen, handlungsfähigen Regierung, das die Regierungserklä-

---

[2] Adenauer setzte hier die Koalition mit der DP, nicht jedoch mit der FDP, fort.

4 Demokratische Kommunikation

rung ja mit großem rhetorischem Aufwand zu entwerfen versucht, nicht zu gefährden.

Neben den Ansprüchen der Koalitionspartner sind es oft die eigene Partei und Regierungsfraktion, welche eine Umsetzung ihrer Vorstellungen und Forderungen in der Programmatik der Regierungsrede erwarten. Das galt schon 1949, als die unterschiedlichen Flügel der CDU/CSU Anforderungen an die Regierung Adenauers richteten, die kaum miteinander zu vereinbaren waren; es galt umso mehr für die Kanzler der „rot-gelben" und „rot-grünen" Koalitionen, als Teile der SPD-Fraktion nur widerwillig bestimmte Koalitionsvereinbarungen der Regierung mit zu tragen bereit waren. Auch starke gesellschaftliche Gruppen, die bei der Kandidatur und Wahl des Kanzlers eine bedeutende Rolle gespielt hatten (bes. bei Willy Brandt), erwarteten eine Artikulation ihrer Interessen in der Antrittsrede.

Bei alledem hat das Strukturkonzept der Rede einzukalkulieren, dass die verschiedenen Ressorts ihre legitimen Interessen, die sich z.T. aus langfristigen Verträgen, Vereinbarungen und Gesetzen ergeben, berücksichtigt wissen möchten. Sie können in der Regierungserklärung nicht verleugnet, höchstens unterschiedlich gewichtet werden. Der Regierungsantritt eines Kanzlers hat neben der Demonstration des (neuen) Konsenses stets auch ein Bekenntnis abzulegen, zuerst der Kontinuität und Stabilität des „Staatsganzen" verpflichtet zu sein. So bilden die heteronomen Anforderungen von Bewahrung und Tradition einerseits, Innovation und Kreativität andererseits ein weiteres Spannungsfeld, auf dem mit rhetorischen Mitteln eine Balance herzustellen ist.

Bindungen entstehen auch durch Ankündigungen und Versprechen vor der Wahl. Ein unbedachter Umgang mit diesen Obligationen kann fatale Folgen für das Image der Regierung haben („Steuerlüge", „Rentenlüge", „gebrochene Versprechen"). Auch hier ist ein sensibler Umgang und eine ausgeklügelte Wortwahl gefragt. Schmitt (2002: 203) zitiert eine Passage aus Helmut Schmidts Regierungserklärung (1974), die diesen „Eiertanz" mit Wahlversprechen sinnfällig demonstriert:

> „Schmidt nennt als Hauptstück der Reform die Umgestaltung der Lohn- und Einkommensteuer:
> ‚Wir wollen damit den elementaren Anspruch auf ein gerechteres und, soweit dies möglich ist, ein einfacheres Einkommensteuerrecht erfüllen' [...].
> Ein elementarer Anspruch soll erfüllt werden, ‚soweit dies möglich ist' [...]. Mit diesem Vorbehalt könnte später das Scheitern der Reform gerechtfertigt werden. Dieser Abschnitt bietet ein Paradebeispiel, wie durch rhetorische Unschärfe über nicht abgehaltene (sic!) Reformversprechen hinweggetäuscht wird." (Schmitt 2002, 203)

Eine bloße Addition aller Zielsetzungen und Erwartungen, ein „Abarbeiten" der Ressortwünsche und -programme, würde zu einer konturlosen Rede führen, die Medien und Öffentlichkeit einem neuen Regierungschef nicht verzeihen würden („mutlos", „langweilig", „ohne Profil"). Andererseits hat noch kein Kanzler eine Rede voller Versprechen, alles neu und ganz anders zu machen, zu halten gewagt; sie würde ihm vermutlich den Ruf des Abenteurers und Hasardeurs einbringen. Seitdem Willy Brandt 1969 mit seiner Regierungserklärung neue Maßstäbe setzte, standen vor allem die sozialdemokratischen Kanzler unter divergenten Ansprüchen und Forderungen: der Verpflichtung zur Kontinuität einerseits und den Ambitionen auf reformerische Innovation andererseits.

Zu den elementaren Bedingungen des politischen Sprachhandelns – und ganz besonders des Regierungshandelns – gehört die Mehrfachadressierung jeder öffentlichen Verlautbarung. Das rhetorische Konzept hat jederzeit die unterschiedliche Wahrnehmung von Äußerungen (und die möglichen Missverständnisse) durch die verschiedenen Adressaten und Publika einzukalkulieren. So gibt es hochsensible Politikbereiche, bei denen jedes Wort quasi „auf die Goldwaage gelegt" werden muss. Dazu gehörte lange Zeit die Frage der „Einheit der deutschen Nation" und eine mögliche Anerkennung der DDR;[3] dazu gehörte der Balanceakt, immer wieder die „unverbrüchliche Freundschaft" mit den USA zu beteuern und zugleich die Autonomie eines starken, vereinigten Europa zu propagieren. Dazu gehörte (in der Regierungserklärung von Helmut Schmidt 1980) der rhetorische „Drahtseilakt", an der Entscheidung zur Stationierung neuer Mittelstreckenraketen in Deutschland festzuhalten und zugleich der – auch in seiner Partei starken – Friedensbewegung zu erklären, dass dieses eine weitere Maßnahme zur Friedenssicherung sei.

So wird jede große Regierungserklärung am Ende zu einem Kompromiss aus vielen Kompromissen; es ist die hohe Kunst des Redenschreiberteams (und natürlich des Kanzlers selbst), unter diesen Rahmenbedingungen die Individualität des Regierungschefs, seinen persönlichen Charakter, seine „ureigenen" Intentionen und Planungen, überzeugend herauszuarbeiten.

---

[3] Als Willy Brandt in seiner Regierungserklärung 1969 zum ersten Mal von dem „Verhältnis der beiden Staaten in Deutschland" sprach, wurde dies als Tabubruch empfunden und von der CDU/CSU-Opposition heftig kritisiert.

4 Demokratische Kommunikation

5 Die Kanzler der Bundesrepublik – Versuch einer Typologie

Zu den wichtigsten Aufgaben des Redenschreiberteams gehört es, ein unverwechselbares Image für den neuen Kanzler zu entwerfen, zu entwickeln und zu pflegen. Natürlich kann eine solche öffentliche „politische Identität" nicht aus dem Nichts heraus geschaffen werden, sondern sie muss an der politischen Biographie des Kanzlerkandidaten anknüpfen und bestimmte, „gut eingeführte" Charaktereigenschaften und Politikstile im Hinblick auf das Amt des Regierungschefs akzentuieren. In der Geschichte der Bundesrepublik begegnen Kanzlerpersönlichkeiten, wie sie verschiedener kaum sein könnten, und entsprechend unterschiedlich war und ist der Stil ihres Regierungshandelns und -darstellens.

Beginnen wir mit Konrad Adenauer, der auch in dieser Hinsicht die politischen Traditionen der Bundesrepublik begründet. Der im September 1949 mit der hauchdünnen Mehrheit von einer Stimme zum Kanzler gewählte „Alte" demonstriert in all seinen Antrittsreden den „Großmut des Siegers", vermeidet jedes Pathos und versucht – trotz seines autokratischen Regierungsstils (er bleibt der „Kanzler der einsamen Entschlüsse") – jeden Anschein von Selbstherrlichkeit zu vermeiden – eine Strategie, die darauf abzielt, den Kontrast zu den „imperialen" Allüren faschistischer bzw. sozialistischer „Staatsführer" zu betonen. Die krassen, z.T. unversöhnlichen Gegensätze der politischen Lager (sogar in der Regierungskoalition) versucht er, soweit sie nicht zu integrieren sind, zu beschwichtigen, sprachlich zu harmonisieren oder auf autoritäre Art zu ignorieren. So wird er selbst in der eigenen Fraktion und Koalition zum Ruhepol zwischen den widerstreitenden Interessen.

Sein Nachfolger und Konkurrent Ludwig Erhard bekennt sich einerseits zum Erbe seines ungeliebten Vorgängers, setzt andererseits auf das Gegenbild eines „Primus inter Pares". Gegenüber dem „Wahlvolk" favorisiert er bzw. sein Redenschreiberteam jedoch immer mehr das Image des „Wohlstands-" bzw. „Wirtschaftswunder-Kanzlers"; ja selbst seine Physis und bestimmte Attribute (die notorische Zigarre) unterstützen dieses Bild. Mit der prätendierten Rolle als „Vermittler und Versöhner" inszeniert er eine Alternative zu Adenauers „kategorischem" Regierungsstil. Mit dem „Vater der sozialen Marktwirtschaft" schafft er einen sozialintegrativen Typus, der sich als „einer aus dem Volk" vorstellt und der in der Lage scheint „allen alles zu bringen". Den Leitbegriff seiner Regierungserklärungen 1963 und 1965, die „formierte Gesellschaft", versucht er zu seinem Markenzeichen zu machen, ebenso wie das programmatische Schlagwort vom „deutschen Gemeinschaftswerk" (vgl. das Schlagwort vom „Maßhaltekanzler"). Beides indessen reicht nicht aus, um die heraufziehenden Krisen zu meistern und seine Position langfristig zu konsolidieren.

Nach seinem Scheitern übernimmt Kurt Georg Kiesinger in einer völlig veränderten Situation die Regierungsgeschäfte. Mehr noch als Erhard modelliert sich Kiesinger als „ehrlicher Makler", der niemanden übergehen will und die Zerreißproben der großen Koalition (vgl. die Notstandsgesetze) vor allem durch „Ausklammern" bzw. „Aufschieben" zu überstehen versucht. Mit der Propagierung eines „Gesamtprogramms" intendiert er, die divergierenden Ressortinteressen zusammenzubinden; ständige Bemühungen um „Mäßigung" können noch am ehesten als gemeinsamer Nenner des Regierungsstils seiner dreijährigen Amtszeit gelten.

Mit dem Regierungsantritt von Willy Brandt, dem ersten sozialdemokratischen und jüngsten Kanzler der Republik, verbinden sich große Hoffnungen und Erwartungen weiter Bevölkerungskreise. Als „Kanzler der Visionen" kann Brandt sowohl die Traditionalisten der Sozialdemokraten wie auch die Skeptiker der FDP für seine Programmatik gewinnen. Mit dem Leitspruch „Kontinuität und Erneuerung" versucht auch er, die „Wagnisse" und Innovationen in den Kontext des Tradierten und Bewährten einzubetten. Als sein Hauptanliegen propagiert er den Entwurf einer „neuen Ostpolitik", er geriert sich (zusammen mit Egon Bahr) als „Vater der Ostverträge". In Brandts erstem Auftritt toleriert man das ungewohnte Pathos, den visionären Stil und den Bruch einiger Tabus aufgrund der breiten öffentlichen Akzeptanz seiner Person. Das Wort vom „Demokratiewandel" erscheint wie eine Verheißung, der Slogan „mehr Demokratie wagen" (den Brandt als Motto persönlich der Schlussfassung des Redemanuskripts hinzufügt) setzt ein unverwechselbares Zeichen und wird bald zum geflügelten Wort.

Nach Brandts Rücktritt profiliert sich Helmut Schmidt zunächst als selbstbewusster und kompetenter Krisenmanager. Sein dozierender Vortragsstil (bes. bezüglich der Finanz- und Wirtschaftspolitik) bringt ihm bald einen Ruf als „Oberlehrer der Nation" ein. Sachliche Strenge und sprachliche Genauigkeit werden zu seinen Markenzeichen; in die „semantischen Kämpfe" der Zeit greift er sogar in seiner Regierungserklärung (1974) ein, wenn er den konnotativen Niedergang des Begriffs „Reformen" sprachkritisch analysiert und ihn für die eigene Programmatik zu restituieren versucht.

Das konstruktive Misstrauensvotum (am 1.10.1982) bringt für Helmut Kohl die lang ersehnte Kanzlerschaft. Er stellt seine beiden Antrittsreden (1982 und 83) unter den Leitbegriff der „geistig-moralischen Wende" und kündigt eine „Politik der Erneuerung" an. Auch er gestattet sich ein ungewöhnliches moralisches Pathos und verwendet Leitappelle mit aufgeladenen Formeln, wie z.B. „Aufbruch in die Zukunft" (Motto 1987–1994). Wegen seiner geschickten Personalpolitik und des Ausklammerns bzw. Ignorierens von Konflikten charakterisieren Leitartikler seinen Regierungsstil als Strategie des „Aussitzens".

Wieder eine andere Alternative zum Stil und Typus seiner Vorgänger findet Gerhard Schröder, wenn er sich als Repräsentant der „neuen Mitte" vorstellt. Der höhere Grad an Sprachbewusstheit schlägt sich in ungewöhnlichen, auch rhetorisch ausgefeilten Formulierungen nieder. Sein Hauptanliegen ist die Profilierung als „Modernisierer", der besonders den Hochtechnologiebereichen der Wirtschaft neue Impulse vermitteln möchte. Weit mehr als seine Vorgänger beherrscht er die Rituale der Inszenierung seiner Auftritte, ohne allerdings das zeremonielle Element zu übertreiben. So gewinnt sein Image immer mehr Konturen als „Medienkanzler" – nachdem er anfangs oft ironisch als „Autokanzler" oder als „Genosse der Bosse" etikettiert worden ist.

Die Kurzcharakterisierung der Kanzlerpersönlichkeiten greift im Wesentlichen auf Typisierungen („Klischees") zurück, die durch das Medienecho nach den Antrittsreden evoziert und multipliziert worden sind. Aber eine solche Stereotypisierung ist durchaus im Sinne der Redenschreiber und Imagemanager. Aufseiten der Rezipienten wird allerdings, so ist anzunehmen, das Bild des sich herausbildenden Kanzlertypus stärker durch Erwartungen und Voraus-Urteile geprägt als durch die rhetorische Inszenierung des neuen Regierungschefs in den aktuellen großen Regierungserklärungen. Gleichwohl bleibt eine genaue linguistische, stilistische und kommunikationswissenschaftliche Analyse der Investiturreden die wichtigste empirische Basis, um Typus und Gestalt der historischen Kanzlerpersönlichkeiten bildhaft vor Augen zu führen.

6 Literatur

Berg, Guido van den/Vogt, Silke 2002: Regierungserklärungen im Vergleich. Eine quantitative Analyse, in: Korte (Hrsg.) 2002, 57–81.

Beyme, Klaus von 1979: Die großen Regierungserklärungen der deutschen Bundeskanzler von Adenauer bis Schmidt. München.

Beyme, Klaus von 2001: Koalitionsbildung und Programmsteuerung, in: Hans-Ulrich Derlien/Axel Murswick (Hrsg.): Regieren nach Wahlen. Opladen, 85–112.

Bräuninger, Thomas/König, Thomas/Volkens, Andrea 1999: Regierungserklärungen von 1949 bis 1998. Eine vergleichende Untersuchung ihrer regierungsinternen und -externen Bestimmungsfaktoren, in: Zeitschrift für Parlamentsfragen, H. 3, 641–659.

Dettling, Benedikt/Geske, Michael 2002: Helmut Kohl: Krise und Erneuerung, in: Korte (Hrsg.) 2002, 217–245.

Dörner, Andreas 1991: Politische Sprache. Instrument und Institution der Politik, in: Aus Politik und Zeitgeschichte, Bd. 17, 3–11.

Fröhlich, Manuel 1997: Sprache als Instrument politischer Führung. Helmut Kohls Berichte zur Lage der Nation im geteilten Deutschland. München.

Fröhlich, Manuel 1998: Regierungserklärungen mit Geschichte, in: Das Parlament Nr. 48.

Fröhlich, Manuel 2001: Sprachstrategien im Kontext von Machteroberung und Machtverlust: Die Haushaltsdebatten in den Wahlkämpfen von 1979 bis 1998, in: G. Hirschner/K.-R. Korte (Hrsg.): Aufstieg und Fall von Regierungen. Machterhalt und Machterosionen in westlichen Demokratien. München, 147–190.

Gottschlich, Maximilan u.a. 1989: Was die Kanzler sagten. Regierungserklärungen der Zweiten Republik 1945–1987. Wien, Köln.

Greiffenhagen, Martin (Hrsg.) 1980: Kampf um Wörter? München, Wien.

Harpprecht, Klaus 2000: Im Kanzleramt. Tagebuch der Jahre mit Willy Brandt. Reinbek bei Hamburg.

Kempf, Carsten 2002: Kurt Georg Kiesinger: Gesamtprogramm, in: Korte (Hrsg.) 2002, 145–169.

Kempf, Udo/Merz, Hans-Georg 2000: Kanzler und Minister 1949–1998. Opladen.

Korte, Karl-Rudolf (Hrsg.) 2002: „Das Wort hat der Herr Bundeskanzler". Eine Analyse der Großen Regierungserklärungen von Adenauer bis Schröder. Wiesbaden.

Korte, Karl-Rudolf 2002a: Die Regierungserklärung: Visitenkarte und Führungsinstrument der Kanzler, in: Korte (Hrsg.) 2002, 11–31.

Küpper, Jost 1985: Die Kanzlerdemokratie, Voraussetzungen, Strukturen und Änderungen des Regierungsstiles in der Ära Adenauer. Frankfurt am Main.

Meier, Thomas 2002: Konrad Adenauer: Integration, in: Korte (Hrsg.) 2002, 85–115.

Schmitt, Carsten 2002: Helmut Schmidt: Kontinuität und Integration, in: Korte (Hrsg.) 2002, 193–216.

Schwarze, Antje/Walther, Antje 2002: Redenschreiben für den Bundeskanzler: Formulieren, Koordinieren und Beraten, in: Korte (Hrsg.) 2002, 33–55.

Switek, Niko 2002: Ludwig Erhard: Formierte Gesellschaft, in: Korte (Hrsg.) 2002, 117–144.

Volmert, Johannes 2000: Der Neubeginn. Die erste Bundestagsdebatte zur Regierungserklärung von Konrad Adenauer (20.–29.9.49), in: Armin Burkhardt/Kornelia Pape (Hrsg.): Sprache des deutschen Parlamentarismus. Studien zu 150 Jahren parlamentarischer Kommunikation. Wiesbaden, 193–220.

Vorring, Cathrin/Walther, Antje 2002: Willy Brandt: Visionen, in: Korte (Hrsg.) 2002, 171–192.

Zimmermann, Nina C. 2002: Gerhard Schröder: Neue Mitte, in: Korte (Hrsg.) 2002, 247–273.

CHRISTIAN EFING

Rhetorik in der Demokratie
Argumentation und Persuasion in politischer (Wahl-)Werbung

1 Einleitung

Sie wird fast ausschließlich negativ beurteilt, in die Nähe einerseits von politischer Propaganda und Agitation, andererseits von kommerzieller Produktwerbung gestellt; 1994 fühlten sich gar 14% der Deutschen durch sie „für dumm verkauft" (Geier 1998: 33) – dabei ist politische (Wahl-)Werbung eine demokratiekonstitutive Größe: Ihre Existenz ist an sich demokratisch, denn sie beruht auf der Abhängigkeit der Politik vom Volk,[1] auf der Notwendigkeit, durch Wahlen legitimiert zu werden. Hierdurch unterliegen die Parteien einem Zwang zur Selbstdarstellung, um den Wählern eine freie Meinungsbildung zu ermöglichen.[2] Angesichts einer sinkenden Parteienbindung und einer rapide zunehmenden Zahl an Wechselwählern steigt die Bedeutung von Wahlwerbung weiter an.[3] Dieser Aufsatz möchte anhand der beiden wichtigsten Wahlkampfmittel Plakat und Fernsehspot und deren jeweils zentraler Größe – nämlich des Slogans – erarbeiten, was demokratische Wahlkampfrhetorik heutzutage ausmacht und ob/inwiefern sie sich von politischer Propaganda in totalitären Systemen unterscheidet.

2 Rhetorik, Persuasion, Argumentation

Der *Rhetorik*-Begriff wird im Folgenden weit gefasst: Unter ihm werden sprachliche wie außersprachliche Persuasions-, Argumentations- und Kommunikationsstrategien subsumiert.

> „Wahlwerbung und politische PR von Parteien sind ihrer Intention nach immer persuasive Kommunikation, da sie darauf abzielen, eine Änderung, Ver-

---

[1] Diesen Aspekt der Macht, die beim Wähler liegt, stellten B´90/Die Grünen im Europa-Wahlkampf 2004 ganz bewusst in ihrer Sloganserie in den Vordergrund: *Du entscheidest. Für ein friedliches Europa; Du entscheidest ...*
[2] In modernen Massendemokratien ist „die medial vermittelte Wahlwerbung ein strukturell notwendiges Element politischen Handelns" (Raab/Tänzler 2002: 220). Nur hiermit werden auch noch die politisch Desinteressierten erreicht.
[3] Dennoch haben sich in der heißen Phase des Wahlkampfes bereits 75% der Wähler entschieden, wen sie wählen; nur 2–3% werden durch Wahlwerbung wieder verunsichert, nur weitere 2% gar beeinflusst (Geier 1998: 34).

stärkung oder Festigung der Meinung, Einstellung und des Verhaltens der Wähler zu erreichen – nämlich die Stimmabgabe für die eigene Partei." (Jakubowski 1998: 107)

Beim lateinischen Ursprungswort (*persuadere*) zeigt die Satzkonstruktion an, ob der Adressat *überzeugt* (mit ACI) oder *überredet* (mit Konsekutivsatz) wird. Der Terminus *Persuasion* hingegen lässt weitgehend offen, welche Bedeutung gemeint ist. Über das Ziel von Persuasion herrscht zwar weit gehender Konsens: der sachpolitisch-programmatische sowie machtpolitisch-karrieristische Erfolg einer Partei/eines Politikers. Aber während die herrschenden Definitionen zumeist vom Idealfall einer inhaltlichen, (dia-)logischen Argumentation (und damit vom klassischen rhetorischen Ideal),[4] also vom Überzeugen, ausgehen, wird in der Praxis häufig auch dann von persuasiver Kommunikation gesprochen, wenn, wie tendenziell in der Wahlwerbung, ein inhaltsarmer, asymmetrischer, also monologischer Ein-Weg-Kommunikationsfluss, ein Versuch des Überredens, vorliegt.

Betrachtet man einige der Gelingensbedingungen für persuasive Sprechakte nach Kopperschmidt (1976: 84ff.), so kann es Persuasion nur in der Demokratie geben. Demnach müssen zwei gleichberechtigte Kommunikationspartner existieren; der Redner muss ernsthaft an einer argumentativ zu erzielenden Verständigung interessiert sein und sich verpflichten, die Entscheidung des Rezipienten zu respektieren und nicht durch persuasionsfremde Mittel zu beeinflussen. In totalitären Systemen hingegen dominiert die Manipulation: Hier soll dem in seiner Entscheidung nicht autonomen Rezipienten das Ziel, die Beeinflussung/Veränderung von Meinung, Einstellung oder Verhalten, verborgen bleiben. Hingegen ist die Persuasion ein „zielgerichtetes, planmäßiges Handeln mit der erklärten Absicht einer Beeinflussung grundsätzlich eigenständig entscheidender Personen" (Wehner 1996: 13).

3 Totalitäre Propaganda

„Totalitäre Propaganda ist eine Beeinflussungsmethode, die von einem Propagandatreibenden, der die ganze Macht über sämtliche sozialen und politischen Bereiche in einem Staat erlangt hat, in Einklang mit politischem Terror mittels einer zentralistisch aufgebauten Propagandaorganisation eingesetzt

---

[4] Vgl. Roth 2004: Kap. 9.1.3, der folgende drei Aspekte des rhetorischen Ideals erläutert: a) Rede – Gegenrede (Dialogprinzip); b) Sozialisierung und soziale Bindung (Persuasion als Orientierungsaufgabe [Meinungsbildung, Organisation von Mehrheiten, Bündelung von Interessen]); c) rhetorische Rationalität (Informationsaufgabe).

4 Politische Kommunikation

> wird, damit mit werblichen Mitteln das Ziel der Bewußtseinsumbildung und Gleichschaltung aller Köpfe erreicht, dadurch auf der Grundlage bestimmter willkürlicher ideologischer Annahmen der Umworbene ideologisch überwältigt wird und zum passiven Medium des Propagandatreibenden herabsinkt." (Schütte 1968: 81f.)

Wenn Diktatoren häufig gute Redner sind oder haben, ist dies im Prinzip also unnötig, denn notfalls kann Gewalt(androhung) eine aufkommende Diskussion schnell beenden.[5] Allein die politischen Rahmenbedingungen machen Persuasion und Wahlwerbung überflüssig: Es darf keine politische Willensbildung, keinen Macht- oder Meinungspluralismus geben, sondern die Einheitlichkeit der politischen Willensbildung muss gewährleistet werden: Statt Meinungsfreiheit herrscht Gleichschaltung.

Kennzeichnend für totalitäre Propaganda (am Beispiel der NS- und der SED-Sprache) sind etwa:

- BEFEHL und ERLASS als typische Sprechhandlungsmuster (vgl. Kilian 1997: 68), also das Fehlen von Persuasion und struktureller Dialogizität. Die Zuhörer haben keine Entscheidungsfunktion, da „das für persuasive Kommunikation notwendige Strittige nach Auffassung der DDR-Ideologie [...] nicht gegeben war. Die marxistisch-leninistische Ideologie verstand sich als eine wissenschaftliche Ideologie. In Fällen, wo selbst die Partei sich scheute, das Wahrheitskriterium anzuwenden, sprach sie von den Kategorien ‚Parteilichkeit' und ‚Nützlichkeit'. Auch damit wurden Sachverhalte dem Bereich des Strittigen und Argumentativen entzogen" (Fix/Poethe/Yos 2001: 123f.).
- „Ideologiesprachliche Monosemierung" und „totalitäre Wahrheit der Wörter" (Kilian 1997: 256f.), also eine einheitlich-normierte Sprache, ein „geschlossenes System von Sprache" als „gewissermaßen sprachliche Objektivierung eines wissenschaftlich exakten Systems" (Eppler 1992: 37f.). Im Totalitarismus herrscht Deutungshoheit von Regierungsseite aus; es gibt jeweils nur eine fest definierte, die ideologisch richtige Bedeutung eines Wortes. Demokratisch hingegen sind ein konkurrierender politischer Sprachgebrauch sowie

---

[5] Ein Beispiel hierfür sind die „Tran und Helle"-Kurzfilme im Dritten Reich, in denen erstaunlich offen politische Fragen von zwei Seiten (dem dummen Tran und dem NS-treuen Helle) beleuchtet und ausdiskutiert wurden. Doch am Ende dieser Scheinargumentation unterlag natürlich jeweils Tran, und sei es, dass er etwa nur vom Abhören ausländischer Sender abließ, weil ihm als letztes „Argument" die drohende Gefängnisstrafe vorgehalten wurde.

Bezeichnungs- und Bedeutungskonkurrenzen, der Kampf der Parteien um Begriffe und Konnotationen (vgl. Klein und Wengeler im vorliegenden Band). An die Stelle der Dominanz eines einzigen Sprachstils tritt aufmerksamkeitsheischende sprachliche Kreativität, Originalität und Flexibilität. Ein totalitäres Regime kann sich der Aufmerksamkeit gewiss sein bzw. benötigt sie gar nicht (vgl. Schütte 1968: 39f., 49f.). Hier wird „[d]er dem Regime genehme Sprachgebrauch [...] unter Ausschaltung konkurrierender Auffassungen und Meinungen durchgesetzt" (Brüggemann 1977: 36). Sprachlich werden keine Handlungsalternativen angedeutet; verbales politisches Handeln ist ein „Verdrängungskampf, der keine Kompromisse kennt", keine Meinungen zur Diskussion stellt, keine Chancen für Entgegnungen oder Kritik eröffnet, kein Interesse an Bedürfnissen und Sichtweisen des Adressaten bekundet (Volmert 1989: 148).

- Bei den Nazis das Fehlen eines rationalen Programms. An dessen Stelle treten eine inhaltsarme Sprache aus Schlagwörtern, Sprachschablonen und leeren Phrasen (*Bonzenwirtschaft, geistige Elite der Nation, ständischer Sozialismus*) sowie eine Sündenbockstrategie, nach der es einen Schuldigen für alles gibt, der als Feindbild aufgebaut und mit primitiven Assoziationen versehen wird (Meyer 2002: 180).
- Die Einbettung – zumindest *faschistischer* Rhetorik – in ein Gesamtkunstwerk, das als „säkularisierter Gottesdienst" (Volmert 1989: 158) inszeniert wird. Hierzu gehört das religiöse oder kraftvolle (*in die Knie zwingen, stürmen*) Pathos in den Reden. Fehlende inhaltliche Argumentation wird vor allem durch para- und nonverbale Faktoren sowie die Rahmenbedingungen ausgeglichen, so dass eine „affektive Intensität und fast magisch anmutende Massenwirksamkeit" entsteht: „Der Redetext, das sprachliche Rohmaterial, erhält erst durch die Kulisse, die Inszenierung und den rituellen Vollzug seine Funktion im Rahmen des faschistischen Gemeinschaftserlebnisses" (Volmert 1989: 137f.). Daher konstatiert Volmert (1989: 151) eine „Tendenz der faschistischen Rhetorik zur Monumentalität ihrer Ausdrucksformen und Gesten". Der Befehlston, die monumentalen Wort- und Satzgebilde, das Bearbeiten des Adressaten „mit dem Stakkato rhetorischer Wiederholungen und mit überladenen Bildern und Metaphern" stellt eine Rhetorik dar, die „bewußt nicht informieren [will], sie will auch nicht (im üblichen Sinne) überreden oder überzeugen; sie will *überwältigen*, und das im psychischen wie physischen Sinne" (Volmert 1989: 148).

4 Politische Wahlwerbung in der Demokratie

Sicherlich gibt es keine einheitliche demokratische Wahlkampfrhetorik. Diese unterscheidet sich, zumindest in Nuancen, in Abhängigkeit
a) von der Art der Wahl (etwa Bundestags-, Landtags-, Europa-,[6] Oberbürgermeisterwahl) sowie
b) von der Stellung der werbenden Partei im Parteiensystem und aktuellen Machtgefüge (große vs. kleine, etablierte vs. unbekanntere Partei, Bundestags- vs. Nichtbundestagspartei, Position des Herausforderers vs. des Machthabers).[7]

Hier sollen jedoch die allgemeinen Tendenzen und Gemeinsamkeiten demokratischer Wahlkampfrhetorik in den Vordergrund gestellt werden.

Dabei lassen sich zwei Standpunkte unterscheiden: Politikstrategische Erwägungen setzen „rein auf den appellativen und emotionalisierenden Mobilisierungseffekt der Werbung" (zweckrationale Erfolgskriterien), während demokratiepolitisch-normative Positionen „ein Einhalten argumentativer und informativer Mindeststandards" (diskursive Wahlkämpfe) fordern (Brosda/Schicha 2002: 247).

4.1 Idealnormative Ansprüche an Wahlwerbung[8]

Idealtypisch ist Wahlkampf sachlich-informativ, er soll „Bürger über politische Themen und entsprechende Lösungsansätze der Parteien informieren, er soll Identifikationsmöglichkeiten mit Partei und Kandidat bieten, und er soll die Wähler für die Stimmabgabe mobilisieren" (Brosda/Schicha 2002: 248). Eine solche Wahlwerbung wäre der Versuch, inhaltlich-argumentativ zu *überzeugen*, sie wäre persuasiv im Sinne der vom Idealfall ausgehenden Definitionen, da sie eine tatsächliche Hilfe zur inhaltlichen Entscheidungsfindung böte und einen Beitrag zur politischen Meinungsbildung leisten würde. Den Kontrast zur Realität beschreibt pointiert Prisching:

---

[6] Zu den „strukturellen Besonderheiten des Europa-Wahlkampfes" (etwa weit gehende Entpersonalisierung; es geht v. a. um Mobilisierung; Europawerbecharakter; emotional positive Anreicherung von *Europa* mit *Zukunft, Friede, Freiheit, Sicherheit*; Vorgehen/Argumentieren gegen Europa-Gegner statt gegen den politischen Gegner) vgl. Diekmannshenke 1996.

[7] In Abhängigkeit hiervon lassen sich etwa Amtsinhaber- vs. Herausfordererstrategien oder Strategien der Präsentationswerbung (etablierte Parteien) vs. Einführungswerbung (Kleinparteien) unterscheiden.

[8] Einen Vorschlag für eine ideale Rhetorik demokratischer Kommunikation aus sprachberatender Sicht bietet Roth 2004: Kap. 9.3.

> „*Ideale Wahlkämpfe* lassen sich folgendermaßen beschreiben: Konkurrierende Personen und Gruppen legen den Wählern in Bilanzen und Programmen vor, was sie geleistet haben oder zu leisten beabsichtigen. Sie präsentieren ihre persönlichen Kompetenzen und streichen ihre Stärken heraus. Sie beanspruchen jeweils Superiorität für ihre Vorhaben gegenüber den Absichten der politischen Gegner, sie argumentieren für diese Behauptung und machen deutlich, daß sie über die jeweils besseren Ressourcen zur Umsetzung dieser Programmatik verfügen. Die ‚Gemeinschaft der Staatsbürger' [...] beurteilt im Zuge des Wahlkampfes die vorgelegten ‚Angebote' der politischen Parteien, und die Wähler lassen hiebei [sic] ihre Gemeinwohlvorstellungen, weltanschaulichen Grundüberzeugungen und individuellen Interessen einfließen und fällen ihre Wahlentscheidung. Bei solcher Idealisierung handelt es sich um eine zweifelsohne demokratieförderliche Rhetorik. *Wirkliche Wahlkämpfe* sind anders. [...] Wahlkämpfe simplifizieren, manipulieren, tarnen und täuschen. Sie kosten viel Geld und führen zu keiner besseren Information der Bürger, die sich eher von Stimmungen und Vorurteilen leiten lassen. [...] Jeder versucht den Gegner zu verunglimpfen. Jeder mißversteht den anderen, mit Absicht." (Prisching 2002: 11f.)

4.2 Die Realität der Wahlkampfrhetorik

In der Realität der Wahlwerbung dominieren zunehmend Scheinkampagnen (Brosda/Schicha 2002: 249), die an „schlichte Waschmittelwerbung" (Jarren/Bode 1996: 65) erinnern. Von persuasiven Strategien kann angesichts eines abnehmenden Austauschs von Sachargumenten sowie einer steigenden emotionalen Komponente nur im Sinne eines *Überredens* die Rede sein. Argumentation tritt allenfalls noch in Form von verkürzter Scheinargumentation auf, die auf die Textoberfläche beschränkt bleibt: *Damit unsere Kinder leben können – Umweltsünder hart packen – SPD* (Gruner 1990: 94).

> „Aufgabe des Medieneinsatzes ist es im wesentlichen, den Namen der Partei (als Erinnerungswerbung) und eine weitere Botschaft zu transportieren. Weder bei den Spots, den Anzeigen, noch beim Plakat kann heute der Anspruch erhoben werden, einen argumentativen Wahlkampf zu führen." (Schröder 1983: 158)

4.2.1 Kommunikations- und Argumentationsstrategien

Dient Wahlkampf primär der Aufmerksamkeitsgewinnung, verfolgen die Parteien sekundär drei Hauptziele: die Bestätigung der Stammwähler, die Motivation von Wechselwählern sowie die Motivation bisheriger Nichtwähler (vgl. Jakubowski 1998: 108f.).

Kennzeichnend für den Wahlkampf ist eine strategische Argumentation: Scheinbar ist man an einer Kooperation, an Konsensfindung durch Überzeugung interessiert, doch eigentlich soll das Gegenüber überredet werden (Jacoby 1987: 6). Typische Elemente der Wahlwerbung, die untereinander oft untrennbar verbunden sind, sind hier folgende (vgl. Rollig 2000: 30-32; Jakubowski 1998: 117–129):

a) *Profilierung* der eigenen Partei (Aufweis der Legitimation, Selbstcharakterisierung, Nachweis von Kompetenz und Kontinuität). Auf lexikalischer Ebene geschieht dies häufig durch das „Besetzen" von positiv konnotierten Begriffen, die in den Kontext des eigenen Parteinamens gestellt werden, so dass idealiter gewisse Miranda automatisch mit einer Partei assoziiert werden.

b) *Polarisierung* (Aufweis unterschiedlicher Wertvorstellungen und Ziele).

> „Die inszenierte Polarisierung gerät über der Verwechselbarkeit politischer Angebote zum Legitimations- und Systemzwang – wo banale Alternativlosigkeit herrscht, wird umso intensiver der synthetische Gegensatz produziert." (Gruner 1990: 166)

Ein Prototyp für diese simplifizierende[9] Schwarz-Weiß-Malerei sind die antithetisch aufgebauten „statt"-Slogans, die suggerieren, es gebe nur zwei Alternativen: *Du entscheidest. Good food statt Gen food* (B´90/Die Grünen 2004), *Zukunft statt Rot-Grün – CDU* (1987), *Freiheit statt Sozialismus* (CDU 1976). Analog und zum Teil ergänzend hierzu existieren Scheinargumentationen mit „damit"-Konstruktion: *Damit Gerechtigkeit regiert, nicht soziale Kälte – SPD* (SPD 1987), *Rau statt Kohl – damit die Konjunkturlüge nicht durchgeht* (SPD 1990). Bisweilen wird die Polarisierung allerdings zu radikal überspitzt:

> „Wer CDU/CSU wählt, der riskiert – dauernde Einparteienherrschaft/ – Teuerung und Inflation/ – endgültige Spaltung unseres Vaterlandes/ – Atombomben und Atomtod,/ Darum SPD" (zitiert nach Gruner 1990: 70).

c) *Diskriminierung/Gegnerabwertung/negative campaigning* (Infragestellen der Legitimation des politischen Gegners, Nachweis seiner Nichtwählbarkeit, Prophezeiung negativer Entwicklungen, Aussicht auf positive Entwicklungen bei der Entscheidung für die werbende Partei).

---

[9] „Überredung qua Simplifizierung komplexer politischer oder ökonomischer Sachverhalte ist der Grundzug jeder Wahlkampfwerbung. [... D]ie Simplifizierung allerdings ist nicht die Verkörperung von Einfachheit, sondern von Vereinfachung. Vereinfachung ist die manipulative Verengung der multikausalen Wahrheit auf die Ebene monokausaler Interpretation, sie entspricht dem Verlangen nach schnellen und klaren Entscheidungen vor dem Hintergrund einfacher Dichotomien." (Gruner 1990: 120f.)

Mit der Gegnerabwertung zwingt man diesen einerseits zur Verteidigung; andererseits muss sich die werbende Partei selber inhaltlich nicht festlegen. Besonders kleine (Protest-)Parteien setzen auf diese Strategie, ohne eigene inhaltliche Angebote entgegenzusetzen oder Alternativen aufzuzeigen. Negativdarstellungen haben zudem eine höhere Chance, erinnert zu werden. Zu heftige, direkte Attacken lösen beim Wähler allerdings das Gefühl der Unfairness aus und schaden damit der Glaubwürdigkeit und Seriosität der werbenden Partei. Daher wird ein Angriffsslogan häufig so ironisch überspitzt, dass er schon wieder unaggressiv wirkt: *Mehr Bürokratie für alle. Rot-Grün; Leistung muß endlich wieder bestraft werden. Rot-Grün; Nieder mit dem Aufschwung. Rot-Grün; Weniger für alle. Rot-Grün* (nach Gruner 1990: 86).

Negativbeispiele dieser Strategie sind die Diskreditierung des Gegners als verfassungsfeindlich (jeweils zitiert nach Gruner 1990: 134f.):

> „*In Nürnberg proklamierte Hitler die NSDAP zur Monopolpartei. In Nürnberg proklamierte Adenauer die CDU zur Monopolpartei. In zwölf Jahren ruinierte Hitler Deutschland. Gebt Adenauer keine zwölf Jahre Zeit!* (SPD 1957)
>
> *Alle Wege des Marxismus führen nach Moskau* (CDU 1953)"

d) *Entlarvung* von Defiziten in der bisherigen Politik (Nachweis von Kompetenz-, Kontinuitäts- und Glaubwürdigkeitsmangel der gegnerischen Partei; v. a. von Oppositionsparteien benutzt).

e) *Prolongierung* (Aufweis von Kontinuität als zukunftssicherndem Element, Suggestion einer linearen (positiven) Fortentwicklung durch die werbende Partei; von Regierungsparteien benutzt).
Konstitutiv für Prolongierungsslogans – *Weiter vorwärts mit Blücher für Deutschland* (FDP 1953); *Kurs halten – CDU* (1957); *Wir sind auf dem richtigen Weg* (CDU 1983) – sind u. a.: 1) die Thematisierung der Dichotomie Veränderung/Kontinuität, 2) die Vereinnahmung der „positiven" Vergangenheit und ihre suggestive Vermittlung als „eigenen" Erfolg, 3) die konnotative Zuordnung der „negativen" Vergangenheit an den politischen Gegner, 4) die Synonymisierung von Zukunft mit dem eigenen Parteinamen (Gruner 1990: 80f.).

f) *Personalisierung* (Fokussierung auf einen Politiker; v. a. von Großparteien mit bekannten Politikern und Spitzenkandidaten).
Die Strategie Personalisierung, die es bereits bei Adenauer gab, bedeutet Reduzierung der Komplexität durch Visualisierung der Politik im Politiker. Somit wird Politik bürgernah, da unmittelbar sichtbar, greifbar und identifizierbar. Die Fokussierung auf einen „Star"

ist zugleich medienüblich und bedient Rezeptionsgewohnheiten der Wähler. Für diese ist es zudem leichter, über eine Person bzw. ihr Charisma zu entscheiden, als über politische Sach- und Detailfragen oder gar sich nur geringfügig unterscheidende Programminhalte; hierfür fehlt ihnen oft die Kompetenz. Und vonseiten der Politik aus „ist es leichter, für ein Produkt – sprich: Politiker – zu werben als für das ganze Sortiment – sprich: Parteiprogramm bzw. Partei" (Geier 1998: 41). Die Zuspitzung auf eine Person birgt allerdings die Gefahr der Entpolitisierung, auch wenn die Selbstdarstellung der Politiker in Deutschland eher positional denn personell verläuft, also nicht (wie in den USA) mit einer Privatisierung einhergeht, dass Politiker in rollenfremden, privat-informellen Situationen auftreten (vgl. Holtz-Bacha 2000: 234).

Während einerseits die Personalisierung anzusteigen scheint und selbst B´90/Die Grünen entgegen den eigenen Prinzipien immer stärker hiermit arbeiten (bzgl. Joschka Fischers), zeigen Analysen von Wahlwerbespots, dass hier die direkte Sprechzeit von Parteivertretern Kommentaren aus dem Off zunehmend weicht (Rollig 2000: 101).

g) *Image-Konstruktion* (einer Parteien- oder Politikeridentität).

Raum für inhaltliche Argumentation bieten all diese Kommunikationsstrategien kaum: Plakate wie auch die seit 1998 auf 90 Sekunden beschränkten Wahlwerbespots im öffentlich-rechtlichen TV[10] lassen weder Platz noch Zeit für Überzeugungsarbeit.[11] Angesichts dessen ist – v. a. bei den kleinen, nicht im Bundestag vertretenen Parteien – das wichtigste Merkmal der persuasiven Kommunikationsform Werbespot die bloße (Kompetenz-)Behauptung. Für Plakate gilt Ähnliches (*Zukunftsgerecht. Politik mit einem klaren Prinzip* [SPD 2004]; *Sie kann's*; *Auf ihn ist Verlass* [B´90/Die Grünen, SPD 2005 bei der OB-Wahl in Darmstadt]). Selbst in textlich umfangreicheren Wahlanzeigen, die auf den ersten Blick argumentativ erscheinen, dominieren Feststellungen und Behauptungen (Geier 1996: 240).

Als weitere dominierende Argumentationsmuster nach der bloßen Behauptung nennt Holtz-Bacha für Spots die Argumentation auf Basis von Plausibilität[12] (z. B. Hinweise auf frühere Erfahrungen/Traditio-

---

[10] Die von den Parteien auf eigene Kosten gesendeten TV-Spots auf den privaten Kanälen sind aus Kostengründen noch wesentlich kürzer, was sich auch in der sprachlichen Gestaltung niederschlägt (vgl. Rollig 2000: 108).

[11] Holtz-Bacha (2000: 203f.) weist einen statistisch signifikanten Zusammenhang zwischen Spotlänge und überwiegender Art der Argumentation nach.

[12] V. a. die kleineren Bundestagsparteien „legen plausible Begründungen für ihre Position in Sachfragen" vor (Holtz-Bacha 2000: 204).

nen, die eine Entwicklung nahe legen), die in den letzten Jahren aber abnimmt, sowie das seit 1983 an Bedeutung gewinnende Muster der emotionalen Appelle (auch Angstappelle), das vermeintliche oder bestehende Vorbehalte und Vorurteile in der Bevölkerung aufgreift und verstärkt und so Identifikationspotenzial schaffen und Zustimmungsbereitschaft erzeugen soll. Zumeist wird dabei in den Argumentationen nur eine Perspektive dargelegt: „Die Wahlwerbung tut also wenig, um durch Auseinandersetzung mit Gegenargumenten ihre Botschaft glaubwürdiger und auch längerfristig effektiv zu machen" (Holtz-Bacha 2000: 204f.).

Aus Gründen der Glaubwürdigkeit verzichten Parteien in ihren Wahlkampfaussagen, die ja häufig Sprechakte des Versprechens (in die Zukunft gerichtete Behauptungen) sind, auf die explizite Verwendung des Lexems *versprechen*, das im Rahmen eines Wahlkampfes mit negativen Assoziationen verbunden ist. Entweder weichen die Parteien stattdessen auf einen kategorischen Stil aus (*Das machen wir. Erhöhung des Kindergeldes* [SPD]), oder sie setzen sich ganz bewusst vom Versprechen ab: *Wir versprechen keine Wunder, aber wir halten Wort* (SPD); *Sie kann nicht alles versprechen, aber alles versuchen.* / *Wir versprechen gar nichts, aber das halten wir* (PDS) (Geier 1996: 239f.; Geier 1998: 39). Lediglich dem politischen Gegner werden überzogene Versprechen angedichtet: *Wie will die SPD eigentlich bezahlen, was sie alles verspricht?* (Gruner 1990: 89).

Zum Großteil sind die beschriebenen Strategien die Konsequenz der Mediatisierung von Politik, die eine Modernisierung, eine Anpassung von Wahlkampfrhetorik an mediengerechte Formate mit sich bringt. Die in Spots benutzten Darstellungsformen, die aus den Medien übernommen wurden, sind demnach (nach Häufigkeit des Vorkommens): Bericht (wohl am häufigsten, da die Argumentation im Stil einer journalistischen Gattung glaubwürdig wirkt), Testimonials (ein scheinbar neutraler Zeuge erhöht die Aufmerksamkeit), Ästhetisierung, Reportage, ironisierende Darstellung, Dokumentation, Kommentar, Statement, humorvolle Darstellung, Übertreibung, Expertendarstellung, Interview, Porträt, Umfrage (Jakubowski 1998: 208–210).

Die ohnehin vorhandene Tendenz der Politik zu symbolischen Handlungen führt im Rahmen der Mediatisierung zu dem, was gemeinhin als Amerikanisierung[13] oder „Entertainisierung" (Holtz-Bacha 2000: 207) des Wahlkampfes bezeichnet wird.

---

[13] Dabei gleichen sich Wahlkampfstrategien ganz allgemein supranational an. So diente z. B. der Wahlkampf Blairs 1997, der sich seinerseits von Clintons Wahlkampf beeinflusst zeigte, als Vorbild für den Wahlkampf der SPD 1998 sowie den der österreichischen SPÖ 1999.

4 Politische Kommunikation

4.2.2 Die Amerikanisierung des Wahlkampfes

Als Merkmale für diese Entwicklung werden gemeinhin genannt:

- *Professionalisierung*, das meint den Eingang von Elementen kommerzieller Werbung und die Annäherung an Wahlkampfmethoden der USA: Die Wahlkampforganisation/-führung liegt in den Händen von Kommunikationsprofis, so genannten *spin doctors*, und es wird eng mit Meinungsforschungsinstituten zusammengearbeitet.
- *Inszenierung von Wahlkampf als Wettstreit* (horse race).
- *Angriffswahlkampf/negative campaigning*.
- *Ereignis- und Themenmanagement*, die Inszenierung und Theatralisierung von Politik, so dass die Medien gezwungen werden, darüber zu berichten. Ein Beispiel hierfür ist die so genannte Leipziger „Krönungsmesse" der SPD 1998 „mit ihren zahlreichen Anleihen bei Hollywood und Las Vegas", der „Inszenierung von Innovation, Wechsel und Dynamik" durch bewusste Farbgebung, Dramaturgie, musikalische Unterlegung, Beleuchtung und sprachliche Semantik (Vogt 2002: 208f., vgl. Dörner 2001: 123–129). Hierher gehören auch Gerhard Schröders Auftritt in der Serie *Gute Zeiten, schlechte Zeiten* sowie Politikerauftritte in Unterhaltungsshows oder im *Big Brother*-Container. Hier wird Politik zur Show, zum „Politainment" (vgl. Dörner 2001).
- *Entpolitisierung, Entideologisierung, Entsachlichung* durch *Personalisierung, Imagekampagnen* und *Emotionalisierung*.

Als „vorläufiger Höhepunkt des ‚Amerikanisierungsprozesses'" in Deutschland wird die SPD-Kampagne 1998 gesehen: „An dieser Kampagne der SPD war nichts spontan, ungeprüft, ungetestet oder ungerechnet. Vor allem verlief nichts unprofessionell gegen die dramaturgischen Regeln der Mediendemokratie" (Oberreuter 2002: 129f.). Der bewusst vage SPD-Begriff *neue Mitte*, der den Zugang zu neuen Wählerschichten eröffnen sollte, wurde zuvor demoskopisch getestet; die Schlüsselbegriffe *Innovation, Gerechtigkeit, Politikwechsel* und *politische Führung*, Mittelpunkt des Agenda-Settings und Imagewechsels, wurden mithilfe der Meinungsforschung festgelegt; 90 Aussagen des Wahlprogramms wurden demoskopisch und in qualitativen Interviews getestet, ehe sie zu Motiven und Slogans verdichtet wurden. Die SPD-Wahlkampfzentrale Kampa mit etwa 70 Mitarbeitern arbeitete nach dem Vorbild der amerikanischen „war rooms" und sorgte für viel Meta- und Anschlusskommunikation, etwa in Form von „Plakat- und Postkartenserie[n] mit populären Kinofilmen (z. B. ‚Wem die Stunde schlägt'), mit denen den Wählern auf humorvolle Weise suggeriert wurde, dass die Regierungszeit für Kohl abgelaufen sei". Unterstützt wurde sie von Werbe- und Kommunikationsprofis aus acht Zulieferfirmen, die häufig „keine Ahnung von Politik hatten, [was] dabei nicht als Nachteil, sondern eher als Vorteil gesehen" wurde (Oberreuter 2002: 134–139).

Die drei eng miteinander verknüpften zentralen Strategien, die sich erkennen lassen, sind *Entsachlichung, Emotionalisierung* und die Suche nach dem, was der potenzielle Wähler hören möchte, also *Anbiederung*.

4.2.2.1 Anbiederung

Ziel der Parteien ist es weniger, sachkompetent denn zunächst einmal sympathisch zu wirken. Hierfür bietet es sich an, auf die Wünsche der Wähler einzugehen und sich ihren Gewohnheiten anzupassen. Dies geschieht durch einen moderaten, unaggressiven, bisweilen ironischen Tonfall (*Wir werden nicht alles anders, aber vieles besser machen* [SPD 1998], den Verzicht auf Angriffswörter (*Sozialabbau, soziale Kälte*) und einen direkten politischen Appellstil. Die Parteien versuchen, unaufdringlich eine Identifikation mit den Präferenzen der Adressaten zu suggerieren und präsentieren hierzu stereotype Personen, Situationen und Lebensstilentwürfe, „mit denen Wähler sich und ihre Wunschvorstellungen selbstidealisierend identifizieren können" (Klein 2002: 151f.). Als symptomatisch hierfür erwähnt Klein einen SPD-Wahlwerbespot, der ganz ohne Sprache auskommt und Menschen unterschiedlichsten Alters in „ästhetisierten Alltags-, Spiel- und Urlaubssituationen" zeigt, abwechselnd mit eingeblendetem Schrifttext: „12 Millionen Menschen wollen einen schönen Lebensabend", „9 Millionen Jugendliche wollen eine Lebensperspektive", „12 Millionen Kinder wollen Spaß", „82 Millionen in Deutschland wollen eine bessere Zukunft." Und nur am Ende des Spots erfolgt ein Hinweis auf Politik: „SPD. Wir sind bereit." Hier wird der „gepflegte Stil modernster Wirtschaftswerbung" (Klein 2002: 152) angewandt.

4.2.2.2 Emotionalisierung

Wahlwerbung ersetzt den direkten, rationalen politischen also durch einen emotionalen Appell, die sachlich-argumentative durch eine atmosphärische Argumentation. Diese Emotionalisierung bedient sich der Ästhetisierung und Visualisierung, da Bildkommunikation besser als rein sprachliche Kommunikation emotionale Erlebnisse vermitteln kann (vgl. Holtz-Bacha 2000: 15, Holly 1991: 258).

Die steigende Bedeutung des Visuellen, das in moderner Wahlkampfrhetorik ergänzend, z. T. sogar ersetzend[14] an die Stelle von Sprache und Text tritt, belegt auch die Plakatwerbung: Anlässlich der Euro-

---

[14] 1998 kam rund ein Viertel aller Spotsequenzen ganz ohne Text aus, war also reine Bildsequenz (Holtz-Bacha 2000: 213).

4 Politische Kommunikation

pawahl 2004 präsentierte die CDU ein textloses Plakat mit einem rotgrünen Apfel, in dem ein Wurm steckte. Wahlwerbung begnügt sich mit Anspielungen, der Rest muss sich im Kopf des Rezipienten vollziehen. Doch durch die Visualisierung von Aussagen erreichen diese „ein ausgesprochen hohes Maß an Beliebigkeit und Konturlosigkeit" (Rollig 2000: 101) und bedingen damit eine Entsachlichung.

4.2.2.3 Entsachlichung

Die Entsachlichung (oder Entpolitisierung) der Wahlwerbung geht einher mit ihrer Professionalisierung, also der Adoption von Strategien der kommerziellen Werbung, die seit den 1960er-Jahren zu beobachten ist (Rollig 2000: 14).[15]

Noch 1983 vertrat der SPD-Medienstratege Volker Riegger die These, „daß die SPD nur als eine der Aufklärung und dem Diskurs verpflichtete Partei erfolgreich Wahlkämpfe führen kann" (nach Holly 1991: 272), aber Hollys Analyse der SPD-Spots zur Europawahl 1989 zeigt, dass auch die SPD bereits bei dieser Wahl dem Trend der Emotionalisierung und Entsachlichung folgte. Die Entpolitisierung ist dabei einerseits die logische Konsequenz der Entwicklung von der Parteien- zur Mediendemokratie. Wahlwerbung muss sich an Medienformate und die Rezeptionsgewohnheiten der Wähler anpassen, die durch kommerzielle Medien und Werbung bestimmt werden.[16] Wie gut diese Anpassung verläuft, zeigt die Tatsache, dass die SPD für ihre Plakate des Bundestagswahlkampfes 1998 gleich mehrere Preise der Werbeindustrie gewann (Keil 2003: 90). Dies mag allerdings kaum verwundern, da Plakate wie Spots zumeist von kommerziellen Werbeagenturen, die sonst Zigaretten oder Seife bewerben, konzipiert werden.

Die Entsachlichung, die zu einer Unterschiedslosigkeit der Wahlaussagen der beteiligten Parteien führt, weil nur noch Vages, Unkonkretes, unumstrittene Gemeinplätze aufgegriffen werden,[17] resultiert zudem aus der zentralen Wahlkampfgröße des Slogans:

---

[15] Schon 1969 erklärte eine für die SPD tätige Werbeagentur, dass „zwischen Markenartikeln und Partei aus Sicht der Werbung grundsätzlich kein Unterschied" bestehe (zitiert nach Gruner 1990: 22f.). 1980 setzte dann das Motto eines Kongresses der Werbewirtschaft (*Politik ist Käse – beides sind Markenartikel*) endgültig Politik und Konsumgüter gleich (Geier 1998: 36).

[16] „Die Erkenntnisse aus der Wirkung der kommerziellen Werbung fließen in die Wahlwerbung mit ein, und die Wahlwerbespots werden an dieses Vorbild angepaßt (Einsatz von Slogans, schnelle Schnitte, Musik, technische Gestaltung)." (Rollig 2000: 120)

[17] Niemand ist gegen „mehr Arbeitsplätze", „gesunde Umwelt", „gesicherte Zukunft" (Gruner 1990: 92). Wem soll man schon solche Slogans (nicht) zuschreiben

> „Die tendenzielle Unterschiedslosigkeit von Slogans ist Ausdruck ihrer widersprüchlichen Funktion, einerseits zur Profilierung im zwischenparteilichen Wettbewerb beitragen, zugleich aber maximalen Wähleranteilen Identifikation ermöglichen zu wollen." (Bethscheider 1987: 68f.)

Rollig (2000: 118) konstatiert die gleiche Entwicklung, eine gewisse Beliebigkeit der Aussagen, einen inhaltlichen Profilverlust der Parteien, allgemein für Wahlwerbespots.

Dabei sollte ein Slogan idealiter verständlich, einprägsam und unverwechselbar sein und – wenn auch in starker Vereinfachung – den politischen Willen einer Partei zu einer Aussage verdichten, die für die ganze Wahl steht (Keil 2003: 91). Diese Reduktion der Komplexität allerdings läuft der Maxime der Unverwechselbarkeit zuwider. Die Funktionen, die ein Slogan eigentlich erfüllen soll – appellieren, aktivieren, Komplexität reduzieren, Aufmerksamkeit wecken, überzeugen, Identifikations- und Solidarisierungsangebote machen durch Polarisieren oder Provokation (Toman-Banke 1996: 81–88) – sind daher nur teilweise realisierbar. Empirische Untersuchungen haben ergeben, dass folgende Slogan-Typen in Wahlwerbespots am häufigsten anzutreffen sind (nach Vorkommenshäufigkeit geordnet): Mobilisierungsslogans[18] (*Europa sichert Frieden. Bitte gehen Sie wählen* [SPD 2004]), Profilierungsslogans, programmatische Slogans, Personalisierungsslogans, Provokationsslogans (Holtz-Bacha 2000: 298f.). Thematische Slogans sind insgesamt eindeutig rückläufig: „Statt konkreter sachpolitischer Themen [...] sind es immer öfter moralische Verpflichtung, ethische Verantwortung, Gemeinschaftsgefühle und Gemeinwohlformeln, die die Parteien in den Mittelpunkt rücken" (Meyer 2002: 194f.).

Der Trend, dass die Art der Darstellung wichtiger wird als die Sache selbst (Prisching 2002: 32), gipfelt in den aussagefreien PDS-Slogans *Cool!* und *Geil!*, die nur noch darauf angelegt sind, ein jugendliches Image der Partei zu transportieren und die Aufmerksamkeit der anvisierten Zielgruppe zu erregen (Brosda/Schicha 2002: 259). Selbstdarstellung und Image stehen über thematischer Auseinandersetzung. Wenn, dann thematisieren Kleinparteien ihr Wahlprogramm, während Bundestagsparteien mit „vertrauensbildenden Maßnahmen" werben (Jakubowski 1998: 218–220, 245f.).

Während man einerseits die Entpolitisierung der Wahlwerbung als Reaktion auf die Aversion des Wählers gegenüber Agitation interpre-

---

können? Hätte man umgekehrt 1972 den Slogan *Deutsche – Wir können stolz sein auf unser Land* der SPD zugewiesen?
[18] In mehr als 75% der Wahlwerbespots (v. a. bei Kleinparteien) finden sich direkte Aufforderungen zur Wahl (Jakubowski 1998: 233).

4 Politische Kommunikation

tieren kann (Geier 1996: 234), verstärkt solch eine sinnentleerte, unzuordenbare Wahlwerbung andererseits auch die Politikverdrossenheit.

4.2.3 Einzelaspekte demokratischer Wahlwerbung

- „Wahlwerbung soll einen möglichst breiten Adressatenkreis erreichen. Dadurch muss ihre sprachliche Umsetzung möglichst einfach und verständlich sein" (Rollig 2000: 117). Abgesehen von bekannten politischen Jargonismen finden sich in der Wahlwerbung keine Fremdwörter. Bis auf wenige rhetorische Elemente dominieren kurze Sätze.
- Durch unvollständige Sätze mit Infinitivkonstruktionen unter Subjekt-Auslassung umgehen die Parteien konkrete Versprechen: *Darmstadts Zukunft erfolgreich gestalten* (CDU, OB-Wahl 2005); *Ausbildung fördern/Das Wichtige tun* (SPD, Europawahl 2004).
- Durch Identifikationsformeln und die gehäufte Verwendung „kollektiver" Pronomen in der 1. Person Plural (*wir/unser*) soll das persuasive Potenzial einer Wir-Gruppen-Konstruktion genutzt und der Wähler vereinnahmt werden (Rhetorik der kollektiven Identität).
- Jede Partei benutzt ihre typischen Fahnen- und Schlagwörter und weist das Gegenteil dem politischen Gegner zu, dessen Fahnenwörter dabei z. T. zum Stigmawort umgewertet werden (Dieckmann 1964: 129): *Sicherheit statt Risiko; Freiheit statt Sozialismus* (CDU 1976). Die Schlagwörter (SPD 1998: *neu, Innovation, Modernität, Wechsel*) sind dabei bewusst vage, semantisch unscharf, und sollen, wie die Hochwertwörter (*Lebensqualität*), unterschiedliche Lesarten ermöglichen und dadurch einen großen Adressatenkreis ansprechen. Diese „Schlagwortrhetorik" dient der Zuspitzung und Pointierung, denn durch ein Schlagwort lässt sich eine ganze Diskussion einfangen (z. B. *Leitkultur*). Solche Begriffsbesetzungen überdauern allerdings oft nicht mehr als einen Wahlkampf (vgl. Dieckmann und Wengeler im vorliegenden Band).
- Häufig wird auf den politischen Gegner nur implizit angespielt: *[...] denn Protest allein verändert nichts* (SPD) (Geier 1996: 240). Zum einen ist dieses Verfahren unaggressiv und holt den Wähler, der die Anspielung versteht, ins Boot; das gegenseitige Verständnis erzeugt das Gefühl einer Gemeinschaft. Zum anderen sind Anspielungen, wenn sie funktionieren, effektiver als explizite Äußerungen: „Sie fungieren als Leerstellen im politischen Text, deren vollständige Referenz vom Rezipienten zu vollziehen ist. Gelingt ihm dies, so wirken sie im Sinne der angestrebten Persuasion nachhaltiger als Texte, die alles explizit formulieren" (Geier 1999: 171).

- Wahlwerbung imitiert und verändert bekannte Textsorten: *Biete Kampf für wahre Gerechtigkeit in Sachsen/suche Zweitstimme am 11. September* (CSU); *Kennen Sie den Unterschied zwischen der CDU und einem Telefon? – Beim Telefon erst zahlen, dann wählen, bei der CDU erst wählen, dann zahlen* (SPD) (Geier 1998: 42f.); *Ob Sonnenschein, ob Regenschauer – das deutsche Volk wählt Adenauer* (Gruner 1990: 62f.); *Wir bringen Europa auf Vorderfrau* (FDP 2004); *Kann denn Sparen Sünde sein* (FDP). Der Einsatz von Stilmitteln wie Redewendungen, Wortspielen, Reimen, Sprichwörtern in Spots hat in letzter Zeit aber rapide abgenommen, da diese heutzutage weniger textorientiert sind (Holtz-Bacha 2000: 207).
- Der Humor spielt eine geringe Rolle in deutscher Wahlwerbung (Holtz-Bacha 2000: 208). Eine Ausnahme bildet die PDS, die sich humorvoll und selbstironisch mit der eigenen Parteigeschichte und bestehenden Vorurteilen und Vorbehalten auseinander setzt und durch den Bruch der Konventionen und Erwartungen Aufmerksamkeit erregt und um Vertrauen und Sympathie wirbt: *Wenn die PDS auch weiterhin an allem schuld sein soll, muß man sie auch wählen* (Geier 1999: 168); *Trauen Sie sich doch mal, es sieht ja keiner* (Geier 1999: 170).

5 Fazit

Was also ist das genuin Demokratische an Wahlwerbung? Insgesamt muss man sagen, dass sie wesentlich stärker durch das wirtschaftliche und gesellschaftliche, insbesondere mediale und weniger durch das politische System der Demokratie beeinflusst und geprägt wird. Die Politik befindet sich in einem gewissen Abhängigkeitsverhältnis von den Medien, statt diese, wie in totalitären Systemen, zu dirigieren; daher muss sich die politische Kommunikation, insbesondere die des Wahlkampfes, den gesellschaftlichen und wirtschaftlichen Rahmenbedingungen anpassen, um wahrgenommen zu werden. Medienkompetenz, die Fähigkeit, sich geschickt zu inszenieren, wird wichtiger als Sachkompetenz.

> „Die Fähigkeit einer geschliffenen Rhetorik ist längst durch smarte Telegenität abgelöst; die Fähigkeit, innerhalb von dreißig Sekunden vor laufenden Kameras eine politische Botschaft zu pointieren, ist wichtiger als die mitreißende Entwicklung einer politischen Idee in einer längeren Rede." (FRANKFURTER ALLGEMEINE ZEITUNG vom 26.7.2001, zitiert nach Meyer 2002: 196)

Im Zuge der Mediatisierung von Politik in der Demokratie dominiert vor allem im Wahlkampf eine Rhetorik der kurzen Statements und pointierten, polarisierenden Formulierungen.

Zutiefst demokratisch, weil undenkbar und unnötig unter einem totalitären Regime, ist vor allem auch die Notwendigkeit der Anbiederung: Die Parteien müssen sich mit ihren inhaltlichen Angeboten und deren sprachlicher und visueller Gestaltung in der Wahlkampfkommunikation wie in der kommerziellen Werbung an den Zeitgeist anpassen, nah am *Demos* sein und dem Wähler sagen, was er hören will, um Identifikationspotenzial zu bieten. Die Wähler sind keine amorphe Masse, sondern müssen zielgruppengerecht angesprochen werden (vgl. Geier 1996). Somit wird Wahlwerbung wie kommerzielle Werbung zu einem Indikator sozialen Wandels (vgl. Schmidt/Spieß 1996). Paradoxerweise ist vielleicht genau diese Tatsache demokratisch, dass das Wirtschaftssystem und die Gesellschaft einen größeren Einfluss auf die politische Werbung haben als das politische System, was zu einer Entpolitisierung und Entideologisierung führt. Daher ist die Wahlkampfrhetorik auch nicht zwangsläufig in allen Demokratien identisch, sondern kulturspezifisch. Ohnehin ist sie auch innerhalb einer Kultur nicht repräsentativ für den Sprachgebrauch in der Politik.

Demokratisch ist aber auch der Wettbewerb der Parteien untereinander, der sich in der Wahlkampfrhetorik niederschlägt. Das Kritisieren und Attackieren(-Dürfen) des Gegners, die Bedeutungsoffenheit und der Kampf um Begriffsinterpretationen sind nur vorstellbar in einem demokratischen System, in dem niemand die semantische Deutungshoheit hat und es kein geschlossenes, wissenschaftsähnliches Sprachsystem gibt.

Die Wichtigkeit der Rolle sprachlicher Kreativität, eine Konsequenz aus der Nichtnormierung und Offenheit von Wahlkampfsprache für unterschiedlichste Einflüsse, ist kennzeichnend für demokratische Werbung im Gegensatz zu totalitärer.

Im strengen Sinne undemokratisch hingegen ist die Dominanz der Strategie des Überredens: Da es im entpolitisierten, nur noch mediengerecht inszenierten Wahlkampf zu keinem Dialog, zu keiner Persuasion im idealnormativen Sinne einer inhaltlich-argumentativen Auseinandersetzung kommt, kann es keine Überzeugung geben. Die Parteien wollen nur noch emotionalisieren und werben um Aufmerksamkeit, Glaubwürdigkeit und Sympathie.

6 Literatur

Bethscheider, Monika 1987: Wahlkampfführung und politische Weltbilder – Eine systematische Analyse des Wahlkampfes des Bundestagsparteien in den Bundestagswahlen 1976 und 1980. Frankfurt am Main.

Brosda, Carsten/Schicha, Christian 2002: Politische Werbung als Teil der Wahlkampfkommunikation. Anmerkungen zur Angemessenheit der Inszenierung, in: Willems (Hrsg.) 2002, 247–264.

Brüggemann, Wolfgang 1977: Anmerkungen zur politischen Sprache. Düsseldorf.

Dieckmann, Walther 1964: Information oder Überredung. Zum Wortgebrauch der politischen Werbung in Deutschland seit der Französischen Revolution. Marburg.

Diekmannshenke, Hajo 1996: Alle reden von Europa. Schlagwortgebrauch und argumentative Strategie im Europawahlkampf 1994, in: Hajo Diekmannshenke/Josef Klein (Hrsg.): Wörter in der Politik. Analysen zur Lexemverwendung in der politischen Kommunikation. Opladen, 13–27.

Dörner, Andreas 2001: Politainment. Politik in der medialen Erlebnisgesellschaft. Frankfurt am Main.

Eppler, Erhard 1992: Kavalleriepferde beim Hornsignal. Die Krise der Politik im Spiegel der Sprache. Frankfurt am Main.

Fix, Ulla/Poethe, Hannelore/Yos, Gabriele 2001: Textlinguistik und Stilistik für Einsteiger. Ein Lehr- und Arbeitsbuch. Frankfurt am Main u. a.

Geier, Ruth 1996: Die Welt der schönen Bilder. Wahlwerbung in Ostdeutschland – Wahlwerbung für Ostdeutsche?, in: Ruth Reiher/Rüdiger Läzer (Hrsg.): Von „Buschzulage" und „Ossinachweis". Ost-West-Deutsch in der Diskussion. Berlin, 229–244.

Geier, Ruth 1998: Wahlkampf und Sprache oder: Die Vermarktung der Politik(er), in: Neue stenographische Praxis, Heft 2, 47. Jg., 33–46.

Geier, Ruth 1999: Persuasive Strategien im Diskurs der PDS, in: M. Hoffmann/C. Keßler (Hrsg.): Beiträge zur Persuasionsforschung. Unter besonderer Berücksichtigung textlinguistischer und stilistischer Aspekte. Frankfurt am Main, 157–175.

Gruner, Paul Hermann 1990: Die inszenierte Polarisierung. Die Wahlkampfsprache der Parteien in den Bundestagswahlkämpfen 1957 und 1987. Frankfurt am Main u. a.

Holly, Werner 1991: *Wir sind Europa*. Die Fernsehspots der SPD zur Europawahl 1989, in: Frank Liedtke/Martin Wengeler/Karin Böke (Hrsg.): Begriffe besetzen. Strategien des Sprachgebrauchs in der Politik. Opladen, 258–275.

Holtz-Bacha, Christina 2000: Wahlwerbung als politische Kultur. Parteienspots im Fernsehen 1957–1998. Wiesbaden.

Jacoby, Karin 1987: Politik mit Sprache. Die Spitzenpolitiker im hessischen Landtagswahlkampf 1982. Frankfurt am Main u. a.

Jakubowski, Alex 1998: Parteienkommunikation in Wahlwerbespots. Eine systemtheoretische und inhaltsanalytische Untersuchung von Wahlwerbespots zur Bundestagswahl 1994. Opladen, Wiesbaden.

Jarren, Otfried/Bode, Markus 1996: Ereignis- und Medienmanagement politischer Parteien. Kommunikationsstrategien im ‚Superwahljahr 1994', in: Bertelsmann Stiftung (Hrsg.): Politik überzeugend vermitteln. Wahlkampfstrategien in Deutschland und den USA. Analysen und Bewertungen von Politikern, Journalisten und Experten. Gütersloh, 65–114.

Keil, Silke I. 2003: Wahlkampfkommunikation in Wahlanzeigen und Wahlprogrammen. Eine vergleichende inhaltsanalytische Untersuchung der von den Bundestagsparteien CDU, CSU, SPD, FDP, B´90/Die Grünen und PDS vorgelegten Wahlanzeigen und Wahlprogrammen in den Bundestagswahlkämpfen 1957-1998. Frankfurt/Main u. a.

Kilian, Jörg 1997: Demokratische Sprache zwischen Tradition und Neuanfang. Am Beispiel des Grundrechte-Diskurses 1948/49. Tübingen.

4 Politische Kommunikation

Klein, Josef 2002: Schröder gegen Kohl – Linguistische und semiotische Aspekte von Wahlkämpfen am Beispiel des Bundestagswahlkampfes 1998, in: O. Panagl/ R. Kriechbaumer (Hrsg.): Wahlkämpfe. Sprache und Politik. Wien, Köln, Weimar, 143–156.
Kopperschmidt, Josef 1976: Allgemeine Rhetorik. Einführung in die Theorie der Persuasiven Kommunikation. Stuttgart.
Meyer, Thomas 2002: Werbung, Propaganda, Stimmungspolitik. Der ideologiekritische Ansatz Theodor Geigers, in: Willems (Hrsg.) 2002, 175–200.
Oberreuter, Heinrich 2002: Die Amerikanisierung des Wahlkampfes in Deutschland, in: O. Panagl/R. Kriechbaumer (Hrsg.): Wahlkämpfe. Sprache und Politik. Wien, Köln, Weimar, 129–142.
Prisching, Manfred 2002: Wahlkämpfe – Bilder, Mythen, Rituale, in: O. Panagl/ R. Kriechbaumer (Hrsg.): Wahlkämpfe. Sprache und Politik. Wien, Köln, Weimar, 11–48.
Raab, Jürgen/Tänzler, Dirk 2002: Politik im/als Clip. Zur soziokulturellen Funktion politischer Werbespots, in: Willems (Hrsg.) 2002, 217–245.
Rollig, Kirsten 2000: Aus dem Wortschatz der F.D.P. Sprachliche Strategien der Wahlwerbung von 1969 bis 1994. Marburg.
Roth, Kersten Sven 2004: Politische Sprachberatung als Symbiose von Linguistik und Sprachkritik. Zu Theorie und Praxis einer kooperativ-kritischen Sprachwissenschaft. Tübingen.
Schmidt, Siegfried J./Spieß, Brigitte 1996: Die Kommerzialisierung der Kommunikation. Fernsehwerbung und sozialer Wandel 1956-1989. Frankfurt am Main.
Schröder, Peter 1983: Medien in den Wahlkampfstrategien der F.D.P., in: W. Schulz/ K. Schönbach (Hrsg.): Massenmedien und Wahlen. Münchenr, 155–161.
Schütte, Manfred 1968: Politische Werbung und totalitäre Propaganda. Düsseldorf, Wien.
Toman-Banke, Monika 1996: Die Wahlslogans der Bundestagswahlen 1949-1994. Wiesbaden.
Vogt, Ludgera 2002: Politik als Dauerwerbesendung. Zu den veränderten Rahmenbedingungen politischen Handelns in der Gegenwartsgesellschaft, in: Willems (Hrsg.) 2002, 201–215.
Volmert, Johannes 1989: Politische Rhetorik des Nationalsozialismus, in: Konrad Ehlich (Hrsg.): Sprache im Faschismus. Frankfurt am Main, 137–161.
Wehner, Christa 1996: Überzeugungsstrategien in der Werbung. Eine Längsschnittanalyse von Zeitschriftenanzeigen des 20. Jahrhunderts. Opladen.
Willems, Herbert (Hrsg.) 2002: Die Gesellschaft der Werbung. Kontexte und Texte. Produktionen und Rezeptionen. Entwicklungen und Perspektiven. Wiesbaden.

ADI GREWENIG

Politische Talkshows – Ersatzparlament oder Medienlogik eines inszenierten Weltbildes? Zwischen Skandalisierung und Konsensherstellung

1 Zusammenhang: Informationsqualität der Politikvermittlung

Der Umstand, dass die Konstitution gesellschaftlicher Wirklichkeit immer stärker von den Medien bestimmt wird, lässt die sukzessive Überformung der parlamentarisch-repräsentativen durch eine medial-präsentative Demokratie zunehmend plausibler erscheinen. Die Veränderungen im Zuge dieser Überformung werden analytisch als „Inszenierung des Politischen" akzentuiert, die sich bei der Politikvermittlung besonders in der Auswahl der Themen und der Art der Präsentation niederschlägt. Dabei wird neben dem Konkurrenzdruck vor allem das vermeintliche Publikumsinteresse als ausschlaggebend angesehen (vgl. u. a. Sarcinelli 1998; Meyer/Ontrup/Schicha 2000; Meyer 2001).

Die politischen Institutionen der parlamentarischen Demokratie selber haben bereits ein Problembewusstsein für diese Sachlage entwickelt. So hat der ehemalige Bundespräsident Rau in einem Grußwort zur Grimme-Preis-Verleihung 2004, bezogen auf das Gemeinwohl, an die beiderseitige Verantwortung *der* Politik und *der* Medien appelliert, für Glaubwürdigkeit und Relevanz einzustehen:

> „Die Demokratie lebt ja vom Streit, von der Einmischung mündiger Bürger. Einmischung verlangt aber Information, und gerade in einer Zeit der globalen Kommunikationsflut haben Medien eine enorme Verantwortung: Indem sie auswählen und gewichten, nehmen sie Einfluss auf die politische und gesellschaftliche Agenda in unserem Land. Sie entscheiden mit, was wichtig ist oder wichtig erscheint, sie setzen in der öffentlichen Debatte Prioritäten. Sie entscheiden mit, wo es nach dem Empfinden der Menschen Handlungs- und damit Einmischungsbedarf gibt. [...]
> Gewiss auch die Politik trägt eine Verantwortung dafür, glaubwürdig zu sein und ein Gefühl für Relevanz zu vermitteln. Ist es da nicht geradezu verheerend, wenn die Politik selbst in den Container geht? Wenn sie sich in ungezählten Sendungen zu Tode plaudert? *Welche Rolle bleibt dem Parlament, wenn die wichtigsten Kontroversen in Talkshows ausgetragen werden?* [Hervorhebung A.G.] Die Medien selber aber müssen sich fragen, nach welchen Kriterien sie auswählen, was wirklich wichtig ist – und hier natürlich an erster Stelle *das Fernsehen.*" (Rau 2004: Redemanuskript).

In der Forschung wird vor allem der Zusammenhang von Mediengesellschaft und *politischer Öffentlichkeit im Fernsehen* thematisiert, besonders die Dimensionen politischer und medialer Inszenierung(en),

4 Politische Kommunikation

die das Verhältnis von Politikdarstellung und -begründung, von Medienwahrnehmung im Allgemeinen und medialer Politikvermittlung bestimmen, finden analytische Aufmerksamkeit.

Im Zuge des Wandels der Parteiendemokratie zu einer Mediendemokratie,[1] so lautet der Befund, ist „das Fernsehen zum ‚Leitmedium' der Inszenierung von Politik, zum politischen Leitmedium für Darstellung und Wahrnehmung von Politik geworden. Es liefert eine Art neues Politikformat: Politik gleichsam im ‚Fernsehformat', das ist die Folie für die Wirklichkeitskonstruktion, -darstellung und -wahrnehmung, an der sich zunehmend auch andere Medien orientieren" (Sarcinelli 1998: 151).

Das Verhältnis von öffentlicher und veröffentlichter Meinung in diesem Medium unterliegt seit der Deregulierung des deutschen Rundfunksystems – der Zulassung kommerzieller Sendeanstalten 1984 – einem ökonomischen Strukturwandel, der mit seinen Verschiebungen in sozialer, demokratischer, technologischer und zeit-räumlicher Hinsicht das Politikbild des Fernsehens auch qualitativ verändert (vgl. Schiller 1998). Diese Veränderungen sind im jeweils aktuellen Diskussionszusammenhang über die Aufgaben von Medien und besonders des öffentlich-rechtlichen Fernsehens mitzubedenken, wenn aus Anlass einer neuerlichen Selbstverständigung – wie bei den Mainzer Tagen der Fernsehkritik 2004 geschehen – eine „deutlich gestiegene Orientierungserwartung an Informationstiefe und Informationsumfang" postuliert wurde, der der Intendant mit einer thesenartig vorgetragenen Informationsprogrammatik entsprach.[2]

Vor diesem Hintergrund der Orientierung einer „Publikumsgesellschaft" (Walter/Dürr 2000) durch Fernsehen und ihrer Ansprüche an die politische Medienberichterstattung wird zunehmend nach der funktionalen Qualität *politischer Talkshows* gefragt, und zwar verstärkt, da in diesem „Format" zwei Entwicklungslinien zusammenlaufen. Meyer/Schicha (2002: 57) haben sie als „Dominanz von Entertainment in der Politikvermittlung" und als „Inszenierungsdruck, der von den Medien ausgeht", beschrieben. Der gemeinsame Nenner mit anderen

---

[1] Vgl. Sarcinelli 1997: 36: Art. 21 GG Mitwirkungsrecht bei der politischen Willensbildung – Parteien sind systembestimmender Faktor; vgl. Meyer 2001; vgl. Walter/Dürr 2000: 7–21: Der Schein der Macht: Regieren in der Publikumsgesellschaft; vgl. Müller 1999: 59–81: Über die Machtverschiebung von Parteien zu Medien und damit verbundene demokratierelevante Veränderungen.

[2] Vgl. Markus Schächter: Eröffnungsrede des Intendanten, Mainz 2004 (Manuskript). Mainzer Tage der Fernsehkritik 2004: „Info ohne -tainment? Orientierung durch Fernsehen: Kompetenz, Relevanz, Akzeptanz." – Vgl. zur Fernsehgeschichte: Hickethier 1998: bes. Kap. 14: Am Ende einer Epoche – Vom analogen zum digitalen Fernsehen in Deutschland Ende der neunziger Jahre.

politischen Inszenierungen besteht im „öffentlich hervorgehobenen, im vorgezeigten, demonstrativen Handeln und darin, dass dieses Handeln eine symbolische Funktion übernimmt" (Meyer/Ontrup 1998: 523).

An exemplarischem Material – vor allem am wöchentlich gesendeten ARD-Format „Sabine Christiansen"[3] – können markante Inszenierungsaspekte gezeigt werden. Sie rekurrieren auf Darstellungspolitik im Sinne von politischer Öffentlichkeitsarbeit und Imagepflege, d. h. auf Politikmarketing, sind jedoch wesentlich bestimmt von den „grundlegenden Strategien, die der aktuelle Journalismus entwickelt hat, um politische Themen in Bild und Wort zu inszenieren" (Meyer/Ontrup/Schicha 2000: 200).

Die Hybridform *Politainment* (vgl. Bolz 2000; Dörner 2001) ermöglicht einen begrifflichen Zugang, der diese Verbindung von Darstellungspolitik und journalistischen Strategien, die in der „elektronischen Situation"[4] zum Tragen kommt, in ihren Dimensionen als *Inszenierungskonzept* analysierbar macht; dies trifft besonders auf inszenierte Gesprächssituationen wie die hier zugrunde gelegten Streitgespräche oder „Debattenshows" zu.[5]

2 Herstellen von Öffentlichkeit – „Diskutieren Vorzeigen"[6]

Wie für andere Formate gilt auch für diese Debattenshows, dass sie Ausdruck eines längerfristigen Wandels im Kontext mediengeschichtlicher Entwicklungen sind. Dieser Zusammenhang ist jedoch nicht als bloß technische Entwicklung von Kommunikationsmedien zu begreifen, sondern als „Interpretation eines vergesellschaftenden Ensembles von Kommunikationsmitteln" (Pross 1987: 14f).

Dieses „vergesellschaftende Ensemble" ist mit zu bedenken, wenn Aussagen über den generellen Stellenwert von Gesprächssendungen

---

[3] Vgl. ABC der ARD, hrsg. von der ARD 1999: 141: „Sabine Christiansen" – „Talkshow mit prominenten Gästen, die sich über aktuelle, zumeist politische Themen unterhalten, moderiert von Sabine Christiansen, erstmals ausgestrahlt am 4.1.1998 [Thema: „Wechselfieber", A.G.] Sendeplatz derzeit: sonntags von 21.45 bis 22.45 Uhr."
[4] Vgl. Meyrowitz 1987 (Original: „No Sense of Place" 1985) bes. Teil II: Von gedruckten zu elektronischen Situationen: 59ff.
[5] Vgl. Plake 1999; Dörner 2001: bes. Kap. 6: Die Sichtbarkeit der Mächtigen. Politik in der Talkshow. Die Debattenshow zwischen kommunikativer Rationalität und Visualisierung der Macht: 136–143.
[6] Meyer/Ontrup/Schicha 2000: 89 rekurrieren mit dieser Formel auf die schon 1985 vorgelegten Untersuchungsergebnisse von Holly/Kühn/Püschel: „Nur ‚Bilder' von Diskussionen?"

4 Politische Kommunikation

und die mögliche Relevanz der Debattenshows bzw. „Politischen Talkshows" bei der *Herstellung von Öffentlichkeit* gemacht werden.

So nutzten einige Anstalten aus Anlass von Jahrestagen nach einer älteren ARD-Selbstverständnis-Vorlage – „Wir Über Uns" – die Gelegenheit, „30 Jahre Talkshow in Deutschland" zu feiern und damit die Akzeptanz und den Erfolg dieser Sendungen zu präsentieren. In der dreiteiligen Sendefolge mit dem Titel „Das Ganze eine Rederei" (6./7./8. Januar 2003) wurde das gesamte Spektrum dieses „Marktsegments" in seinen vielfältigen Produktionen dokumentiert und von zwei Moderatoren rückblickend kommentiert: „Was die Nation bewegte und was immer an Klischees gerade kursierte, es fand seinen Widerhall in Talkshows." Vergleichbar mit dieser Rückschau, die in ihrem dritten Teil – „Von Frauen und anderen Politikern" – das Augenmerk auf „Politiker in Talkshows" und auf das unterschiedliche Ereignismanagement dieser Situation(en) und Personenkonstellation(en) lenkte, konzentrierte sich ein Symposium aus Anlass des 25-jährigen Jubiläums der NDR-Talkshow, das Fernsehmachern und ihren Kritikern ein Diskussionsforum bot,[7] mit der Diskussionsrunde – „Alles nur Theater? Politischer Talk, seine Wirkung und Zukunft" – auf die aktuelle Entwicklung und Relevanz politischer Talkshows. Dort vertrat z. B. der Politikwissenschaftler Thomas Meyer die dezidierte Position, dass Herstellung von Politik und Darstellung von Politik als Eigeninszenierung und Fremddarstellung im Mediensystem zu unterscheiden seien (vgl. u. a. Meyer 2001), während die Moderatorin Sabine Christiansen die von ihr vertretene Sendung in unmittelbaren Vergleich mit dem Parlament brachte.

Diesen Zusammenhang – die funktionale Qualität politischer Talkshows – hat eine Diskussionsrunde[8] am 27.4.2004 bei den oben erwähnten „Mainzer Tagen der Fernsehkritik" so thematisiert: „Entpolitisierung durch Personalisierung? Der Erkenntnisgewinn politischer Talksendungen." Um die thematischen Komplexe, die in der Diskussion angesprochen wurden, und den Reflexionshorizont zu dokumentieren, sei Christian Sievers, der Moderator der Tagung, mit seiner Einleitung zitiert:

---

[7] Symposium am 30.1.2004; weitere Sektionen: „Zukunft im Personality-Format" (Innovationen im TV-Talk), „Am Anfang war das Wort" (Selbstverständnis der klassischen Talkrunde), „Kunst des Fragens" (zur Profession des Moderators).

[8] Moderatorin: Klaudia Brunst; Gäste: Maybritt Illner, Andrea Fischer, Frank Plasberg; hier, wie in den weiteren Transkriptionen, aufgrund der Nachvollziehbarkeit: „einfache Verschriftlichung".

> „Typischer Dialog möglicherweise an einem Fernsehabend: ,Hast du den Schlips von Westerwelle gesehen? Es war wieder der gleiche wie letzte Woche.' Oder: ,Guck mal, Frau Merkel hat dafür ne neue Frisur.' Manchmal sind's ganz banale Dinge, die zuerst ins Auge stechen, wenn die politischen Talk-Sendungen auf Sendung gehen. Einmal die Woche schicke Stühle, bekannte Politiker, mittendrin meistens eine Gastgeberin und tolle Quoten – um Längen besser zumindest als die der Live-Übertragungen aus dem Deutschen Bundestag. Ein Pflichttermin für Parlamentarier. ,Es wäre schön, wenn sich die Politiker häufiger im Bundestag als im Fernsehen äußern würden', hat der Bundespräsident gesagt, in einem Fernsehinterview."

Die Medien führen die Diskussion um die Relevanz des Formats kontinuierlich fort, indem sie vor allem auf Ergebnisse eigener Medienforschung rekurrieren,[9] aber auch wissenschaftliche Positionen in öffentlichen Foren aufgreifen. Im Hinblick auf die Auseinandersetzung mit dem Gegenstand „politische Talkshow" sind im Wesentlichen zwei Richtungen zu unterscheiden: Zum einen generell sozialwissenschaftlich orientierte Ansätze, die nach Gewichtung ihrer theoretischen Implikationen, Fragestellungen und Herangehensweisen Aspekte wie „Formate und Inhalte", „Akteure und Strategien", „Nutzen und Wirkung" verfolgen (vgl. Tenscher/Schicha [Hrsg.] 2002). Veränderungen der Politikvermittlung werden hier auf der Folie gesellschaftlichen und zugleich politischen wie medialen Wandels generell als „Modernisierungsprozesse" verstanden (vgl. Tenscher 2002), und anhand von Inhaltsanalysen werden konkret z. B. die Realisierungen von „Moderation(en) politischer Gesprächsrunden im Fernsehen" nach ihrem Beitrag zur Informations- und Meinungsbildung befragt (vgl. Schultz 2004).

Zum anderen gewinnt hier eine auch von Wissenschaftlern bespielte Publizistik an Relevanz, die als kritische Öffentlichkeit mit Kommentaren zum Gegenstand „politische Talkshow" der Sparte Medienkritik/Fernsehkritik eine neue Wirksamkeit verleiht. So widmet sich beispielsweise Norbert Bolz unter der Überschrift „Das Design der Betroffenheit und der Honig der Entrüstung" der Frage: „Fernsehbilder jenseits von Aufklärung: Politainment oder wie die Talkshows unsere Gesellschaft zusammenhalten" (Bolz 2000; vgl. ähnlich Gaschke 2003; van Rossum 2004).

Im Hinblick auf die geschichtliche Entwicklung des Formats (vgl. u. a. Foltin 1994) wird die Talkshow als „politisches Diskursmodell" durch einen Trend gekennzeichnet, den Sarcinelli/Tenscher schon 1998 als *symbolische Politik* im Fernsehzeitalter analytisch verdeutlicht und

---

[9] Vgl. u. a. van Eimeren/Gerhard 1998 (BR-, ZDF-Medienforschung); Darschin/Zubayr 2002 (Medienforschung Programmdirektion Das Erste, München).

beschrieben haben: Sie unterscheiden zwei grundlegende Kanäle politischer Kommunikation im „politisch medialen Doppelspiel" (Sarcinelli/Tenscher 1998: 306): Einerseits eine Einflussnahme „von außen" auf die politische Informationsvermittlung von Nachrichtensendungen, Politikmagazinen und Infotainmentsendungen; bedingt durch die Nachrichtenfaktoren können journalistisch-politische Vorprodukte einen starken Einfluss auf „das Wie und Was" des als politisch relevant Gewählten haben.

Andererseits nimmt die direkte, persönliche Teilnahme von politischen Akteuren „im Innern", etwa als Gäste in politischen Talkshows, zu: Zum einen soll politische „Wirklichkeit" medial unmittelbar dargestellt, zum anderen durch Medienpräsenz Aufmerksamkeit errungen werden (vgl. u. a. Franck 1998). Im gleichsam *immerwährenden Wahlkampf*[10] versucht der medienversierte politische Präsentant vor allem, Terrain zu gewinnen und zu sichern. Hier können als aussagekräftige Beispiele im Wahljahr 2002 vor den eigentlichen „Duellen" am 25.8. und 8.9.2002 die Auftritte des Herausforderers Edmund Stoiber bei „Sabine Christiansen" am 20.1.2002 – „Der Herausforderer – Was hat Edmund Stoiber drauf?" – und des Amtsinhabers und Verteidigers Gerhard Schröder bei „Berlin Mitte" am 17.1.2002 – „Chefsache Deutschland – harte Zeiten für den Kanzler" – genannt werden. Sie hatten im Vorwahlkampf durchaus schon den Charakter von „Fern-Duellen"[11] – bestritten von jedem Politiker an einem anderen Ort und auch nicht zur gleichen Zeit, aber mit vergleichbaren Zielen der „Terraingewinnung bzw. -sicherung".

Im Vergleich zu anderen fernsehspezifischen Politikformaten wie Nachrichtensendungen oder politischen Magazinen stoßen „das politische Talken" und damit die jeweiligen etablierten Sendungen – aber auch neuere Konzeptionen wie „Hart aber fair" (WDR ab Januar 2001) oder „Paroli" (NDR ab November 2004) – auf verstärktes Interesse.[12]

In diesem Zusammenhang ist die von Tenscher getroffene Kategorisierung „Talkshowisierung als Element moderner Politikver-

---

[10] Vgl. dazu Müller 1999.
[11] Vgl. Michael Spreng, „Wahlkampfstratege der CDU/CSU", der 2002 u. a. in einem Fernsehbeitrag den „Herausforderer" und „Verteidiger" folgendermaßen kategorisierte: Stoiber: „Kompetent, zuverlässig, berechenbar, Ernst, Zukunft" vs. Schröder: „Unkompetent, unzuverlässig, unberechenbar, Show, Gegenwart".
[12] Vgl. die Themenwahl einer Woche: „Paroli" 11.1.05: „Sind unsere Politiker gekauft?"; „Hart aber fair" 12.1.05: „Das Reizthema: Doppeltes Gehalt – doppelte Moral: Für wen arbeiten unsere Politiker?"; „Berlin Mitte" 13.1.05: „Die Nebenjobs der Politiker. Wem dienen unsere Volksvertreter?"; „Sabine Christiansen" 16.1.05: „Geld und Politik – Die Verdienste unserer Abgeordneten".

mittlung" (Tenscher 2002) mit der Frage nach ihrem Stellenwert für die Zuschauer, d. h. mit dem beanspruchten repräsentativen Charakter der Sendungen zu verbinden; so wirbt das Format „Sabine Christiansen" explizit damit, die Zuschauer zu vertreten und, wie das „Markenzeichen" „Sehen, was dahinter steckt" suggestiv vermittelt, als „Spiegel der gesellschaftlichen Debatte[n]" zu fungieren. Dies wird nun ganz unmittelbar mit dem Anspruch verbunden: „Stellvertretend für die Zuschauer die wichtigen Fragen stellen" (Homepage).

Da solche Strategien ganz offensichtlich erfolgreich sind, werden von den betreffenden Wissenschaften immer dringlichere und präzisere Fragen nach den gesellschaftlichen und politischen Folgewirkungen gestellt: Verringern solche medialen Realisierungen gesellschaftlicher und politischer Themen, da sie Personalisierung, Emotionalisierung bei der visuellen Präsentation und Inszenierung in hohem Maß nutzen, die Partizipationsmöglichkeiten an politischen Prozessen? Oder tragen sie günstigenfalls gar dazu bei, dass die Zuschauer und damit auch die Bürger/-innen qua erworbener Medienkompetenz dieses präsentierte Politikbild im besten Sinne analytisch wahrnehmen und als produziertes Bild einordnen können? Dies würde allerdings voraussetzen, dass die Zuschauer – auch bei diesem Genre – fernsehspezifische Standards erkennen und aufgrund ihrer Beobachter- und Aneignungserfahrung nicht dem „praxisferne[n] Mythos vom Government by Discussion" (Tenscher 1999: 331) erliegen, also gleichsam zum metamedialen Diskurs befähigt sind.

3 Mediale Inszenierungskonzepte – *Beunruhigen und Beruhigen*

Medien sind keine reinen Vermittlungsinstanzen; so ist das *Inszenierungskonzept* der „politischen Talkshow" als eine besondere institutionelle Interaktionssituation analytisch betrachtet worden. Mit der Spezifik des „Leitmediums Fernsehen" gleichsam als elektronischer Bühne ergibt sich eine unabdingbare Vorstruktur, die sowohl jene, die im Medium als „politisch Handelnde" auftreten, betrifft, als auch diejenigen, die die jeweiligen Medienpräsentationen professionell gestalten und weitestgehend organisieren.

Inszenierungen alltäglicher Interaktion bilden die Basis für jene Inszenierungen, die in vermittelten Interaktionssituationen spezifische Umsetzungen erfahren. Unter medienspezifischen Kommunikationsbedingungen gewinnt dieses *geplante gestaltete Handeln* seinen Stellenwert allerdings im Kontext der institutionellen Praxis. Präsentationsbedingungen und -möglichkeiten des Fernsehens fördern darüber hinaus

4 Politische Kommunikation

geradezu ein verstärktes Aufbereiten dieses Handelns im Sinne einer „Effektdramaturgie" (vgl. Meyer/Kampmann 1998: 48f).

Inszenierung als Kategorie des Medialen gewinnt bei der *Darstellung von Politik* gewissermaßen auf dem Weg der Verdopplung einen (letztlich allerdings durchschaubaren) Schein von hoher Vermittlungsprägnanz, da bei diesem geplanten gestalteten Handeln einerseits „die Regeln der Prä-Inszenierung"[13], die die Auswahl der Ereignisse/Personen und deren Präsentation durch die Medienschaffenden ausmachen, zu bedenken sind wie auch die „medial-politische Ko-Inszenierung". So lenkt sie selber schon den Blick auf die Inszenierungsangebote, die von politischen Akteuren ausgehen, medienstrategisch aufgegriffen und in das mediale Inszenierungskonzept integriert oder auch als politische Inszenierungen medial präsentiert und offengelegt werden (können).[14]

Es geht bei dieser Konstituierung von Realität und der Gewichtung von gesellschaftspolitischen Prozessen um spezifische Machtverhältnisse, die auch Bourdieu (1998) in seiner Studie über das Fernsehen akzentuiert, indem er z. B. Formen symbolischer Gewalt anspricht und analytisch aufschlussreich das Prinzip des „Verstecken(s) durch Zeigen" (vgl. 24ff.) verdeutlicht; er zeigt, wie mit Dramatisierungsmomenten bestimmte Wirklichkeitseffekte hergestellt werden, die mit darüber entscheiden, „[...] wer und was sozial und politisch existiert" (Bourdieu 1998: 28).

3.1 „Sabine Christiansen" – Zur Zukunft Deutschlands

Aspekte dieses *Inszenierungskonzeptes politische Talkshow* lassen sich exemplarisch an der Sendung „Sabine Christiansen" darstellen, insbesondere die funktionale Qualität dieser Kommunikationsumwelt, die sie für die Teilhabe an der *politischen Meinungsbildung* hat (vgl. Geißner im vorliegenden Band).

Bei fernsehspezifischer Politikdarstellung werden von der Produzentenseite her professionelle Darstellungskonventionen, die jeweils auf Produzenten wie Rezipienten gemeinsam verfügbaren, gesellschaftlich ausgearbeiteten sprachlichen Handlungsmustern wie z.B. *Erzählen* (vgl. Grewenig 2000) basieren, von vornherein auf Wirkungsmomente strategisch bedacht. Bezogen auf die Repräsentation politi-

---

[13] Vgl. Meyer 2001: bes. 139–143: „Prä-Inszenierung und Ko-Inszenierung"; vgl. Tenscher 2003: bes. Kap. 6.6: „Alles nur Theater?": 312–331.

[14] Hier ist als ein aussagekräftiges Beispiel die ARD-Berichterstattung über den SPD-Parteitag in Leipzig am 17.4.1998 zu nennen.

scher Wirklichkeit und des entsprechenden *Weltbildes*, manifestiert sich solche Strategie im Rekurs auf generelle *Nachrichtenfaktoren* in der spezifischen Auswahl von Themen und deren Präsentation und Dramatisierung.

Als Materialbasis sind auf der Folie der seit der Installation des Formats am 4.1.1998[15] mit „Wechselfieber" realisierten Sendungen einige wenige Sendungen als Diskursfragmente hinreichend, um ihre funktionale Qualität zu verdeutlichen und gleichzeitig den Stellenwert des Formats im Medienspektrum zu dokumentieren. Diesen Sendungen ist thematisch die Frage nach der *Zukunft Deutschlands* gemeinsam.[16] In der Präsentation dieses Themas, wie es auch die FAZ-Auflistung[17] drastisch vor Augen führt, kommt, dem redaktionellen Zugriff gemäß, der politischen Verantwortung und der ökonomischen Entwicklung auf der Folie von Politbarometer und Börsenberichterstattung besondere Bedeutung zu.

Das Interesse der Forschung gilt vor dem Hintergrund der politischen Ereignisse und Abläufe der Rekonstruktion der realisierten Themen in ihrer inszenatorischen Aufbereitung; als generelle materialbezogene Fragen hebt sie besonders hervor:

- Wie werden „*Interessen* und *Macht, Akteure* und *Legitimationen, Konflikte* und die *Beteiligung* unterschiedlicher *Gruppen* und *Betroffener* als Faktoren [im Prozess des Politischen, A.G.] wirksam"? (Meyer/Ontrup 1998: 533)
- Wie können diese Inszenierungen im Kontext sehr unterschiedlicher Aneignungsformen der Zuschauer – auch im Rekurs auf Aufmerksamkeitsökonomie – bei der Organisation gemeinsamen Wissens über gesellschaftlich relevante Themen wirksam werden?

In der Themenpräsentation „Zukunft Deutschlands" soll anhand einer Ausgabe des Formats „Sabine Christiansen" exemplarisch ihr selbst postulierter „Instanz-Charakter" als „der meist gesehene und wichtigste Polittalk im deutschen Fernsehen" dokumentiert und zum anderen das generelle *Orientierungsangebot* der Sendung mit ihrer deklarierten Intention „Information in Interviews, Gesprächen, Liveschaltungen" verdeutlicht werden: „Sabine Christiansen – Der ARD-Jahresrückblick 2002" vom 22.12.2002.

---

[15] Vgl. den Film von Marlinde Krebs „Vor dem Start", der am Tag (4.1.1998) der Erstsendung ausgestrahlt wurde und „das Fernsehereignis der ARD für das Jahr 1998" – die Sendung „Sabine Christiansen" – annonciert.

[16] Vgl. Grewenig 2001: 263–280: Dokumentation transkribierter Sendungen; van Rossum 2004: bes. Kap. I.

[17] FRANKFURT ALLGEMEINE ZEITUNG vom 19.5.2004: 35: „Von deutscher Republik" (Auflistung von Sendungsthemen umfasst eine Seite).

4 Politische Kommunikation

Die Ankündigung dieser Sendung lautete als Redaktionstext:

„2002 – das war das Jahr der spannenden Bundestagswahlen und des verheerenden Hochwassers, das Jahr der Irak-Krise, der deutsch-amerikanischen Verstimmung und des schrecklichen Attentats an einem Erfurter Gymnasium. Das Jahr, in dem die Schulden immer größer, die Haushalte Makulatur werden und unser Sozialsystem die Grenzen erreicht hat. Das Jahr, in dem deutlicher denn je wurde, dass die Zinsen jeglichen Gestaltungsspielraum künftiger Generationen auffressen. Es war auch das Jahr des Euros, der uns nicht nur eine gemeinsame europäische Währung brachte, sondern unerwartete Verteuerungen. Letzlich brachte uns das Jahr aber auch viele überraschende sportliche Erfolge.
SABINE CHRISTIANSEN diskutiert mit den Verantwortlichen aus Politik, Gesellschaft und Sport und zeigt noch einmal die wichtigsten und traurigsten, die schönsten und bewegendsten Bilder des Jahres."

In leichter Abwandlung der üblichen Strukturelemente[18] ist der thematische Filmbeitrag der Anmoderation und Präsentationsrunde vorangestellt, ausgeführt als Sammlung kurzer Einschätzungen/Antworten auf die Frage „Wie war für Sie das Jahr 2002?"; er endet mit der Aufforderung eines ins Bild gerückten Babys, der Verkörperung des neuen Jahrs, der neuen Vorsätze und Handlungsweisen schlechthin: „Deutschland hör auf zu flennen!"

Ein Ende des Jammerns und Selbstmitleids wird von „Deutschland" gefordert und damit kontrastierend zum Verhalten, das 2002 vorherrschte, als Handlungsanweisung für das kommende Jahr bzw. für die folgenden Jahre ausgegeben, sich zu ändern, denn bei „Sabine Christiansen" geht es darum, sich den Realitäten zu stellen – so beispielsweise jener, „dass unser Sozialsystem die Grenzen erreicht hat."

Durchgängiges Prinzip der Aufmerksamkeitslenkung in der jeweiligen Themenaufbereitung der einzelnen Sendungen – wie auch dieses Jahresrückblicks – ist das gleichzeitige theatralische Ineinandergreifen von *Beunruhigen* und *Beruhigen* nach der Maxime „Wir haben die Brisanz des Themas, des zugrunde liegenden Ereignisses, des Zusammenhangs usw. erkannt und bieten hier die Möglichkeit, sich zu orientieren" oder wie einer der wirkungsvollsten Kritiker der Sendung, der Literaturwissenschaftler van Rossum, konstatiert hat: „Leitmotivisch geht es jeden Sonntag darum, Deutschland erst in Gefahr zu wiegen, um es anschließend zu retten" (van Rossum 2004: 17).

Zum besseren Nachvollzug der auch hier greifenden „Geschehensdramaturgie" (Meyer/Ontrup/Schicha 2000) seien Anmoderation und Gästepräsentation ausführlich zitiert:

---

[18] Vgl. Strukturelemente: (0) Vorspann (Trailer), (1) Anmoderation, (2) Präsentationsrunde, (3) Thematischer Filmbeitrag, (4) Diskussion, (5) Abmoderation.

„S. Chr.: ‚Schönen guten Abend, meine Damen und Herren, herzlich willkommen! (Applaus) Schön, dass Sie da sind. Willkommen (Applaus), schönen guten Abend. Ja, willkommen an diesem vierten Advent zu einem Rückblick auf dieses Jahr 2002. Sie haben es eben gehört [im Vorspann diverse Kurzstatements zum Jahr – ‚vox populi', A.G.], für manchen war es ein wunderbares Jahr, für andere eine Katastrophe. Ein Jahr, in dessen letzten Wochen jedenfalls wir Deutsche uns mit Jammern und Wehklagen auf unseren vermeintlichen Untergang als Wirtschaftsnation vorzubereiten schienen: Die Deutschland-AG auf Talfahrt. Kanzler und Koalition vom Wahlsieg in die Krise. Das war sicher das beherrschende Thema, aber es verdeckt auch vieles, was dieses Jahr sonst noch zu bieten hatte. Vieles, was Sie, verehrte Zuschauer, auch hier am Sonntagabend immer mit großem Interesse verfolgt haben, und dafür möchte mein Team und ich Ihnen auch mal herzlichen Dank sagen und bei unseren Gästen uns natürlich auch bedanken, die statt Sonntagabend bei Ihrer Familie bei uns hier im Studio diesen Abend verbringen, und so ist es auch heute wieder.

Eine Creme der deutschen Politik ist heute hier versammelt. Es fehlt der Bundeskanzler, den ich Ihnen aber schon für den Januar versprechen darf, und sein Vize Joschka Fischer, der uns kurzfristig, wirklich verschnupft, absagen musste, aber ich begrüße ganz herzlich hier im Studio Wolfgang Clement, den neuen Superminister für Wirtschaft und Arbeit, der es in dieser Woche mit einem ja unerwarteten Kraftakt noch geschafft hat, ahm, noch geschafft hat, ah, so etwas wie das Hartz-Konzept durch Bundestag und Bundesrat zu bringen und somit natürlich auch zum ersten Mal nach dem knappen Wahlerfolg für die eine oder andere positive Schlagzeile zu Gunsten der rotgrünen Regierung gesorgt hat. Herzlich willkommen! (Applaus)

Die Idee eines Superministers für Wirtschaft und Arbeit hat er sich ja eigentlich bei der Union abgeguckt – da ist jetzt Angela Merkel nach dem 22. September endgültig zur Superfrau des Jahres geworden, nicht nur Parteivorsitzende, sondern auch noch Fraktionschefin. So viel politische Macht hat noch keine Frau in Deutschland gehabt. Willkommen, Frau Merkel (Applaus).

Ich begrüße Edmund Stoiber, den zweiten Bayern nach Franz Josef Strauß, der auszog, die Macht im Bund zu übernehmen und knapp scheiterte. Herzlich willkommen (Applaus). Michael Sommer ist in diesem Jahr Chef des deutschen Gewerkschaftsbundes geworden, einer Institution, die von den einen als Fortschritts- und Reformverhinderer bezeichnet wird und von den anderen als letzte soziale Bastion gesehen wird. Schönen guten Abend, Herr Sommer! (Applaus)

Matthias Döpfner darf ich heute Abend hier begrüßen. Der nicht mal 40-Jährige ist in diesem Jahr Vorstandsvorsitzender des Axel Springer Verlages geworden und muss da ausgerechnet auch noch im Zuge einer kräftigen Medienkrise rationalisieren; hat zum Ende der Herrlichkeit um Leo Kirch beigetragen und ist der oberste Feldherr der Bildzeitung, die in diesem Jahr 50 wurde und sich auch in diesem Jahr via Schlagzeilen mächtig in die Politik einmischte. Herzlich willkommen, Herr Döpfner! (Applaus)

So, wir erwarten in dieser Sendung später noch den Bundespräsidenten, ebenso den Bundesverteidigungsminister, aber auch zum Beispiel Günter Netzer, denn das Sport und die teuren Fußballrechte wollen wir in dieser Sendung nicht außer Acht lassen. Ebensowenig wie zwei schreckliche Themen dieses Jahres – das Massaker in Erfurt und das Hochwasser im deutschen Osten, und dazu sehen Sie natürlich auch in der gebotenen Kürze und Würze die Bilder dieses Jahres.'" (Transkript)

4 Politische Kommunikation

Als ein Beispiel unter vielen, die „Deutschlands zukunftsrelevantes Thema" beinhalten, nämlich die geplanten Reformen und ihre Umsetzung, kann die Sendung „Machtpoker im Vermittlungsausschuss – Der Abend der Entscheidung?" (14.12.2003) dienen, deren Redaktionstext unten zitiert wird. Als weiteres prägnantes Beispiel bietet sich die Sendung vom 9.5.2004 an: „Kassen leer, Nerven blank – Regierung ratlos?", in der ebenfalls das Bild vom chaotischen Zustand der Regierung und der überfälligen Lösung „aller Aufgaben", die „unserem Land" einen Aufschwung ermöglichten, gezeichnet wird.

> „Am Sonntagnachmittag treffen sich die Spitzen von Regierung und Opposition im Vermittlungsausschuss, um endgültig über das Vorziehen der Steuerreform und das Schicksal jener Teile der Agenda 2010 zu beraten, die der Zustimmung des Bundesrates bedürfen. Für Gerhard Schröder geht es jetzt um alles, für Angela Merkel und Edmund Stoiber ist das ähnlich. Wer setzt sich durch? Wer kann einen eventuellen Durchbruch als seinen Erfolg verbuchen? Entschieden wird in diesen Verhandlungen über die Kernfrage: Ob Deutschland jetzt entschlossen reformiert wird? Entschieden wird auch über Machtfragen [...]." (Redaktionstext vom 14.12.2003)

Während im „Jahresrückblick 2002" eine eher „generative Geschehensdramaturgie" Platz greift,[19] wobei der Großzusammenhang „Deutschland im Jahr 2002" auf der Folie der „Entwicklung der Deutschland-AG" mit den gleichzeitigen politischen Abläufen – wie z. B. „Hartz-Konzept" – und deren Protagonisten präsentiert wird, kann bei der Sendung „Machtpoker im Vermittlungsausschuss – Der Abend der Entscheidung" vom 14.12.2003 durchaus von einer „Tendenzdramaturgie" gesprochen werden, die eine eindeutige Hierarchisierung verfolgt. Denn implizit wird der Ökonomie der primäre Part bei der Lösung gesellschaftspolitischer Probleme zugesprochen, und das heißt: Infolge von Deregulierung und Globalisierung büßen die Politiker als Gestalter drastisch an Handlungsmacht ein, Personen *der Wirtschaft* gelten als die eigentlichen Repräsentanten der Wirklichkeit (vgl. auch „Erhards Erbe: Aus welchem Geist entstehen Wirtschaftswunder?" vom 9.1.2005).

Wesentlich ist auch eine spezifische „Höhepunktsdramaturgie", die einmal Nachrichtenwert durch das unmittelbare Dabeisein gewinnt, d. h., die anstehende Entscheidung fällt gleichsam in der Sendung (vgl. 14.12.2003), und zum anderen durch die Prominenz der Gäste erreicht wird.[20] Hier ist der mediale und auch politische Eigenwert schon durch

---

[19] Vgl. zur Geschehensdramaturgie: Meyer/Ontrup/Schicha 2000: B Darstellungsebene: 201ff.

[20] Vgl. 300. Sendung vom 11.7.2004, zu Gast: William J. Clinton „In ihrer 300. Sendung empfängt die erfolgreichste Polit-Talkerin unseres Landes einen der spannendsten Politiker und Menschen." (Redaktionstext)

die Personen gegeben, etwa durch die Minister und den Bundespräsidenten wie die Beispiele von Rau am 22.12.2002 und Köhler am 23.5.2004 zeigen, die das Forum nutzten, um ihr Amtsverständnis zu erläutern. So vertrat Rau als „Bürgerpräsident" im Rückblick auf das Jahr 2002 – im Rekurs auf die Handlungsmaxime: „man muss tun, was man sagt, und sagen, was man tut" – u. a., „dass die Gesellschaft einen Anspruch darauf hat, dass die Frage der Zuwanderung transparent geregelt wird". Vergleichbar Köhler am Wahltag als „Anwalt der Bürger":

> „[...] aber klar ist, dass ich mir Foren suche, auch Formen des Dialogs direkt mit den Bürgern, auch möglicherweise mit Hilfe des Fernsehens, um auch zu vermitteln, dass ich nicht nur im Politiksystem, im Politikprozess hier in Berlin mich tummle, sondern das aufnehme, was die Bürger bewegt [...]."

Die hier unter dem Rubrum *Zukunftsaspekt Deutschland* ausgewählten Sendungen laufen aufgrund ihrer Katastrophendiagnose zumeist auf die spektakuläre und ausschließliche Therapie „Totalreform, um nicht zu sagen: die Systemüberwindung" (van Rossum 2004: 20) hinaus. Sie können auf der Basis der oben genannten Strukturelemente nach ihrer redaktionell vorbereiteten hauptsächlichen Geschehensdramaturgie unterschieden werden. Diese reicht von der Anmoderation, womit auch die wesentliche Funktion der Ankerfrau angesprochen ist, deren Name ja zugleich selber Programm ist,[21] bis zur Wahl der Gäste, mit deren Vorstellung in der Präsentationsrunde das Thema und seine Auffächerung nach politischen Positionen und gesellschaftlichen Interessenlagen gewissermaßen verkörpert und personalisiert wird. Diese Strategie der *Verkörperung/Personalisierung* politischer Positionen und gesellschaftlicher Interessen ist für die Talkshow strukturbestimmend. Auf die Dauer hat das zu einer Vereinförmigung geführt: Immer gleiche Gesichter stehen für immer gleiche Positionen. Dieses Prinzip wird aufgelockert durch Hinzuziehung des immer gleichen Wahlprognose-Experten – „nach der Wahl ist vor der Wahl" – und wechselnden Gestalten aus Kultur- und Unterhaltungsindustrie. Die Personalisierung folgt dem Prinzip der größten Aufmerksamkeitsleistung, also Kontrast und Extrem, und dem voraussehbaren Konfliktpotenzial, das in der Sendung zum Austrag kommen kann. Dieses vorkalkulierte Zusammenwirken von Kontrast, Extrem und Konfliktpotenzial wird von der Gesprächsleiterin dadurch, dass sie politische Stimmungslagen gestisch theatralisch artikuliert, zusätzlich emotional aufgeladen, d. h. in

---

[21] Nach der Einführung der *Marke* wirbt das Format nun am Markt mit seiner „hochkarätige[n] Gästeauswahl", was in der Neugestaltung des Trailers mit deren jeweiligen Köpfen verifiziert ist.

ein emotionales Spannungsfeld versetzt, das von ihr auch körpersprachlich zumeist die gesamte Sendung über virulent gehalten wird. Was freilich nur unter der Voraussetzung gelingt, dass ihr die Gesprächsleitung nicht, wie es in vielen Sendungen geschieht, von professionell medienerfahrenen Politikern aus der Hand genommen wird bzw. die entsprechenden Gäste nicht von vornherein durch den adorativen Gestus der Talkmasterin mit der Aura des verlautbarten Wortes umgeben werden.

Diese Emotionalisierung soll zusätzlich durch *thematische Filmbeiträge* (vgl. Rückblick 2002) gesteigert werden, die als Beispiele für reines Infotainment stehen können. Mittlerweile ist durch Umfragen gesichert (vgl. z. B. Darschin/Zubayr 2002), aber auch zur Erfahrung von interessierten Nutzern dieser *politischen Talkshow* geworden, dass sie von dem Namen, der Programm ist, absehen und sich auf den informativen Kern der unmittelbaren Konfrontation artikulierter politischer und ökonomischer Interessen konzentrieren. Deren politische und gesellschaftliche Relevanz ist dann allerdings gelegentlich so erheblich, dass Äußerungen im Format „Sabine Christiansen" unmittelbaren politischen Nachrichtenwert erhalten: „wie in der ARD-Sendung geäußert ..." (vgl. „,Der Fall Gerster': Zu viele Berater, zu wenig Jobs?" 25.1.2004; „Präsidentenwahl – ein Feiertag für die Demokratie?" 23.5.2004). Auf diese Weise bildet sich Realität, sprich: realer politischer und gesellschaftlicher Inhalt, auch noch in den auf Unterhaltung, Spannung, Personalisierung kalkulierten Strukturen medialer Präsentation ab, weil, wie reduziert und durch welches Gesicht auch immer, realgesellschaftliche und politische Positionen zur Artikulation kommen.

3.2 Ausblick

Ungeachtet einer zunehmenden, in den überregionalen Feuilletons viel beachteten Kritik an Inhalten und am Stil der Präsentation (van Rossum), hat das Format „Sabine Christiansen" seine Stellung als Institution nicht nur behauptet, sondern ausgebaut. Auf ihrer Homepage hat die Sendung den bislang nur diskutierten Charakter als „Fernseh-Ersatzparlament" förmlich übernommen und in die eigene Werbung integriert. Das gilt auch für ein der repräsentativen Demokratie konstitutives zentrales Element, wenn das Format beansprucht, „stellvertretend für den Zuschauer die wirklich wichtigen Fragen" (Homepage) zu stellen – eine Werbung, die zugleich, kaum verhohlen, in ihrer Effizienz auf einen antiparlamentarischen Affekt („wirklich wichtig") kalkuliert. Dieser beanspruchte institutionelle Charakter ist mittlerweile von der Politik, den Parteien und den kulturpolitischen Gremien auch förmlich bestätigt worden (vgl. die Liste der Auszeichnungen bis hin zum Bundesverdienstkreuz). Wie es scheint ist das Format dabei zu expandieren, so hat der WDR (2001) die Sendung „Hart aber fair" mit Frank Plasberg installiert, die mit mehr Informationen und deutlicherer Konfrontation wirbt. Die Variationsmargen scheinen dabei allerdings nur noch bei Nuancierungen im Stil – z. B. Film- und Reportageeinspielungen – und in der atmosphärischen Anmutung der jeweiligen Sendung zu liegen, wie in diesem Fall auch schon der Titel verrät. Dies sind offenbar die verbleibenden Dimensionen, in denen das Format steigerungsfähig erscheint.

In diesem Kontext erscheint nicht nur im Nachhinein die von Alexander Kluge in seinen Kulturmagazinen, in Günter Gaus „Zur Person" entwickelte, an einem Element der klassischen Öffentlichkeit, dem Dialog, anknüpfende Form des Interviews als eine Alternative, in der das produktive, Erfahrungen zur Sprache bringende Gespräch ganz andere historische und kulturelle Tiefendimensionen von Ereignissen und handelnden Personen erschließt als das Talkshowformat sie erreichen könnte. Der Stil dieser Gespräche scheint zumindest gelegentlich auch für das Talkformat Schule zu machen, wenn etwa „Hart aber fair" in seiner Werbung mit dem Prinzip „Talk auf Augenhöhe" verspricht: „Fragen ohne vorzuführen, nachhaken ohne zu verletzen" (Homepage).

Für die Medien- und Kommunikationswissenschaft, die diese Prozesse begleitet, gilt, dass der öffentlichkeitskritische Begriff des *Infotainments* zunehmend auf eine minimalistische Position zurückgenommen wird, die sich damit bescheidet, überhaupt noch die Artikulation von Informationen und politischen Sachgehalten auch im Unterhaltungsgewand festzustellen.[22] Ein erheblicher Teil der beteiligten Fachwissenschaften beschränkt sich auf deskriptive, empirisch verfahrende Untersuchungen, ohne eine gesamtgesellschaftliche Verortung des Begriffs *Öffentlichkeit* und der mit ihm verbundenen Ansprüche an Mündigkeit des politischen Handelns noch zu reflektieren.

---

[22] Vgl. Kritik von Meyer/Schicha 2002: 54ff. „Ansprüche an die politische Medienberichterstattung bei der Herstellung von Öffentlichkeit"; Meyer 2001: 199–209 „Die Chancen der Demokratie in der Medienwelt"; dazu auch: Walter/Dürr 2000: 19ff. Müller 1999: 59: „Wenn man verfassungspolitisch konsequent sein wollte, müsste man Artikel 21 des Grundgesetzes umformulieren: Die Medien wirken an der Willensbildung mit."

4 Politische Kommunikation

4 Literatur

Bolz, Norbert 2000: Das Design der Betroffenheit und der Honig der Entrüstung. Fernsehbilder jenseits von Aufklärung: Politainment oder wie die Talkshows unsere Gesellschaft zusammenhalten, in: FRANKFURTER RUNDSCHAU, 7.3.2000, 8.

Bourdieu, Pierre 1998: Über das Fernsehen. Frankfurt am Main.

Darschin, Wolfgang/Zubayr, Camille 2002: Politische Diskussionssendungen und Magazine im Urteil der Zuschauer, in: Media Perspektiven 5/2002, 210–220.

Dörner, Andreas 2001: Politainment. Politik in der medialen Erlebnisgesellschaft, Frankfurt am Main.

Foltin, Hans-Friedrich 1994: Die Talkshow. Geschichte eines schillernden Genres, in: Hans-Dieter Erlinger/Hans-Friedrich Foltin (Hrsg.): Unterhaltung, Werbung und Zielgruppenprogramme. München, 69–112.

van Eimeren, Birgit/Gerhard, Heinz 1998: Talkshows – Formate und Zuschauerstrukturen, in: Media Perspektiven 12/98, 600–607.

Frank, Georg 1998: Ökonomie der Aufmerksamkeit. München, Wien.

Gaschke, Susanne 2003: Die Ich-AG der ARD. Sabine Christiansen, Quotenfrau ihres Senders, gilt als Beispiel für öffentlich-rechtliches Qualitätsfernsehen. Können fünf Millionen Zuschauer irren?, in: DIE ZEIT vom 20.3.2003.

Grewenig, Adi 2000: Medienkompetenz im „Kommunikativen Haushalt" der Gesellschaft. Zur Inszenierung der Jahresrückblicke 1997, in: Ingrid Kühn/Marianne Lehker (Hrsg.): Deutsch in Europa – Muttersprache und Fremdsprache. Frankfurt am Main [usw.], 63–82.

Grewenig, Adi 2001: Politische Talkshows. Zur Funktionalität eines medialen Inszenierungskonzepts, in: Siegfried Jäger/Jobst Paul (Hrsg.): „Diese Rechte ist immer noch Bestandteil unserer Welt." Aspekte einer neuen konservativen Revolution. Duisburg, 247–284.

Hickethier, Knut 1998: Geschichte des deutschen Fernsehens. Stuttgart, Weimar.

Holly, Werner/Kühn, Peter/Püschel, Ulrich 1985: Nur „Bilder" von Diskussionen? Zur visuellen Inszenierung von politischer Werbung als Fernsehdiskussion, in: Günter Bentele/Ernest W. B. Hess-Lüttich (Hrsg.): Zeichengebrauch in Massenmedien. Tübingen, 240–264.

Holly, Werner/Kühn, Peter/Püschel, Ulrich 1986: Politische Fernsehdiskussion. Zur medienspezifischen Inszenierung von Propaganda. Tübingen.

Jäger, Siegfried 1999: Kritische Diskursanalyse. Eine Einführung. Duisburg.

Krüger, Udo Michael 1998: Thementrends in Talkshows der 90er Jahre, in: Media Perspektiven 12/98, 608–624.

Meyer, Thomas 2001: Mediokratie. Die Kolonisierung der Politik durch das Mediensystem. Frankfurt am Main.

Meyer, Thomas/Martina Kampmann 1998: Politik als Theater. Die neue Macht der Darstellungskunst. Berlin.

Meyer, Thomas/Ontrup, Rüdiger 1998: Politik und Politikvermittlung im Fernsehzeitalter, in: Willems/Jurga (Hrsg.) 1998, 523–541.

Meyer, Thomas/Ontrup, Rüdiger/Schicha, Christian 2000: Die Inszenierung des Politischen. Zur Theatralität von Mediendiskursen. Wiesbaden.

Meyer, Thomas/Ontrup, Rüdiger/Schicha, Christian 2000a: Die Inszenierung des politischen Welt-Bildes. Politikinszenierungen zwischen medialem und politischem Eigenwert, in: Erika Fischer-Lichte/Isabel Pflug (Hrsg.): Inszenierung und Authentizität. Tübingen, Basel, 183–208.

Meyer, Thomas/Schicha, Christian 2002: Medieninszenierungen zwischen Informationsauftrag und Infotainment. Kriterien einer angemessenen Politikvermittlung, in: Christian Schicha/Carsten Brosda (Hrsg.): Politikvermittlung in

Unterhaltungsformaten: Medieninszenierung zwischen Popularität und Populismus. Münster, 53–60.

Meyrowitz, Joshua 1987: Die Fernsehgesellschaft. Wirklichkeit und Identität im Medienzeitalter. Weinheim, Basel.

Müller, Albrecht 1999: Von der Parteiendemokratie zur Mediendemokratie. Beobachtungen zum Bundestagswahlkampf 1998 im Spiegel früherer Erfahrungen. Opladen.

Plake, Klaus 1999: Talkshows. Die Industrialisierung der Kommunikation. Darmstadt.

Pross, Harry 1987: Geschichte und Mediengeschichte, in: Manfred Bobrowski [u.a.] (Hrsg.): Medien- und Kommunikationsgeschichte. Ein Textbuch zur Einführung. Wien, 8–15.

Rossum, Walter van 2004: Meine Sonntage mit Sabine Christiansen. Wie das Palaver uns regiert. Köln.

Sarcinelli, Ulrich 1997: Von der Parteien- zur Mediendemokratie? Das Beispiel Deutschland, in: Heribert Schatz/Otfried Jarren/Bettina Knaup (Hrsg.): Machtkonzentration in der Multimediagesellschaft? Opladen, 34–45.

Sarcinelli, Ulrich 1998: Politische Inszenierung im Kontext des aktuellen Politikvermittlungsgeschäfts, in: Sabine R. Arnold/Christian Fuhrmeister/Dietmar Schiller (Hrsg.): Politische Inszenierung im 20. Jahrhundert. Wien, Köln, Weimar, 146–157.

Sarcinelli, Ulrich/Tenscher, Jens 1998: Polit-Flimmern und sonst nichts? Das Fernsehen als Medium symbolischer Politik und politischer Talkshowisierung, in: Walter Klingler/Gunnar Roters/Oliver Zöllner (Hrsg.): Fernsehforschung in Deutschland. Themen – Akteure – Methoden. Bd. 1, Baden-Baden, 303–317.

Schiller, Dietmar 1998: Vom „Wettbewerb um Aufmerksamkeit" zur „Ware Politik": Eine Skizze zum Wandel politischer Öffentlichkeit im Fernsehen, in: Jörg Calließ (Hrsg.): Die Inszenierung von Politik in den Medien. Die Inszenierung von Politik für die Medien. Rehburg-Loccum, 265–271.

Schulte, Christian/Siebers, Winfried (Hrsg.): 2002: Kluges Fernsehen. Alexander Kluges Kulturmagazine. Frankfurt am Main.

Schultz, Tanjev 2004: Die Moderation politischer Gesprächsrunden im Fernsehen. Eine Inhaltsanalyse von „Sabine Christiansen", „Berlin Mitte", „Presseclub" und „19:zehn", in: Publizistik 3, 292–318.

Schütt, Hans-Dieter (Hrsg.): 2000: Günter Gaus. Was bleibt, sind Fragen. Die klassischen Interviews. Berlin.

Tenscher, Jens 1998: Politik für das Fernsehen – Politik im Fernsehen. Theorien, Trends und Perspektiven, in: Ulrich Sarcinelli (Hrsg.): Politikvermittlung und Demokratie in der Mediengesellschaft. Beiträge zur politischen Kommunikationskultur. Opladen, 184–208.

Tenscher, Jens 1999: „Sabine Christiansen" und „Talk im Turm". Eine Fallanalyse politischer Fernsehtalkshows, in: Publizistik 3, 317–333.

Tenscher, Jens 2002: Talkshowisierung als Element moderner Politikvermittlung, in: Tenscher/Schicha (Hrsg.) 2002, 55-71.

Tenscher, Jens 2003: Professionalisierung der Politikvermittlung? Politikvermittlungsexperten im Spannungsfeld von Politik und Massenmedien. Wiesbaden.

Tenscher, Jens/Schicha, Christian (Hrsg.) 2002: Talk auf allen Kanälen. Angebote, Akteure und Nutzer von Fernsehgesprächssendungen. Wiesbaden.

Walter, Franz/Dürr, Tobias 2000: Die Heimatlosigkeit der Macht. Wie die Politik in Deutschland ihren Boden verlor. Berlin.

Willems, Herbert/Jurga, Martin (Hrsg.) 1998: Inszenierungsgesellschaft. Ein einführendes Handbuch. Opladen.

HAJO DIEKMANNSHENKE

Mitwirkung von allen?
Demokratische Kommunikation im Chat

1 Neue Direktheit?

Noch vor wenigen Jahren haftete so genannten Politikchats das Image des Ungewöhnlichen an. Inzwischen haben sie sich in der politischen Kommunikationslandschaft wohletabliert. Dennoch hat sich in dieser kurzen Zeitspanne einiges verändert, sowohl was das Erscheinungsbild dieser Chats als auch was deren kommunikative Funktion angeht. Fragen wie die, ob am anderen Ende des Chats wirklich der jeweilige Politiker oder die Politikerin sitzt (so noch 1999 an Roland Koch in einem Chat von *politik-digital* vom 25.1.1999 gestellt), dürften heute der Vergangenheit angehören. Während wohl kaum jemand davon ausgeht, dass ein Brief oder eine E-Mail an einzelne Politiker/-innen auch von diesen in jedem Fall persönlich beantwortet werden, oder dass jede Rede, die im Parlament gehalten wird, auch wirklich aus der Feder des Redners oder der Rednerin stammt (vgl. Volmert im vorliegenden Band), dürfte die Identität des Politikers oder der Politikerin im Chat nicht mehr infrage gestellt werden.

Ebenfalls als nur noch bedingt typisch gelten Bilder von den vor einem Monitor sitzenden Politiker/-innen, die ihre Beiträge von einer technischen Hilfskraft eingeben lassen. Zwar gibt es auch heute noch einzelne Politiker/-innen, die auf diese Hilfestellung zurückgreifen müssen, aber je mehr solche Chats und die Nutzung des Internets überhaupt für politische Kommunikation und Präsentation genutzt werden, umso mehr sinkt die Zahl derer, die noch solche Unterstützung benötigen. Der chattende Politiker oder die Politikerin nähert sich damit dem Bild des alltäglichen Chatters an, der vor seinem Rechner sitzt und während des Lesens der übrigen Chatbeiträge seinen eigenen Beitrag eintippt.

Haben die Politikchats damit zu einer neuen Demokratisierung und Ausweitung der politischen Kommunikationsmöglichkeiten beigetragen? Stehen wir am Beginn einer Phase der neuen „Direktheit", in der immer mehr Menschen den direkten Austausch mit Politiker(inne)n suchen und nutzen können, eine Möglichkeit, die in Zeiten immer größerer Dominanz der audiovisuellen Medien lange nicht realisierbar schien? Kehrt das direkte politische Streitgespräch zwischen Politiker(inne)n und (mündigen) Bürger(inne)n in medial gewandelter Form als Politikchat zurück? Auf diese und einige andere damit verbundene

Fragen soll in diesem Beitrag eine erste, wenn auch nur vorläufige Antwort gegeben werden.

2 Politikgespräche oder Talkshows im PC?

Die Definition, was eigentlich ein Politikchat sei, ist nicht weniger kompliziert als die Frage nach dem Gegenstand von politischer Kommunikation allgemein. Eine praktisch orientierte Antwort könnte lauten: Als Politikchats können solche Chats bezeichnet werden, in denen Chatter/-innen politische Themen behandeln. Nach einer solchen Definition wären jedoch auch solche Chats in einem weiteren Sinne politische Chats, in denen politische Themen neben anderen Themen behandelt werden, wodurch prinzipiell jeder Chat zu einem Politikchat werden könnte. Um den Gegenstand nicht übermäßig auszuweiten, sollen hier ausschließlich solche Chats als Politikchats verstanden werden, in denen Politik das dominierende, den Chatanlass darstellende Thema bildet. Dies schließt in aller Regel ein, dass mindestens ein Politiker oder eine Politikerin sich am Chat beteiligt, was wiederum zur Folge hat, dass sonstige Chats nur in seltenen Fällen als Politikchats angesehen werden können, doch dazu später.

Chats stellen eine Kommunikationsform dar, die einerseits durch medial-technische Bedingungen charakterisiert wird (sie sind medial schriftlich), die aber andererseits funktional in unterschiedliche Realisationsweisen, welche man in Anlehnung an Text- oder Gesprächssorten behelfsweise als „Chatsorten" bezeichnen könnte, weiter untergliedert werden kann.

Im Weiteren soll ausschließlich von Webchats die Rede sein, vor allem deshalb, weil sie die größte Verbreitung und damit Öffentlichkeitswirksamkeit erfahren haben, ein Aspekt, der bei der Frage nach demokratischen Mitwirkungsmöglichkeiten eine wichtige Rolle spielt. Die meisten dieser Chats stellen selektierte, moderierte Chats dar. Im Gegensatz zu den weit verbreiteten unselektierten und unmoderierten „Plauderchats" (Beißwenger 2000) folgen die Chatbeiträge in moderierten Chats nicht dem ansonsten üblichen „Mühlen-Prinzip" (Storrer 2001), welches besagt, dass die Chatbeiträge in der Reihenfolge ihres Eintreffens beim Server wieder auf die Monitore der Chatter/-innen ausgegeben werden. „Wer zuerst kommt, mahlt zuerst", so die Devise dieses Prinzips, welches Grund für die von ungeübten Chattern oft als unübersichtlich empfundene Struktur solcher Chats ist. Einander zugehörige Chatbeiträge werden durch in der Zwischenzeit eingetroffene Beiträge anderer Chatter/-innen zu anderen Themen räumlich weit voneinander entfernt (im sequenziellen Verlauf des Chats) platziert und

4 Politische Kommunikation

führen zu der typischen verschachtelten Beitrags- und Kommunikationsstruktur. In den üblicherweise selektierten Politikchats, wie sie regelmäßig vom dominierenden Anbieter solcher Chats, *politik-digital*, aber auch von anderen, seit Ende der 90er-Jahre durchgeführt werden, unterliegen die eingehenden Chatbeiträge grundsätzlich einer Selektion, d. h., der jeweilige Chatter oder die Chatterin kann nicht davon ausgehen, dass sein oder ihr Beitrag unmittelbar nach dem Eintreffen beim Server auf den Monitor ausgegeben und damit kommunikabel wird. Stattdessen kann diese Ausgabe sowohl ganz unterbleiben (es erfolgt auch keinerlei Rückmeldung hinsichtlich der Gründe hierfür) als auch erst mit großer zeitlicher Verzögerung erfolgen.

3 Moderation

Eine zentrale Rolle in diesen Politikchats erfüllt der Moderator. Auch deswegen sind Politikchats in der Vergangenheit häufig mit Fernsehtalkshows verglichen worden (Runkehl/Schlobinski/Siever 1998: 80), wobei es dafür allerdings nur oberflächliche Gemeinsamkeiten gibt. Zwar finden sich in beiden Kommunikationsweisen Moderator(inn)en, doch ihre Funktionen weisen deutliche Unterschiede auf.

Politische Diskussionsrunden gehören zu den klassischen Fernsehformaten. Werner Höfers *Internationaler Frühschoppen* brachte zwar Journalisten und nicht Politiker an den Gesprächstisch, doch deren Themen waren mehr oder weniger politische. Konstanten waren das Format und der Moderator, damals noch zurückhaltend und mit anderer kommunikativer Funktion als „Gastgeber" etikettiert. Betrachtet man die weitere Entwicklung bis in die Gegenwart hinein, so fällt auf, dass die Rolle des jeweiligen Moderators oder der Moderatorin im Lauf der Zeit merklich gestiegen ist, was sich nicht zuletzt in der Namensgebung der Sendung niederschlägt. Moderne Politiktalks tragen die Namen ihrer Moderator(inn)en im Titel, manchmal ausschließlich (*Sabine Christiansen*), manchmal attributiv erweitert (*Studio Friedman*). Der Aufmerksamkeitsfokus hat sich von den Themen und den eingeladenen Politikern zumindest ein Stück weit hin auf die Moderator(inn)en verschoben. Sendungen wie *Was nun, Herr/Frau [Name desPolitikers/der Politikerin]* oder auch die berühmte „Elefantenrunde" (Klein 1990) am Vorabend von Bundestagswahlen gehören eher der Vergangenheit als der Fernsehgegenwart an. Allein die beiden Fernsehduelle zwischen Gerhard Schröder und Edmund Stoiber schienen von dieser Fokusverschiebung abzuweichen. Doch auch hier wurde sowohl im Vorfeld der Sendung als auch im Anschluss an die „Duelle" die Rolle der beiden Moderatorinnen ausdrücklich betont.

Talkshow-Moderator(inn)en sind durch besondere kommunikative Rechte gekennzeichnet und leiten und strukturieren die jeweiligen Diskussionen. Je nach individueller Gestaltungsweise oder Sendungskonzept erfüllen sie eine zentrale Aufgabe auch in inhaltlicher Sicht. Mitunter bilden sie den/die Gegenspieler/-in zum jeweiligen Talkshow-Gast.

In den Kindertagen der Politikchats in der zweiten Hälfte der 90er-Jahre beschränkt sich die Funktion des Moderators vor allem auf das Eintippen der Beiträge der jeweiligen Politiker/-innen. Damit einher geht die Selektion der beim Server eingehenden Beiträge. Diese Aufgabe wird inzwischen weitgehend von Submoderator(inn)en erfüllt, wodurch der Moderator – zudem befreit vom Eintippen der Politikerbeiträge – stärker moderierende Funktionen erfüllen kann, die sich aber dennoch von denen der Talkshow-Moderatoren unterscheiden. Eine interesseleitende Funktion wie in den Fernsehtalks kommt ihnen jedoch nicht einmal annähernd zu. Dies wird auch schon darin deutlich, dass sie üblicherweise nicht namentlich genannt werden, sondern nur rein funktional als *Moderator* oder *Moderatorin* in Erscheinung treten (alle folgenden Zitate aus Chats sind in ihrer authentischen Schreibung belassen worden).

> „**Moderator:** Liebe Anhänger und Gegner der Grünen, liebe Haushalts- und Politik-Interessierte, herzlich willkommen im tacheles.02-Chat. Unsere Chat-Reihe tacheles.02 ist ein Format von tagesschau.de und politik-digital.de und wird unterstützt von tagesspiegel.de und von sueddeutsche.de. Im ARD-Hauptstadtstudio wartet jetzt Reinhard Bütikofer, Bundesvorsitzender der Grünen, auf Ihre Fragen. Herzlich willkommen, Herr Bütikofer.
> **Reinhard Bütikofer:** Ich grüße Sie alle.
> **Moderator:** Sie können wie gewohnt zu allen Themen Fragen stellen, wir sortieren ein bisschen und stellen sie eine nach der anderen."
> (*politik-digital* vom 25.11.2004)

Erkennbar wird hier die für einen solchen Chat typische Selektion der Beiträge, welche aber nicht mehr unmittelbar durch den Moderator (der in diesem Fall eine Moderatorin ist), sondern durch Submoderatoren wahrgenommen wird. Dies ähnelt der Auswahlfunktion durch vorgeschaltete Hilfskräfte der Redaktion, die bei sogenannten Call-ins bei Hörfunksendungen eingehende Anrufe entgegennehmen und diejenigen auswählen, die an den Gast oder Experten durchgestellt werden. Im Unterschied zu den Chatbeiträgen werden diese jedoch vergleichsweise zeitnah realisiert. Ein weiterer wichtiger Unterschied besteht darin, dass der Anrufer zumindest grundsätzlich noch die Möglichkeit besitzt, direkte Anschluss- und Präzisierungsfragen zu stellen. Nur in den Fällen, in denen die am Telefon gestellten Fragen vom Moderator

4 Politische Kommunikation

dem Experten übermittelt und nicht mehr von den Zuhörer(inne)n selbst gestellt werden, finden wir Bedingungen wie in den selektierten, moderierten Politikchats vor.

Gleichfalls deutlich wird am obigen Beispiel der letztlich nur vermittelnde Charakter der gesamten Moderation. Neben der allgemeinen Eröffnung des Chats sowie seiner Beendigung ist die Weitergabe der von der Redaktion ausgewählten Fragen die wichtigste Funktion der Moderation. Dazu gehört auch die Wahl des Zeitpunkts für einen Themenwechsel:

> „**Moderator**: Stichwort Ausbildungsplatzabgabe – Die Lehrstellenlücke wird trotz Ausbildungspakt größer statt kleiner. Was ist da schief gelaufen? (*politik-digital* vom 21.9.2004)
> **Moderator**: Themenwechsel, bevor wir gleich zum Schluss kommen müssen:
> **Gerd Lange**: Werden Sie sich für die Entwickler einsetzen, damit wir es nicht mit Software-Patenten wie in Amerika zu tun bekommen?" (*politik-digital* vom 17.7.2004)

Gelegentlich, wenn auch eher selten, ist damit auch eine Nachfrage an den Politiker oder die Politikerin verbunden:

> „**Moderator**: beachten Sie bitte tomrobs frage
> **Moderator**: bitte, bitte;-)" (*politik-digital* vom 17.8.2000)

4 Sprachliche Nähe und Distanz in Frage und Antwort

Die Eröffnung des Chats mit Reinhard Bütikofer weist auf eine weitere Besonderheit von Politikchats hin. Üblicherweise werden diese weniger als Diskussionsforum zwischen Chatter(inne)n und Politiker(inne)n verstanden, sondern als Fragerunden, in denen die jeweiligen Politiker(inne)n Fragen von Chatter(inne)n zu vorgegebenen Themen mehr oder weniger ausführlich beantworten. So ist es denn auch nicht verwunderlich, dass nur in seltenen Fällen echte Diskussionsstränge entstehen. Vielmehr lösen Fragen der Chatter/-innen sich mit Antworten der Politiker/-innen ab, wie das folgende Beispiel zeigt:

> „**Moderator**: Wir kommen nun zum zweiten aktuellen Thema, der Irak-Krise. Hier die erste Frage dazu:
> **limo**: Sollte man den Irak nicht notfalls doch militärisch entwaffnen und das irakische Volk von diesem Diktator befreien?
> **Hans-Christian Ströbele**: Der Sturz eines Diktators – wie Saddam Hussein im Zweifel einer ist – muss durch die eigene Bevölkerung erfolgen. Die Entwaffnung des Regimes kann am besten und schnellsten durch die UN-Inspektoren erfolgen. Diese waren schon sehr erfolgreich. Sie können sich im Irak völlig frei bewegen und die Waffen zerstören, die sie auffinden. Vor allem aber ist die Ent-

waffnung durch sie nicht mit dem Tod von möglicherweise 100.000 Menschen, der Zerstörung des Landes und unendlichem Leid für viele Familien verbunden.

walter-rotgrün: Was ist mit einem Einsatz der Awacs-Flugzeuge in der Türkei bei einem möglichen Irak-Krieg? Ist eine Zustimmung des Bundestags notwendig? Da gibt's auch keine eindeutigen Signale von Rot-Grün.

Hans-Christian Ströbele: So lange die AWACS Flugzeuge ihre Arbeit auf das NATO-Gebiet wie etwa die Türkei beschränken ist eine Zustimmung des Bundestages nicht erforderlich. Erst wenn sie über die Grenzen hinaus, etwa im Irak, den USA für einen Krieg Ziele ausmachen oder andere Unterstützung leisten, müsste der Bundestag zustimmen. Eine solche Grenzüberschreitung will aber weder die Bundesregierung noch die Koalition.

z43: Hat die rot-grüne Regierung Beweise und Informationen über den Irak zurückgehalten?

Hans-Christian Ströbele: Nein, alle Informationen die der Bundesregierung zur Verfügung stehen, wurden an die Inspektoren im Irak weitergegeben und von diesen vor Ort überprüft. Selbstverständlich gibt es immer auch Informationen, die nicht an die große Glocke gehängt werden können, aber diese wurden den Abgeordneten aller Fraktionen zugänglich gemacht.

Moderator: Erwarten Sie, dass am Mittwoch wirklich neue Beweise vorgelegt werden?

Hans-Christian Ströbele: Das erwarte ich nicht. Es wäre völlig unverantwortlich von der US-Regierung, wenn sie von Massenvernichtungswaffen und Raketen im Irak gewusst hätte oder weiß und wenn sie diese Information nicht unverzüglich an die Inspektoren im Irak weitergibt, damit diese die Angaben überprüfen und gegebenenfalls solche Waffen entsprechend ihrem Auftrag sofort vernichten können. Deshalb gehe ich davon aus, dass neues, bisher den Inspektoren nicht bekanntes nicht mitgeteilt und nicht bewiesen werden kann.

Moderator: War der Termin eine Brüskierung Außenminister Fischers, da er eigentlich am gleichen Tag mit Blix verabredet war?

Hans-Christian Ströbele: Ich glaube nicht, dass Präsident Bush so genau über die Besuchstermine des deutschen Außenministers informiert ist und seine Terminplanung auf eine Störung des deutschen Terminkalenders ausrichtet.

peacecorp: Warum dreht sich die Frage nur um Krieg oder nicht Krieg? Es gibt doch weitere Mittel zur Konfliktbearbeitung, aber von den Grünen höre ich auch leider nicht viel dazu?" (*politik-digital* vom 4.2.2003)

An diesem kurzen Ausschnitt wird deutlich, dass hier – anders als in Fernsehtalkshows – keine echte Diskussion entsteht, sondern dass nacheinander eine Reihe von Fragen bzw. Diskussionsbeiträgen durch den Politiker „abgearbeitet" werden. Die Politikerbeiträge haben dabei vielfach den Charakter von politischen Statements, die auch nur teilweise die gestellten Fragen bzw. Diskussionsbeiträge beantworten.

4 Politische Kommunikation

Vergleichbar sind sie eher mit den „Erklärungen", die Politiker/-innen in Pressekonferenzen abgeben. Bezeichnenderweise nennt *politik-digital* seine Chats inzwischen „Chat-Interviews". Vergleicht man zudem ältere Politikchats bei *politik-digital* mit denen der letzten beiden Jahre, so kann man erkennen, dass sich besonders die Moderator(inne)n bemühen, weniger unterhaltsam als noch vor wenigen Jahren zu moderieren. In früheren Chats war sowohl der Sprachgebrauch salopper als auch ein unterhaltsam-evaluativer Einsatz der sogenannten „Smileys" zu beobachten:

„soLong:	Wann geht es endlich los?
Moderator:	Gleich ;-)" (*politik-digital* vom 25.4.2000)
„Moderator:	... und nun die letzte Frage ;(" (*politik-digital* vom 27.6.2000)
„CemOezdemir:	Hallo! Alles im Lack?
Moderator:	Alles im Lack ;-) Erste Frage:
[...]	
CemOezdemir:	Was soll ich jetzt sagen? Ich schweige vornehm ...
Moderator:	;-)" (*politik-digital* vom 2.6.2000)

Die Moderation kommentiert „zwinkernd" sowohl Fragen von Chatter(inne)n als auch die Antworten der Politiker/-innen. Die Ernsthaftigkeit der politischen Diskussion, die üblicherweise von den Rezipient(inn)en vorausgesetzt und erwartet wird (Diekmannshenke 2001, 2002a), wird dadurch zumindest partiell und zugunsten von Unterhaltsamkeit reduziert. Hier scheint gerade der Chat eine hybride Stellung einzunehmen. Einerseits eröffnet er die Möglichkeit der direkten Kommunikation mit Politiker(inne)n, wie sie ansonsten für die meisten Menschen kaum noch realisierbar ist, insbesondere auch was prominente Politiker angeht, die vor allem in den Politikchats vertreten sind. Andererseits scheint mit einem Chat die Erwartung verknüpft zu sein, dass in dieser Kommunikationsform das eher Unverbindliche, Sprachlich-Spielerische, Sozial-Kommunikative dominiert, was gerade Ernsthaftigkeit und Verbindlichkeit zweitrangig erscheinen lässt. Dieser Widerspruch der Erwartungshaltungen spiegelt sich sowohl im Gebrauch dieser chatspezifischen Zeichen als auch im tendenziell eher informellen Sprachgebrauch und der Wertschätzung von *Human-Interests*-Themen, wie sie bis vor kurzem immer wieder auch in Politikchats zur Sprache gebracht wurden:

HAJO DIEKMANNSHENKE: Mitwirkung von allen?

„Moderator:	Kommen wir mehr zu Ihnen persönlich
antigone:	Hallo Herr Uhde! Wieso sind Sie nebenberuflich Kabarettist? verträgt sich das mit dem Politikerdasein?
ChristianUde:	Nebenberuflich ist übertrieben – in Wahrheit sind es einige Abende pro Jahr ....
ChristianUde:	es macht mir sehr viel spass, man kann Dampf ablassen und eine kritische Distanz bewahren zum Politikbetrieb. Ich nehme vor alle
ChristianUde:	sorry nochmal: vor allem mich selbst auf den Arm.
	[...]
Moderator:	gleich komen wir zum fussball;-)
	[...]
Robert:	Mit wem halten Sie es, dem FC Bayern oder den Löwen?
ChristianUde:	Das ist kein Geheimnis; ich bin lebenszeit Mitglied und Aufsichtsrat bei den Löwen – vielleicht ist das auch ein grund, warum die Bayern-Fans gerne auf mich schimpfen..." (*politik-digital* vom 17.8.2000)

Andreas Dörner (2001) hat in seinen Untersuchungen zum so genannten „Politainment" festgestellt, dass Politik heute insgesamt unterhaltsamer in den Medien präsentiert wird als noch vor einigen Jahren. Dies gilt insbesondere für Politikangebote der Parteien im Internet (Diekmannshenke 2002b). Doch gerade die Politikchats von *politik-digital* scheinen diesem Trend entgegenwirken zu wollen. Die Verwendung von Smileys bzw. Emoticons findet seitens der Moderator(inn)en offenbar nur noch in sehr reduzierter Form statt und wird aus den eingehenden Beiträgen möglicherweise herausgefiltert. Zumindest weisen die Chattranskripte, die als neue Textsorte innerhalb der politischen Kommunikation betrachtet werden können (Diekmannshenke 2004), solche ansonsten chattypischen graphostilistischen Mittel kaum noch auf. Seriosität nicht nur im Sprach-, sondern auch im allgemeinen Zeichengebrauch scheint ein neues Kennzeichen der moderierten und selektierten Politikchats zu werden, entgegen allen sonstigen Tendenzen und Gepflogenheit in „Plauderchats". Ebenso scheinen *Human-Interests*-Themen nicht mehr oder nur noch sehr eingeschränkt kommunikabel zu sein.

5 Politikerinnen und Politiker

Anfangs noch eher zurückhaltend genutzt, genießen Politikchats bei Politiker(inne)n inzwischen offensichtlich ein hohes Ansehen. Dies gilt allerdings nur für die selektierten, moderierten Chats wie die von *politik-digital* oder andere, vergleichbare Angebote. Die anfangs von den

4 Politische Kommunikation

Parteien angebotenen öffentlichen Chats – die SPD präsentierte eine Zeit lang sogar zwei Chats nebeneinander, wobei einer für den damaligen Generalsekretär Franz Müntefering reserviert war (Diekmannshenke 2001) – sind inzwischen solchen Chats gewichen, die nur noch registrierten Benutzer(inne)n offen stehen.

Als Mittel der Imagewerbung spielen Politikchats eine wichtige Rolle, können sich doch Politiker/-innen hier als Expert(inn)en zu einer vorgegebenen Thematik präsentieren, wobei ihnen dieser Expertenstatus von dem jeweiligen Anbieter zugewiesen wird. Zugleich bietet sich den Politiker(inne)n in diesen selektierten, moderierten Chats die Möglichkeit, effektiv jene für politische Kommunikation typischen „Kaschierungsstrategien" (Klein 1998) zu nutzen, da ein Nachfragen praktisch nicht vorkommt bzw. durch die zeitliche „Zerdehnung" (Eintippen der Nachfrage, Abschicken an den Server, Selektion und evtl. Ausgabe auf den Monitor) so weit vom ursprünglichen Beitrag platziert wird, dass die entsprechende Referierung zumindest erschwert oder sogar verhindert wird. Allein die Moderation besitzt in diesem Fall die Möglichkeit, noch ausstehende Antworten auf ältere Chatbeiträge bzw. präzisere Antworten einzufordern.

> „**Moderator**: Dennoch, ich sehe hinter der Frage auch: Brauchen wir denn mehr Unternehmer-Persönlichkeiten oder ist das mit der Globalisierung vorbei?" (*politik-digital* vom 29.6.2004; zu Gast war Hans-Olaf Henkel)

Gelegentlich nutzen allerdings Politiker(inne)n Chats, um gerade diese Direktheit herzustellen. Vorrangig geschieht das durch die direkte Adressierung des eigenen Chatbeitrags an den entsprechenden Chatter/die entsprechende Chatterin:

> „**Peri**: Welche Gefahren sehen Sie in der Forschung mit embryonalen Stammzellen und deren Einsatz?
>
> **Herta Däubler-Gmelin**: Hallo Peri. Zunächst die, dass menschliches Leben ‚vernutzt' und verbraucht wird – zu Experimenten, die man mit tierischen Embryonen auch machen könnte, dann sehe ich die Gefahr, dass die Möglichkeiten der adulten Stammzellen nicht ausreichend finanziert werden, obwohl es da große Chancen gibt. Im übrigen sind wohl Gefahren der Selektion ‚geeigneter' oder gewollter Eigenschaften nicht von der hand zu weisen und das gibt dann auch Probleme mit dem sozialen Umgang mit Behinderungen.
>
> **schmitt**: Wird es in Zukunft verbrauchende Embryonalforschung in Deutschland geben?

> **Herta Däubler-Gmelin:** Hallo, Schmitt: Wir befinden uns ja im Zustand eines Kompromisses, dem Stammzellen-Gesetz, das sich bewährt hat, so das Bundeskabinett am Mittwoch. Also es soll nicht erweitert werden. Ein bißchen Verbrauch ist es dennoch, auch wenn die embryonalen Stammzelllinien an ein bestimmtes Datum geknüpft sind und aus dem Ausland kommen. Aber, interessant ist vor allem, dass auch die forschende Wirtschaft und die Forschung selbst keine Gründe für eine Erweiterung des Gesetzes vorbringen kann." (*politik-digital* vom 29.7.2004)

Vonseiten der chattenden Politiker/-innen zeigt sich in den Chats von *politik-digital* ein deutlicher Trend zur Seriosität der politischen Diskussion. Die eine Zeit lang zu beobachtende Lockerheit (möglicherweise um entsprechende Erwartungen der „Chat-Community" zu erfüllen) ist aus diesen Chats fast vollständig verschwunden. Vergleicht man das Transkript des Chats mit Hans-Olaf Henkel aus dem Jahr 2004 mit einem aus dem Jahr 2000 (beide Chats fanden bei *politik-digital* statt), so fällt der außerordentlich saloppe Umgangston des älteren Chats auf:

> „**FrankRieger:** Hallo Herr Henkel, ich war schon bei Ihrem letzten politik-digital chat dabei... haben Sie immernoch die Unterhosengröße 5? :-) Toller Artikel in der Woche. Hoffentlich war es ihnen nicht peinlich. Gruss aus Frankfurt, Frank Rieger
> [...]
> **Hans-OlafHenkel:** Na ja, auf so eine Frage falle ich inzwischen nicht mehr rein!
> [...]
> **Sprachwart:** Ich bin arbeitslos und ohne Ideen. Was kann ich tun?
> **Hans-OlafHenkel:** Ich vermute, dass das letztere mit dem ersteren zusammenhängt.
> [...]
> **Kordhose:** Herr Henkel, ist Big brother eine Signal für den Verfall der Medienkultur?
> **Hans-OlafHenkel:** ich habe das nich nie gesehen. Aber hand aufs Herz: wir hatten doch schon immer solche oder ähnliche Sendungen. Denken Sie an die Elefantenrunden....
> **Hans-OlafHenkel:** oder das »ideale Brautpaar« usw.
> **Kordhose:** die bei Sabine?
> **Hans-OlafHenkel:** Nein, sagen Sie mal sind Cordhosen bei diesem Wetter nicht viel zu warm?
> **Kordhose:** doch" (*politik-digital* vom 11.5.2000)

Ein solcher chattypischer, eher umgangssprachlicher Sprachgebrauch findet sich dagegen weiterhin in unselektierten Chats, wie das folgende

4 Politische Kommunikation

Beispiel zeigt – der nordrhein-westfälische Grünen-Politiker Michael Vesper im Chat mit Schülerinnen anlässlich des Girls Day 2004 des Bildungsnetzwerks der Region Ostwestfalen-Lippe:

„[13:46] <Saskia> Was bedeutet für Sie eine gesunde Ernährung?
[13:46] <Michael-Vesper> Sorry für die Tippfehler – ich mache hier zwei-Finger-Suchsystem
[13:47] <Michael-Vesper> Lebensmittel, die natürlich angebaut werden und möglichst aus der eigenen Region stammen.
[13:47] <Agnes> Kein Problem, es geht uns genauso mit dem Tippen.
[13:47] <Saskia> Was läuft denn in OWL zum Thema „Essen"?
[13:48] <Michael-Vesper> Ihr könnt euch ja mal im Internet meine Rede ansehen, die ich als Auftakt zum OWL-Themenjahr Ernährung gehalten habe...
[13:48] <Maria> machen wir gleich!
[13:48] <Michael-Vesper> Die Ausstellung „Das große Fressen" in der Kunsthalle war toll. Es gibt weitere sehr interessante Ausstellungen zum Thema und 40 Museen in OWL, die beim Themenjahr mitmachen.
[13:49] <Agnes> Wir arbeiten gleich noch mit der neuen CD-ROM der AMM Ma zu Ernährung
[13:49] <Michael-Vesper> Prima!
[13:49] <Rebecca> Hallo !!! Denken Sie, dass es in ein paar Jahren der Unterricht mehr mit Computern gestaltet wird??
[13:49] <Birgit-Ebel> Jetzt fragt Sie schon die nächste Gruppe, die Mädchen wollen eben zu mehreren Themen etwas wissen, darum ist das hier etwas turbulent.
[13:50] <Michael-Vesper> Okay, alles klar. Zu der Frage: Ich denke ja. Aber der beste Computer ersetzt nicht das eigene Lernen und Begreifen
[13:50] <Rebecca> Was halten Sie davon, dass Mädchen technische Berufe erlernen können ?
[13:51] <Michael-Vesper> Ist richtig. Oft haben die Mädchen da sogar bessere Talente als die Jungs
[13:51] <Agnes> Wir finden den Girls Day ganz toll! Wie finden Sie das?
[13:51] <Rebecca> Das sehen wir (Jenni, Sandra und ich) genau so !!!!!!
[13:51] <Michael-Vesper> Ich auch. Aber ich gestehe: Ich mache diesmal das erste Mal mit. Die Birgit Ebel hat mich „eingefangen"(*RegioNet OWL* vom 22.4.2004)

6 Die Chatterinnen und Chatter

Die andere wichtige Gruppe im Chatgeschehen bilden die Chatter/-innen. Im Gegensatz zum Fernseh- und Studiopublikum bei Talkshows oder sonstigen politischen Diskussionssendungen sind sie mit ihren Fragen und Beiträgen unmittelbar in das Kommunikationsgeschehen involviert. Wie in den oben zitierten Beispielen bereits zu erkennen war, sehen sich die meisten Chatter/-innen eher als Fragen stellende Laien denn als Politik und ihre Vertreter kritisierende Bürger und Bürgerinnen, die die offene und mitunter auch konfrontative Diskussion mit diesen suchen. So tragen diese Politikchats Züge einer Experten-Laien-Diskussion, wie sie auch in populären Fernseh-Ratgebersendungen wie z. B. *Lämmle Live* zu beobachten sind.

Dies zeigt sich deutlich im Sprachgebrauch der Chatter/-innen, der sich von dem in sonstigen Webchats merklich unterscheidet. Eine starke Orientierung an Schriftsprachlichkeit – Koch/Oesterreicher (1994) sprechen in diesem Zusammenhang von konzeptioneller Schriftlichkeit – ist zu beobachten. Dies betrifft nicht nur die üblicherweise orthographisch-grammatisch korrekt und vergleichsweise komplex strukturierten Fragen und sonstigen Beiträge der Chatter/-innen, sondern auch die ebenfalls recht häufig formal gestalteten Anreden als Einleitung der eigenen Chatbeiträge:

„**Jens**: Liebe Frau Merkel, sind sie bereit, auch deutsche Soldaten notfalls in den Krieg zu schicken ? Bitte um kurze und präzise Antwort ... danke sehr.
[...]
Freundchen: Sehr geehrte Frau Merkel, mit großer Sorge verfolge ich als junger Mensch die Thematik Altersvorsorge. Welches Konzept ist Ihrer Meinung nach entscheidend, damit wir als junge Bevölkerung nicht nur Einzahler sondern in 40 Jahren auch Empfänger bleiben? (*politik-digital* vom 5.2.2003)
ali g.: Herr Bosbach, was verstehen Sie eigentlich unter Leitkultur? Wenn Sie damit die „freiheitlich demokratische Grundordnung" meinen, wäre es nicht ehrlicher auf diesen – dann doch recht inhaltsarmen – Begriff zu verzichten?"

Als ein wesentliches Kennzeichen des Chattens gilt die Wahl von Nicknames. Für die jeweiligen Chatter/-innen erfüllt der gewählte Nickname die Funktion, Kennzeichen der Person in einem charakteristischen Sinne zu sein. Beisswenger spricht in diesem Zusamenhang auch von der „Selbstinszenierung als virtuelle *dramatis persona*" (Beisswenger 2000: 170). Während in der Face-to-Face-Kommunikation die Gesprächsteilnehmer/-innen ihr jeweiliges „Erst-Bild" vom Kommunikationspartner zusätzlich zu einem eventuell vorhandenen Vorwissen vor allem durch visuelle und auditive (mitunter auch durch olfaktorische) Eindrücke aufbauen, verfestigen oder verändern, erfüllt diese Funktion in der Chatkommunikation zuerst nur der Nickname. Erst im Laufe des Chats können die jeweiligen Chatbeiträge zusätzlich imagebildend wirken. Allerdings gilt dies nicht für alle am Chat Beteiligten. Die Identität des jeweiligen Politikers ist unbestritten und wird auch nicht mehr infrage gestellt. Der Moderator ist ebenfalls deutlich erkennbar, allerdings in der Namensgebung auch auf seine kommunikative Funk-

4 Politische Kommunikation

tion beschränkt. Nur die Chatter/-innen selbst haben noch die Freiheit der Nicknamewahl. Während Wetzstein et al. (1995: 81) und Runkehl/ Schlobinski/Siever (1998: 86) bei ihrer Analyse vor allem Wahlpräferenzen in den Bereichen Fantasy, Märchen und Sagen, Musik, Comic, Film, Computerbereich, Werbeprodukte, aber auch modifizierte (Vor-) Namen festgestellt haben, gilt dies für die Politikchats nicht. Bei der Wahl der Nicknames spielen diese Themenbereiche – bis auf die Modifikation des (Vor-)Namens – keine Rolle. Wie auch von Klemm/Graner (2000) für Unichats und von Thimm/Schäfer (2001) für Politikchats beobachtet, ist die Wahl des Nicknames abhängig von der Thematik des jeweiligen Chats und der mit diesem Thema verbundenen Selbstpositionierung der Chatter/-innen. „So dürfte die Thematik des Wahlkampfes, der ‚Doppelpass/Doppelte Staatsbürgerschaft' die Schreiber der Nicks ‚Mehmet', ‚Hans_Eichel', ‚argus' oder ‚critic' zur Namensgebung angeregt haben" (Thimm/Schäfer 2001: 218). Diese Annahme wird durch die von den genannten Chattern angesprochenen Themen sowie die in ihren Beiträgen zum Ausdruck kommende politische Haltung deutlich:

> „Critic: Herr Koch, ich verfüge über drei Staatsbürgerschaften und habe damit keine Probleme. Viele Aussiedler und die deutschstämmigen Polen sind doppelte Staatsbürger, CSU gefördert. Das ist doch alles Doppelmoral, oder sehe ich das falsch?" (*politik-digital* vom 25.1.1999)

Der These, dass „in der Chat-Kommunikation die persönliche Identität camoufliert" (Runkehl/Schlobinski/Siever 1998: 85) werde, kann für die Politikchats nicht zugestimmt werden. Nicht die persönliche Identität, sondern die jeweilige politische Einstellung sind die imagestiftenden Elemente in der politischen Diskussion. Anders als in politischen Alltagsdiskussionen positionieren sich die Diskutanten im Chat jedoch vielfach wesentlich deutlicher und eindeutiger. Zwar ist dies auch im Alltag, z. B. an Informationsständen der Parteien, in öffentlichen Anhörungen und Ratsitzungen oder am Stammtisch durch die Wahl entsprechender Accessoires möglich, muss aber ansonsten erst verbal explizit gemacht werden, z. B. durch eine Selbstpositionierung in Form einer Äußerung der eigenen politischen Überzeugung. Die Wahl eines entsprechenden Nicknames eröffnet hier neue Möglichkeiten und dient in der Regel gerade nicht der Tarnung: *schwarzekonten*, *kiep*, *besserossi*, *Stoiber*, *DocPoliday*, *WillyBrandt*, *Kissinger*, *germania* und *SaddamHoussein* markieren in einem Chat mit dem sächsischen Ministerpräsidenten Kurt Biedenkopf (*politik-digital* vom 2.12.1999) einerseits politische Haltungen, können aber auch der Provokation dienen. Und wer sich *Josch-*

ka F, *Buergerrechtler*, *EUro-Fan*, *skeptiker*, *wallraff* oder *attac* nennt (so in weiteren Chats von *politik-digital*), signalisiert damit zumindest eine politische Position.

Es wurden bisher Chats von *politik-digital* präsentiert, deren Angebot zweifellos das bekannteste und umfangreichste ist. Auch die einzelnen Parteien bieten in unterschiedlichem Maße Chats an, allerdings sind diese inzwischen nicht mehr öffentlich zugänglich (was vor einigen Jahren teilweise noch der Fall war). Insofern kann in diesen Fällen, in denen sich Interessenten vorher erst registrieren lassen müssen und sich nur mit ihrem jeweiligen Benutzernamen sowie einem Passwort einloggen können, nicht mehr von einer breiten öffentlichen Partizipation gesprochen werden. Der Chat übernimmt hier die Aufgabe einer Kommunikationsplattform für eine vergleichsweise geschlossene Kommunikationsgemeinschaft.

So hatte die Bundestagsfraktion von Bündnis 90/Die Grünen eine Zeit lang einen zwar moderierten, aber unselektierten Chat angeboten, der strukturell stärker „Plauderchats" als denen von *politik-digital* ähnelte. Allerdings besteht auch diese Chatmöglichkeit inzwischen nicht mehr. Um die kommunikativen Unterschiede zu den bisher beobachteten selektierten, moderierten Chats von *politik-digital* deutlich zu machen, sei hier als Beispiel ein Chat mit dem Bundestagsabgeordneten Winnie Nachtwei aus dem Jahr 2003 angeführt. Deutlich erkennbar wird hier die Auflösung der sequenziellen Struktur. Wie im unmoderierten Chat treffen die einzelnen Beiträge unselektiert ein und werden ungefiltert auf den Monitor ausgegeben. Dies wird bereits zu Beginn der folgenden Passage aus der Eröffnung des Chats deutlich, als *mattmurdock* seinen Beitrag offensichtlich aus Versehen zweimal abgeschickt hat. Etwas verändert sich die Funktion des Moderators. Er ist sowohl für technische Fragen zuständig als auch dafür, dass bereits zurückliegende Chatbeiträge nicht verloren gehen. Geschieht dies dennoch, ist es seine Aufgabe, die verlorenen Beiträge in reformulierter Form aufzugreifen und an den Politiker weiterzugeben. Was in den moderierten, selektierten Chats durch den Filtervorgang konstruiert werden kann, muss hier während des sich entwickelnden Chats mit seiner ihm eigenen kommunikativen Dynamik geschehen. Anders als in den moderierten selektierten Chats ist der Moderator hier in höherem Maße für den aktuellen diskursiven Fortschritt des Chats zuständig.

4 Politische Kommunikation

„Moderator: Wir werden den Chat protokollieren, d.h., man kann ihn auch im Nachhinein via www.gruene-fraktion.de (Rubrik Diskussion) abrufen.
mattmurdock: Bush könnte den Sicherheitsrat ignorieren, Schröder hat es schon getan. Bush – Schröder, same combat?
mattmurdock: Bush könnte den Sicherheitsrat ignorieren, Schröder hat es schon getan. Bush – Schröder, same combat?
Moderator: Joe fragt, wie man mit dem Vorwurf umgeht, einer der Hauptgründe für den drohenden Krieg sei das Öl.
Winni_Nachtwei_MdB: Joe: Gute Idee! Weil es den Weg zeigt, unabhängig vom Öl und einem gefährlichen Kampf darum zu werden. Allerdings hilft es im akuten Konflikt nicht. viel.
abaumhoer: schade, leider läuft der chat bei mir nicht, der bildschirm bleibt weiß. mag wohl an den proxies liegen. da kann ich wohl leider nicht mitchatten. ich wünsche allen interessante gespräche und frieden für die welt.
Moderator: Mattmurdock fragt, ob nicht auch Deutschland das Votum des Sicherheitsrats ignorieren könne ...
Moderator: abaumhoer: Versuch's mal mit einem anderen Browser ...
petzi: Hallo miteinander, wie sieht die Chance für eine friedliche Lösung wirklich aus?
abaumhoer: Guten Morgen allerseits – jetzt kann ich doch etwaqs sehen :-). Oh Wunder der Technik.
Winni_Nachtwei_MdB: mattmurdock: Schröder will den Sicherheitsrat keineswegs ignorieren. Er/wir halten die VN und den Sicherheitsrat für die einzig legitime Entscheidungsinstanz über Krieg und Frieden. Allerdings halten wir ein kriegerisches Vorgehen grundsätzlich für falsc
Joe: Gestern wurde im Report Mainz vorgeworfen, wir Europäer würden die neue Strategie der USA nicht verstehen. Tun wir doch: es geht um den sicheren Zugang zum Öl. Oder etwa nicht?
Moderator: petzi fragt, wie die Chancen für eine friedliche Lösung stehen.
mattmurdock: Und wenn der SR den militärischen Einsatz gutheisst?
Moderator: Hallo stevie, hallo dr. hase
Ulrich: Guten morgen erstmal. Meine Frage ist, wie verhält sich die BRD, wenn die USA sich einen Dreck um die VN kümmern. Dulden wir, oder gehen wir endlich einmal auch auf Konfration zu den USA?
Winni_Nachtwei_MdB: petzi: Die Chancen sind klein, aber es gibt sie. Entscheidend ist a) das weitere Verhalten von Saddam, ob er jetzt wirklich uneingeschränkt mit den Inspektoren zusammenarbeitet, und b) das Meinungsklima in den USA."
(*www.gruene-fraktion.de* vom 4.2.2003)

Anders als bei den moderierten, selektierten Chats dokumentiert der Mitschnitt die Dynamik des Chatgeschehens. So sind denn auch all jene Besonderheiten und Probleme insbesondere der Referenzialisierung von Beiträgen und der nur mangelhaft vorhandenen thematischen Sequenzialität zu beobachten, die unmoderierte Chats üblicherweise kennzeichnen (Storrer 2001).

7 Politische Alltagskommunikation in „Plauderchats"

In so genannten „Plauderchats", jenen unselektierten und unmoderierten Chats, die die große Masse der Webchats ausmachen, stellt Politik dagegen nur ein Randthema dar. Hier dominieren sozial-kommunikative Aktivitäten, wie sie in der Literatur zur Chatkommunikation schon mehrfach beschrieben worden sind (Beißwenger 2000, 2001; Thimm 2000). Politik rangiert hier allenfalls als ein Thema neben, meist sogar nur unter vielen anderen. Selbst in Chaträumen, die thematisch als politisch ausgewiesen sind, muss nicht unbedingt auch über Politik gechattet werden, falls diese Räume nicht sowieso die meiste Zeit leer sind. Und wenn dort gechattet wird, so meist über andere Themen. Das folgende Beispiel aus einem „Plauderchat" zeigt, dass hier mehr das sprachlich-kommunikative, unernste Spiel im Vordergrund steht als das eigentliche Thema:

„MaCriPu:	Glaubt ihr, dass die SPD morgen verliert???
	[...]
WasGast:	Schröder ist cool MaCriPu
	[...]
MaCriPu:	Warum findest du Schröder cool, WasGast?
	[...]
WasGast:	Weil ich finde seine Augen süß MaCriPu
	[...]
MaCriPu:	Und was hältst du von seiner Politik, WasGast????
	[...]
WasGast:	ganz schön cool seine Politik
	[...]
psychoduck14:	ich liebe politik !
	[...]
psychoduck14:	er ist ein verficktes rosanes steuerschwein
KrisiTanjaJessi:	Worms is nähe mannheim
psychoduck14:	schröder
Superboy885:	JA" (*chatcity* vom 1.2.2003)

In diesem Fall konnte auch beobachtet werden, dass *WasGast* gleichzeitig mit anderen User(inne)n zu anderen, sozial-persönlichen Themen chattete, die auch einen wesentlich größeren Raum einnahmen als seine Äußerungen zu Gerhard Schröder.

Man kann sicher davon ausgehen, dass Politik auch in unmoderierten Chats ein Thema sein kann, vermutlich auch in einem höheren Maße als in dem gezeigten Ausschnitt. Allerdings scheint es von anderen Themen überlagert zu werden. Und anders als in ungezwungenen und thematisch nicht festgelegten Gesprächsrunden, sei es am sog. „Stammtisch" oder bei anderen, zufälligen Anlässen, scheint es keine längere Fokussierung der Gruppenbeiträge auf ein Thema „Politik", an dem sich vielleicht nicht alle beteiligen, aber dennoch passiv beteiligt sind, zu geben. Offensichtlich ist die Erwartung, vornehmlich sozialen Chataktivitäten, gepaart mit dem Wer-bin-ich-und-wer-bist-du-Spiel, nachzugehen, so stark, dass in der überwältigenden Zahl der unmoderierten Chats auch kaum Möglichkeiten für ernsthafte Chats über politische Themen bestehen. Möglicherweise finden solche eher in Insiderchats statt, die dann aber nur ein geringes Maß an Öffentlichkeit aufweisen.

8 Mitwirkung von allen?

Wirft man einen Blick auf die vielfältigen Politikchats, von denen nur eine Auswahl in diese Untersuchung einbezogen werden konnte, so ergibt sich ein in vielen Fragen heterogenes Bild. Allgemein lässt sich festhalten, dass Politikchats sich als Kommunikationsform im Bereich der politischen Kommunikation etabliert haben. Sie werden sowohl vonseiten der Politiker/-innen als Plattform zur Imagewerbung und damit letztlich zur Wahlwerbung angenommen, als auch vonseiten an Politik interessierter Chatter/-innen als Möglichkeit zur vergleichsweise direkten Kommunikation mit den jeweiligen Politiker(inne)n intensiv genutzt. Dies belegen einzelne veröffentlichte Nutzerzahlen zu solchen Chats. Dennoch kann die Frage, ob Politikchats eine „Mitwirkung von allen" ermöglichen und fördern, nicht eindeutig mit Ja beantwortet werden. Strukturell betrachtet stellt der jeweilige Chat ein gemeinsames Produkt aller beteiligten Chatter/-innen dar, womit den einzelnen Chatbeiträgen großes Gewicht am Zustandekommen des konkreten Kommunikats zukommt. Zugleich aber stellt die Selektionsfunktion eine wichtige Einschränkung dar. Welche Beiträge auf dem Monitor der Chatter/-innen erscheinen, entscheidet entweder allein die Redaktion und/oder der chattende Politiker. In einer solchen Perspektive können allein unselektierte Chats – gleich, ob moderiert oder nicht – als strukturell *demokratische* Chats betrachtet werden. Nur sie erlauben unmittelbares Nachfragen (wenn auch oft räumlich weit entfernt vom ursprünglichen Beitrag), und nur sie geben ein authentisches Bild davon, welche Beiträge denn überhaupt in den Chat Eingang finden. Allerdings rangieren politische Themen in „Plauderchats", wie gezeigt, nur unter „ferner liefen". Politische Insiderchats dagegen erlangen praktisch keine größere Öffentlichkeit.

Dennoch soll das politisch-kommunikative Potenzial der Politikchats nicht unterschlagen werden. Zudem hängt der Grad einer *demokratischen Mitwirkung aller* zu einem nicht unbeträchtlichen Teil davon ab, wie die jeweiligen Politiker/-innen in ihren eigenen Chatbeiträgen mit den eingehenden Fragen, Meinungen und Einstellungen umgehen. Demokratische Mitwirkung kann nicht auf rein formale, d. h. strukturelle Aspekte reduziert werden, wenngleich diese wesentliche Voraussetzungen für eine solche Mitwirkung darstellen. Der konkrete Umgang mit den Fragen und Meinungen der Chatter/-innen entscheidet letztlich darüber, ob ein solches Ziel, in einem Chat gemeinsam gleichberechtigt politische Themen direkt miteinander zu diskutieren, erreicht wird. Die Bedingungen und Möglichkeiten dazu sind in dieser Kommunikationsform zweifellos vorhanden. Skepsis hinsichtlich der Realisation dieses Ziels kommt allerdings auf, wenn man in Erwägung zieht, dass die Parteien ihre eigenen Chatangebote (und in aller Regel auch die Nutzung aller übrigen Diskussionsangebote wie Internetforen oder Newsgroups) inzwischen wieder massiv eingeschränkt haben, stehen sie doch nur noch registrierten User(inne)n offen, und auch das nur unter strengen Auflagen, wie die Informationen zum Meinungsforum der SPD („Klartext" genannt) zeigen:

> „Die Klartext-Foren werden moderiert. Das bedeutet: Wir löschen Beiträge, die
> - Beleidigungen, Verleumdungen oder andere Verstöße gegen das deutsche Presse- oder Persönlichkeitsrecht enthalten
> - aus Artikeln oder Namensbeiträgen in Zeitungen, Zeitschriften oder Agenturen sowie aus Büchern kopiert wurden
> - sich nicht auf das Thema beziehen, sondern nur persönliche Mitteilungen an andere Diskussionsteilnehmerinnen und -teilnehmer enthalten
> - für andere Gruppen, Institutionen, Organisationen, Gruppen oder Unternehmen werben
> - der falschen Diskussionsgruppe zugeordnet oder mehrfach eingestellt werden
> - mit einem moderationswidrigen Beitrag eröffnet werden. In diesem Fall löschen wir das ganze Thema.
> - Gleiches gilt, wenn moderationswidrige Beiträge in einem Thema überhand nehmen.
> - die [sic] Verweise/Links auf www-oder email-Adressen enthalten."
> (*www.spd.de/servlet/PB/menu/1009391/index.html*; 20.1.2005)

Wie solche Einschränkungen zu bewerten sind, ist nicht das Thema dieses Beitrags. Gleichberechtigte Partizipation vieler in großem Stil scheint aber wohl nicht das Ziel solcher Foren zu sein.

4 Politische Kommunikation

9 Literatur

Beißwenger, Michael 2000: Kommunikation in virtuellen Welten: Sprache, Text und Wirklichkeit. Eine Untersuchung zur Konzeptualität von Kommunikationsvollzügen und zur textuellen Konstruktion von Welt in synchroner Internet-Kommunikation, exemplifiziert am Beispiel eines Webchats, Stuttgart.

Beißwenger, Michael (Hrsg.) 2001: Chat-Kommunikation. Sprache, Interaktion, Sozialität & Identität in synchroner computervermittelter Kommunikation. Perspektiven auf ein interdisziplinäres Forschungsfeld, Stuttgart.

Diekmannshenke, Hajo 2001: „Das ist aktive Politik, Danke und Tschüß Franz". Politiker im Chatroom, in: Beißwenger (Hrsg.) 2001, 227–254.

Diekmannshenke, Hajo 2002a: Sprechen über Politik in den Medien. Linguistische Aspekte der Rezeption von politischer Kommunikation, in: Inge Pohl (Hrsg.): Semantische Aspekte öffentlicher Kommunikation, Frankfurt am Main, 304–328.

Diekmannshenke, Hajo 2002b: Internetwahlwerbung für Jungwähler. Mehr Unterhaltung als Politik?, in: Der Deutschunterricht, H. 5, 12–20.

Diekmannshenke, Hajo 2004: Gesprächsstrategien in Politik-Chats, in: Ludger Hoffmann/Angelika Storrer/Michael Beißwenger (Hrsg.): Internetbasierte Kommunikation (= Osnabrücker Beiträge zur Sprachtheorie, Bd. 68), Oldenburg, 123–140.

Diekmannshenke, Hajo 2005: Politische Kommunikation in Zeiten des Internet. Kommunikationswandel am Beispiel moderierter und unmoderierter Politik-Chats, in: Angelika Storrer/Michael Beißwenger (Hrsg.): Chatkommunikation in Beruf, Bildung, Medien. Konzepte, Werkzeuge, Anwendungsfelder. Stuttgart, 119–143.

Dörner, Andreas 2001: Politainment. Politik in der medialen Erlebnisgesellschaft, Frankfurt am Main.

Klein, Josef 1990: Elefantenrunden ‚Drei Tage vor der Wahl'. Die ARD-ZDF-Gemeinschaftssendung 1972-1987. Einführung und Texttranskription, Baden-Baden.

Klein, Josef 1998: Politische Kommunikation als Sprachstrategie, in: Otfried Jarren/Ulrich Sarcinelli/Ulrich Saxer (Hrsg.): Politische Kommunikation in der demokratischen Gesellschaft. Ein Handbuch mit Lexikonteil, Opladen, Wiesbaden, 376–395.

Klemm, Michael/Lutz Graner 2000: Chatten vor dem Bildschirm: Nutzerkommunikation als Fenster zur alltäglichen Computerkultur, in: Caja Thimm (Hrsg.): Soziales im Netz. Sprache, Beziehungen und Kommunikationskulturen im Internet, Opladen, Wiesbaden, 156–179.

Koch, Peter/Oesterreicher, Wulf 1994: Schriftlichkeit und Sprache, in: Hartmut Günther/Otto Ludwig (Hrsg.): Schrift und Schriftlichkeit. Ein interdisziplinäres Handbuch internationaler Forschung, Erster Halbbd., Berlin, New York, 587–604.

Runkehl, Jens/Schlobinski, Peter/Siever, Torsten 1998: Sprache und Kommunikation im Internet. Überblick und Analysen, Opladen.

Storrer, Angelika 2001: Sprachliche Besonderheiten getippter Gespräche: Sprecherwechsel und sprachliches Zeigen in der Chat-Kommunikation, in: Beißwenger (Hrsg.) 2001, 3–24.

Thimm, Caja (Hrsg.) 2000: Soziales im Netz. Sprache, Beziehungen und Kommunikationskulturen im Internet, Opladen, Wiesbaden.

Thimm, Caja/Holger Schäfer 2001: Politische Kommunikation im Internet: Hyper-Textsorten und politische Semantik im Online-Wahlkampf, in: Hajo Diekmannshenke/Iris Meißner (Hrsg.): Politische Kommunikation im historischen Wandel, Tübingen, 199–223.

Wetzstein, Thomas A./Dahm, Hermann/Steinmetz, Linda/Lentes, Anja/Schampaul, Stephan/Eckert, Roland 1995: Datenreisende. Die Kultur der Computernetze, Opladen.

WERNER HOLLY

Audiovisualität und Politikvermittlung in der Demokratie

1 Politik und Audiovisualität: Begriffe und Fragen

Obwohl es in diesem Buch um politische Sprache und Demokratie geht, speziell um die deutsche Sprache, soll hier mit dem Thema „Audiovisualität" über den Sprachrahmen hinausgegangen werden. Können audiovisuelle Texte zu einer „demokratischen" politischen Kommunikation beitragen? Oder ist Audiovisualität der Demokratie eher abträglich? Zur Begründung der Ausweitung auf Audiovisuelles und zur Klärung einiger Begriffe möchte ich zunächst in sieben Schritten vorgehen und dabei einige Thesen ins Spiel bringen.

Erstens: Dass Politik und Sprache eng zusammengehören, daran besteht kaum ein Zweifel. Man vermutet auch, dass bestimmte Spracherscheinungen oder bestimmte Sprachverwendungen mit bestimmten politischen Systemen oder Haltungen verknüpft sind, also etwa, dass – natürlich in idealisierender Perspektive – eine rationale diskursive Verständigung in „gutem Streit" prototypisch für pluralistische demokratische Systeme sei, während Sprachlenkung und Propaganda totalitären Systemen eigentümlich sei (Holly 1990: 4ff.; Sarcinelli 1990). Dennoch hat man in der Sprach- und in der Politikwissenschaft bis in die 1970er-Jahre der „Sprache in der Politik" nicht allzu viel Aufmerksamkeit gewidmet, mit Ausnahme vielleicht der Nazi-Sprache und -Propaganda.

Zweitens: Wenn man politische Kommunikation überhaupt für wichtig gehalten hat, so hat man doch lange Zeit ausgeblendet oder zumindest vernachlässigt (und zwar bis heute), dass sie nicht auf Sprachkommunikation reduziert werden kann; z. B. enthält noch das Handbuch „Politische Kommunikation in der demokratischen Gesellschaft" (Jarren/Sarcinelli/Saxer 1998) zwar Artikel zu „sprachwissenschaftlichen Perspektiven" und zu „Sprachstrategie", der audiovisuelle Bereich wird aber nur sporadisch thematisiert. Mit der verstärkten Beachtung der Rolle von modernen, insbesondere von elektronischen Medien war man dann aber doch mit der Tatsache konfrontiert, dass in politischen Kontexten Sprachzeichen überwiegend zusammen mit anderen Zeichen vorkommen. Dies gilt aber schon für die direkten Kommunikationen in der Politik, wo Politiker und andere ja auch verbal und nonverbal kommunizieren. Zu ersten vorsichtigen Ansätzen der

Thematisierung von Audiovisualität in politischer Kommunikation kam es schließlich auch in sprachwissenschaftlichen Arbeiten, in die vereinzelt Bildkommunikationen einbezogen wurden, dann meist mehr am Rande, unsystematisch oder eher zaghaft (z. B. Burger 1990, Bentele/Hess-Lüttich 1985, Holly/Kühn/Püschel 1985, 1986, Muckenhaupt 1986, Wachtel 1988, Holly 1991, Weinrich 1992).

Drittens: Inzwischen haben sich in medien- und kommunikationswissenschaftlichen Untersuchungen und auch gelegentlich in der Politikwissenschaft die Vorzeichen umgekehrt. Man betont nun für den öffentlichen Bereich, wo es um „Politikvermittlung" geht, sehr stark die Bedeutung der Bildkommunikation (z.b. Ludes 1998: 152), die man sogar für dominant hält (Meyer 2001: 105), vor allem mit Bezug auf die verbreitete Auffassung von Fernsehen als einem primär visuellen Medium (Postman 1983: 92). Dem möchte ich hier den Begriff der „Audiovisualität" entgegensetzen, der ja (als Substantivierung eines kopulativen Adjektiv-Kompositums) noch nichts über die Hegemonie einer Komponente aussagt, wie ich überhaupt die pauschale Frage danach, was überwiegt, für unergiebig halte. Man kann allerdings vermuten, dass eine verstärkte Bildlichkeit auch Folgen für die politische Kommunikation hat.

Viertens: Es muss vor allem berücksichtigt werden, dass im Zusammenhang mit audiovisuellen Medien schon die Sprache selbst eine andere Rolle spielt als in den alten Printmedien. Ong (1982) hat darauf verwiesen, dass mit den elektronischen Medien – nach jahrhundertelanger Dominanz der Schriftsprache – wieder Oralität die öffentliche Kommunikation prägt; gleichzeitig hat er aber bemerkt, dass es sich um eine spezifische, um eine „sekundäre Oralität" handelt, die mit primärer Oralität nicht gleichgesetzt werden darf, was ebenfalls politische Implikationen hat (Holly 1995, 1996).

Fünftens: Mit dem gängigen Begriff „Multimedialität" wird nicht genügend differenziert zwischen der Mischung von Kodes (z. B. Sprach- und Bildzeichen) und Modes (z. B. auditiven und visuellen). Schrift-Bild-Kombinationen in Printmedien sind zwar bikodal, aber monomodal, nämlich visuell; Sprach-Bild-Kombinationen in audiovisuellen Medien sind dagegen Teile eines multikodalen Komplexes und dabei bimodal; im Fernsehen haben wir vor allem Sprechsprache, Töne, Musik, Laufbilder (Holly 2004a), aber man muss in Bildschirmmedien auch auf den Unterschied von statischen und bewegten Bildern achten und auf die zusätzliche und durchaus zunehmende Verwendung von Schrift, die in Computermedien oft sogar dominiert. Häufig wird auch die Verwendung von Tönen und Musik nicht genügend beachtet.

4 Politische Kommunikation

Sechstens: Die Kodes und Modes vermischen sich zu einem audiovisuellen Bedeutungskomplex, der integrativ und nicht bloß additiv beschrieben werden muss. Auch wenn die einzelnen Kodes in medialer Kommunikation – anders als in der spontanen, „natürlichen" Audiovisualität direkter Kommunikation – getrennt voneinander hergestellt werden können und ihre Zusammenfügung in den beiden Modes technisch und gezielt manipuliert wird, so weiß man doch zu wenig über ihre genaue semantische Fügung. Auch die Macher selbst verfügen, trotz mancher Faustregeln und einer großen „Werkstatterfahrung", nur über ein eher intuitives, implizites Wissen von ihrer Kunst, wobei sich vieles noch „hinter ihrem Rücken" abspielt. In den wissenschaftlichen Beschreibungen beschränkt man sich meist schwerpunktmäßig auf einen semiotischen Teil und fügt ergänzend einen anderen hinzu, also behandelt z.B. hauptsächlich den Sprachanteil und nur als Zusatz die (sekundär gedachten) Bilder (so in den meisten linguistischen Arbeiten über politische Fernsehsendungen), oder man behandelt die Bilder und kaum die Sprache (so in der Filmwissenschaft). Das Verhältnis zwischen beiden Zeichentypen wird selten thematisiert. Auch die in den 1970er-Jahren angestoßene Debatte über die so genannte „Text-Bild-Schere" (Wember 1976) legt eine naive und irreführende Sicht auf das komplexe Zusammenspiel der beiden Symbolsysteme zugrunde (s.u. Abschn. 4). Die Frage lautet also, wie ein Ansatz einer integrativen Beschreibung aussehen könnte.

Siebtens: Die gängigen Ausblendungen und vorschnellen Hierarchisierungen im audiovisuellen Zeichenkomplex hängen natürlich mit den großen Schwierigkeiten zusammen, überhaupt zu modellieren und zu reflektieren, wie das komplexe Zusammenspiel vonstatten geht. Nahezu alle Arbeiten auf diesem Gebiet stimmen darin überein, dass für die Funktionsweise des Zusammenspiels bisher „kein schematischer Analyse-Ansatz formuliert" wurde (Meyer/Ontrup/Schicha 2000: 83; s. auch Holly 2004). Obwohl man das Desiderat klar sieht, ist doch keine Lösung in Sicht, die der Komplexität audiovisueller Texte gewachsen wäre; dies wäre aber Voraussetzung dafür, ihr Potenzial für die „demokratische" politische Kommunikation wirklich angemessen zu erfassen.

Deshalb will ich hier als Bausteine einer integrativen Beschreibung zunächst eventuelle politisch-kommunikative Implikationen von Bild- und Sprachkommunikation erörtern (Abschn. 3), deren mögliche Hierarchisierungen, Passungen und die damit in Zusammenhang stehenden Bildfunktionskataloge (Abschn. 4), bevor ich am Ende eine Perspektive auf ihre wechselseitige Zusammenführung entwickle (Abschn. 5). Noch davor möchte ich aber auf einige weitere Aspekte der modernen Politikvermittlung eingehen, und zwar anhand der Schlagworte „Visualisierung", „Inszenierung", „Theatralität" und „Ästhetisierung", mit denen man die Kommunikation in heutigen Mediengesellschaften charakterisiert hat (Abschn. 2).

2 Visualisierung, Inszenierung, Theatralität, Ästhetisierung

Die Entwicklung der Medien hat dazu geführt, dass sich die Politikvermittlung verstärkt in Kommunikationsformen abspielt, die Bildzeichen verarbeiten (Meyrowitz 1987: 77ff.). Gegenüber einer (bildlos gedachten) Buch- und Zeitungskultur, die es allerdings so nie gegeben hat, erscheint die heutige Medienöffentlichkeit, beherrscht von dem „Bildmedium" Fernsehen und einer optisch immer aufwändiger gestalteten (Boulevard-)Presse, als „bildlastig", wenn nicht „bilddominiert" (Meyer 2001: 104ff.). In diesem Zusammenhang sieht man auch die Aufwertung des „Designs" und die Ausprägung weltweit verbreiteter Bildstereotype (Pörksen 1997, Holly 2003); die gestiegene Bildlichkeit, die bei den Mediennutzern in Analogie zum Umgang mit der Schrift auch eine neuartige Kompetenz erfordere, hat man als einen modernisierenden Prozess der „Visualisierung" bezeichnet (Ludes 1993, 1998) – ein allerdings schiefer Terminus, der sich zur Kontrastierung mit der „alten" Schriftkultur nicht recht eignet, denn natürlich ist auch Schrift visuell.

Wichtiger ist vielleicht, dass die Steigerung der Bildlichkeit Teil eines umfassenderen Prozesses der „Inszenierung des Politischen" ist, wie er in der Tradition von Boorstin (1961), Edelman (1976, 1988) und Schwartzenberg (1980) seit Längerem beschrieben worden ist, auch anhand von empirischen Einzeluntersuchungen (z. B. Holly/Kühn/Püschel 1986, Sarcinelli 1987), neuerdings auch anhand eines Querschnitts von Fernsehsendungen an einem Stichtag (Meyer/Ontrup/Schicha 2000); die Politik sei – so eine zugespitzte These – durch das Mediensystem „kolonisiert", man müsse fragen, ob die Demokratie zur „Mediokratie" geworden sei (Meyer 2001). Hauptmerkmal dieser „mediatisierten Politik" sei die Inszenierung von Bildern:

> „Politik präsentiert sich in der Mediengesellschaft immer mehr und immer gekonnter als eine Abfolge von Bildern, kameragerechten Schein-Ereignissen, Personifikationen und Images, bei denen Gesten und Symbole, Episoden und Szenen, Umgebungen, Kulissen und Requisiten, kurz Bildbotschaften aller Art zur Kernstruktur werden, zum Teil sogar von Werbe- und Kommunikationsexperten erdacht und von den Akteuren nachgestellt, damit die maximale Medienwirksamkeit garantiert sei." (Meyer 2001: 109f.)

Die Bildinszenierungen gehören zur umfassenden „Theatralität" von Politik, die mit allen kalkuliert eingesetzten Mitteln des Theaters arbeitet; im Zentrum stehen die Aktionen des menschlichen Körpers: mit Mimik, Gestik, Proxemik, Requisiten, Kulisse und auch mit verbalen und paraverbalen Sprachzeichen (Meyer 2001: 112), die aber nur noch als Teile einer insgesamt auf Bildlichkeit hin angelegten Inszenierung verstanden werden. Hier wirken auch Selbstdarstellungstechniken, wie sie von der Persönlichkeitspsychologie beschrieben werden (Schütz 1992, Laux/Schütz 1996). Konkrete Strategien in solchen politischen Inszenierungen stellen Werbeaktivitäten dar, die wir nicht nur aus Wahlkampfphasen kennen: Eventpolitik, Imageprojektionen und Scheinhandlungen (Meyer 2001: 112).

Besser als „Visualisierung" trifft hier vielleicht der im selben Kontext verwendete Begriff der „Ästhetisierung der Öffentlichkeit". Er formuliert auch deutlicher, was schon mit „Inszenierung" gelegentlich impliziert wird, dass nämlich offen bleibt, „ob die gestellten Bilder durch politisches Handeln gedeckt sind oder nicht" (ebd.: 111). Sie sind wie die Bilder in anderen ästhetisierten Bereichen auch, in der Kunst oder der Werbung, nicht an Wahrhaftigkeit gebunden, auch wenn sie nicht unbedingt „falsch" sein müssen. Dazu kommt, dass sie durch die Merkmale von Personalisierung und Intimisierung (Sennett 1983), durch Emotionalisierung und Dramatisierung, durch Banalisierung und Unterhaltung letztlich dazu beitragen, dass öffentliche Kommunikation entpolitisiert wird.

Die Prognose ist aber nicht durchweg pessimistisch. Es werden auch die positiven Seiten „symbolischer Expressivität" gesehen, die auch „Aufmerksamkeit bündeln, Motive wachrufen, Handlungen anregen" kann und insofern ein „legitimes und oft produktives Mittel der Politik" sei, so dass die Bilanz in der Beurteilung der theatralen Strategien ambivalent bleibt (Meyer 2001: 117).

3 Politische Implikationen der Bild- und Sprachkommunikation

Solche teils skeptischen, teils optimistischeren Thesen zur Entwicklung der öffentlichen Kommunikation gehen von bestimmten politischen Implikationen der Bild- und Sprachkommunikation aus, die jetzt genauer betrachtet werden sollen. Dabei werden in der Regel bestimmte prototypische Eigenschaften von Sprach- und Bildzeichen polarisierend gegenübergestellt. Schmitz (2003: 253) fasst eine solche Gegenüberstellung (für Schrifttexte bzw. statische Bilder) folgendermaßen bündig zusammen (ausführlicher z. B. Burger 1990: 300ff.):

„Texte würden sukzessiv und linear wahrgenommen, Bilder aber simultan und holistisch, Texte repräsentierten arbiträr und symbolisch, Bilder aber ikonisch und analog, Texte dienten der Argumentation und Bilder der Imagination, Texte der Konversation und Bilder der Präsentation, Texte seien diskursiv, allgemein und reguliert, Bilder dagegen ‚präsentativ' (Langer 1942, 103), einzigartig und unübersetzbar – sofern diese gängigen Gegenüberstellungen überhaupt zutreffen."

Der Kern der Unterschiede geht also auf die verschiedenen semiotischen Fundierungen von Sprach- und Bildzeichen zurück, aber auch auf die damit zusammenhängende verschiedene Teil-Ganzes-Organisation in der Bedeutungsvermittlung, wie Schmitz (2004: 114f.) außerdem darlegt:

„Sprache operiert mit einer Grammatik, die das allgemeine Gerüst dafür organisiert, wie Teile und Ganze aufeinander bezogen werden. So kann sinnloses oder kontextfreies Repertoire-Material (Phoneme, Morpheme, Wörter …) schnell zu situativ sinnvollen Aussagen formuliert werden. Sprache eignet sich deshalb gut für symbolische Zeichen, deren Form keinerlei Ähnlichkeit mit dem Inhalt hat. Bei Bildern hingegen ist die Technik der Beziehung von Teilen und Ganzen viel weniger strikt vorgeformt, auch wenn sich gewisse Konventionen, Gewohnheiten und Stile herausbilden. In Bildern aber wird nicht formuliert, sondern gestaltet und vorgeführt. Bilder operieren deshalb eher ikonisch: Sie bilden etwas ab oder stellen etwas vor. Texte sind eher fürs Mitteilen und Denken, Bilder eher fürs Zeigen und Schauen."

Auch wenn man solche Polarisierungen – mit Schmitz – zurückhaltend beurteilt, weil bei genauerer Betrachtung die Unterschiede nicht mehr so eindeutig ausfallen, kann man sie doch zunächst einmal in der Tendenz für plausibel halten. Es ist allerdings immer zu beachten, dass man es bei Audiovisualität, um die es hier ja gehen soll, mit bestimmten Ausprägungen von Sprache und Bildern zu tun hat, und zwar überwiegend mit *bewegten Bildern* und *gesprochener Sprache*.

Bei der Einschätzung der politischen Relevanz kann man auf einige hartnäckige ambivalente Idealisierungen von Bildern und Sprache zurückgreifen, die offensichtlich in die häufig übergeneralisierenden und meist kulturkritischen Bewertungen eingehen (Sachs-Hombach 2003: 308ff.): zum einen die Unterstellung von mangelnder Rationalität und Argumentativität von Bildern, denen die Möglichkeit zur Abstraktion und distanzierenden Reflexion zu fehlen scheint, weil sie eben immer nur Konkretes und Einzelnes zu zeigen vermögen, so dass die demokratisch notwendige diskursive Verständigung nicht zu ihrem Leistungsspektrum gehört; wohl aber die unmittelbare, rasche und ganzheitlich verdichtende und z.T. intime Vergegenwärtigung. Sie gelten als attraktiver, expressiver Blickfang und auch als emotional geladen,

4 Politische Kommunikation

durch die analoge Struktur für jeden und womöglich universal verständlich, nach dem Prinzip „Ein Bild sagt mehr als tausend Worte". Damit haben sie ein unverzichtbares Potenzial für motivierende, didaktische und popularisierende Zwecke, also auch für die Vermittlung von Politik an ein heterogenes Massenpublikum, allerdings nicht immer im Sinne der Demokratie, wie die bildmächtigen Inszenierungen totalitärer Systeme zeigen. Dazu kommt ihre suggestive Kraft und Glaubwürdigkeit, nach der alten, inzwischen offensichtlich obsoleten Devise „Bilder lügen nicht", die aber besonders bei photographischen „Abbildern" immer noch zu wirken scheint; sie geht zurück auf ihre „quasi-natürliche Sinnbildung", die keiner Kommunikationshandlung zu entspringen scheint (Spangenberg 1988: 783ff.) und die einen „essentialistischen Trugschluß" (Kepplinger u.a. 1987) hervorbringen kann; dies ist wegen des möglichen „Wirklichkeitsverlustes" für demokratische Politik ein besonders gefährliches Merkmal.

Sprache dagegen, besonders gesprochene Sprache, ist das Zeichensystem, das der parlamentarischen Demokratie eingeboren scheint; überhaupt gibt es nicht wenige Definitionen, die Politik auf Sprache, auf „sprechendes Handeln" gründen (Sternberger 1966: 89). Die parlamentarische Debatte als eigentlich zentraler Ort von „government by discussion", so Macaulays bekannte Formel für eine aufklärerisch geprägte Idee von demokratisch legitimierter Herrschaft, hat allerdings an Überzeugungskraft verloren und gilt vielen nur noch als mühsam aufrechterhaltene institutionalisierte Inszenierung, während Fernseh-Talkshows an ihre Stelle getreten sind (Tenscher 2002). So scheint die unmittelbare sprachliche Verständigung in vielen Meinungsbildungs-Gesprächen von Privatleuten und ihren Repräsentanten nicht mehr die Grundlage von Entscheidungsfindungen zu sein, eher schon ein komplexer diskursiver Prozess im Zusammenspiel von Mediensystem und politischem System, in dem politische Sprache zum Gegenstand professionell erarbeiteter Strategien geworden ist (Klein 1998) – und doch oder gerade deshalb weniger wirksam erscheint (ebd.: 393).

Seit das originär demokratische Element sprachlicher Verständigung, die authentische und lebendige Debatte in unmittelbarer Interaktion, zurücktritt (vgl. Burkhardt im vorliegenden Band), führt die Rückkehr zu monologischen Sprachformen bzw. die bloße Inszenierung von Dialogen in Medien oder im Parlament zu Problemen der Glaubwürdigkeit. Wo der Wahrheitsanspruch nicht mehr interaktiv herausgefordert werden kann, fällt stärker ins Gewicht, dass Sprachzeichen offensichtlich kalkuliert verwendet werden können und Sprachäußerungen deshalb immer unter Täuschungsverdacht stehen.

Das ändert natürlich nichts an der Tatsache, dass die Sprache in der demokratischen Politikvermittlung unverzichtbar ist, allein schon wegen ihres begrifflichen und rhetorischen Potenzials. So spielen Sprachzeichen nach wie vor die tragende Rolle in der Formulierung politischer Inhalte, vor allem, wo es um die formelhafte konzeptuelle Verdichtung von Inhalten in Schlagworten und um deren (möglichst kurze) argumentative Untermauerung geht; „semantische Kämpfe" und das „Besetzen von Begriffen" (Liedtke/Wengeler/Böke 1991; vgl. Wengeler im vorliegenden Band) sind deshalb immer noch an der Tagesordnung. Wenn Sprache die Anschaulichkeit und Kürze von Bildern mit ihrer eigenen und eigentümlichen Abstraktionsleistung verbinden kann und sofern sie gleichzeitig die Anforderungen thematischer Relevanz und inhaltlicher Wahrhaftigkeit „angemessen inszeniert" (Meyer 2001: 206ff.), ist sie ein wesentlicher Faktor demokratischer Politikvermittlung.

Zugleich muss man aber darauf hinweisen, dass solche Überlegungen, die politische Sprach- und Bildkommunikation voneinander ablösen, fast kaum noch eine reale Grundlage haben, da der ganz überwiegende Teil der Politikvermittlung in Sprach-Bild-Kombinationen stattfindet, in den Schrift-Bild-Kombinationen der Printmedien, mehr noch in den audiovisuellen Texten des Fernsehens, wo man die unterschiedlichen Qualitäten synergetisch zusammenführt. Deshalb soll abschließend gefragt werden, wie man das Zusammenspiel beider Komponenten in audiovisuellen Bedeutungskomplexen modellieren kann und wie sich beide – innerhalb und außerhalb der eben besprochenen Idealisierungen – wechselseitig aufladen.

4 Hierarchisierungen, Passungen und Bildfunktionskataloge

Wie wird das Zusammenspiel bildlicher und sprechsprachlicher Zeichen in den audiovisuellen Medien beschrieben? Im Vordergrund stehen oft Fragen der Hierarchisierung, wie sie schon in den oben erwähnten kulturkritischen Thesen anklangen. In dem alten „Vorrangstreit" (Schanze 1997) scheint das Bild gesiegt zu haben, jedenfalls in Tonfilm und Fernsehen; in den schrift-bild-zentrierten Computermedien spielt Audiovisualität ohnehin (noch) keine bedeutende Rolle. Für die Wahrnehmung wird der Bildkomponente von den Theoretikern und Machern ohnehin mehr zugetraut: „Zu 80 Prozent, heißt es, sei das Sehen an der menschlichen Wahrnehmung der Welt beteiligt, nur zu 20 Prozent das Hören." (Hickethier 1996: 91)

Dagegen wird der informative und kommunikative Beitrag von Bildern eher heruntergewertet. Sie könnten zwar zu rascher Orientierung

4 Politische Kommunikation

hinsichtlich des Kommunikationskontexts führen, häufig bewirke aber erst die parallele sprachliche Kommunikation „eine intensivierte Semantisierung der Wahrnehmungsgegenstände" (Spangenberg 1988: 784). Deshalb wird immer wieder davon gesprochen, dass „Sprache dem Bild hierarchisch übergeordnet ist, d. h., daß das gesprochene Wort die Wahrnehmung des Visuellen semantisch, pragmatisch und syntaktisch steuert: Durch Sprache wird festgelegt, auf welche semantische Einzelheit es im polysemen Bild ankommt" (Rauh 2002: 1835f.). Als unumstritten gilt die stärkere emotionale Wirkung von Bildern (z. B. Cohen 1976).

In der Filmtheorie hat man für das Zusammenwirken von Sprechsprache und bewegtem Bild zunächst ganz formal zwischen bestimmten Typen von „Passung" unterschieden: „aktuellem" und „kommentierendem" Ton oder „synchronen" und „asynchronen" oder „parallelen" und „kontrapunktischen" Verbindungen, was im Wesentlichen auf die Unterscheidung von „On"- und „Off"-Sprechen hinausläuft (exemplarisch Hickethier 1996: 92f.). Rauh (1987; 2002) berücksichtigt zusätzlich qualitative Zuordnungen, wobei er zwischen „Potenzierung" (gegenseitiger Steigerung), „Modifikation" (gegenseitiger Einschränkung), „Parallelität" (bloßer Verdoppelung) und „Divergenz" (nur metaphorische Zuordnung) unterscheidet (s. auch Hickethier 1996: 104f.).

Für das Fernsehen ist die Text-Bild-Beziehung zunächst im Zusammenhang mit der schon erwähnten These der „Text-Bild-Schere" (Wember 1976) unter dem Aspekt der Verständlichkeit von Nachrichtensendungen diskutiert worden; hierbei geht es ausschließlich um Texte „aus dem Off". Der frühen Kritik an dieser These (z.B. Muckenhaupt 1980; Burger 1990) folgten auch empirische Untersuchungen, welche die negativen Auswirkungen eher gering einstuften. Berry (1988: 170) bilanziert:

> „Die vorherrschende Ansicht zur Text-Bild-Schere ist, daß Bilder das Erfassen und Behalten eines Textes fördern, wenn Text- und Bildinhalt parallel laufen. Eine effektive Text-Bild-Beziehung ist jedoch eher mit einem Pas de deux zu vergleichen. Hierbei ist es nicht die Aufgabe des Tänzers, jeden Schritt seiner Partnerin nachzuahmen, sondern ihn bei bestimmten wichtigen Bewegungen zu unterstützen."

Burger (1990: 355) geht davon aus, dass die semantisch-logische Relation von Bild und Text bei Nachrichtenfilmen zwischen engeren oder loseren Bezügen fluktuiert. Das Problem der Verständlichkeitsforschung bleibt aber, dass in der Regel nur Behaltensleistungen untersucht werden und dass die experimentelle Situation nicht mit alltäglichen Rezeptionsweisen, denen andere Interessenlagen zugrunde liegen können, vergleichbar ist (Brosius 1998: 224). Für die inhaltliche Beschreibung des Sprach-Bild-Zusammenhangs greift man meist auf die oben beschriebene semiotische Spezifik und ihren vermeintlich unterschiedlichen Realitätsbezug zurück; als prototypisch kann das folgende Zitat von Brosius (1998: 213) gelten, in dem es um Fernsehnachrichten geht. Es formuliert eine jeweils spezifische Hierarchie, bei der den Bildern eine „besondere Bedeutung", der Sprache aber die eigentliche Informationsleistung zukommt:

> „Es sind die bewegten Bilder, die die besondere Bedeutung von Fernsehnachrichten ausmachen. Zuschauer werden durch Bild *und* Ton angesprochen, allerdings auf unterschiedliche Weise. Der Ton, also der Nachrichtentext, vermittelt die eigentlichen Informationen. Die Bilder verleihen den Nachrichten Authentizität, Bilder scheinen die Realität ungefiltert im Sinne einer Eins-zu-eins-Beziehung wiederzugeben."

Ähnlich beschreibt schon Oomen (1985: 159) das „dominierende Verfahren der Tagesschau" in ihrem Beispiel:

> „[...] das Bild illustriert das Wort und unterstreicht damit den Anspruch auf Wahrhaftigkeit und Neutralität. Das Wort gibt wieder, was im Bild gezeigt wird – das Bild belegt, was im Wort mitgeteilt wird."

Daneben findet sie noch drei weitere Bildfunktionen (Wertung und Kommentar, Ausdruck subjektiver Erfahrung, Konkretisierung abstrakter Sachverhalte); Brosius (1998: 217) unterscheidet neben der Illustrationsfunktion vier weitere (Authentizität, Aktualität, Weckung von Interesse, Symbolhaftigkeit). Inzwischen existiert eine Reihe solcher Bildfunktionskataloge, unter denen der von Huth (1985) – ebenfalls für Nachrichten – am differenziertesten und praktikabelsten erscheint:

1) Rollenzuweisung für das abgebildete Medienpersonal
2) Angabe des Textthemas
3) Strukturierung des Texts
4) Identifizierung des Gegenstandes verbaler Aussagen
5) Demonstration des Inhalts verbaler Aussagen
6) Erläuterung der verbalen Aussagen
7) selbständige Darstellung eigener Aussagen
8) Motivation von Interesse beim Rezipienten
9) Dramatisierung der verbal dargestellten Ereignisse
10) Vermittlung des Eindrucks der Authentizität
11) Verfremdung der verbalen Mitteilungen
12) Thematisierung des visuellen Kodes

Interessant ist daneben die Unterscheidung von Aktionsbild, Affektbild und Wahrnehmungsbild des Filmphilosophen Deleuze (1997), die

4 Politische Kommunikation

auch von Meyer/Ontrup/Schicha (2000) in (eine schwächere Variante von) Huths Liste aufgenommen wird.

So nützlich solche Kataloge für die konkrete Beschreibung von Audiovisualität auch sein mögen, sie haben ein theoretisches und ein praktisches Defizit. Sie bleiben letztlich den unergiebigen Hierarchisierungen verhaftet, denn sie perspektivieren das Zusammenspiel immer noch einseitig vom Sprachtext aus und fragen danach, wie Bilder diesen modifizieren, ergänzen, kommentieren und verändern. So lässt sich die vielschichtige Bedeutungskonstitution aber nur ungenügend erfassen. Der audiovisuelle Bedeutungskomplex ist das Ergebnis eines „mehrdimensionalen" Prozesses – wie Meyer/Ontrup/Schicha (2000: 292) zu Recht bemerken. Deshalb würde hier auch ein komplementärer Katalog von Sprachfunktionen wenig weiterhelfen. Was fehlt, ist vielmehr ein Katalog von Sprach-Bild-Figuren, die auch komplexere, vor allem aber reziproke Bezüge modellieren. Hierzu bedarf es aber größerer empirischer Bemühungen, die noch nicht in Aussicht stehen. Was aber angedeutet werden kann, ist ein theoretischer Rahmen.

5 „Transkriptivität" in audiovisueller Politikvermittlung

Wie Bedeutungen in audiovisuellen Zeichenkomplexen entstehen, kann man sich nach dem Konzept der „Transkriptivität" denken, das Ludwig Jäger (2000) entwickelt hat. Demnach sind Bedeutungen jeweils Ergebnisse verschiedener „Transkriptions"-Verfahren der Paraphrase, Explikation, Erläuterung, Kommentierung oder Übersetzung, die entweder „intramedial" im selben Modus und Zeichensystem oder „intermedial" in einem anderen Symbolsystem Bedeutungen erschließen oder hervorbringen und damit „lesbar" machen, wie Jäger in gewollt skripturaler Metaphorik formuliert. Damit wird die verschiedenartige Modalitätsspezifik von Wahrnehmungen und Zeichen nicht in erster Linie als Übersetzungsproblem gesehen, wie in manchen kognitivistischen Ansätzen, sondern – neben den symbolsysteminternen, reflexiven Verfahren – als eine verständnisschaffende Entstehungsmöglichkeit von Sinn. Dabei wird aus einem „Prätext" oder „Präskript" ein „Skript", welches aber insofern autonom bleibt, als es „Interventionsrechte" im Hinblick auf die Angemessenheit der Transkription behält (Jäger 2000: 33f.):

> „Die Transkription konstituiert ein Skript und macht es lesbar, versetzt dieses jedoch zugleich in einen Status, aus dem sich *Angemessenheitskriterien* für den Lektürevorschlag ableiten lassen, den das Transkript unterbreitet."

Es liegt auf der Hand, dass die Sprach-Text-Beziehungen verschiedenster Art, natürlich auch das audiovisuelle Zusammenspiel von Sprechsprache und Laufbildern, um das es hier geht, nach diesem Prinzip der Transkriptivität gesehen werden können. Sprache und Bild machen sich durch Bezüge aufeinander jeweils „anders" lesbar, wobei das transkribierte Skript – mit seinen jeweiligen Bedeutungskomponenten – wiederum auf das transkribierende Element zurückwirken kann und so eine eng verzahnte Wechselseitigkeit der Bezüge entstehen lässt.

Dieses Wechselspiel will ich hier an einem sehr kurzen Ausschnitt aus einer Fernsehdokumentation demonstrieren, aus einem Jahrhundertrückblick, der schon am 2. Januar 1999 ab 22.10 Uhr auf dem kommerziellen Sender VOX ausgestrahlt wurde (SPIEGEL-TV-special-Dokumentation „Millenium – Abschied vom 20. Jahrhundert"). Der Ausschnitt umfasst nur zwei Bildsequenzen, drei Sprechertextäußerungen und einen O-Ton (ausführlicher in Holly 2005: 346ff.).

Während die Bilder der ersten Sequenz (21 sec) nur diffus ein neues Thema markieren – man erkennt ein in orangefarbenes Licht getauchtes Gewimmel von Menschen und einzelnen Autos –, identifiziert der Sprechertext zunächst erst einmal einen Ort, indem er bemerkenswerterweise sagt, was wir sehen sollen: *blick von osten auf den grenzübergang*. Dann, mit dem zweiten Textstück: *donnerstag neunter november neunzehnhundertneunundachtzig*, ist durch das zeitgeschichtlich hinreichend markierte Datum implizit auch schon das Thema klar, das erst mit dem nächsten Satz auch begrifflich explizit gemacht wird: *dreieinhalb stunden zuvor ist im Bonner Bundestag die nachricht von der öffnung der DDR-grenzen eingetroffen*. Zugleich leitet er aber in einem aktualisierenden Berichtsstil ein neues Subthema ein, die Reaktion des Parlaments, immer noch zu denselben Bildern.

Jetzt dreht sich die Transkriptionsrichtung um: Wurden zu Beginn die Bilder vom Sprechertext transkribiert, so wird jetzt der vorausgegangene Sprechertext transkribiert: zunächst von einem O-Ton-Gesang, den ersten vier Versen der dritten Strophe des „Deutschlandliedes", der Nationalhymne also; das erste, eigentlich in diesem Kontext bedeutsamste Wort *Einigkeit* bleibt allerdings ungehört, was kaum auffällt; das hochstereotypisierte Schema wird an beliebigen Teilen (hier *recht und freiheit*) wiedererkannt, der verspätete Einsatz erhöht bestenfalls den Eindruck, man habe spontan einen „historischen Augenblick" eingefangen.

Erst mit dem zweiten Vers (*für das deutsche vaterland*) wechseln auch die Bilder zur zweiten Bildsequenz (17 sec) in den Bundestag, damals im bescheiden wirkenden „Bonner Wasserwerk" tagend; dies ist ein zweiter Transkriptionsschritt in Bezug auf den vorigen Sprechertext, aber auch in Bezug auf den O-Ton, die beide authentisiert werden. Mit dem O-Ton und dann den Bildern von sich nach und nach erhebenden, singenden Abgeordneten wird außerdem aus dem sehr nüchternen Bericht des Sprechertexts ein wirklich „erhebender" emotionsgeladener multikodaler und multimodaler Gesamteindruck: die spontane Aktion des Sich-Erhebens, beginnend auf der CDU/CSU-Seite, dann hinüber zur SPD sich fortsetzend, und der Gesang der Hymne mit all ihrem Pathos lassen nun im Nachhinein die genaue Zeitangabe und die erstmalige explizite Nennung des Anlasses ganz anders lesbar erscheinen, nämlich als ebenfalls pathetische, weil knappe und quasioffiziell genau dokumentierende Formulierung eines historischen Ereignisses, die nun – gewissermaßen im Nachhinein – gerade durch die Untertreibung das Pathos noch steigert.

Bilder, Sprechertext und O-Ton sind in einem reißverschlussartigen Verfahren wechselseitig transkribierend aufeinander bezogen, das neue (Sub-)Thema wird abwechselnd auf der Bild- oder Sprachebene zunächst als Präskript angerissen und dann im jeweils anderen Kode oder Modus zu einem Skript gedeutet und umgedeutet, und der neue Bedeutungskomplex wird nun – und zwar vom bereits vorhandenen Skript – wieder weitergedeutet und damit noch einmal anders lesbar gemacht: Die Inszenierung führt vom Dokument zu einem „Erinnerungsort" (François/Schulze 2001).

Was zu zeigen war: Die Emotionalisierung von Politik, die dieser winzige Ausschnitt enthält, geht nicht allein von den Bildern aus; diese sind ziemlich nichtssagend. Erst die Transkription durch den lakonisch-pathetischen Sprechertext, vor allem aber durch den O-Ton – alle drei in ihrer Verschränktheit geben dem Ganzen die Qualität der Inszenierung eines historischen Ereignisses. Die Informationen andererseits sind nicht auf den Sprechertext beschränkt; so erfahren wir etwas durchaus Interessantes nur aus den Bildern: die Reihenfolge, in der sich die verschiedenen Seiten des „Hohen Hauses" erheben.

Politikvermittlung bleibt auch unter den Bedingungen moderner Bildschirmmedien eine Domäne nicht allein von Bildern, sondern von intensiv verschränkter Audiovisualität. Die systematische Beschreibung ihrer Muster steht aber noch aus.

6 Literatur

Bentele, Günter/Hess-Lüttich, Ernest W.B. (Hrsg.) 1985: Zeichengebrauch in den Massenmedien. Tübingen.
Berry, Colin 1988: Rundfunknachrichtenforschung. Ein Beitrag zur Klärung der Wirkung von Präsentation und Motivation, in: Media Perspektiven 3, 166–175.
Boorstin, Daniel 1961: The Image or What happened to the American Dream. London.
Brosius, Hans-Bernd 1998: Visualisierung von Fernsehnachrichten. Text-Bild-Beziehungen und ihre Bedeutung für die Informationsleistung, in: Kamps, Klaus/Miriam Meckel (Hrsg.): Fernsehnachrichten. Prozesse, Strukturen, Funktionen. Opladen, 213–224.
Burger, Harald 1990: Sprache der Massenmedien. 2. Aufl. Berlin, New York.
Cohen, Akiba A. 1976: Radio vs. TV. The Effect of the Medium, in: Journal of Communication 26, H. 2, 29–35.
Deleuze; Gilles 1997: Das Bewegungsbild. Kino 1. Frankfurt am Main.
Edelman, Murray 1976: Politik als Ritual. Frankfurt, New York.
Edelman, Murray 1988: Constructing the Political Spectacle. Chicago.
Hickethier, Knut 1996: Film- und Fernsehanalyse. 2. Aufl. Stuttgart, Weimar.
François, Etienne/Hagen Schulze (Hrsg.) 2001: Deutsche Erinnerungsorte. 3 Bde. München.
Holly, Werner 1990: Politikersprache. Inszenierungen und Rollenkonflikte im informellen Sprachhandeln eines Bundestagsabgeordneten. Berlin, New York.
Holly, Werner 1991: Wir sind Europa. Die Fernsehwerbespots der SPD zur Europawahl 1989, in: Frank Liedtke/Martin Wengeler/Karin Böke (Hrsg.): Begriffe besetzen. Opladen, 258–275.
Holly, Werner 1995: Secondary Orality in the Electronic Media, in: Uta Quasthoff (Hrsg.): Aspects of Oral Communication. Berlin, New York, 340–363.
Holly, Werner 1996: Mündlichkeit im Fernsehen, in: Bernd Ulrich Biere/Rudolf Hoberg (Hrsg.): Mündlichkeit und Schriftlichkeit im Fernsehen. Tübingen, 29–40.
Holly, Werner 2003: „Ich bin ein Berliner" und andere mediale Geschichts-Klischees. Multimediale Stereotypisierungen historischer Objekte in einem Fernsehjahrhundertrückblick, in: Schmitz/Wenzel (Hrsg.) 2003, 215–240.
Holly, Werner 2004: Sprechsprache und bewegte Bilder: Audiovisualität, in: Werner Holly/Almut Hoppe/Ulrich Schmitz (Hrsg.): Sprache und Bild II. Mitteilungen des Deutschen Germanistenverbands H. 2, 122–134.
Holly, Werner 2004a: Fernsehen. Tübingen.
Holly, Werner 2005: Zum Zusammenspiel von Sprache und Bildern im audiovisuellen Verstehen, in: Dietrich Busse/Thomas Niehr/Martin Wengeler (Hrsg.): Brisante Semantik. Tübingen, 373–353.
Holly, Werner/Peter Kühn/Ulrich Püschel 1985: Nur ‚Bilder' von Diskussionen? Zur visuellen Inszenierung politischer Werbung als Fernsehdiskussion, in: Bentele/Hess-Lüttich (Hrsg.) 1985, 240–264.
Holly, Werner/Peter Kühn/Ulrich Püschel 1986: Politische Fernsehdiskussionen. Zur medienspezifischen Inszenierung von Propaganda als Diskussion. Tübingen.
Huth, Lutz 1985: Bilder als Elemente kommunikativen Handelns in den Fernsehnachrichten, in: Zeitschrift für Semiotik 7, 203–234.
Jäger, Ludwig 2002: Transkriptivität. Zur medialen Logik der kulturellen Semantik, in: Ludwig Jäger/Georg Stanitzek (Hrsg.): Transkribieren. Medien/Lektüre. München, 19–41.
Jarren, Otfried/Ulrich Sarcinelli/Ulrich Saxer 1998: Politische Kommunikation in der demokratischen Gesellschaft. Ein Handbuch. Opladen, Wiesbaden.

4 Politische Kommunikation

Kepplinger, Hans Mathias u.a. 1987: Darstellungseffekte. Experimentelle Untersuchungen zur Wirkung von Pressefotos und Fernsehfilmen. Freiburg, München.
Klein, Josef 1998: Politische Kommunikation als Sprachstrategie, in: Jarren/Sarcinelli/Saxer (Hrsg.) 1998, 376–395.
Langer, Susanne 1942: Philosophy in a New Key. New York.
Laux, Lothar/Astrid Schütz 1996: „Wir, die wir gut sind". Die Selbstdarstellung von Politikern, zwischen Glorifizierung und Glaubwürdigkeit. München.
Liedtke, Frank/Wengeler, Martin/Böke, Karin (Hrsg.) 1991: Begriffe besetzen. Strategien des Sprachgebrauchs in der Politik. Opladen.
Ludes, Peter 1993: Visualisierung als Teilprozeß der Modernisierung der Moderne, in: Knut Hickethier (Hrsg.): Geschichte des Fernsehens in der Bundesrepublik Deutschland. Bd.1. Institution, Technik und Programm. Rahmenaspekte der Programmgeschichte des Fernsehens. München, 353–370.
Ludes, Peter 1998: Einführung in die Medienwissenschaft. Entwicklungen und Theorien. Berlin.
Meyer, Thomas 2001: Mediokratie. Die Kolonisierung der Politik durch die Medien. Frankfurt am Main.
Meyer, Thomas/Rüdiger Ontrup/Christian Schicha 2000: Die Inszenierung des Politischen. Zur Theatralität von Mediendiskursen. Wiesbaden.
Meyrowitz, Joshua 1987: Die Fernseh-Gesellschaft. Wirklichkeit und Identität im Medienzeitalter. Weinheim, Basel.
Muckenhaupt, Manfred 1980: Der Ärger mit Wörtern und Bildern. Probleme der Verständlichkeit und des Zusammenhangs von Text und Bild, in: Kodikas/Code 2, 187–209.
Muckenhaupt, Manfred 1986: Text und Bild – Grundfragen der Beschreibung von Text-Bild-Kommunikationen aus sprachwissenschaftlicher Sicht. Tübingen.
Ong, Walter J. 1982: Orality and Literacy. The Technologizing of the Word. London.
Oomen, Ursula 1985: Bildfunktionen und Kommunikationsstrategien in Fernsehnachrichten, in: Bentele/Hess-Lüttich (Hrsg.) 1985, 155–166.
Pörksen, Uwe 1997: Weltmarkt der Bilder. Eine Philosophie der Visiotype. Stuttgart.
Postman, Neil 1983: Das Verschwinden der Kindheit. Frankfurt am Main.
Rauh, Reinhold 1987: Sprache im Film. Die Kombination von Wort und Bild im Film. Münster.
Rauh, Reinhold 2002: Kommunikative und ästhetische Leistungen der Sprache im Film, in: Joachim Felix Leonhard/Hans-Werner Ludwig/Dietrich Schwarze/Erich Straßner (Hrsg.): Medienwissenschaft. Ein Handbuch zur Entwicklung der Medien und Kommunikationsformen. 3. Teilband. Berlin, New York, 1833–1836.
Sachs-Hombach, Klaus 2003: Das Bild als kommunikatives Medium. Elemente einer allgemeinen Bildwissenschaft. Köln.
Sarcinelli, Ulrich 1987: Symbolische Politik. Zur Bedeutung symbolischen Handelns in der Wahlkampfkommunikation der Bundesrepublik Deutschland. Opladen.
Sarcinelli, Ulrich 1990: Demokratische Streitkultur. Theoretische Grundpositionen und Handlungsalternativen in Politikfeldern. Bonn.
Schanze, Helmut 1997: Die Ohnmacht der Worte. Überlegungen zu einem geläufigen Vorurteil im Zeitalter der audiovisuellen Medien, in: Paul Goetsch/Dietrich Scheunemann (Hrsg.): Text und Ton im Film. Tübingen, 69–79.
Schwartzenberg, Roger Gérard 1980: Politik als Showgeschäft. Moderne Strategien im Kampf um die Macht. Düsseldorf, Wien.
Schmitz, Ulrich 2003: Text-Bild-Metamorphosen in Medien um 2000, in: Schmitz/Wenzel (Hrsg.) 2003, 241–263.
Schmitz, Ulrich 2004: Sprache in modernen Medien. Einführung in Tatsachen und Theorien, Themen und Thesen. Berlin.

Schmitz, Ulrich/Wenzel, Horst (Hrsg.) 2003: Wissen und neue Medien. Bilder und Zeichen von 800 bis 2000. Berlin.

Schütz, Astrid 1992: Selbstdarstellung von Politikern. Analyse von Wahlkampfauftritten. Weinheim.

Sennett, Richard 1983: Verfall und Ende des öffentlichen Lebens. Die Tyrannei der Intimität. Frankfurt am Main.

Spangenberg, Peter M. 1988: TV, Hören und Sehen, in: Hans Ulrich Gumbrecht/K. Ludwig Pfeiffer (Hrsg.): Materialität der Kommunikation. Frankfurt, 776–798.

Sternberger, Dolf 1966: Die Sprache in der Politik, in: Die deutsche Sprache im 20. Jahrhundert. Göttingen, 79–91.

Tenscher, Jens 2002: Talkshowisierung als Element moderner Politikvermittlung, in: Jens Tenscher/Christian Schicha (Hrsg.): Talk auf allen Kanälen. Angebote, Akteure und Nutzer von Fernsehgesprächssendungen. Wiesbaden, 55–71.

Wachtel, Martin 1988: Die Darstellung von Vertrauenswürdigkeit in Wahlwerbespots. Eine argumentationsanalytische und semiotische Untersuchung des Bundestagswahlkampfs 1987. Tübingen.

Weinrich, Lotte 1992: Verbale und nonverbale Strategien in Gesprächen. Tübingen.

Wember, Bernward 1976: Wie informiert das Fernsehen? München.

5 Demokratische Sprachpolitik

STEPHAN ELSPASS

Zum sprachpolitischen Umgang mit regionaler Variation in der Standardsprache

1 Einleitung

Eine aus dem deutschen Südwesten in eine nordwestdeutsche Universitätsstadt gesiedelte Kollegin berichtete kürzlich, ihr Sohn sei von der Lehrerin in der Grundschule der neuen Heimatstadt korrigiert worden, als er das Wort *Pflaster* aussprach: Es hieße nicht *Pflaschter*, sondern *Flaster*!

Diese Begebenheit soll illustrieren, worum es in diesem Beitrag im Kern geht, nämlich die Frage, wie man in standardsprachlichen Kontexten der Realität sprachlicher Variation in der pluralistischen Sprachgesellschaft begegnet und mit ihr verfährt. Historisch gesehen liegt einer Standardsprache[1] ein hohes Maß von Variation zugrunde: Sie ist aus verschiedenen regional, sozial und funktional begrenzten gesprochenen und geschriebenen Sprachen entstanden. Welche Rolle aber spielt Variation heute „unterhalb" der Standardsprache und – was noch konfliktträchtiger sein kann – *in* der Standardsprache? Wie viel Variation verträgt eine Standardsprache (Löffler 2005)?

Wo die Wurzeln des – wie der Titel andeutet – politisch problematischen bzw. problematisierten Verhältnisses zwischen Standardsprache und Variation des Deutschen liegen, mag zunächst ein Blick hinter die politisch-historischen Kulissen der Standardisierung des Deutschen erhellen.

---

[1] „Standardsprache" ist die heute in der Sprachwissenschaft übliche Bezeichnung für die Sprachform, die in einer Sprachbevölkerung überregional und über alle gesellschaftlichen Schichten hinweg akzeptiert ist. Zuweilen wird so getan, als ob man genauso gut „Einheitssprache", „Nationalsprache", „Hochsprache", „Hochdeutsch", „Literatursprache" u. a. sagen könne. Diese Bezeichnungen sind jedoch entweder mehrdeutig (wie „Hochdeutsch", „Literatursprache") oder ideologisch aufgeladen (wie „Nationalsprache", „Einheitssprache"), so dass sie als neutrale, unmissverständliche Termini für unseren Gegenstand nicht taugen (zur Terminologiediskussion vgl. zuletzt Löffler 2005).

2 „Standardsprache" – zur Geschichte eines Konstrukts

Die Standardsprache „in ihrer schriftlichen und mündlichen Ausprägung" sei ein „Konstrukt" – so ist es in der Einleitung zu einer der führenden Grammatiken der deutschen Gegenwartssprache zu lesen; als deutsche Standardsprache, wie sie heute an Schulen und Hochschulen des In- und Auslands gelehrt wird, gelte das gegenwärtige (Hoch-) Deutsche, „wie es etwa seit dem Ende des 19. Jahrhunderts – kurz: seit der Zeit Fontanes – gesprochen wird" (IDS-Grammatik 1997: 2). Sowohl die Bezeichnung „Konstrukt" als auch die zeitliche Eingrenzung „seit der Zeit Fontanes" mag auf viele irritierend wirken. Sie werden vielmehr seit ihrer Schulzeit gewöhnt sein, als Standard „das Deutsch seit Goethe und Schiller" aufzufassen, das bis heute nichts von seiner Gültigkeit verloren habe. Tatsächlich legt die Darstellung vieler (gerade älterer) Sprachgeschichten, dass der lange Weg der sprachlichen Einigung am Ende des 18. Jahrhunderts sein Ziel in einer einheitlichen Nationalsprache gefunden habe, dies nahe. Wer aber kennt schon den „originalen" Goethe? Man werfe allein einmal einen Blick in die 1774 gedruckte Erstfassung der „Leiden des jungen Werthers":

> „Wir machten einige Touren gehend im Saale, um zu verschnauffen. Dann sezte sie sich, und die Zitronen, die ich weggestohlen hatte beym Punsch machen, die nun die einzigen noch übrigen waren, und die ich ihr in Schnittchen, mit Zukker zur Erfrischung brachte, thaten fürtrefliche Würkung, nur daß mir mit jedem Schnittgen das ihre Nachbarinn aus der Tasse nahm, ein Stich durch's Herz gieng, der ich's nun freylich Schanden halber mit präsentiren mußte." (Werther, 1. Teil, Brief vom 16. Juni)

Das trügerische Bild von der „Einheitssprache" seit Goethe und Schiller wird seit dem 19. Jahrhundert tradiert, und jeder, der allein auf die Zuverlässigkeit moderner Textausgaben vertraut, findet dieses Bild darin ja auch aufs Schönste bestätigt. Wie sehr dort *vereinheitlicht* worden ist, geht den wenigsten auf.[2] Im Gegensatz zu Martin Walser oder Günter Grass können sich die „Klassiker", die Romantiker, die poetischen Realisten usw. freilich nicht mehr gegen „behutsame Modernisierungen" des Schriftbilds wehren. (Aus sprachwissenschaftlicher Sicht könnte man solche Eingriffe, die ihre Legitimation aus einer anfechtbaren Auslegung von „Leseerleichterung" und „Spracheinheit" heraus beziehen, durchaus als Manipulation sprachlicher Daten auffassen.)

---

[2] Was interessanterweise von der Vereinheitlichung im Schriftbild unberührt blieb bzw. bleiben musste, sind Reflexe regionaler Aussprache in Reimen, so auch bei Goethe (*ach neige, du Schmerzensreiche ...*; Faust I) und Schiller (*von der Höh [...] in die unendliche See, schroff und steil [...] in der Charybde Geheul*; Der Taucher).

5 Demokratische Sprachpolitik

Wie in den meisten europäischen Nationalstaaten ist die Vorstellung von einer nationalen „Einheitssprache" ein Kind des „Jahrhunderts der Nationalstaaten". Die Herstellung einer engen Verknüpfung von Sprache und Nation – und im Zusammenhang damit auch zwischen Nation und ihrer „Nationalliteratur" – ist besonders seit der Zeit der Französischen Revolution ideologisiert und im Sinne der Konstruktion nationaler Identität instrumentalisiert worden (vgl. Coulmas 1985: 41ff.). An die einigende Kraft von Nationalsprache und Nationalliteratur wurden besonders in Deutschland hohe Erwartungen geknüpft, wie sich schon aus Jacob Grimms rhetorischer Frage „was haben wir denn gemeinsames als unsere sprache und literatur?" schließen lässt (Grimm 1854: III). In der Folge – und im Gegensatz zum sehr viel sprach- und sprachnormliberaleren 18. Jahrhundert – schlug sich die Ideologisierung des Nationalsprachen-Begriffs im 19. und frühen 20. Jahrhundert in zweierlei Beziehung nieder: auf der einen Seite in einer wachsenden Voreingenommenheit gegenüber Minderheiten- und Nachbarsprachen (besonders dem Französischen), auf der anderen Seite aber auch in einem gesteigerten Normierungsbedürfnis sowie einer zunehmenden Intoleranz gegenüber dem, was in der *eigenen* Sprache von der stilisierten „Einheitssprache" abwich – und dies betraf vor allem die Varietäten des Deutschen (von Polenz 1999: 3, 231ff.).

Den Deutschen wird eine bis heute „sehr puristische und defensive Einstellung zur Standardsprache" zugeschrieben (Durrell 1999: 298). Symptomatisch dafür sind die seit dem Ende des 19. Jahrhunderts mit wiederkehrenden Argumentationstopoi öffentlich ausgetragenen Debatten über die Orthographie und die vermeintliche Überfremdung der deutschen Sprache, aus denen sich übrigens professionelle Sprachwissenschaftler zumeist – und mit guten Gründen – herausgehalten haben (Schmidt-Regener 1995). Es besteht in der Forschung weitgehende Einigkeit darüber, dass die deutschen Empfindlichkeiten zu einem wesentlichen Teil auf die im Vergleich zu benachbarten europäischen Kultursprachen wie dem Englischen „verspätete Standardisierung" zurückzuführen sind, die wiederum mit dem Fehlen eines politischen und kulturellen Zentrums und anderen außersprachlichen Faktoren in Zusammenhang gebracht wird (Durrell 1999, von Polenz 1999: 232ff.).

In der neueren Sprachgeschichte, vor allem im 19. Jahrhundert, sind also nicht nur die linguistischen Wurzeln der heutigen Standardsprache zu suchen, sondern auch die Wurzeln zwiespältiger Sprachhaltungen und -einstellungen gegenüber Variation und Varietäten im Deutschen.

3 Variation als Wesensmerkmal von Standardsprache – Varietäten als Spiegel der pluralistischen Sprachgesellschaft

Als wichtiges Kennzeichen einer voll ausgebildeten Standardsprache wird häufig die Kodifizierung von Wortschatz, Grammatik und Rechtschreibung dieser Sprache gesehen.[3] Entgegen der verbreiteten Vorstellung eines „reinen" Hochdeutsch, das in sprachlichen Codices festgeschrieben und dort einfach nachzuschlagen ist, bedeutet Standardisierung nicht Uniformität. Eine völlige Einheitlichkeit ist weder realistisch – nicht einmal unter Gebildeten (vgl. König 2000, Durrell 2004: 72) – noch wünschenswert. Nur tote Sprachen können „absolut standardisiert" sein (Milroy/Milroy 1985: 24).

Das vorrangige Ziel der Standardisierung einer Sprache ist es, die Variation so weit zu reduzieren, dass das Verständnis innerhalb der Sprachgemeinschaft sowie von Mitgliedern der Sprachgemeinschaft mit Sprechern anderer Sprachen erleichtert wird. Weiter gehende Vereinheitlichungen sind ökonomischen (Buchdrucker), didaktischen (mutter- oder fremdsprachlicher Unterricht), aber eben auch ideologisch-politischen Motiven (s. Kap. 2) geschuldet. Wesentlich für lebende, natürliche Sprachen ist freilich, dass ein gewisses Maß an Variation in der Standardsprache immer bleibt. Im Deutschen finden sich standardsprachliche Varianten sowohl in der Aussprache (z. B. *könik/könich* für ‚König') als auch im Wortschatz (*Samstag/Sonnabend*) und sogar in der Grammatik (*ich habe/bin gestanden*).[4] Einem Abbau von Varianten auf der einen steht zum Teil sogar die Entstehung neuer Varianten auf der anderen Seite gegenüber (z. B. die Aussprache von *König* mit einem *sch*-ähnlichen Auslaut, die es erst seit dem 19. Jahrhundert gibt, das Aufkommen von *Grapefruit* neben *Pampelmuse*, die Verbreitung der Konstruktion *ich bin am Arbeiten* statt *ich arbeite gerade* oder *ich tu arbeiten*). Variation ist freilich kein notwendiges Übel, sondern ein ebenso essenzielles wie universelles Merkmal von Standardsprachen. Sie ist, wie die Beispiele zeigen, Voraussetzung und Indiz für Sprachwandel, der zum Teil auch gesellschaftlichen Wandel spiegelt. Vor allem aber spielen Varianten und Varietäten individuell und sozial eine zentrale Rolle im Ausdruck und in der Zuweisung regionaler oder sozialer Eigenheiten in einer Gesellschaft: Sprachliche Varianten sind nicht nur

---

[3] Sichtbarer Ausdruck der präskriptiven Normierung des Deutschen waren die amtliche Kodifizierung der Rechtschreibung (1901) und die halbamtliche Kodifizierung der Aussprache (1898) an der Wende zum 20. Jahrhundert.
[4] Zu grammatischen Varianten in der Standardsprache vgl. insbesondere Götz (1995).

5 Demokratische Sprachpolitik

Symptome einer bestimmten Herkunft, sondern auch Mittel zur Konstruktion von sozialer Identität (vgl. Henn-Memmesheimer 2004). Von großer Bedeutsamkeit war gerade auch für die Sprachwissenschaft die Erkenntnis, dass „nicht das Vorhandensein, sondern das Fehlen von Variation in einer Sprechweise ein Zeichen von ‚Dysfunktionalität'" ist (Barbour/Stevenson 1998: 110).

Am Beispiel von Varianten und Varietäten soll im Folgenden diskutiert werden, wie sich nicht nur in der Existenz von Variation, sondern auch im sprachpolitischen Umgang mit ihr die pluralistische Sprachgesellschaft spiegelt. Aus der großen Bandbreite möglicher Variation im Deutschen (vgl. Barbour/Stevenson 1998: 3ff., Löffler 2005: 19) beschränke ich mich im Folgenden auf *regionale* Varianten und Varietäten. Ich verstehe darunter – aus Gründen, die im Verlauf des Beitrags deutlich werden sollen – auch „nationale Varianten" und „nationale Varietäten" des Deutschen.[5] Meine Beispiele betreffen vor allem die so genannte „gesprochene Standardsprache"; im Prinzip (natürlich mit Ausnahme der Beispiele zur Aussprache) betreffen die zu diskutierenden Probleme jedoch die Standardsprache insgesamt.

[5] Für Leser, die mit der einschlägigen linguistischen Terminologie nicht vertraut sind, seien einige zentrale Termini, die hier verwendet werden, kurz erläutert:
- *Variation* gilt als Sammelbegriff für die in einer natürlichen Sprache auf beschreibbare Regeln rückführbare heterogene Menge von Formen.
- Als sprachliche *Variante* wird die Realisierung einer abstrakten, in ihrer Ausprägung veränderlichen linguistischen Einheit, der *Variablen*, bezeichnet. (Beispiele sind etwa die Aussprache des *g* in *König* als Reibelaut [ç] oder als Verschlusslaut [k] im Deutschen, das *-s* und das *-e* in *Balkons* bzw. *Balkone* als zwei mögliche Kennzeichnungen des Plurals im Deutschen, die Wörter *Samstag* und *Sonnabend* für die Bezeichnung des ‚Tags vor dem Sonntag' oder die Phrasen *ich bin gestanden* und *ich habe gestanden* zum Ausdruck des Perfekts von *stehen*.)
- Eine *Varietät* einer Sprache ist ein Subsystem innerhalb einer natürlichen Sprache, sozusagen eine „Sprache in der Sprache". Sie lässt sich idealerweise durch eine relativ stabile Teilmenge sprachlicher Varianten von anderen Subsystemen derselben Sprache abgrenzen. Diese Teilmengen stehen in Zusammenhang mit bestimmten außersprachlichen Merkmalen, z. B. der regionalen Herkunft der Sprecher oder einer typischen Kommunikationssituation. Als Varietäten des Deutschen zählen typischerweise Dialekte oder Soziolekte, aber auch die in den deutschsprachigen Ländern national verschieden ausgeprägten Formen der Standardsprache (*nationale Varietäten*, s.u.). Korrekterweise müsste man von Standard*varietät* reden; damit wird deutlich gemacht, dass sie im Varietätengefüge einer Sprachbevölkerung nur eine von vielen möglichen Ausprägungen darstellt.
- Als *Register* wird eine Varietät bezeichnet, deren Merkmale an einen typischen kommunikativen Kontext gebunden sind (vgl. Durrell 2004: 73f.). Als Beispiele für Register werden in der linguistischen Literatur vor allem Berufssprachen bzw. Fachjargons genannt, aber auch informelle vs. formelle Sprech- und Schreibweisen. (Die Übergänge zum linguistischen *Stil*-Begriff sind hier fließend.)

4 Sprachpolitische Streiflichter zum Umgang mit Variation

4.1 Das Problem der „nationalen Varietäten" des Deutschen

Für das gegenwärtige Deutsch werden drei Varietäten der Standardsprachen angesetzt, die über eigene Kodifizierungen verfügen: schweizerisches Deutsch, österreichisches Deutsch und deutsches Deutsch (auch „deutschländisches Deutsch"). Diese Differenzierung hat ihre eigene sprachpolitische Geschichte: Mindestens bis in die 1970er-Jahre dominierte in der Germanistik eine monozentrische Sichtweise auf die deutsche Sprache, in der das in der ehemaligen BRD bzw. in der DDR verwendete Deutsch in den Rang der Standardvarietät gehoben werden sollte. In Auseinandersetzung mit dieser „Binnendeutsch"-Ideologie (in deren Rahmen sich einige westdeutsche Sprachwissenschaftler auch nicht scheuten, das BRD-Deutsch zur Hauptvarietät zu erklären) wurde in den 1980er-Jahren das Modell eines „plurizentrischen Deutsch" entwickelt, das die in den deutschsprachigen Ländern gebräuchlichen Ausprägungen der Standardsprache auf eine Stufe stellen sollte (vgl. von Polenz 1999: 412ff.). Nicht von ungefähr kamen wesentliche Vorschläge und Diskussionsbeiträge von soziolinguistisch orientierten Germanisten aus dem englischsprachigen Raum (u. a. Clyne 1984), in dem das gleichberechtigte Nebeneinander verschiedener nationaler Varietäten des Englischen längst anerkannt war (*British English*, *American English*, *Australian English* etc.). Analog dazu wurde die Forderung erhoben, *schweizerisches Deutsch*, *österreichisches Deutsch* und *deutsch(ländisch)es Deutsch* als eigenständige nationale Standardvarietäten des Deutschen anzuerkennen.[6]

- Nationale Varietäten, Dia- und Regiolekte sowie Soziolekte – man könnte sie als *Varietäten i. e. S.* bezeichnen – enthalten so genannte *Schibboleths*, also Merkmale, die dem Sprecher gewissermaßen in die Wiege gelegt worden sind und die seine Herkunft „verraten" (vgl. das Schicksal der biblischen *Sibboleth*-Sprecher, der Ephraimiten, in Buch Richter 12, 5–6.). Demgegenüber handelt es sich bei *Register-Merkmalen* um solche, die erst im späteren Verlauf der Sprachsozialisation erworben werden, und die dem Sprecher eben erlauben, je nach Bedarf in einer bestimmten Situation ein bestimmtes „Register zu ziehen". (Dazu kann freilich auch zählen, dass man bestimmte regionale Schibboleths bewusst zur Erzielung bestimmter Handlungszwecke verwendet.) Die Gesamtheit an sprachlichen Varietäten (i. e. S.) und Registern, die einem Sprecher zur Verfügung stehen, bilden sein sprachliches *Repertoire* innerhalb seiner Muttersprache. Dieses Repertoire konstituiert die „innere Mehrsprachigkeit", die von Sprecher zu Sprecher verschieden breit gefächert ist.

[6] Ein wesentlicher Unterschied zu den nationalen Varietäten des Englischen oder auch des Französischen besteht freilich darin, dass diese sich zumeist in einem nicht zusammenhängenden Sprachgebiet entfalten konnten.

5 Demokratische Sprachpolitik

Das Konzept des plurizentrischen Deutsch schien in einer europapolitischen Entscheidung der 1990er-Jahre internationale Anerkennung zu finden: Im Zuge der Beitrittsverhandlungen Österreichs mit der EU setzte die österreichische Delegation ein Protokoll durch, in dem 23 Austriazismen (*Beiried, Eierschwammerl, Erdäpfel, Faschiertes, Fisolen* etc.) aufgeführt wurden, die „in der deutschen Sprachfassung neuer Rechtsakte" der EU „in geeigneter Form" hinzuzufügen seien (vgl. die Dokumentation in Ammon 2004: 12f.; vgl. auch Ammon im vorliegenden Band). Gewiss ging es hierbei auch um den sprachpolitischen Ausdruck nationaler Identität. Allerdings fragt sich, ob sich die Eigenständigkeit einer nationalen Varietät schon durch die Aufnahme von nur[7] 23 Schibboleths für Kulinaria sichern lässt. In der Presse etwa wurde diese Maßnahme offenbar lediglich als Kuriosum aufgenommen. Entscheidend ist aber, ob die Bestimmung einen Widerhall im Sprachgebrauch findet. (Werden österreichische Gastwirte auf *Erdäpfel* und *Eierschwammerln* insistieren oder ihren deutschen Gästen zuliebe auf ihren Speisekarten doch *Kartoffeln* und *Pfifferlinge* schreiben – bzw. stehen lassen?)

Ein mit Händen zu fassendes Werk in der Nachfolge des Plurizentrizitätsmodells ist das neue „Variantenwörterbuch des Deutschen", das neben Merkmalen des Deutschen in der Schweiz, in Österreich und Deutschlands auch Varianten des Deutschen in Ostbelgien, Luxemburg, Liechtenstein und Südtirol erfasst, wo Deutsch ebenfalls Amtssprache ist (Ammon/Bickel/Ebner 2004). Es ist ein ausdrückliches Anliegen der Bearbeiter dieses Wörterbuchs, „sprachliche Besonderheiten nationaler Zentren nicht als Abweichungen von einer nationenübergreifenden deutschen Standardsprache gelten [zu lassen], sondern als gleichberechtigt nebeneinander bestehende standardsprachliche Ausprägungen des Deutschen" (ebd.: XXXII). Tatsächlich liegt mit diesem Wörterbuch die bisher umfassendste Dokumentation der standardsprachlichen Variation in den deutschsprachigen Ländern vor. Fraglich bleibt jedoch, ob das mit der Dokumentation verbundene sprachpolitische Ziel erreicht werden kann. Zum einen ist es vielen Deutschen nicht bewusst (und man möchte hinzufügen: dieses Bewusstsein wird auch kaum zu erreichen sein), dass es „deutschländische" Varianten gibt, die in anderen deutschsprachigen Ländern nicht gebräuchlich sind (von Polenz 1999: 416). Zum anderen sind bereits Zweifel laut geworden, ob schweizerdeutsche bzw. österreichische Varianten von Nicht-

---

[7] Man vergleiche: Das „Variantenwörterbuch des Deutschen" erfasst „ca. 12.000 Wörter und Wendungen"; es dürfte also mit *mehreren Tausend* Austriazismen zu rechnen sein.

sprachwissenschaftlern, für die das Wörterbuch schließlich geschrieben wurde, überhaupt als Standardvarianten aufgefasst werden. Dass schon schweizerdeutsche oder österreichische Lehrer dazu tendieren, „die eigenen nationalen Varianten zu korrigieren und durch Varianten Deutschlands zu ersetzen", ist bekannt (Ammon 2004: 17). Eine neuere empirische Untersuchung zeigt außerdem, dass über die Gruppe der Normvermittler hinaus eine große Mehrheit befragter Deutschschweizer die schweizerdeutschen Varianten des Standarddeutschen schlichtweg „als schlechtes oder fehlerhaftes Hochdeutsch" wertet (Scharloth 2005): So müsste ein Satz wie *Der Postler ist mit dem Tram zur Beiz* nach Setzung der Wörterbuchbearbeiter Standarddeutsch sein; die allermeisten Probanden empfinden Helvetismen wie *Postler*, *Tram* oder *Beiz* jedoch als schlechteres Standarddeutsch, das in bestimmten Kontexten und Medien nicht angemessen ist – auch bei durchweg positiven Grundeinstellungen zum Schweizerhochdeutschen. Ähnliche Fälle „linguistischer Schizophrenie" von Sprechern werden auch aus Österreich gemeldet (vgl. ebd.). Es fragt sich daher, ob die Sprachwissenschaft mit dem Plurizentrizitätskonzept nicht einen Gegenstand geschaffen hat, der sich im sprachenpolitischen Diskurs verselbständigt hat, ohne dass er „in der Wahrnehmung der Sprecher existierte, geschweige denn ein relevanter Faktor im Alltagshandeln wäre" (ebd.).

Ein Kuriosum des Plurizentrizitätsmodells ist schließlich das Schicksal von „BRD-" und „DDR-Deutsch". Beiden wurde zumindest in der Fachliteratur bis 1990 noch der Status von „Nationalvarietäten" zugebilligt (vgl. Clyne 1984: 41, Ammon 1986: 28, Hartung 1990: 462). Das „DDR-Deutsch" verfügte auch durchaus über eine eigene Kodifizierung, was als notwendiges Kriterium für den Status als nationales „Vollzentrum" genannt wird (Ammon/Bickel/Ebner 2004: XXXI). Nominell aber haben die Ereignisse der deutschen Wiedervereinigung zu der absurd erscheinenden Situation geführt, dass die nationale Varietät „DDR-Deutsch" buchstäblich über Nacht vom 2. auf den 3. Oktober 1990 verschwunden ist. (Im Nachhinein führte dies zu terminologischen Klimmzügen: Die beiden deutschen „Nationalvarietäten" wären im Grunde nur „Staatsvarietäten" gewesen, da ja möglicherweise die nationale Einheit während der deutschen Teilung durchgängig bestanden hatte, vgl. Ammon 1995: 386, von Polenz 1999: 414). Nun lässt sich aber nicht bestreiten, dass sich die sprachlichen und kommunikativen Unterschiede keineswegs in Luft aufgelöst haben, sondern den Diskurs über West-Ost-Gegensätze bis heute mitprägen. Davon zeugt allein schon die umfangreiche Forschungsliteratur zu diesem Thema. Aus ostdeutscher Sicht wird gar ein „neuer Separatismus" beklagt (Creutzi-

5 Demokratische Sprachpolitik

ger 1997: 91), der darin zum Ausdruck komme, dass Ostdeutsches – mehr oder weniger bewusst – als das „Auffällige", „Markierte" und deutsch-deutsche Sprach- und Kommunikationsprobleme damit letztlich als Probleme der Ostdeutschen bei der Anpassung an das zur Norm erhobenen „BRD-Deutsche" dargestellt würden. Es ist wohl nicht zu weit gegriffen, darin ein Symptom für die auch politisch noch ausstehende „Wiedervereinigung" (mit einer gemeindeutschen Verfassung) zu sehen – am 3. Oktober 1990 erfolgte eben bloß ein „Beitritt" von fünf neuen Bundesländern zum provisorischen „Grundgesetz" (vgl. ebd.).

4.2 Regionale Variation und Standardsprache

Als Synonym für „plurizentrisches Deutsch" war eine Zeit lang auch die Bezeichnung „plurinationales Deutsch" im Schwange, sie wurde zwischenzeitlich sogar favorisiert (Ammon 1995: 49). Letztlich erwies sie sich jedoch nicht nur in politischer Hinsicht als problematisch – der Ausdruck „national" gehört „zu den verhängnisvollsten politischen Leerformeln der deutschen Geschichte des 19. und 20. Jahrhunderts" (von Polenz 1988: 200) –, sondern auch aus linguistischen Gründen, denn „plurinationales Deutsch" suggeriert eine weitgehende Homogenität der nationalen Varianten und Varietäten, die in der Wirklichkeit schlicht nicht besteht. Dies sei an dreien der oben genannten Beispiele illustriert: Für das deutsche Deutsch müssten danach entweder Rachen-[R] oder Zungen-[r], *Sonnabend* oder *Samstag, ich habe gestanden* oder *ich bin gestanden* als nationale Variante gelten. Ließe man jeweils tatsächlich nur eine Variante als standardsprachlich zu, würde man in jedem Fall den „normalen", auch in öffentlichen Situationen üblichen Sprachgebrauch von Muttersprachlern großer Regionen als „unkorrekt" qualifizieren – im Bereich der Aussprache eben auch Varianten, die viele Sprecher (selbst gebildete) auch gar nicht anders artikulieren *können*. Sprachnormierungen haben aber nur dann Aussicht auf breite Akzeptanz, wenn sie sich am Sprachgebrauch orientieren. Die Realität des Sprachgebrauchs sieht zurzeit noch so aus, dass sie bis in öffentlich-formelle Register hinauf nicht von sprachlicher Homogenität, sondern von einer ausgesprochenen Heterogenität geprägt ist, die von regionalen Varianten der Standardsprache bis hin zu verschiedenen Dialekten (v.a. in der Schweiz) reicht. Sprachnormen müssen also, wenn sie denn schon nötig sind,[8] flexibel sein und Variation einbeziehen.

---

[8] Zu denken ist insbesondere an Schule und den Unterricht „Deutsch als Fremdsprache".

Die Dialekte stehen gewissermaßen am „kleinräumigen" Ende der regionalen Variation im Deutschen. Sie sind bekanntlich in den ländlichen Gebieten Mittel- und Süddeutschlands und Österreichs sowie flächendeckend in der deutschsprachigen Schweiz in der alltäglichen gesprochenen Kommunikation gegenwärtig, eben *auch* in formaleren Gebrauchskontexten. Für den größten Teil Norddeutschlands[9] sowie auch städtische Regionen Österreichs und der Südhälfte Deutschlands spielen sie heute jedoch im öffentlichen Reden kaum eine Rolle mehr. An ihre Stelle ist zum Teil das getreten, was als „Regiolekte", „neuer Substandard", „regionale Umgangssprachen" oder auch „städtische Umgangssprachen" bezeichnet wird. Für viele Linguisten sind etwa das Ruhrgebietsdeutsch oder das Berlinische keine Dialekte mehr, sondern „Umgangssprachen" bzw. regionale Ausprägungen des Standards, die durchaus Merkmale der früher dort gesprochenen niederdeutschen Dialekte aufweisen, sich aber insgesamt ganz klar von diesen unterscheiden. Vielen Laien (inkl. Journalisten) und selbst manchen Linguisten kommen regionale Ausprägungen des Standards und Umgangssprachen freilich oft als „Dialekte" vor (z. B. *Der Gysi mit seinem Berliner Dialekt!*, *Wenn Stoiber im Bundestag bairisch redet* [oder gar *„bayerisch"*], *Adenauers rheinischer Dialekt* etc.).

Während germanistischen Sprachwissenschaftlern eine Bestimmung von Dialekten relativ wenig Schwierigkeiten bereitet und manche auch zu wissen glauben, wie man die Standardvarietät abgrenzen kann, ist es ein notorisches Problem, den gesamten Bereich „oberhalb" der Dialekte und „unterhalb" der Standardsprache (notabene: ein Konstrukt!) terminologisch und explanatorisch in den Griff zu bekommen. Die Bezeichnung „Regiolekt" legt nahe, dass es sich um eine diskrete Varietät handeln könnte. Diese zu beschreiben, ist jedoch bisher nicht in befriedigender Weise gelungen. Das hat wohl weniger mit den zur Verfügung stehenden linguistischen Verfahren zu tun als mit der Instabilität

---

[9] Die akute Gefährdung der niederdeutschen Dialekte ist ein Hintergrund des Politikums, dass das Niederdeutsche mit Wirkung vom 1. Januar 1999 als schützens- und förderungswürdige Regionalsprache in die „Europäische Charta der Regional- und Minderheitensprachen" aufgenommen wurde. (Als Minderheitensprachen in Deutschland gelten nach der Charta das Dänische, das Ober- und Niedersorbische, das Nord- und Saterfriesische sowie das Romanes der deutschen Sinti und Roma.) Hinter der alten linguistischen Frage, ob das Niederdeutsche „eigenständige Sprache oder Varietät einer Sprache" ist (Menke 1998), verbergen sich freilich auch politische Fallstricke verschiedenster Art, vor allem die Frage, in welchem Maße nötige Finanzmittel für kulturelle Einrichtungen und für Lehrpersonal an Schulen und Universitäten bereitzustellen sind, damit die aktiven Schutzmaßnahmen ergriffen werden können, für die sich die fünf norddeutschen Bundesländer einhellig ausgesprochen haben (vgl. Menge 1997).

5 Demokratische Sprachpolitik

des Gegenstands: Die Sprachwirklichkeit kennt eben keine Einteilungen, sondern eher einen „Datensalat" (Löffler 2005: 20, Anm. 28). Das Ruhrgebietsdeutsche wie auch das Berlinische mögen über einigermaßen stabile Merkmale verfügen; für die meisten anderen regionalen Umgangssprachen mag dies weniger zutreffen – zumindest sind solche Merkmale für sie bisher noch nicht hinreichend beschrieben (vgl. Mihm 2000: 2113ff.). So geht man denn bei verschiedenen Konzeptualisierungen des Bereichs zwischen Standardvarietät und Dialekt – beim „neuen Substandard" (Bellmann 1983) wie auch bei den „regionalen Umgangssprachen" – davon aus, dass man keine eigene Varietät, sondern ein Kontinuum von sprachlichen Realisierungsformen zu beschreiben hat (Durrell 1998).[10] Die Unterschiede zu den Dialekten sind mehr oder weniger ausgeprägt, in Norddeutschland erscheinen sie besonders deutlich. Nach „oben", also zur Standardvarietät hin, sind die Übergänge aber überall dort, wo es so etwas wie Umgangssprachen gibt, prinzipiell offen – aus der Sicht der Standardsprache heißt dies aber auch: Nach „unten", nämlich zu den Umgangssprachen hin, ist vieles möglich! Im Sprachgebrauch des „Variantenwörterbuchs" (Ammon/Bickel/Ebner 2004) lautet es bei Zweifelsfällen: „Grenzfall des Standards".

Allein aufgrund dieser Grauzone wird schon deutlich, warum es auch *innerhalb* der nationalen Grenzen keine einheitliche Standardsprache geben kann. Dokumentiert ist die regionale Variation der deutschen Standardvarietät außer im genannten „Variantenwörterbuch"[11] etwa im „Atlas zur Aussprache des Schriftdeutschen in der Bundesrepublik Deutschland" (König 1989) oder auch in einem Werk mit dem irreführenden Titel „Wortatlas der deutschen Umgangssprachen (WDU)" (Eichhoff 1977–2000), der eben nicht nur „umgangssprachliche" (im oben definierten Sinne), sondern auch standardsprachliche

---

[10] Die Bezeichnung „neuer Substandard" (als „alter Substandard" gelten danach die Dialekte) ist, wie „Hochsprache", wegen der ihr innewohnenden Wertung belastet – man könnte geradezu sagen: politisch unkorrekt. „Umgangssprachen" (im Plural!) in der Spezifizierung „regionale Umgangssprachen" oder „städtische Umgangssprachen" hat sich, wenn auch als Notbehelf und trotz der Bedenken, die wegen der Mehrdeutigkeit des Worts vorgebracht wurden (vgl. Durrell 2004: 70f.), einstweilen als Bezeichnung für diesen Zwischenbereich durchgesetzt.

[11] Das Wörterbuch verzeichnet die regionalen Varianten des Standarddeutschen ausführlich, kann aber natürlich nicht erschöpfend sein und wird im Einzelnen auch nicht immer zutreffend sein. Als empirisches Korrektiv vgl. etwa die Karten des WDU (Eichhoff 1977–2000) sowie die Karten, die Robert Möller und ich nach Daten einer Internetbefragung erstellt haben (abzurufen unter www.philhist.uni-augsburg.de/lehrstuehle/germanistik/sprachwissenschaft/mitarbeiter/stelspass/forschung).

Varianten ausweist und darüber hinaus nicht nur Wort-, sondern auch Aussprache- und grammatische Varianten enthält.[12] Möller (2003: 288) zeigt als Ergebnis einer dialektrometischen Auswertung der Karten des WDU Sprachgebrauchsräume innerhalb der nationalen Grenzen, die neben dem bekannten Nord-Süd-Gegensatz etwa für Deutschland noch deutliche Gegensätze zwischen dem mitteldeutschen und dem süddeutschen Sprachgebiet zeigen, aber innerhalb dieser Gebiete auch jeweils einen deutlichen Ost-West-Unterschied.[13] Die Grenzen dieser Räume stimmen nur zum Teil mit den Verbreitungsräumen der alten Dialekte überein. Auffällig sind die Grenzen, die „die politische Geographie des 19. und 20. Jahrhunderts" (ebd.: 291) widerspiegeln. Das betrifft vor allem die Nord-Süd-Grenze, die sich eben nicht entlang der phonologiegeschichtlich bedeutsamen Grenzlinie zwischen dem nieder- und dem hochdeutschen Sprachraum („Benrather Linie") findet, sondern weiter südlich auf der Höhe der ansonsten eher mentalitätsgeschichtlich wichtigen „Mainlinie", die ungefähr die Südgrenze des preußischen Einflussgebietes vor 1871 bildet (Durrell 1989).

Angesichts dieser nachweisbaren regionalen Unterschiede auch in den verschiedenen Standardvarietäten ist vorgebracht worden, dass man statt von einem „plurinationalen Deutsch" doch eher von einem „pluriarealen Deutsch" (Wolf 1994: 74) oder einer „regionalen Plurizentrizität" sprechen müsse (Reiffenstein 2001: 88). Ein weiterer Einwand gegen das Plurizentrizitäts-/Plurinationalitätskonzept lautet, dass viele regionale Spracheigenheiten grenzübergreifend sind, so konvergieren etwa „die oberdeutschen Dialektregionen in Deutschland und Österreich im Gebrauch des Standarddeutschen stärker als die Regionen Deutschlands im Ganzen" (Scharloth 2005: Anm. 3).

Dies sind keineswegs rein terminologische Scharmützel. Es geht im Grunde um die Weiterführung der sprachpolitischen Diskussion über den Status einer Standardsprache als homogener „Einheitssprache" vs. eines – in gewissen Grenzen – heterogenen Standards und dem Raum, der darin der Variation gegeben wird. Die Schwierigkeiten einer Differenzierung regionaler Variation aus linguistischer Sicht liegen also offen zutage. Wie wird nun sprachpolitisch damit verfahren? Ich konzentriere mich im Folgenden auf Fallbeispiele sprachpolitischen Umgangs mit Variation unter Normverfassern und Normvermittlern (also

---

[12] Ausgewählte Karten aus beiden Werken finden sich im „dtv-Atlas Deutsche Sprache" von König (2004: 232ff.).
[13] Ein Ost-West-Gegensatz findet sich auf der Karte auch für Österreich; in der Schweiz hat offenbar das Wallis eine sprachliche Sonderstellung.

5 Demokratische Sprachpolitik

im Wesentlichen Sprachexperten in der Wissenschaft, in der Didaktik und in Redaktionen).[14]

In bildungspolitischer und sprachdidaktischer Hinsicht spielten und spielen Variation und Varietäten des Deutschen vor allem in zwei Bereichen eine Rolle: zum einen in Bezug auf die Frage, welches Deutsch Nichtdeutschen beigebracht werden soll, und zum anderen in der Diskussion um Nichtstandardvarietäten als Sprachbarrieren.

Die Behandlung von sprachlicher Variation ist für den Unterricht des Deutschen als Fremdsprache (DaF) eine grundsätzliche, aber bisher zu wenig gewürdigte Frage: Erleichtert oder erschwert man DaF-Lernern das Erlernen der deutschen Sprache, indem man die Variation des Deutschen berücksichtigt? Sollte man Anfängern „eine einheitliche Sprachform" anbieten oder die tatsächliche Variation in angemessener Weise berücksichtigen (Durrell 2004: 70)? Dass für die gesprochene Sprache im DaF-Unterricht informelle Register der Standardsprache in den Vordergrund zu stellen sind, erscheint schon fast selbstverständlich, zumal diese „die übliche Sprechsprache der Gebildeten" repräsentierten (ebd.: 77). Schon die muttersprachlichen Lektoren und Sprachassistenten bringen informelle Register und ihre regionaltypischen Eigenheiten der Standardaussprache mit. Wenn aber etwa die deutsche Abteilung einer Universität im Ausland nicht den Vorzug genießt, mehrere Lektoren aus verschiedenen deutschsprachigen Ländern und Regionen zu haben, dann leuchtet die Notwendigkeit ein, verschiedene Varianten zu unterrichten, um Lernern den „Praxisschock" bei der ersten Bestellung *eines Brötchens/einer Semmel/eines Mutschlis* etc. zu ersparen. Es finden sich daher immer häufiger – von sprachwissenschaftlicher wie auch von DaF-didaktischer Seite – Plädoyers dafür, auch räumliche Variation stärker im DaF-Unterricht zu thematisieren (vgl. König 1991 u. 1997, Baßler/Spiekermann 2001/02, Ehnert [et. al] 2002, Huneke/Steinig 2002: 42ff.).

In der Diskussion um die schulische Behandlung von Nichtstandard-Varietäten standen sich gerade in der bildungspolitischen Aufbruchphase der späten 1960er- und der 1970er-Jahre zwei Positionen gegenüber (vgl. Barbour/Stevenson 1998: 199ff., Neuland 2004): Vertreter des einen Lagers stellten Nichtstandardvarietäten einer angenommenen bzw. als wünschenswert hingestellten Homogenität der „Einheitssprache" gegenüber und sahen – im Interesse einer Chancengleichheit – die Aufgabe des Schulunterrichts (vor allem des Deutschunterrichts) in einer Hinführung der Schüler zu den kodifizierten Nor-

---

[14] Zur Rolle der am Normierungsprozess und der Umsetzung von sprachlichen Normen beteiligten Gruppen vgl. Gloy (1998: 399ff.).

men der Grammatik, der Rechtschreibung und der Aussprache. Vertreter des anderen Lagers plädierten für eine Anerkennung auch von Nichtstandard-Formen im Unterricht – entweder im Rahmen eines erweiterten Standardsprachen-Begriffs oder in Form einer Berücksichtigung von „Nichtstandardvarianten", mit denen die Schüler aufgewachsen waren.

Im Sinne der ersten Sichtweise erwies sich die Gleichsetzung von sozialen Unterschichten mit Nichtstandardvarietäten und Nichtstandardvarietäten mit Dialekten im deutschsprachigen Raum als folgenreichste Simplifizierung im bildungspolitischen Umgang mit regionalen Varietäten im Deutschen (vgl. Barbour/Stevenson 1998: 199ff.).[15] Zielscheibe der sprachkompensatorischen Bemühungen oder des bildungspolitischen Eifers waren also vor allem die Dialekte, die als Handikap von Schülern angesehen wurden und deshalb möglichst weit zurückzudrängen, wenn nicht „auszurotten" seien (Ammon/Kellermeier 1997: 25f.). Es ist recht typisch für die Sprachbarrierenforschung dieser Zeit, dass man vor allem soziale Nachteile von Dialektsprechern intensiv untersuchte, soziale Vorteile aber offenbar überhaupt nicht (Ammon 1983: 1506). Die schlimmsten Auswüchse der kompensatorischen Spracherziehung sind inzwischen Vergangenheit (vgl. Löffler 1994: 179), und heute glaubt auch kein ernst zu nehmender Sprachwissenschaftler mehr an kognitive Defizite von Schülern, die darauf zurückzuführen wären, dass sie mit einer Nichtstandardvarietät als Muttersprache aufwuchsen. (Sonst müsste etwa die gesamte Deutschschweizer Bevölkerung in gravierender Weise depraviert sein.)

Allerdings haben sich die mit der „Dialekt-als-Sprachbarriere"-Diskussion verknüpften Denkschemata der älteren Soziolinguistik – insbesondere die höchst suggestive Barriere-Metapher – gerade noch bei Lehrern erhalten, die in den späten 1960er- und 1970er-Jahren studierten. Auch heute begegnet man noch Studienanfängern, denen aus dem nichtliterarischen Anteil ihres gymnasialen Deutschunterrichts vor allem die Begriffe von „restringiertem Code" und „elaboriertem Code" präsent sind. Dass dieses Paradigma sogar noch in Linguistenköpfen herumspukt, zeigte vor einigen Jahren der anachronistisch anmutende Versuch, die bildungspolitische Sprachbarrieren-Diskussion wiederzubeleben: Zur Ursache von Sprachbarrieren wurden diesmal

---

[15] Insbesondere in der Rezeption der Code-Theorie des Soziologen Basil Bernstein wurde es auf diese Weise unternommen, das Verhältnis von Sprachvarietäten und Sozialstrukturen in der britischen Gesellschaft der 1950er- und 1960er-Jahre mit ihrer relativ scharfen Trennung von Ober-, Mittel- und Unterschicht auf deutsche Verhältnisse zu übertragen.

jedoch nicht Dialekte, sondern wurde nunmehr eine regionale Umgangssprache erklärt, nämlich „Ruhrdeutsch" (Kellermeier 1997, 2000). Dass dieser „Versuch eines Diskussions-Erweckungsküsschens" (Ammon/Kellermeier 1997) bisher ohne positives Echo geblieben ist, liegt nicht nur an dem fehlenden empirischen Nachweis eines Zusammenhangs zwischen Standard-/Nonstandardsprechen („Standardsprecher" vs. „Nur-Ruhrdeutschsprecher", ebd.: 33) und Schulerfolg,[16] sondern auch an einer mangelnden terminologischen und begrifflichen Präzision in Bezug auf den Status der untersuchten Sprachformen.

Damit komme ich zurück auf das Problem der Unterscheidung zwischen Variation der Standardsprache und „Sub-" oder „Nonstandard":

- Eine Aussprache wie *Tach* oder *Berch* für *Tag* und *Berg*, *Ferd* für *Pferd* und *ich glaub* für *ich glaube*,
- eine Konstruktion wie *da weiß ich nichts von* statt *davon weiß ich nichts*,
- oder die Verwendung des Worts *Gedöns*

sind keineswegs Besonderheiten des „Nonstandards Ruhrdeutsch" (wie in den Listen von Ammon/Kellermeier 1997: 33f. und Kellermeier 2000: 129f. suggeriert wird), sondern regionale – im Falle von *ich glaub* sogar überregionale – Varianten des Standards. Viel grundsätzlicher ist aber eine bildungsideologische Position, das sich hinter solchen Einordnungen verbirgt: Das eigentliche Problem ist wohl nicht das Sprachverhalten der Schüler (die im Zweifel nicht anders sprechen als mancher Politiker, Profifußballer oder auch Lehrer), sondern die sprachliche Intoleranz bzw. die Einstellung zur Sprachvariation bei Normvermittlern und Wissenschaftlern, die zu wissen meinen, was die Norm ist (vgl. Menge 2000: 346).

5 Fazit

Dass es Varietäten und Varianten im Deutschen gibt, wird niemandem, der sich mit offenen Augen und Ohren im deutschen Sprachraum bewegt, fremd sein. Davon unberührt ist der verbreitete Glaube, dass es so etwas wie *das* „Hochdeutsch" mit eindeutigen Korrektheitsnormen

---

[16] Die „kleine, nicht auf Repräsentativität abzielende Untersuchung" (Ammon/Kellermeier 1997: 33), auf deren Grundlage die Hypothese von der „Umgangssprache als Sprachbarriere" überhaupt beruht, weist – soweit man das Untersuchungsdesign überhaupt erkennen kann – bekannte Kardinalfehler solcher Untersuchungen auf (zur Kritik vgl. auch Menge 2000: 345ff.), v. a. die Herstellung kausaler Zusammenhänge bei nur korrelativen Daten sowie die Vernachlässigung sozialer Daten.

gibt. Es lässt sich argumentieren, dass diese Auffassung Produkt einer National- und Einheitssprachenideologie ist, die sowohl den öffentlichen Diskurs als auch die standardsprachliche Erziehung des 19. und 20. Jahrhunderts geprägt hat (vgl. von Polenz 1999: 229ff.).

In Befragungen zur regionalen Variation im Deutschen zeigt sich immer wieder ein widersprüchlich erscheinendes Einstellungsmuster in der Sprachbevölkerung: Einer grundsätzlichen Wertschätzung von regionalen Formen (besonders in Nord- und Westdeutschland) steht gleichzeitig eine auffällige Intoleranz gegenüber dem Gebrauch von regionalen Varianten und Varietäten (besonders anderer Regionen) in bestimmten Kontexten wie Schule etc., bestimmten Berufen und in den Medien gegenüber.

Ähnlich zwiespältig erscheint der hier diskutierte wissenschafts- und bildungspolitische Umgang mit regionaler Variation: Auf der einen Seite wird ein Plurizentrizitäts-/Plurinationalitätskonzept vertreten und weithin anerkannt, das gegenüber früheren monozentrischen Dogmen durchaus einen Fortschritt darstellt, indem es einen gewissen sprachpolitischen Proporz zwischen den deutschsprachigen Ländern mit einem gleichberechtigten Nebeneinander ihrer „nationalen Varietäten" herstellt. Auf der anderen Seite werden – zum Teil von denselben Autoren – regionale Unterschiede, also gleichfalls „horizontale" Grenzen, mit „vertikalen" Abstufungen verknüpft und Grenzlinien zwischen Standardvarietäten und Nonstandardvarietäten gezogen, die keine messbare Realität im Sprachgebrauch haben.[17] Man muss sich fragen, ob hierdurch nicht erst Barrieren aufgebaut werden.

Die sprachlich divergierende Kraft politischer Grenzen lässt sich nicht bestreiten. Allerdings verschwinden die sprachlichen Unterschiede nicht, wenn politische Grenzen fallen, und sie sind auch nicht sofort bemerkbar, wenn Grenzen entstehen. Vielmehr treten sprachliche Folgen bzw. Nachwirkungen politischer Teilung und politischer Einigung mit unterschiedlicher, nicht vorhersagbarer Geschwindigkeit im Sprachgebrauch zu Tage – oft erst bzw. noch nach Jahrzehnten, manchmal erst nach Jahrhunderten. Sprachpolitische Konzeptionalisierungen von Variation in einer Sprache wie dem Deutschen haben Realitäten der regionalen Standardisierung (Spiekermann 2005) bzw. der regionalen Gebrauchsstandards (Berend 2005) im gegenwärtigen Deutsch Rechnung zu tragen, die wiederum einen flexiblen Umgang mit

---

[17] Auch Ungereimtheiten bleiben nicht aus: Gerade ein Wort wie *Erdapfel*, das ja durch die Aufnahme in die EU-Amtssprache als standardsprachlich geadelt ist, erscheint etwa im „Variantenwörterbuch" (Ammon/Bickel/Ebner 2004) selbst für Österreich als einer der berüchtigten „Grenzfälle des Standards".

dem Begriff von „Standard" erfordern (vgl. das *Pflaschter-Flaster*-Beispiel).

Viele Probleme mit sprachlicher Variation in der pluralistischen Sprachgesellschaft werden nicht beseitigt, sondern entstehen erst dadurch, dass herausgehobene Mitglieder der Sprachbevölkerung explizit als Normsetzer und Normvermittler in bestehende Sprachverhältnisse eingreifen, indem sie *bestimmte* Varianten als „normal", als „richtig", als „stilistisch gut", als „ästhetisch wertvoll" etc. darstellen, festschreiben oder kodifizieren.[18] Die Schwierigkeit besteht darin, die Waage zu halten zwischen dem, was für die Vermittlung des Deutschen als Mutter- oder Fremdsprache notwendig ist, dem, was keine Mitglieder der pluralistischen Sprachbevölkerung benachteiligt – und dem, was über diese beiden Ziele hinausschießen könnte.

6 Literatur

Ammon, Ulrich 1983: Soziale Bewertung des Dialektsprechers: Vor- und Nachteile in Schule, Beruf und Gesellschaft, in: Werner Besch [et al.] (Hrsg.): Dialektologie. Zweiter Halbbd. Berlin, New York, 1499–1509.

Ammon, Ulrich 1986: Sprache – Varietät/Standardvarietät – Dialekt. Universität Duisburg.

Ammon, Ulrich 1995: Die deutsche Sprache in Deutschland, Österreich und der Schweiz. Das Problem der nationalen Varietäten. Berlin, New York.

Ammon, Ulrich 2004: Sprachliche Variation im heutigen Deutsch: nationale und regionale Standardvarietäten, in: Der Deutschunterricht 56/1, 8–17.

Ammon, Ulrich/Bickel, Hans/Ebner, Jakob 2004: Variantenwörterbuch des Deutschen. Die deutsche Standardsprache in Österreich, der Schweiz und Deutschland sowie in Liechtenstein, Luxemburg, Ostbelgien und Südtirol. Berlin u. a..

Ammon, Ulrich/Kellermeier, Birte 1997: Dialekt als Sprachbarriere passé? 25 Jahre danach: Versuch eines Diskussions-Erweckungsküsschens, in: Deutsche Sprache 25, 21–38.

Barbour, Stephen/Stevenson, Patrick 1998: Variation im Deutschen. Soziolinguistische Perspektiven. Berlin.

Baßler, Harald/Spiekermann, Helmut 2001/02: Regionale Varietäten des Deutschen im Unterricht Deutsch als Fremdsprache. Teil (I) in: Deutsch als Fremdsprache 38, 205-213; Teil (II) in: Deutsch als Fremdsprache 39, 31–35.

Bellmann, Günter 1983: Probleme des Substandards im Deutschen, in: Klaus J. Mattheier (Hrsg.) : Aspekte der Dialekttheorie. Tübingen, 105–130.

Berend, Nina 2005: Regionale Gebrauchsstandards – Gibt es sie und wie kann man sie beschreiben?, in: Eichinger/Kallmeyer (Hrsg.) 2005, 143–170.

Clyne, Michael 1984: Language and society in the German-speaking countries. Cambridge u. a..

Coulmas, Florian 1985: Sprache und Staat. Studien zur Sprachplanung. Berlin, New York.

---

[18] Vom Streit um das „lutherische -e" bis zur jüngsten Orthographiediskussion ließen sich zahllose Beispiele aus der neueren Sprachgeschichte des Deutschen aufführen.

Creutziger, Werner 1997: Heutiges Deutsch und neuer Separatismus, in: Gisela Schmirber (Hrsg.): Sprache im Gespräch. Zu Normen, Gebrauch und Wandel der deutschen Sprache. München, 88–93.

Durrell, Martin 1989: Die „Mainlinie" als sprachliche Grenze, in: Wolfgang Putschke/Werner Veith/Peter Wiesinger (Hrsg.): Dialektgeographie und Dialektologie. Marburg, 89–109.

Durrell, Martin 1998: Zum Problem des sprachlichen Kontinuums im Deutschen, in: Zeitschrift für germanistische Linguistik 26, 17–30.

Durrell, Martin 1999: Standardsprache in England und Deutschland, in: Zeitschrift für germanistische Linguistik 27, 285–308.

Durrell, Martin 2004: Variation im Deutschen aus der Sicht von Deutsch als Fremdsprache, in: Der Deutschunterricht 56/1, 69–77.

Ehnert, Rolf/Fuchs, Stephanie/Hertrampf, Daniela 2002: Regiolekte in der Ausbildung von LehrerInnen für Deutsch als Fremdsprache, in: Ingrid Kühn/Marianne Lehker (Hrsg.): Deutsch in Europa – Muttersprache und Fremdsprache. 2., durchges. Aufl. Frankfurt am Main u. a., 197–222.

Eichhoff, Jürgen 1977–2000: Wortatlas der deutschen Umgangssprachen. Bd. I/II: Bern [1977/78; Bd. III: München u. a. 1993]; Bd. IV: Bern, München [2000].

Eichinger, Ludwig/Kallmeyer, Werner (Hrsg.) 2005: Standardvariation: Wie viel Variation verträgt die deutsche Sprache? Berlin, New York.

Gloy, Klaus 1998: Sprachnormierung und Sprachkritik in ihrer gesellschaftlichen Verflechtung, in: Werner Besch [et al.] (Hrsg.): Sprachgeschichte. Ein Handbuch zur Geschichte der deutschen Sprache und ihrer Erforschung. 2., vollst. neu bearb. u. erw. Aufl. Bd. 1 (HSK 2.1). Berlin, New York, 397–406.

Götz, Ursula 1995: Regionale grammatische Varianten des Standarddeutschen, in: Sprachwissenschaft 20, 222–238.

Grewendorf, Günther/Hamm, Fritz/Sternefeld, Wolfgang 1989: Sprachliches Wissen. Eine Einführung in moderne Theorien der grammatischen Beschreibung. 3., durchges. Aufl. Frankfurt am Main.

Grimm, Jacob/Grimm, Wilhelm 1854: Deutsches Wörterbuch. Bd. 1. Leipzig.

Hartung, Wolfdietrich 1990: Einheitlichkeit und Differenziertheit der deutschen Sprache, in: Zeitschrift für Germanistik 11, 447–466.

Henn-Memmesheimer, Beate 2004: Handlungsspielräume im sprachlichen Variationsfeld, in: Der Deutschunterricht 56/1, 26–40.

Huneke, Hans-Werner/Steinig, Wolfgang 2002: Deutsch als Fremdsprache. Eine Einführung. 3., überarb. u. erw. Aufl. Berlin.

IDS-Grammatik 1997 = Zifonun, Gisela [et al.] 1997: Grammatik der deutschen Sprache. 3 Bde. Berlin, New York.

Kellermeier, Birte 1997: Ruhrdeutsch als Sprachbarriere? Neue Untersuchungen, in: Der Deutschunterricht 49, H.4, 92–96.

Kellermeier, Birte 2000: Gibt es in Duisburg auch (noch) eine Sprachbarriere?, in: Dieter Stellmacher (Hrsg.): Dialektologie zwischen Tradition und Neuansätzen. Beiträge der internationalen Dialektologentagung, Göttingen, 19.–21. Oktober 1998. Stuttgart, 126–135.

König, Werner 1989: Atlas zur Aussprache des Schriftdeutschen in der Bundesrepublik Deutschland. Bd 1: Text. Bd 2: Tabellen und Karten. Ismaning.

König, Werner 1991: Welche Aussprache soll im Unterricht ‚Deutsch als Fremdsprache' gelehrt werden? Ein Plädoyer für ausgangssprachenorientierte Lehrnormen, in: Deutsche Sprache 19, 16–32.

König, Werner 1997: Phonetisch-phonologische Regionalismen in der deutschen Standardsprache. Konsequenzen für den Unterricht ‚Deutsch als Fremdsprache'?, in: Gerhard Stickel (Hrsg.): Varietäten des Deutschen. Regional- und Umgangssprachen. Berlin, New York, 246–268.

5 Demokratische Sprachpolitik

König, Werner 2000: Wenn sich Theorien ihre Wirklichkeit selbst schaffen: zu einigen Normen deutscher Aussprachewörterbücher, in: Annelies Häcki Buhofer (Hrsg.): Vom Umgang mit sprachlicher Variation. Festschrift für Heinrich Löffler zum 60. Geburtstag. Tübingen, Basel, 87–98.

König, Werner 2004: dtv-Atlas Deutsche Sprache. Mit 155 Abbildungsseiten in Farbe. 14., durchges. u. aktual. Aufl. München.

Löffler, Heinrich 1994: Germanistische Soziolinguistik. 2., überarb. Aufl. Berlin.

Löffler, Heinrich 2005: Wie viel Variation verträgt die deutsche Standardsprache? Begriffsklärung: Standard und Gegenbegriffe, in: Eichinger/Kallmeyer (Hrsg.) 2005, 7–27.

Menge, Heinz H. 1997: Zum Stand des Niederdeutschen heute. Oldenburg.

Menge, Heinz H. 2000: Sprachgeschichte des Ruhrgebiets, in: Jürgen Macha/Elmar Neuß/Robert Peters (Hrsg.) unter Mitarbeit von Stephan Elspaß: Rheinisch-Westfälische Sprachgeschichte. Köln, Weimar, Wien, 337–347.

Menke, Hubertus 1998: Niederdeutsch: Eigenständige Sprache oder Varietät einer Sprache?, in: Eva Schmitsdorf/Nina Hartl/Barbara Meurer (Hrsg.): Lingua Germanica. Studien zur deutschen Philologie. Jochen Splett zum 60. Geburtstag. Münster u. a., 171–184.

Mihm, Arend 2000: Die Rolle der Umgangssprachen seit der Mitte des 20. Jahrhunderts, in: Werner Besch [et al.] (Hrsg.): Sprachgeschichte. Ein Handbuch zur Geschichte der deutschen Sprache und ihrer Erforschung. 2., vollst. neu bearb. u. erw. Aufl. Bd. 2 (HSK 2.2). Berlin, New York, 2107–2137.

Milroy, James/Milroy, Lesley 1985: Authority in Language. Investigating Language Prescription and Standardisation. London, New York.

Möller, Robert 2003: Zur diatopischen Gliederung des alltagssprachlichen Wortgebrauchs. Eine dialektometrische Auswertung von Jürgen Eichhoff, Wortatlas der deutschen Umgangssprachen (Bd. 1-4; 1977, 1978, 1993, 2000), in: Zeitschrift für Dialektologie und Linguistik 70, 259–297.

Neuland, Eva 2004: Sprachvariation im Fokus von Sprachunterricht, in: Der Deutschunterricht 56/1, 2–7.

von Polenz, Peter 1988: ‚Binnendeutsch' oder plurizentrische Sprachkultur? Ein Plädoyer für Normalisierung in der Frage der ‚nationalen' Varietäten, in: Zeitschrift für germanistische Linguistik 16, 198–218.

von Polenz, Peter 1999: Deutsche Sprachgeschichte vom Spätmittelalter bis zur Gegenwart. Band III: 19. und 20. Jahrhundert. Berlin, New York.

Reiffenstein, Ingo 2001: Das Problem der nationalen Varietäten. [...], in: Zeitschrift für deutsche Philologie 120, 78–89.

Scharloth, Joachim 2005: Asymmetrische Plurizentrizität und Sprachbewusstsein. Einstellungen der Deutschschweizer zum Standarddeutschen. [Im Druck]

Schmidt-Regener 1995: „Es giebt ... kein Richtig und Falsch einer Sprachform" – Das Verhältnis der etablierten Germanistik zur öffentlichen Sprachkritik im letzten Drittel des 19. Jahrhunderts, in: Gisela Brandt/Rainer Hünecke (Hrsg.): Wie redet der Deudsche man jnn solchem fall? Studien zur deutschen Sprachgeschichte. Festschrift anläßlich des 65. Geburtstags von Erwin Arndt. Stuttgart, 137–149.

Spiekermann, Helmut 2005: Regionale Standardisierung, nationale Destandardisierung, in: Eichinger/Kallmeyer (Hrsg.) 2005, 100–125.

Wolf, Norbert Richard 1994: Österreichisches zum österreichischen Deutsch. Aus Anlaß des Erscheinens von Wolfgang Pollack: Was halten die Österreicher von ihrem Deutsch? [...], in: Zeitschrift für Dialektologie und Linguistik 61, 66–76.

ULRICH AMMON

Demokratisches Deutsch im demokratischen Europa
Die deutsche Sprache als Arbeits- und Verkehrssprache in der EU

1 Vorüberlegungen

Arbeitssprachen und Verkehrssprachen (auch *Lingua franca*, im Sing.) sind Arten der gesellschaftlichen Stellung von Sprachen. Bei Betonung der rechtlichen Absicherung dieser Stellung spricht man eher vom *Status*, bei Betonung der Verwendung (des Gebrauchs) eher von der *Funktion* einer Sprache. Eine „Arbeitssprache" hat oft den betreffenden rechtlichen *Status*, entweder aufgrund ausdrücklicher Regelung oder nur gewohnheitsrechtlich; sie kann aber auch ohne gesicherte Rechtsgrundlage einfach diese Funktion haben. Nicht selten haben Sprachen auch trotz des Status nicht wirklich die Funktion einer Arbeitssprache. Im Gegensatz zu einer Arbeitssprache ist eine „Verkehrssprache" kaum je rechtlich als solche festgelegt, sondern hat einfach diese Funktion, entweder aufgrund situationsbedingter Ad-hoc-Entscheidung oder aufgrund von Konvention (vgl. Clyne 2002: 65). Im Folgenden geht es einerseits um die Arbeitssprachen der EU-Organe (Europäisches Parlament, EU-Kommission usw.), genauer: die *internen* Arbeitssprachen, die bei der Arbeit in den Institutionen verwendet werden oder laut Bestimmungen verwendet werden sollten („EU-Arbeitssprachen"). Unser anderes Thema sind die Verkehrssprachen in der EU. Sie dienen zur Kommunikation zwischen EU-Bürgern oder EU-Einwohnern verschiedener Muttersprachen („EU-Verkehrssprachen"). Dabei kann man *asymmetrische* Verwendung, z.B. Englisch zwischen Briten (Muttersprache) und Schweden (Nichtmuttersprache), unterscheiden von *symmetrischer* Verwendung, z.B. Englisch zwischen Schweden und Portugiesen (Nichtmuttersprache für beide). Wenn Verkehrssprachen auch kaum rechtlich geregelt sind, so kann doch ihre Wahl indirekt durch rechtliche Regelungen beeinflusst werden, z.B. durch die Fremdsprachencurricula der Schulen, durch den Status als Amtssprache von Staaten oder internationaler Organisationen und dergleichen.

Leitfragen der folgenden Überlegungen sind, ob das Gefüge der vorhandenen EU-Arbeitssprachen und EU-Verkehrssprachen, und spezieller der Status und die Funktion von Deutsch als EU-Arbeitssprache und EU-Verkehrssprache, *demokratischen* Grundsätzen entsprechen. Eine solche Bewertung erscheint bei Arbeitssprachen leichter als bei Verkehrssprachen, ist aber gleichwohl nicht einfach.

Nach verbreiteter Auffassung brauchen interne Arbeitssprachen von Institutionen die umgebende Gesellschaft eigentlich nicht zu interessieren. Die Frage nach ihrer Vereinbarkeit mit demokratischen Grundsätzen würde sich dann allenfalls in Bezug auf das Personal stellen, z. B. ob die internen Arbeitssprachen im Einklang stehen mit den unter dem Personal verbreiteten Sprachen und nicht etwa nur mit den Sprachen kleiner Minderheiten des Personals. Bei genauerer Betrachtung lassen sich jedoch bei Institutionen interne und externe Kommunikation und Sprachwahl meist nicht säuberlich trennen. Dies gilt auch für die Institutionen (Organe) der EU. Nicht nur schlagen deren interne Arbeitssprachen nach draußen durch – trotz Dolmetschens und Übersetzens (in der Kommunikation mit den Mitgliedstaaten, bei Pressekonferenzen und sonstigen Außenkontakten) –, sondern sind auch die Zugangsmöglichkeiten von außen her, vor allem zu den Positionen (Stellen) dieser Institutionen, nicht unabhängig von den internen Arbeitssprachen. Daher wäre es z.B. wenig demokratisch, wenn die Sprache einer kleinen Minderheit der Gemeinschaft als Arbeitssprache der Institutionen diente und die Sprache ihrer zahlenstärksten Sprachgruppe nicht. Auch Verkehrssprachen kann man analog bewerten: Die Sprache einer kleinen Minderheit wäre eine weniger demokratische Verkehrssprache als die Sprache einer Mehrheit – wobei sich Verkehrssprachen, wie gesagt, kaum direkt regeln lassen.

Bei Bewertungen von Arbeits- oder Verkehrssprachen als mehr oder weniger demokratisch wird Bezug genommen auf *die Sprache(n) von Personen*. So kommen z.B. unter Gesichtspunkten von Demokratie die Sprachen von Bevölkerungsmehrheiten eher als institutionelle Arbeitssprachen in Betracht als die Sprachen von Minderheiten. Gemeint sind damit zunächst einmal die „Muttersprachen". Der Plural *Muttersprachen* ist dabei auch in Bezug auf Einzelpersonen angebracht, da diese durchaus über mehr als eine Muttersprache verfügen können. Der Begriff „Muttersprache" wurde schon oben zur Definition von *Verkehrssprache* herangezogen; er erscheint dafür sogar unverzichtbar. Jedoch ist er, genauer besehen, nicht unproblematisch, auch und gerade im vorliegenden Zusammenhang. Dies lässt sich verdeutlichen am Beispiel der Iren, die meist das Irische (Gälische) für ihre Muttersprache erklären (und es sicher auch dafür halten), das Englische dagegen nicht; viele Iren, die so urteilen, können jedoch Irisch weit schlechter sprechen und schreiben als Englisch.

Anhand solcher Beispiele stellt sich die Frage, ob man als *Sprache(n) einer Person* nur ihre Muttersprache(n) im selbst deklarierten Sinn gel-

5 Demokratische Sprachpolitik

ten lassen soll oder auch alle sonstigen von ihr gut beherrschten Sprachen. Je nach Antwort kann die Bewertung von Arbeitssprachregelungen oder von Verkehrssprachen unterschiedlich ausfallen. Bei Ausweitung des Begriffs „Sprache(n) einer Person" mag vielleicht sogar eine in der Gemeinschaft weit verbreitete, gut beherrschte Nichtmuttersprache eher demokratischen Prinzipien entsprechen als die Muttersprache der größten Sprachgruppe. Diese Überlegungen werfen natürlich sogleich das weitere Definitionsproblem auf, ab welchem Kenntnisniveau man mit Fug und Recht von *guter Beherrschung* einer Sprache sprechen kann.

Kenner der EU-Arbeits- und Verkehrssprachen ahnen schon, dass diese Vorbehalte für den Vergleich von Englisch und Deutsch relevant werden könnten – vor allem beim Blick auf laufende Entwicklungen und dem Versuch einer Prognose zukünftiger Sprachkenntnisse der EU-Bürger. Zweifellos ist Deutsch – mit Abstand – die zahlenstärkste Muttersprache (mit den meisten Sprechern als Muttersprache) in der EU (vgl. Abschnitt 2). Jedoch sind alle EU-Mitgliedstaaten seit geraumer Zeit und offenbar mit zunehmender Intensität darum bemüht, dass ihre Bürger immer besser Englisch lernen. Gerade Deutschland tut sich in dieser Hinsicht hervor, z.B. neuerdings durch Ausweitung des Englischunterrichts auf die schulische Primarstufe oder sogar Vorschule. Es erscheint daher nicht mehr ganz abwegig, Englisch als (eine der zukünftigen) Sprache(n) vieler Deutscher (und anderer EU-Bürger) zu veranschlagen. Für die heutige Zeit erscheint diese Formulierung übertrieben; für die absehbare Zukunft könnte sie jedoch angemessen sein (vgl. Phillipson 2003). Gemeint sind natürlich keine irischen Verhältnisse, so dass viele Deutsche Deutsch schlechter beherrschen als Englisch, sondern nur, dass viele oder sogar die meisten Deutschen (und andere EU-Bürger) auf dem Niveau beruflicher und alltäglicher Anforderungen ziemlich mühelos auf Englisch kommunizieren können. Bei regelmäßiger Verwendung einer Nichtmuttersprache und entsprechender Vertrautheit mit ihr kann man von einer *Zweitsprache* sprechen – im Gegensatz zu einer echten *Fremdsprache* (zwei Arten von Nichtmuttersprachen). Für manche Deutsche wie andere EU-Bürger, z.B. gewisse Wirtschaftsführer oder Wissenschaftler, ist Englisch schon heute eine Zweitsprache.

Das irische Beispiel zeigt noch etwas anderes: Es kann eine Kluft bestehen zwischen Sprachbeherrschung und „Selbstidentifizierung mit der Sprache": der Zuordnung als eigene Sprache, wie sie sich im Deutschen im Ausdruck *Muttersprache* äußert (englisch *mother tongue*, französisch *langue maternelle* usw.). Man kann dieser Selbstzuordnung eine hohe Bedeutung für Individuum und muttersprachliche „Sprachgemeinschaft" (alle Menschen gleicher Muttersprache) zumessen, wie es im Kontext des Terminus „Identität" und zugehöriger „Identitätstheorien" meist geschieht: für sprachliches Wohlbefinden, Zusammenhalt der Gruppe („Gemeinschaft"), für Erkenntnismöglichkeiten, als Teil und Ausdruck der eigenen Kultur und dergleichen. Dann liegt es auch nahe, im Sinne der Anerkennung von Muttersprachen (vgl. Kraus 2004) institutionelle Arbeitssprachen und Verkehrssprachen in Bezug auf die Größe der Muttersprachgemeinschaft als mehr oder weniger demokratisch zu bewerten. Man kann jedoch die Bedeutsamkeit der „Muttersprache" auch relativieren, etwa im Hinblick auf die interne sprachliche Variation der (nur bei oberflächlicher Betrachtung) „gleichen" Muttersprache – man denke nur an die Dialekte und nationalen Varietäten der deutschen Sprache (vgl. Elspaß im vorliegenden Band) – oder im Hinblick auf die oft bereitwillige Umstellung von der „Muttersprache" auf die Sprache des Ziellandes bei Auswanderern oder die in der Zweitsprache erzielten Erkenntnisleistungen ausgewanderter Wissenschaftler. Manche Beobachter sind aufgrund solcher Eindrücke und Überlegungen geneigt, die „Beschwörung" (ein Ausdruck, der natürlich schon eine Abwertung beinhaltet) von „Muttersprache" und „sprachlicher Identität" als nostalgisch oder sentimental abzutun. Welche der beiden gegensätzlichen Einschätzungen der Bedeutung von „Muttersprache" speziell in Bezug auf unser Thema letztlich angemessen ist, lässt sich nicht leicht entscheiden. Statt einer möglicherweise voreiligen Entscheidung erscheint es mir beim derzeitigen Diskussions- und Forschungsstand angemessener, die unterschiedlichen, teilweise gegensätzlichen Einstellungen zu dieser Frage und zur eigenen „Muttersprache" zur Kenntnis zu nehmen und – wenigstens vorläufig – als gleichermaßen berechtigt anzuerkennen. Die Frage der Bedeutung der „Muttersprache" und ihrer Ersetzbarkeit durch eine andere, zumindest anfänglich fremdere Sprache ist ein zu komplexes Thema, um es hier zufrieden stellend zu behandeln. Es dürfte jedoch klar sein, dass je nach Antwort auf die Frage oder je nach Einstellung zur eigenen „Muttersprache" die Bewertung von EU-Arbeitssprachen und EU-Verkehrssprachen als demokratisch unterschiedlich ausfällt.

Ein Gesichtspunkt, der nur indirekt mit Demokratieerwägungen zusammenhängt, ist die Brauchbarkeit der Sprachen für EU-externe, womöglich globale Kontakte. Unter anderem stützt diese Funktion (neben anderen Gründen) den fortdauernden Gebrauch von Kolonialsprachen in Ländern der Dritten Welt, vor allem von Englisch, aber teilweise auch von Französisch, Spanisch und Portugiesisch. Auch für die EU erscheint die Bevorzugung solcher Sprachen, die für die internationale Kommunikation und für die wirtschaftliche Entwicklung der Ge-

5 Demokratische Sprachpolitik

meinschaft nützlich sind, nicht unvereinbar mit demokratischen Grundsätzen. Im Folgenden wird dieser Gesichtspunkt jedoch allenfalls gelegentlich gestreift. Seine Erwägung verrät jedoch die Komplexität der Beurteilung des demokratischen Charakters von sprachlichen Regelungen und Gepflogenheiten.

Als Grundlage für die Bewertung des demokratischen Charakters der EU-Arbeits- und der EU-Verkehrssprachen dienen hier hauptsächlich folgende Kriterien:
1) die Zahlenstärke der Muttersprachler,
2) die Zahlenstärke der Sprecher insgesamt (Muttersprachler und Nichtmuttersprachler),
3) die Zahl der Staaten mit amtlichem Status der Sprache,
4) die vermuteten sprachlichen Präferenzen der Bevölkerungsmehrheit.

2 Zur Stellung der deutschen Sprache in der EU

Die Sprecherzahlen der großen Sprachen der EU sind in Grundzügen durch die Medien weithin bekannt. Sie werden regelmäßig im Auftrag des Statistischen Amtes der EU durch Befragung erhoben (Tab.1). Bisher liegen allerdings nur Zahlen für die noch nicht erweiterte EU vor. In den Beitrittsländern, die 1994 hinzukamen oder deren Beitritt feststeht, ist keine der großen Sprachen verbreitete Muttersprache; nur Deutsch ist in einigen davon Muttersprache anerkannter Sprachminderheiten, und zwar in Polen, Tschechien, Ungarn und Rumänien. Auskunft über die Verbreitung als Fremdsprachen in den Erweiterungsländern liefert Tab. 2. (n.e.: nicht erhoben):

	1987			1994			1998			2000		
	Muttersprache	Fremdsprache	Summe	Muttersprache	Fremdsprache	Summe	Muttersprache	Fremdsprache	Summe	Muttersprache	Fremdsprache	Summe
Englisch	?	?	36	17	25	42	16	31	47	16	40	56
Deutsch	?	?	25	24	7	31	24	8	32	24	10	34
Französisch	?	?	27	16	13	29	16	12	28	16	19	35
Italienisch	?	?	19	17	1	18	16	2	18	16	3	19
Spanisch	?	?	14	9	5	14	11	4	15	n.e.	7	18(?)

Tabelle 1: Sprechenkönnen von Sprachen in EG und EU (Prozent EU-Bürger) (*Eurobarometer* 28 (1987): 78; 41 (1994): 36; 50 (1998): 110; http://europa.eu.int/comm/education/languages.html)

Zu Anfang der Erhebungen wurde nicht zwischen Muttersprache(n) und anderen von der Person beherrschten Sprachen unterschieden. Später wurde zunächst nach der Muttersprache gefragt und dann (sinngemäß): „In welchen Sprachen können Sie ein Gespräch führen?" Bei der Erhebung im Jahr 2000 wurde die zweite Frage modifiziert zu „Welche anderen Sprachen (außer der Muttersprache) können Sie?" (engl. „Which other languages do you know?"). Diese Frage ist so vage – und birgt im Deutschen zudem die Verwechslungsgefahr von *können* mit *kennen* – dass die Ergebnisse im Grunde als ungültig bewertet werden müssen; die veränderte Frage hat jedoch, wie Tab. 1 zeigt, dem Französischen zu einem kräftigen Sprung nach oben verholfen – fast als hätte Frankreich sich auf diese Weise sprachenpolitisch für die EU-Erweiterung (mit ihrer absehbaren Stärkung von Deutsch und Schwächung von Französisch) positioniert. Die Hintergründe dieser Fragemodifizierung, die in die Zeit des Korruptionsvorwurfs gegen das Statistische Amt der EU fallen, wurden bisher – wie es scheint – noch nicht untersucht.

	Deutsch	Englisch	Französisch
Tschechien	32	16	2
Slowenien	30	31	3
Slowakei	19	12	2
Lettland	15	18	1
Polen	13	11	3
Estland	11	22	1
Ungarn	8	6	1
Litauen	7	10	1
*Bulgarien	4	11	4
*Rumänien	2	10	10

Tabelle 2: Sprechenkönnen von Fremdsprachen in EU-Beitrittsländern (*Beitritt feststehend) (Angaben in Prozent der Bürger; vgl. Stark *Deutsch 2000*), Spanisch und Italienisch liegen durchgehend bei weniger als 1 Prozent.

Wie man den beiden Tabellen entnehmen kann, ist Englisch die insgesamt meistgesprochene Sprache in der EU. Inzwischen ist Englisch auch in den EU-Staaten östlich von Deutschland die am häufigsten gelernte Fremdsprache, wenn auch der Zahlenabstand zu Deutsch in

5 Demokratische Sprachpolitik

manchen Ländern gering ist und über das Sprechenkönnen keine repräsentativen Daten vorliegen. Deutsch bleibt jedoch die mit Abstand zahlenstärkste Muttersprache in der EU. Als Fremdsprache rangiert Deutsch in den östlichen EU-Staaten (außer im zukünftigen Beitrittsland Rumänien) an zweiter Stelle (vor Französisch); in den südlichen und westlichen EU-Staaten (außer den Niederlanden) belegt dagegen Französisch den zweiten Platz (vor Deutsch), in Frankreich und Portugal liegt Spanisch an zweiter Stelle (Deutsch ist dritt- bzw. viertplatziert). Ob in der ganzen EU als Fremdsprache Deutsch oder Französisch mehr gelernt oder gesprochen wird, ist unklar, zumal der genauere Grad der Sprachbeherrschung unbekannt ist. Fasst man Muttersprachler und Fremdsprachler zusammen, so ergibt sich die Rangordnung von Spalte 1 in Tab. 1:

1. Englisch – 2. Deutsch – 3. Französisch – 4. Italienisch – 5. Spanisch.

Von keiner Sprache bilden die Muttersprachler die absolute Mehrheit der EU-Bürger. Nimmt man jedoch Muttersprachler und Zweit- oder Fremdsprachler zusammen, so wird Englisch von mehr als der Hälfte der EU-Bürger gesprochen.

Bei der Festlegung demokratischer Mehrheiten für die EU-Organe spielt neben der Zahl der vertretenen Bürger auch die Zahl der Mitgliedstaaten eine Rolle. Die Idee der „doppelten Mehrheit", die in der Diskussion um die zukünftige Regierungsstruktur der EU anlässlich der Erweiterung ein heißes Thema war, entspricht also den in der EU weithin akzeptierten demokratischen Grundsätzen. In diesem Zusammenhang ist die Zahl der EU-Mitgliedstaaten, in denen eine Sprache Amtssprache ist, von Interesse, worüber Tab. 3 Auskunft gibt (s. S. 321). Sie enthält die größeren von den EU-Amtssprachen (seit 2004 insgesamt 20) sowie alle, die in mindestens zwei EU-Mitgliedstaaten nationale Amtssprache sind.

Wiederum ragt Deutsch hervor, dicht gefolgt von Französisch, während sich Englisch seinen Rangplatz mit drei anderen EU-Amtssprachen teilt. Italienisch und Spanisch sowie alle übrigen EU-Amtssprachen sind sogar nur in einem einzigen Mitgliedstaat Amtssprache und daher nicht in Tabelle 3 einbezogen. Freilich sind alle Sprachen von einer Mehrheit unter den derzeit schon 25 Mitgliedstaaten (seit 2004) weit entfernt.

Als Zusatzinformation sei erwähnt, dass Englisch, Spanisch, Französisch und auch Portugiesisch Amtssprache sowie Muttersprache oder Zweitsprache beträchtlicher Bevölkerungsteile außereuropäischer Staaten sind. Ob sich aus dem Umstand, dass die EU aus wirtschaftlichen und politischen Gründen mit diesen Staaten kommunizieren

Sprachen	Staaten mit amtlichem Status der Sprache	
	Amtlicher Status auf nationaler Ebene	Amtlicher Status auf subnationaler Ebene
Deutsch	3 Deutschland, Österreich, Luxemburg	2 Belgien, Italien
Französisch	3 Frankreich, Belgien, Luxemburg	1 Italien
Englisch Griechisch Niederländisch Schwedisch	2 Großbritannien, Irland Griechenland, Zypern Niederlande, Belgien Schweden, Finnland	

Tabelle 3: EU-Amtssprachen mit zahlreichen Muttersprachlern in der EU oder mit dem Status einer nationalen Amtssprache in mindestens 2 EU-Mitgliedstaaten (bei Ranggleichheit Reihenfolge der Sprachen nach dem deutschen Alphabet)

muss, zusätzliche demokratiebezogene Argumente zugunsten dieser Sprachen herleiten lassen, muss hier offen bleiben.

3 Deutsch als EU-Arbeitssprache

Welchen Status und welche Funktion hat nun Deutsch im Verhältnis zu anderen Sprachen als EU-Arbeitssprache? Angaben dazu enthalten die Tabellen 4 und 5 (s. S. 322).

In den Debatten des EU-Parlaments sind alle EU-Amtssprachen zugelassen, ebenso in den förmlichen Sitzungen des Europäischen Rats (Regierungschefs der Mitgliedstaaten). Für die informellen Sitzungen der Minister, um deren Arbeitssprachen verschiedentlich heftig gestritten wurde (vgl. Kelletat 2001), wurde – unterstützt von der deutschen Regierung (Petry 2004) – eine neue Regelung eingeführt. Seit Mai 2004 wird das „Marktmodell" erprobt, wonach die Mitgliedstaaten Dolmetschkosten für ihre Sprachen, die 2 Mio. € im Jahr übersteigen, aus ihrem Staatshaushalt finanzieren müssen; nur die Staaten der in Tab. 4 genannten 5 Sprachen finanzieren volle Dolmetschung für alle Sitzungen. Zuvor wurden Englisch, Französisch, meist auch Deutsch sowie die Sprache der jeweils amtierenden Ratspräsidentschaft gedolmetscht, waren also in diesem Sinne Arbeitssprachen. Die Arbeitssprachen der verschiedenen Institutionen sind durch Satzung oder sonstige Verlautbarungen festgelegt – ausgenommen für die informellen Ministerratssit-

5 Demokratische Sprachpolitik

zungen (auf Basis von § 6 der Verordnung 1 zur Sprachenfrage von 1958, der es den Organen freistellt, „in ihren Geschäftsordnungen festzulegen, wie diese Regelung der Sprachenfrage im einzelnen anzuwenden ist"). Am wenigsten bindend ist vielleicht die Festlegung für die Kommission durch eine Presseerklärung des Kommissionspräsidenten (*EG-Nachrich-*

Europäisches Parlament (Straßburg, Brüssel)	Alle 20 EU-Amtssprachen
Europäische Kommission (Brüssel)	Deutsch, Englisch, Französisch
Europäischer Rat (Brüssel) Förmliche Sitzungen Informelle Sitzungen der Minister	Alle 20 EU-Amtssprachen Deutsch, Englisch, Französisch (Italienisch, Spanisch)
Europäische Zentralbank (Frankfurt a. M.)	Englisch
Europäischer Gerichtshof (Luxemburg)	Französisch
Europäisches Patentamt (München)	Deutsch, Englisch, Französisch
Harmonisierungsamt für den Binnenmarkt (Alicante)	Deutsch, Englisch, Französisch, Italienisch, Spanisch

Tab. 4: Wichtige Organe der EU und ihre Arbeitssprachen (Reihenfolge der Sprachen nach dem deutschen Alphabet)

	Beamte				Parlamentarier	
	Mit EU-Institutionen		Mit Ländern außerhalb der EU		Mit Parlamentsverwaltung	
	Muttersprache	Fremdsprache	Muttersprache	Fremdsprache	Muttersprache	Fremdsprache
Französisch	100	98	94	79	100	66
Englisch	97	80	98	97	100	67
Deutsch	62	15	54	12	100	15
Spanisch	36	2	22	3	66	4
Italienisch	29	2	6	<0,5	71	2
Niederländ.	42	1	26	<0,5	84	0
Portugies.	21	–	10	<0,5	75	0
Dänisch	16	–	21	–	57	0
Griechisch	–	–	–	–	75	1

Tab. 5: Die Verwendung von EU-Amtssprachen als Arbeitssprachen (vgl. Schloßmacher 1996)

ten 34, 6.9.1993: 4). Beim Europäischen Gerichtshof ist mit Arbeitssprache nur die interne Beratungssprache des Gerichts gemeint; für die Verfahren sind alle Amtssprachen sowie Irisch zugelassen (vgl. Alber 2004).

Für die Einschätzung der Stellung von Deutsch ist allerdings nicht nur der Status als Arbeitssprache, sondern auch die Funktion, der tatsächliche Gebrauch von Belang. Dass es damit „nicht zum Besten steht", wurde schon oft von deutschen Politikern und Medien beklagt. Einen Überblick für Kommission und Parlament gibt Tab. 5 (s. S. 322). Es handelt sich dabei um Daten aus den frühen 1990er-Jahren; neuere, ähnlich repräsentative Daten gibt es nicht. Aus vielerlei Einzelhinweisen lässt sich aber schließen, dass sich die Lage für Deutsch seitdem nicht grundlegend verändert hat; dagegen hat sich das Verhältnis von Französisch zu Englisch zugunsten von Englisch verschoben.

Wie man sieht, wird Deutsch als Arbeitssprache weit weniger verwendet als Englisch oder Französisch. Auffällig ist vor allem die geringe Verwendung als Fremdsprache und für die Außenkontakte der EU. Aber auch beträchtliche Teile der Muttersprachler des Deutschen verwenden Deutsch nicht regelmäßig als Arbeitssprache. Die Gründe dafür sind nicht genau bekannt. Genannt werden meist zwei Gründe: einmal die Bereitschaft deutscher (auch österreichischer) Mitarbeiter, auf die eigene Sprache zu verzichten (aus Höflichkeit, auch wegen fortdauernder Zurückstellung eigener Interessen aufgrund der Hypothek des Nationalsozialismus oder um Fremdsprachenkenntnisse unter Beweis zu stellen), zum andern die praktische Unmöglichkeit oder zumindest Schwierigkeit der Verwendung von Deutsch. Der maßgebliche Grund für Letzteres sind die mangelnden Deutschkenntnisse der Vertreter der nichtdeutschsprachigen Länder, die besser Englisch oder Französisch können (Hoheisel 2004). Offenkundig hätte hier die Sprachenpolitik der Bundesregierung schon früh entschlossen ansetzen müssen, wenn es ihr um die tatsächliche Verwendung von Deutsch als Arbeitssprache ging (vgl. Ammon 1989; 2004). Stattdessen plädierten Regierungsvertreter öffentlich für den Verzicht von Deutsch als Arbeitssprache (z. B. Kusterer 1980; zur Kritik daran Stark 2002). Die deutsche Regierung scheint darauf gehofft zu haben, ebenso Beobachter von außen (z. B. Davidheiser 1993), dass nach der Vereinigung Deutschlands und der EU-Osterweiterung Deutsch automatisch mehr Gewicht als EU-Arbeitssprache gewinne; stattdessen hat umgekehrt seine geringe Funktion als EU-Arbeitssprache seine Stellung als Fremdsprache in Osteuropa beeinträchtigt (vgl. Stark 2002; Ammon 2004).

Inwieweit ist der – im Vergleich zu Englisch und Französisch – geringe Grad der Verwendung von Deutsch als EU-Arbeitssprache vereinbar mit demokratischen Prinzipien? Wenn man die Verwendungs-

5 Demokratische Sprachpolitik

häufigkeit proportional zur Sprecherzahl in der Gemeinschaft zum Maßstab macht, ist es nicht legitim, dass Deutsch weniger verwendet wird als Französisch, denn sowohl nach Muttersprachlern als auch nach Mutter- und Fremdsprachlern zusammengenommen, ist Deutsch mindestens ebenso zahlenstark in der EU wie Französisch. Dagegen wäre die nachrangige Verwendung hinter Englisch in Bezug auf Muttersprache und Zweit- oder Fremdsprache zusammengenommen gerechtfertigt (vgl. auch van Els 2001; Ross 2003). Nach der Zahl der Mitgliedstaaten mit amtlichem Status der Sprachen wäre überhaupt keine Hintanstellung von Deutsch gerechtfertigt.

Eine andere Bewertungsgrundlage wäre allerdings der ausdrückliche Wille der EU-Bevölkerung bezüglich der EU-Arbeitssprachen. In einer repräsentativen Befragung aus dem Jahr 1998 (Roemen 1998) haben sich die EU-Bürger fast zu gleichen Teilen für (48%) wie gegen (47%) eine einzige „offizielle Sprache" (Amtssprache) ausgesprochen (Rest Enthaltungen). In einer Zusatzfrage konnten sie Präferenzen für einzelne Sprachen nennen. Dabei erwies sich Englisch mit Abstand als die bevorzugte einzige Amtssprache, gefolgt von Französisch und dicht dahinter Deutsch. Nimmt man sämtliche Nennungen für die ersten drei Plätze zusammen, so votierten für Englisch 86%, für Französisch 65%, für Deutsch 47%, für Spanisch 30% und für Italienisch 23%. Die Annahme erscheint nicht allzu gewagt, dass für die EU-Arbeitssprachen ähnlich votiert worden wäre. Die begriffliche Unterscheidung zwischen Amts- und Arbeitssprache ist vielleicht für eine repräsentative Befragung nicht genügend bekannt. Denkt man an die Fremdsprachenkenntnisse, so liegt die Vermutung nahe, dass nach der Osterweiterung der EU Deutsch zu Französisch aufgerückt wäre (vgl. Tab. 2), vielleicht auf ungefähr dasselbe Niveau. Verlässliche Zahlen dazu liegen jedoch nicht vor. Aber sogar nach den Ergebnissen der Befragung von 1998, vor der Osterweiterung, erscheinen die tatsächlichen Unterschiede in der Verwendung von Französisch und Deutsch (Tab. 5) größer als von den EU-Bürgern gewünscht. Alle Daten weisen also darauf hin, dass nach demokratischen Gesichtspunkten Deutsch als Arbeitssprache ungefähr gleichrangig mit Französisch verwendet werden müsste (vgl. Gahler 2004). Nach Sprecherzahlen wäre Deutsch sogar zu bevorzugen. Damit soll freilich nicht behauptet werden, dass es nicht noch andere als die hier erwogenen demokratiebezogenen Gründe für die faktische Bevorzugung des Französischen gibt; solche Gründe müssen ja bei der Entstehung der heutigen Verhältnisse wirksam gewesen sein. Es sei auch nicht impliziert, diese Gründe seien illegitim. Ihre Untersuchung und Bewertung ist aber ein anderes Thema.

4 Deutsch als EU-Verkehrssprache

Als Verkehrssprachen fungieren in der EU vor allem Französisch (Truchot 2001), Deutsch (Ammon 2001) und Italienisch (Berruto 2001), aber von Fall zu Fall auch andere Sprachen wie Spanisch oder Niederländisch (Beispiel in Clyne 2002: 65); die vorherrschende Verkehrssprache ist jedoch Englisch, wie in vielen anderen Teilen der Welt. Dies entspricht den Fremdsprachenkenntnissen in der EU, die – wie schon in Abschnitt 1 erwähnt – durch die Schulpolitik der Mitgliedstaaten immer mehr auf die einseitige Bevorzugung von Englisch ausgerichtet wurden. In allen EU-Mitgliedstaaten lernen mehr Schüler Englisch als irgendeine andere Fremdsprache und lernen es im Durchschnitt auch gründlicher (*Schlüsselzahlen zum Bildungswesen* 2002: 172). Über diesen in der EU vorherrschenden Regelfall können weder vereinzelte regionale Abweichungen noch das aus vielen Mündern erschallende Bekenntnis zur Vielsprachigkeit hinwegtäuschen.

Grobe regionale Anhaltspunkte zu möglichen EU-Verkehrssprachen liefert Karte 1, wo jeweils diejenigen Gebiete dunkel eingefärbt sind, in denen mindestens 25% der Bevölkerung über die betreffenden Sprachkenntnisse verfügen (s. S. 326). Allerdings handelt es sich dabei um das Gebiet der noch nicht erweiterten EU. Nach der Erweiterung kommen zum Gebiet von Deutsch Tschechien und Slowenien und zum Gebiet von Englisch Slowenien hinzu (vgl. Tab. 2).

Wie man sieht, reichen die Gebiete von Französisch und Deutsch nicht weit über die Muttersprach-Regionen hinaus. Außerdem schließt das Gebiet von Englisch die Gebiete von Deutsch und Französisch weitgehend ein. Deshalb – und wegen der meist besseren Beherrschung der Sprache – ist Englisch weit mehr als Französisch oder Deutsch die Verkehrssprache der ganzen EU. Sogar in der Schweiz mit ihrer traditionell anders ausgerichteten Sprachenpolitik dient es schon als Verkehrssprache (Dürmüller 1994). Man muss auch die geringe Wahrscheinlichkeit berücksichtigen, dass überhaupt Personen mit gleichen Fremdsprachkenntnissen zusammentreffen: Wenn in zwei Ländern jeweils 25% eine Sprache beherrschen (jede 4. Person), so verfügt im Durchschnitt nur jedes 16. zusammentreffende Personenpaar über gemeinsame Kenntnisse dieser Sprache. Deutsch oder Französisch sind – im Vergleich zu Englisch – regional begrenzte Verkehrssprachen, und nur für kleinere Teile der Bevölkerung mit spezialisierten Sprachkenntnissen (vgl. zu Deutsch und Französisch in Grenzgebieten Finger 2001).

Die Bewertung der EU-Verkehrssprachen als demokratisch ist heikel. Aus der Sicht kleiner Sprachgemeinschaften ist die Bevorzugung von Englisch, oder grundsätzlich einer einzigen Sprache, fair, weil sie

5 Demokratische Sprachpolitik

Gebrauch von Französisch in der Europäischen Union

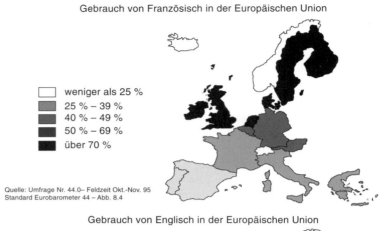

- ☐ weniger als 25 %
- ▨ 25 % – 39 %
- ▨ 40 % – 49 %
- ▨ 50 % – 69 %
- ▨ über 70 %

Quelle: Umfrage Nr. 44.0– Feldzeit Okt.-Nov. 95
Standard Eurobarometer 44 – Abb. 8.4

Gebrauch von Englisch in der Europäischen Union

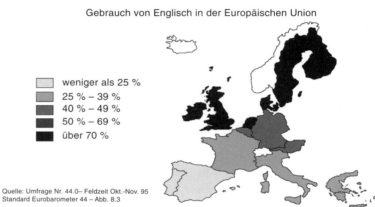

- ☐ weniger als 25 %
- ▨ 25 % – 39 %
- ▨ 40 % – 49 %
- ▨ 50 % – 69 %
- ▨ über 70 %

Quelle: Umfrage Nr. 44.0– Feldzeit Okt.-Nov. 95
Standard Eurobarometer 44 – Abb. 8.3

Gebrauch von Deutsch in der Europäischen Union

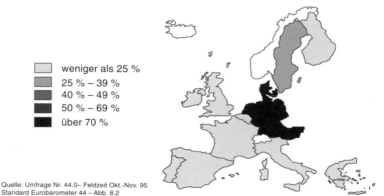

- ☐ weniger als 25 %
- ▨ 25 % – 39 %
- ▨ 40 % – 49 %
- ▨ 50 % – 69 %
- ▨ über 70 %

Quelle: Umfrage Nr. 44.0– Feldzeit Okt.-Nov. 95
Standard Eurobarometer 44 – Abb. 8.2

Karte 1: Mögliche Verkehrssprach-Regionen

sonst gezwungen wären, mehrere Fremdsprachen zu lernen und zu handhaben. Offenbar weist auch der ungeregelte „Markt", die unsichtbare Hand Adam Smiths, in diese Richtung (vgl. zur tendenziellen Befürwortung de Swaan 1999; van Els 2001). Aus der Sicht der größeren Sprachgemeinschaften (außer der englischen), also unter anderem der deutschen, erscheint die einseitige Bevorzugung des Englischen unfair – zumal in der EU, zu der gerade die Briten ein distanziertes Verhältnis haben. Aus übergeordneter Sicht wird auch auf den möglichen Funktionsverlust aller Sprachen außer Englisch selbst bei ihren Muttersprachlern, innerhalb ihrer Sprachgebiete, hingewiesen (Stickel 2002; Phillipson 2003). Nach Gesichtspunkten von Sprecherzahlen und Zahlen der Mitgliedstaaten mit amtlichem Status der Sprache erscheint die Bevorzugung von Englisch sicher unangemessen. Speziell die deutsche Sprachgemeinschaft könnte sich im Vergleich zu anderen Sprachgemeinschaften weniger anerkannt fühlen (vgl. dazu Kraus 2004). Die denkbare Erklärung, dies sei die Strafe für die Verbrechen der Geschichte, wäre kaum sonderlich günstig für eine nachhaltig positive Einstellung zur EU. Dennoch fällt im Hinblick auf die Interessen der kleinen Sprachgemeinschaften eine eindeutige Bewertung schwer. Besonders schwierig ist es, gegebenenfalls Schuldige auszumachen, weil alle EU-Mitgliedstaaten, auch die deutschsprachigen und Frankreich, den Vorrang von Englisch durch ihre schulische Fremdsprachenpolitik fördern und weil (im Rahmen dieser Vorgaben) die EU-Bürger die jeweilige Verkehrssprache in den einzelnen Situationen weitgehend freiwillig wählen.

5 Literatur

Alber, Siegbert 2004: Die Rolle der deutschen Sprache im Gerichtshof der Europäischen Gemeinschaften, in: W. Christian Lohse (Hrsg.): *Die deutsche Sprache in der Europäischen Union. Rolle und Chancen aus rechts- und sprachwissenschaftlicher Sicht.* Baden-Baden, 51–72.
Ammon, Ulrich 1989: Zur Geschichte der Sprachverbreitungspolitik der Bundesrepublik Deutschland von den Anfängen bis 1985. Kommentierte Dokumentation der Diskussion im Bundestag mit anschließendem Ausblick, in: *Deutsche Sprache* 17, 229–263.
Ammon, Ulrich (Hrsg.) 2000: *Sprachförderung. Schlüssel auswärtiger Kulturpolitik.* Frankfurt am Main.
Ammon, Ulrich 2001: Deutsch als Lingua franca in Europa, in: Sociolinguistica 15, 32–41.
Ammon, Ulrich 2003/2004: Sprachenpolitik in Europa – unter dem vorrangigen Aspekt von Deutsch als Fremdsprache, in: Deutsch als Fremdsprache 40 (4), 195–209 und 41 (1), 3–10.
Ammon, Ulrich 2004: Stand, Möglichkeiten und Grenzen deutscher Sprachenpolitik, in: W. Christian Lohse (Hrsg.): Die deutsche Sprache in der Europäischen Union. Baden-Baden, 19-31.

5 Demokratische Sprachpolitik

Berruto, Gaetano 2001: Italienisch, in: *Sociolinguistica* 15, 72–95.
Clyne, Michael 2002: Eignet sich Englisch zur europäischen Lingua franca?, in: Heinrich P. Kelz (Hrsg.): *Die sprachliche Zukunft Europas. Mehrsprachigkeit und Sprachenpolitik.* Baden-Baden, 63–76.
Davidheiser, James C. 1993: Soll Deutsch die dritte Arbeitssprache der Europäischen Gemeinschaft werden?, in: Die Unterrichtspraxis/Teaching German 26, 176–184.
Dürmüller, Urs 1994: Multilingual Talk or English Only? The Swiss Experience, in: Sociolinguistica 8, 44–64.
van Els, T[heo] J. M. 2001: The European Union, its Institutions and its Languages: Some Language Political Observations, in: *Current Issues in Language Planning* 2, 311–360.
Finger, Bernd 2001: Verkehrssprachen in Euroregionen: Sprachenwahl bei grenzüberschreitenden Kontakten am Oberrhein, in: Sociolinguistica 15, 42–54.
Gahler, Michael 2004: Die Rolle der deutschen Sprache in der Zukunft der EU aus der Sicht eines Mitglieds des Europäischen Parlaments, in: W. Christian Lohse (Hrsg.): *Die deutsche Sprache in der Europäischen Union. Rolle und Chancen aus rechts- und sprachwissenschaftlicher Sicht.* Baden-Baden, 32–42.
Hoheisel, Reinhard 2004: Die Rolle der deutschen Sprache in der Zukunft der EU aus der Sicht der Europäischen Kommission, in: W. Christian Lohse (Hrsg.): *Die deutsche Sprache in der Europäischen Union. Rolle und Chancen aus rechts- und sprachwissenschaftlicher Sicht.* Baden-Baden, 73–84.
Kelletat, Andreas 2001: *Deutschland : Finnland 6 : 0.* Tampere.
Kraus, Peter A. 2004: *Europäische Öffentlichkeit und Sprachpolitik.* Frankfurt am Main, New York.
Kusterer, Hermann 1980: *Das Sprachenproblem in den europäischen Gemeinschaften. Ein Plädoyer für Pragmatik,* in: Europa-Archiv 22, 693–698.
Petry, Uwe 2004: Deutsche Sprachpolitik in der Europäischen Union, in: W. Christian Lohse (Hrsg.): *Die deutsche Sprache in der Europäischen Union. Rolle und Chancen aus rechts- und sprachwissenschaftlicher Sicht.* Baden-Baden, 43–50.
Phillipson, Robert 2003: *English-only? Europe? Challenging Language Policy.* London, New York.
Roemen, Rob 1998: Amtssprache(n) in der EU: English war der Favorit, in: *EU-magazin* 1–2, 34–36.
Ross, Andreas 2003: *Europäische Einheit und ‚Babylonische' Vielfalt. Die Reform des institutionellen Sprachenregimes im Spannungsfeld von Demokratie und Effizienz.* Frankfurt am Main.
Schloßmacher, Michael 1996: Die Amtssprachen in den Organen der Europäischen Gemeinschaft. Frankfurt am Main.
Schlüsselzahlen zum Bildungswesen in Europa 2002. Luxemburg.
Stark, Franz 2000: „Deutsch 2000" (Fernsehsendung). Daten unter http://www.br-online.de/deutsch2000/01_verbreitung.htm#1.1. (Existiert nicht mehr, wird wieder eingerichtet.)
Stark, Franz 2002: Sprache als Instrument in der Außenpolitik. Die Praxis der Bundesrepublik Deutschland, in: Heinrich P. Kelz (Hrsg.): *Die sprachliche Zukunft Europas.* Baden Baden, 37–61.
Stickel, Gerhard (Hrsg.) 2002: Europäische *Hochsprachen und mehrsprachiges Europa.* Mannheim.
de Swaan, Abram 1999: The European Constellation of Languages, in: *Report of the Conference „Which Languages for Europe?"* 9–11 October 1998. Luxemburg, 13–24.
Truchot, Claude 2001: Le français langue véhiculaire en Europe, in: *Sociolinguistica* 15, 18–31.

KERSTEN SVEN ROTH

Zur demokratischen Legitimation politolinguistischer Sprachkritik
Am Beispiel des öffentlichen Diskurses um die Hohmann-Rede[1]

1 Einleitung

Es gibt politische Skandale, in denen sprachliche Aspekte eine zentrale Rolle spielen, ohne dass die Medienöffentlichkeit – obgleich sie sich wochenlang mit ihnen befasst – dies bemerkt. Entsprechend fehlt in der Regel jegliche linguistische Expertise und bleiben öffentliche Stellungnahmen vonseiten der Linguistik aus. Woran liegt das? Warum besitzt die Sprachwissenschaft nicht nur, aber gerade auch in politischen Diskursen nahezu keine öffentliche Stimme, wo sie von der Sache her am ehesten zuständig wäre? Die Antwort allein in der Ignoranz der Öffentlichkeit – genauer: der Medien – gegenüber der Linguistik zu suchen, würde die Problematik unzulässig vereinfachen und darüber hinaus dem Fach selbst keine Perspektive zum Handeln bieten. Der folgende Beitrag wird sich von daher darauf konzentrieren, anhand eines typischen Beispiels aus Deutschland solche Aspekte zu diskutieren, die aufseiten der Sprachwissenschaft selbst Hindernisse darstellen, sich an derartigen öffentlichen Debatten zu beteiligen.[2] Es soll gezeigt werden, wie diese Barrieren methodisch und vom Selbstverständnis unserer Disziplin her überwunden werden könnten, um dem Fach eine größere öffentliche Relevanz zu verleihen. Schließlich geht es nicht zuletzt auch

---

[1] Leicht überarbeitete Fassung des Beitrages „Politolinguistik und Sprachkritik. Der öffentliche Diskurs um eine antisemitische Skandalrede als Beispiel für die Notwendigkeit einer kooperativ-kritischen Sprachwissenschaft". Erscheint voraussichtlich Anfang 2006 in den in der Reihe „Bulletin suisse de linguistique appliquée/Bulletin vals-asla" veröffentlichten Tagungsakten zur VALS-Tagung 2004 in Neuchatel/Schweiz („Les enjeux sociaux de la linguistique appliquée / Öffentliche Sprachdebatten – linguistische Positionen).

[2] Umgekehrt soll damit natürlich keineswegs behauptet werden, dass es nicht auch aufseiten der (massenmedial repräsentierten) Öffentlichkeit gewichtige Gründe für diese Kommunikations- und Verständnisbarrieren gäbe (vgl. dazu u.a. Hoberg 2002). Die Perspektive dieses Beitrags jedoch ist aus dem genannten Grund eine andere.

5 Demokratische Sprachpolitik

darum deutlich zu machen, welcher Schaden den betreffenden Diskursen selbst durch die Beratungsabstinenz der Linguistik entsteht.

2 Der Diskurs um eine antisemitische Skandalrede

Am 3. Oktober 2003, dem „Tag der deutschen Einheit", hielt der hessische CDU-Bundestagsabgeordnete Martin Hohmann eine Rede in einer kleinen Veranstaltungshalle seines Wahlkreises. Das Thema war, so formulierte es Hohmann selbst im ersten Satz seiner Rede: „*Gerechtigkeit für Deutschland*".[3] Da der Redner keineswegs ein prominenter Bundespolitiker, vielmehr ein parlamentarischer „Hinterbänkler" war, waren Vertreter überregionaler Medien nicht anwesend. Der Skandal entstand erst, als eine US-Amerikanerin auf der Internetseite des betreffenden CDU-Ortsvereins auf den Text der Rede stieß und – von dessen antisemitischem Gehalt schockiert – die Presse auf sie aufmerksam machte.

Ins Zentrum des nun auch vom Fernsehen aufgegriffenen Skandals rückte in den folgenden Wochen vor allen Dingen das Verhalten der CDU-Bundesführung, insbesondere das der Partei- und Fraktionsvorsitzenden Angela Merkel. Während die Stimmen schnell lauter wurden, die einen Ausschluss Hohmanns aus seiner Bundestagsfraktion forderten und damit eine deutliche Distanzierung der Parteispitze, zögerte diese noch eine ganze Weile vor der Konsequenz, versuchte, die Wogen zu glätten, und gab Hohmann die Gelegenheit, die Äußerungen seiner Rede zu relativieren. Erst als der öffentliche und mediale Druck nicht nachließ und sich der plötzlich enorm bedeutsam gewordene Abgeordnete auch nicht einsichtig zeigen wollte, erfolgte schließlich der Fraktionsausschluss doch noch.[4]

Der öffentliche Diskurs zu diesem Skandal kreiste um die Frage, ob es sich bei der Rede um die legitime Wahrnehmung des demokratischen Grundrechts auf freie Meinungsäußerung gehandelt habe oder aber um eine eindeutig antisemitische Hetzrede – für die es in Deutschland nach allgemeinem Konsens aller demokratischen Kräfte im Sinne des Konzepts von der *wehrhaften Demokratie* keine Schutzräume geben darf. Zur öffentlichen Begutachtung stand damit also eine ganz eindeutige Entscheidungsfrage: War die Rede Hohmanns antisemitisch – ja oder nein? Eben solche Fragen sind es, die im Laufe eines Skandals

---

[3] Unter diesem Titel war die Rede offenbar auch angekündigt, zumindest wurde sie mit dieser Überschrift anschließend auf der Homepage des Abgeordneten veröffentlicht. Hier wird der Text zitiert nach: http://www.heise.de/tp/deutsch/inhalt/co/15981/1.html (11.3.2005)

[4] Gleichzeitig wurde ein langwieriges Parteiausschlussverfahren eingeleitet, das im Juli 2004 dann auch zum Parteiausschluss führte.

Wissenschaftler als Experten auf den Plan zu rufen pflegen, die den öffentlichen Diskurs und damit indirekt auch die politischen Entwicklungen beträchtlich beeinflussen können. Auch im Falle der Hohmann-Rede war dies der Fall. Historiker und Politologen, teilweise auch Journalisten mit speziellen Kenntnissen über Antisemitismus und über deutsch-jüdische Geschichte gaben ihre Einschätzung ab.

Worin deren spezifische Zuständigkeit, die hier natürlich keineswegs pauschal bestritten werden soll, bestand, wird deutlich, wenn man sich diejenige zentrale These der Rede vor Augen führt, die in der Öffentlichkeit nahezu ausschließlich diskutiert wurde. Ihr zufolge war die bolschewistische Revolution in Russland das Werk von Juden und die in ihrer Folge verübten Verbrechen gegen die Menschlichkeit somit *jüdische* Verbrechen. Die seitenlange „Begründung" dieser Behauptung führen in Martin Hohmanns Rede zum folgenden argumentativen Absturz:

> „Mit einer gewissen Berechtigung könnte man im Hinblick auf die Millionen Toten dieser ersten Revolutionsphase nach der ‚Täterschaft' der Juden fragen. [...] Daher könnte man Juden mit einiger Berechtigung als ‚Tätervolk' bezeichnen. Das mag erschreckend klingen. Es würde aber der gleichen Logik folgen, mit der man Deutsche als Tätervolk bezeichnet."

Mit diesem Argumentationsschritt gelangt Hohmann zurück zum eigentlichen Thema seiner Rede, das er in einer emphatischen Schlussformel noch einmal formuliert: *„Unser Leitspruch sei: Gerechtigkeit für Deutschland, Gerechtigkeit für Deutsche"*. Konkret verbindet er damit unter anderem die Forderung, die Entschädigungszahlungen an *„jüdische Opfer des Nationalsozialismus"* der *„gesunkenen Leistungsfähigkeit des deutschen Staates"* anzupassen.

Diese Andeutungen mögen deutlich machen: Historiker wurden ausgiebig nach der tatsächlichen Rolle von Personen jüdischen Glaubens in der Oktoberrevolution befragt oder nach Sinn und Widersinn eines „Schlussstrichs" unter die Aufarbeitung der nationalsozialistischen Verbrechen; Politologen gaben Auskunft über die Bedeutung der Entschädigungszahlungen und über deren rechtliche Hintergründe.

Welchen Beitrag aber leistete nun die Erörterung von Aspekten dieser Art zur Begutachtung der eigentlich anstehenden Frage, ob es sich nämlich um eine antisemitische Rede handelte oder nicht? Einen eher geringen wohl. So manche Fachdiskussion dieser Art erwies sich sogar als regelrecht kontraproduktiv, indem sie sich allzu sehr der Logik der Rede selbst beugte. Was fehlte, war die Expertise der originär zuständigen Disziplin: der Sprachwissenschaft.[5] Die Beurteilung der Frage, ob eine Rede antisemitisch ist oder nicht, ist zu allererst eine Frage an den

5 Demokratische Sprachpolitik

konkreten Kommunikationsakt und an die in diesem verwendete Sprache. Zur Debatte standen somit gar nicht primär politische oder historische Fakten, eben weil es „antisemitische Fakten" nicht gibt. Antisemitismus ist eine Geisteshaltung oder auch eine Ideologie und wird als solche stets formuliert, transportiert, bestätigt oder auch bekämpft in Form von Sprache. Es kann tatsächlich verwundern, wie wenig im Laufe des Skandals öffentlich Berücksichtigung fand, dass es nicht von ungefähr eine *Rede* war, die zur Disposition stand.

3 Das Wertungsproblem der Linguistik als Beratungsbarriere

Wie also kommt es, dass die Linguistik als das in erster Linie zuständige Fach im Diskurs um den Hohmann-Skandal öffentlich weitgehend stumm blieb? Betrachtet man das Einbringen ihres spezifischen Wissens in die gesellschaftliche Debatte als die Bringschuld einer jeden Wissenschaft, so gilt es zu klären, was Linguistinnen und Linguisten daran hindern könnte, beratend in solche öffentlichen Diskurse einzugreifen.[6] Der Hauptgrund liegt offenbar in der verbreiteten Sorge, das eigene innerdisziplinäre Renommee aufs Spiel zu setzen, wenn man seine Stimme öffentlich als Experte erhebt. Dahinter mag einerseits ein ganz grundsätzlich problematisches Verhältnis des Fachs zur Legitimität (macht)politisch relevanten Handelns stecken (vgl. Roth 2005a), im Falle politolinguistischer Beratung lassen sich die Vorbehalte jedoch noch genauer benennen: Der gesellschaftliche Streit im Zuge des Hohmann-Skandals etwa war ein Streit um Werturteile. Gestellt war keine rein deskriptiv-empirisch beantwortbare Frage, sondern eine, die letztlich nur unter Rückgriff auf normative Kategorien entschieden werden

---

[5] Es gab durchaus schon Fälle, in denen das insofern anders war, als dort linguistische Stimmen nicht gänzlich fehlten. Ein Beispiel hierfür war der Skandal um die Rede des damaligen Bundestagspräsidenten Jenninger zum 50. Jahrestag der sogenannten „Reichskristallnacht" im Jahr 1988, der – offenkundig gegen Redeintention und -text – vorgeworfen wurde, sie habe die deutsche Schuld an Krieg und nationalsozialistischen Verbrechen verharmlost. Allerdings erfolgten Äußerungen von Linguisten (u.a. von Polenz 1989, Krebs 1993) auch hier eher in Form sorgfältiger Analysen mit einigem zeitlichen Abstand zum Medienskandal als in Form unmittelbar in diesem wirksamer Stellungnahmen.

[6] Dabei ist „beratend" hier in einem beabsichtigten Doppelsinn zu verstehen: Einmal im Sinne von „sich beraten", wobei es darum geht, dass die Linguistik ihre Stimme als eine unter vielen in die gesellschaftliche Debatte einbringt, und einmal im Sinne von „jemanden beraten". So hätte die CDU-Führung zweifellos anders gehandelt, hätte sie von Beginn des Skandals an über ein fundiertes Gutachten verfügt, das den eindeutig antisemitischen Charakter der Rede nachgewiesen hätte (vgl. zum Gedanken der „Beratung" ausführlich Roth 2004: 65–70).

konnte. Diese aber vermag die Sprachwissenschaft nicht mit ihren eigenen Methoden, den Methoden der Linguistik im engeren Sinne einer Grundlagenwissenschaft also (vgl. Roth 2004; 77), herzuleiten, so wie es dies die normative Politologie, die philosophische Ethik oder die Theologie können. Damit ist die Sprachwissenschaft in solchen Fällen, um dezidiert Stellung nehmen zu können, gezwungen, den Bereich ihrer Kernkompetenz zu verlassen, und erscheint gleichzeitig die Lauterkeit der wissenschaftlichen Expertise gefährdet.

Umschreibt man das so skizzierte Problem des linguistischen Selbstverständnisses in einer etwas anderen Terminologie, kommt hier ein alter Streitpunkt in der Sprachwissenschaft zum Vorschein, der nämlich um das Verhältnis von Sprachkritik und Linguistik (vgl. u.a. Heringer 1988; Schiewe 2000). Martin Hohmanns Rede als antisemitisch einzustufen und sie damit unweigerlich in für die politische Existenz des Redners ausgesprochen folgenreicher Weise zu kritisieren, heißt *sprachkritisch* zu handeln. Wie aber ist dies im Rahmen der Sprachwissenschaft möglich, wenn es doch, wie ich darzulegen versucht habe, so dringend nötig ist? Die Verknüpfung von „politolinguistisch" und „Sprachkritik" im Titel dieses Beitrags ist also zunächst einmal kontradiktisch zu interpretieren insofern, als sie einen problematischen Widerspruch beschreibt, für den jedoch im Folgenden ein Lösungsvorschlag angeboten und am Beispiel der Hohmann-Rede diskutiert werden soll.[7]

4 Sprachbezogene Aussage und außersprachliche Basis

Betrachtet man die Beantwortung der an die Linguistik gestellten Bewertungsfrage *Stellt die Rede Martin Hohmanns eine verurteilenswerte antisemitische Äußerung dar?* einmal als einen sprachkritischen Akt, so lässt sich die geforderte Stellungnahme analytisch in zwei Teilfragen aufspalten:

---

[7] Der hier dargelegte Vorschlag ist *ein* Element eines darüber hinaus gehenden Modells zur Symbiose von Linguistik und Sprachkritik, das ich an anderer Stelle ausführlich entwickelt und erprobt habe (vgl. Roth 2005 und vor allen Dingen ausführlich Roth 2004). Dieses Modell sieht vier „Arbeitsschritte" politolinguistischer Beratung vor, von denen im hier verhandelten Zusammenhang jedoch nur die beiden ersten relevant sind. Da es an dieser Stelle nicht um das Modell selbst geht, werden im Weiteren die beiden ersten dort vorgesehenen „Arbeitsschritte" isoliert herausgegriffen und zur Kennzeichnung einer wichtigen methodischen Unterscheidung herangezogen.

5 Demokratische Sprachpolitik

1. Sind zentrale Passagen der Rede als Realisierungen eines antisemitischen Diskurses zu identifizieren?
2. Ist diese Art der Sprachverwendung ethisch und unter Gesichtspunkten der Humanität und der pluralistischen Demokratie so verwerflich, dass sie Sanktionen (etwa den Fraktions- und Parteiausschluss) nach sich ziehen sollte?

So differenziert wird deutlich, dass die Beantwortung der ersten Teilfrage spezifische Kenntnisse über Sprache und Sprachhandeln erforderlich macht. Schließlich lautet sie ja nicht „Ist Martin Hohmann ein Antisemit?"', sondern „Hat Martin Hohmann eine antisemitische Rede gehalten?". Die Aussage, mit der sie zu beantworten wäre, ist also eine unmittelbar sprachbezogene. Folglich wird sie niemand so kompetent treffen können wie ein Linguist oder eine Linguistin.

Die Antwort auf die zweite Teilfrage dagegen ist mit originär linguistischen Mitteln nicht zu begründen, da Ethik und demokratische Ideale diesen nicht zugänglich sind. Sie also ist es, die die öffentliche Stellungnahme der Politolinguistik offenbar so brisant macht, dass ihre Vertreter lieber schweigen als sich in ihrem Gutachten in Aussagen zu verstricken, die sie aus ihrer Kernkompetenz heraus nicht herleiten können.[8]

In einer etwas systematischeren Perspektive stehen die beiden Teilfragen im Grunde im umgekehrten Verhältnis zueinander: Die ethische Beurteilung, wie eine antisemitische Äußerung zu bewerten ist und welche Konsequenzen sie nach sich zu ziehen hat, ist allgemeiner Natur. Sie hat letztlich den Status einer Überzeugung, die stets im Individuum verankert, unter Umständen aber auch im kollektiven Konsens einer Gesellschaft festgelegt worden ist. Es handelt sich dabei also um die *außersprachliche Basis* einer sekundären *sprachbezogenen Aussage* (für die die besondere Zuständigkeit der Linguistik gilt).

Ist die außersprachliche Basis, die im Falle politischer Sprache letztlich immer ethisch begründet sein wird, gegeben, so folgt aus der Klassifizierung eines konkreten Sprachhandelns mit rein linguistischen Mitteln unweigerlich auch dessen Bewertung mit unmittelbarer gesellschaftlicher Relevanz. Wie aber hätte die Linguistik im konkreten Fall des Hohmann-Skandals diese alles entscheidende außersprachliche ethische Basis ihres Urteils gewinnen können? Die Antwort kann nur ebenso banal wie grundsätzlich ausfallen: Sofern die Politolinguistik

---

[8] Franz Januschek, der als einer von ganz wenigen Linguisten wiederholt im Kontext rechtsextremen Sprachhandelns Gutachten verfasst hat, beschrieb diese Alternative in der Überschrift eines seiner Beiträge einmal mit der treffenden Formel „Sich verstricken oder sich raushalten" (Januschek 1996).

ihre Bringschuld leisten und öffentlich Stellung beziehen möchte, wird sie sich zunächst einmal für gewisse ethische Maximen entscheiden müssen, wie sie in theoretischer Weise im Rahmen der Philosophie oder der politologischen Theorie entwickelt wurden. Da sie für diese Entscheidungen nicht auf eigenes Expertenwissen im engeren Sinne zurückgreifen kann, werden die betreffenden Linguisten und Linguistinnen diese letztlich stets als Individuen, genauer: als Bürger zu treffen haben. Wer also als Sprachwissenschaftlerin oder Sprachwissenschaftler seine eigene Expertise in einen solchen Diskurs einbringen will, kann die im Fach so eisern gehütete Trennung von *Linguist* und *Bürger* nicht aufrechterhalten.[9] Dass es dabei zur wissenschaftlichen Lauterkeit gehört, die eingebrachten ethischen Grundlagen im Einzelfall explizit zu machen, sollte sich von selbst verstehen.

Gerade der Fall des Hohmann-Skandals zeigt aber auch, dass sich die vermeintliche Schwierigkeit oftmals als ein Scheinproblem entpuppt: So sollte sich die Linguistik als Gesellschaftswissenschaft und damit selbst als Teil einer demokratischen Gesellschaft verstehen, welche über eine große Zahl ethischer Grundentscheidungen bereits einen Konsens erlangt hat, den sie stets erneuert und der sie zusammenhält. Die strikte Ablehnung und moralische Verurteilung jeglicher Formen von Antisemitismus gehört in Europa im Allgemeinen und in der Bundesrepublik Deutschland im Besonderen glücklicherweise zu diesem gemeinsamen Wertebestand der demokratischen Kräfte. Die Sprachwissenschaft sollte demnach unter keinen Umständen dem ohne Frage unzutreffenden Eindruck Vorschub leisten, sie nehme sich von diesem Konsens aus und müsse ihn stets neu zur Diskussion stellen. Bei allem Lob für die wissenschaftliche Bemühung um Objektivität also gilt, dass eine Wissenschaft, die in der Demokratie gesellschaftliche Relevanz besitzen will, eine bürgerlich-demokratische Wissenschaft sein muss. Im konkreten Fall löst sich damit das Problem der außersprachlichen Basis der Begutachtung mehr oder weniger auf: Wenn sich die Rede Martin Hohmanns als die Realisierung eines antisemitischen Diskurses identifizieren lässt, so beantwortet sich die Frage nach der Bewertung dieses Sprachhandelns von selbst. Es wäre verhängnisvoll, würde die Linguistik hier öffentlich schweigen, weil sie das damit ver-

---

[9] Erstaunlicherweise haben andere Wissenschaften damit weitaus weniger Probleme: Für welche steuerpolitische Maßnahme sich etwa ein Ökonom ausspricht, hängt nur zur Hälfte von den Ergebnissen seiner fachlichen Erwägungen ab. Zur anderen Hälfte basiert es zwangsläufig auf einer ethischen Basis, etwa auf der weltanschaulichen Entscheidung darüber, ob „Gerechtigkeit" eher „Gleichheit" meint oder aber eher die Verteilung der Güter nach individueller Leistung.

5 Demokratische Sprachpolitik

bundene ethische Urteil als außersprachliche Basis ihrer Aussage für strittig hielte.

5 Linguistische Expertise

Zu klären bliebe im hier verhandelten Fall folglich allein noch, ob sich mit originär linguistischen Mitteln tatsächlich Elemente des antisemitischen Diskurses in der Rede Hohmanns nachweisen lassen.[10] Obwohl dies innerhalb des Fachs kaum in Zweifel gezogen werden dürfte, sollen einige der dazu verfügbaren linguistischen Instrumente an dieser Stelle zumindest andeutungsweise genannt werden:
- Antisemitisches Sprechen ist eine Sonderform *diskriminierenden Sprechens* im Allgemeinen. Für dieses liegen in der Linguistik einschlägige Definitionen vor, die aus verschiedenen Ansätzen heraus entwickelt wurden. So hat etwa Wagner (2001) die sprechakttheoretische Formel „DISKRIMINIERUNG = KATEGORISIERUNG + (negative) BEWERTUNG" aufgestellt.[11] Legt man diese für sich genommen nichtnormative Bestimmung zugrunde, wird die systematische Diskriminierung von Juden in der Rede Hohmanns offenkundig. Seine Kernthese („BOLSCHEWISTEN = JUDEN = VERBRECHER/TÄTER") basiert eindeutig auf den Elementen dieser Formel.
- Antisemitisches Sprechen ist eine Sonderform des *populistischen Sprechens*. Die Politolinguistik hat sich in einer nahezu unüberschaubaren Zahl von Untersuchungen dieser Spielart der politischen Sprache gewidmet und dabei auch zeigen können, dass sie den rechtsradikalen Diskurs ausnahmslos prägt. In einem Aufsatz zur Sprache Jörg Haiders ermittelt Wolf (2002) unter anderem die beiden folgenden Eigenarten als typisch für die populistische Sprechweise: zum einen die dualistische Darstellung der Realität in *gut* und *böse* und zum anderen den Topos vom *„Staat in schlechten Händen"*, die Selbststilisierung als „Anti-Politiker" also. Von beidem ist die Rede Hohmanns deutlich geprägt. Seine Dualismen heißen *Hier Deutsche, dort Juden* oder *Hier „neurotisch" die deutsche Geschichte aufarbeitende Deutsche und Ausländer, dort aufrechte Deutsche*. Den Topos vom Antipolitiker bedient die Rede etwa dort, wo sie behauptet, den Deut-

---

[10] Aufschlussreich wäre es auch, hierbei weitere Texte aus dem medialen Diskurs um diesen Skandal, beispielsweise die Vielzahl die Rede verteidigender Leserbriefe, in die Untersuchung einzubeziehen, wozu an dieser Stelle jedoch nicht der Raum ist.
[11] Ganz ähnlich bestimmt Jäger (1997) aus der Perspektive der „kritischen Diskursanalyse" den „rassistischen Diskurs".

schen würde „*die zur Zeit in Deutschland dominierende politische Klasse und Wissenschaft mit allen Kräften*" verbieten, einen Schlussstrich unter die Geschichte ihres Landes zu ziehen. Eine erstaunliche Formulierung, bedenkt man, dass der Redner Bundestagsabgeordneter einer der beiden großen deutschen Volksparteien war.

- Antisemitisches Sprechen ist zentrales Element der *rechtsradikalen Feindbildkonstruktion*. Sämtliche Kennzeichen, die etwa Pörksen (2000) für diese herausgearbeitet hat, sind auch in Hohmanns Text nachweisbar.

- Antisemitisches Sprechen ist im Einzelfall vor allen Dingen die Realisierung ganz bestimmter Diskursmerkmale eines sprach- und mentalitätsgeschichtlich rekonstruierbaren *antisemitischen Diskurses*. Die eingehende Analyse des Redetexts durch Geier (2004) zeigt, dass alle für diesen Jahrhunderte alten Diskurs typischen Topoi in ihr vertreten sind: die Berufung auf antisemitische Autoritäten, das Zitieren jüdischer Stimmen als Autoritäten, der Gestus der Aufklärung über „wahre" Täter und „wahre" Opfer, die antisemitische Kulturkritik im Sinne der Sorge um die Nation und schließlich der Topos von den „zwei Antisemitismen", der seit 1945 wirksam geworden ist und in der Distanzierung vom physisch-brutalen Antisemitismus bei gleichzeitiger Äußerung von Verständnis für diesen besteht.

Diese Andeutungen zum Repertoire linguistischer Expertise sollten genügen um deutlich zu machen, dass die sprachbezogene Aussage im Rahmen einer sprachwissenschaftlichen Stellungnahme ohne jegliches methodische Problem möglich gewesen wäre. Wenn aber demnach die Rede als eine Realisierung des antisemitischen Diskurses hätte identifiziert werden können, so hätte sich daraus auch ihre vollständige politolinguistische Bewertung auf der außersprachlichen Basis des demokratischen Konsenses in der Bundesrepublik Deutschland zwingend ergeben.

6 Ausblick

An anderer Stelle habe ich für eine Linguistik, wie sie hier exemplarisch skizziert wurde, die Bezeichnung „*kooperativ-kritische Sprachwissenschaft*" vorgeschlagen (vgl. Roth 2004). „Kritisch" ist sie zu nennen, weil sie sich nicht davor scheut, ihre empirischen Befunde mit einer ethischen Basis in Verbindung zu beringen, „kooperativ" dagegen, weil es ihr Anspruch ist, die Expertise des Fachs dem öffentlichen Diskurs zur Lösung gesellschaftlicher Probleme zur Verfügung zu stellen.

5 Demokratische Sprachpolitik

Das Konzept sollte aber nicht so missverstanden werden, als ginge es dabei um die Aufweichung der methodisch-deskriptiven und originär linguistischen Grundlagen der Linguistik. Selbstverständlich bleibt die empirische Fundierung der sprachbezogenen Aussage das sprachwissenschaftliche „Kerngeschäft".[12] Dennoch darf gerade die Politolinguistik, will sie gesellschaftlich relevant sein, nicht dem Irrglauben erliegen, sie könne auf das Ethische und Normative vollständig verzichten. Insofern ist die scheinbar kontradiktische Verknüpfung im Titel des Beitrags also schließlich doch aufzulösen. Es gilt die Feststellung Armin Burkhardts: „*Politolinguistik* ist *Sprachkritik*" (Burkhardt 2002; 100).

7 Literatur

Burkhardt, Armin 2002: „Politische Sprache. Ansätze und Methoden ihrer Analyse und Kritik, in: Jürgen Spitzmüller/Kersten S. Roth/Beate Leweling/Dagmar Frohning (Hrsg.): Streitfall Sprache. Sprachkritik als angewandte Linguistik? Bremen, 75–114.

Geier, Andrea 2004: Topik des Antisemitismus am Beispiel der Neuhofer Rede Martin Hohmanns – Oder: Woran erkennt man eine antisemitische Rede?, in: RhetOn. Online Zeitschrift für Rhetorik & Wissenstransfer, 2/2004 (pdf-Datei: http://www.rheton.sbg.ac.at/articles/02.04/geier.pdf, [10.3.2005]).

Heringer, Hans Jürgen (Hrsg.) 1988: Holzfeuer im hölzernen Ofen. Aufsätze zur politischen Sprachkritik. 2. Aufl. Tübingen.

Hoberg, Rudolf 2002: Braucht die Öffentlichkeit die Sprachwissenschaft?, in: Jürgen Spitzmüller/Kersten S. Roth/Beate Leweling/Dagmar Frohning (Hrsg.), Streitfall Sprache. Sprachkritik als angewandte Linguistik? Bremen, 19–37.

Jäger, Siegfried 1997: Die Anstifter der Brandstifter? Zum Anteil der Medien an der Eskalation rassistisch motivierter Gewalt in der Bundesrepublik Deutschland, in:

---

[12] Wie wichtig gerade die Wahrung dieser Kernkompetenz ist, lässt sich ebenfalls am Beispiel des Hohmann-Skandals zeigen. So wurde der Ausdruck *Tätervolk* unter ausdrücklicher Berufung auf seine Verwendung in der Rede Martin Hohmanns im Jahr 2004 zum „Unwort des Jahres" gewählt. Die Jury führte in ihrer Begründung unter anderem aus: „Dieser Begriff ist schon grundsätzlich verwerflich, da er jeweils ohne Ausnahme ein ganzes Volk für die Untaten kleinerer oder größerer Tätergruppen verantwortlich macht". Hohmann selbst reagierte prompt mit einer eigenen Pressemitteilung, in der er feststellte: „Die Jury hat eine gute Wahl getroffen. [...] Einen Kollektivschuldvorwurf lehne ich für alle Völker und Gruppen ab. Ausdrücklich habe ich das am 3.10.2003 hinsichtlich der Deutschen und der Juden getan". So zeigte sich, dass dieser Wahl tatsächlich ein Missverständnis zugrunde liegt, das im Sinne des sprachkritischen Anspruchs regelrecht kontraproduktiv ist: Die argumentative Pointe des Ausdrucks „Tätervolk" liegt nämlich gerade darin, dass dieser einen Vorwurf unterstellt, der so von kaum jemandem erhoben wird. Es handelt sich um ein Phantomwort, das sich empirisch nahezu nur in *rechten* Texten nachweisen lässt (vgl. Kolthoff 2003). Eine empirische linguistische Diskursanalyse hätte dies zeigen und somit verhindern können, dass die Jury selbst der angeprangerten Sprachlogik folgt.

B. Scheffer (Hrsg.): Medien und Fremdenfeindlichkeit. Alltägliche Paradoxien, Dilemmata, Absurditäten und Zynismen, Opladen, 73–98.

Januschek, Franz 1996: Sich verstricken oder sich raushalten? Einflussnahme auf rechte Diskurse in Politik und Medien. Ein Erfahrungsbericht, in: Hermann Cölfen/Franz Januschek (Hrsg.): Linguistische Beratung im Spiegel der Praxisfelder, Oldenburg (Osnabrücker Beiträge zur Sprachtheorie [OBST]. 53), 133–147.

Kolthoff, Albrecht 2003: Wer spricht vom ‚Tätervolk'?, in: Informationsdienst gegen Rechtsextremismus (http://www.idgr.de/texte/rechterrand/taetervolk-kolthoff.php [10.3.2005]).

Krebs, Birgit-Nicole 1993: Sprachhandlung und Sprachwirkung. Untersuchungen zur Rhetorik, Sprachkritik und zum Fall Jenninger. Berlin.

Pörksen, Bernhard 2000: Die Konstruktion von Feindbildern: zum Sprachgebrauch in neonazistischen Medien. Wiesbaden.

Roth, Kersten S. 2004: Politische Sprachberatung als Symbiose von Linguistik und Sprachkritik. Zu Theorie und Praxis einer kooperativ-kritischen Sprachwissenschaft. Tübingen.

Roth, Kersten S. 2005: ‚Besser machen, nicht nur meckern!' Möglichkeiten politischer Sprachberatung durch eine kooperativ-kritische Sprachwissenschaft, in: Sigurd Wichter/Albert Busch (Hrsg.): Wissenstransfer – Erfolgskontrolle und Rückmeldungen aus der Praxis. Frankfurt am Main (im Erscheinen).

Schiewe, Jürgen 2000: Sprache zwischen Sprachwissenschaft und Sprachkritik, in: ders. (Hrsg.): Welche Wirklichkeit wollen wir? Beiträge zur Kritik herrschender Denkformen, Schliengen, 137–154.

von Polenz, Peter 1989: Verdünnte Sprachkultur. Das Jenninger-Syndrom in sprachkritischer Sicht, in: Deutsche Sprache 17, 289–316.

Wagner, Franc 2001: Implizite Diskriminierung als Sprechakt. Lexikalische Indikatoren impliziter Diskriminierung in Medientexten, Tübingen.

Wolf, Norbert Richard 2002: Wie spricht ein Populist? Anhand eines Beispiels, in: Ulrike Haß-Zumkehr/Werner Kallmeyer/Gisela Zifonun (Hrsg.): Ansichten der deutschen Sprache. Festschrift für Gerhard Stickel zum 65. Geburtstag, Tübingen, 671–685.

5 Demokratische Sprachpolitik

6 Autorinnen und Autoren

Prof. Dr. **Ulrich Ammon** ist Professor für Germanistische Linguistik mit dem Schwerpunkt Soziolinguistik an der Universität Duisburg-Essen. Zahlreiche Publikationen namentlich zur Erforschung der internationalen Stellung der deutschen Sprache sowie zur Erforschung der Varianten der deutschen Sprache in Österreich, der Schweiz und Deutschland sowie in Liechtenstein, Luxemburg, Ostbelgien und Südtirol. – Anschrift: Universität Duisburg-Essen, Campus Duisburg, Fakultät II: Germanistik, 47048 Duisburg. Mail: he238am@uni-duisburg.de

Prof. Dr. Dr. h.c. **Armin Burkhardt**, Professor für Germanistische Linguistik am Institut für Germanistik der Otto-von-Guericke-Universität Magdeburg. Seine Forschungsschwerpunkte sind Politische Sprache, Semantik und Lexikographie, Sprachphilosophie und Semiotik, Gesprächsanalyse und Textlinguistik, Grammatik und Sprachgeschichte, Kontrastive Linguistik/Deutsch als Fremdsprache. – Anschrift: Otto-von-Guericke-Universität Magdeburg, Institut für Germanistik, Zschokkestr. 32, 39104 Magdeburg. Mail: armin.burkhardt@gse-w.uni-magdeburg.de

Priv.-Doz. Dr. **Albert Busch** ist Oberassistent am Seminar für Deutsche Philologie an der Georg-August-Universität zu Göttingen. Seine Forschungsschwerpunkte liegen in den Bereichen Diskurslexikographie und Sprachgeschichte der Computertechnologie, Arzt-Patienten-Kommunikation. – Anschrift: Georg-August-Universität Göttingen, Seminar für deutsche Philologie, Jacob-Grimm-Haus, Käte-Hamburger-Weg 3, 37073 Göttingen. Mail: albert.busch@phil.uni-goettingen.de

Prof. em. Dr. **Walther Dieckmann** war seit 1971 Professor für Deutsche Philologie (Linguistik) an der Freien Universität Berlin. Seine Forschungsschwerpunkte betrafen vor allem deutsche Sprache und Kommunikation im 19. und 20. Jahrhundert, u.a. in den Arbeitsgebieten Wortsemantik und Pragmatik, Sprache in der Politik, sprachliche und kommunikative Normen, Sprachkritik und Sprachbewusstseinsgeschichte. – Anschrift: Hohenzollernstr. 14, 14163 Berlin. Mail: wdieckmann@web.de

Dr. **Hajo Diekmannshenke**, wiss. Mitarbeiter am Institut für Germanistik der Universität Koblenz-Landau, Campus Koblenz. Forschungsschwerpunkte: Politische Kommunikation und Medienkommunikation (besonders neue Medien). – Anschrift: Universität Koblenz-Landau, Fachbereich 2: Philologie, Institut für Germanistik, Universitätsstr. 1, 56070 Koblenz. Mail: diekmann@uni-koblenz.de

6 Autorinnen und Autoren

Dr. **Christian Efing** ist wiss. Mitarbeiter im Bereich Sprachwissenschaft an der TU Darmstadt und befasst sich vorwiegend mit den Forschungsgebieten Varietätenlinguistik, Sondersprachenforschung, Lexikographie und Sprachkompetenz von Berufsschülern. – Anschrift: Technische Universität Darmstadt, Institut für Sprach- und Literaturwissenschaft, Hochschulstr. 1, 64289 Darmstadt.
Mail: efing@linglit.tu-darmstadt.de

Prof. Dr. **Stephan Elspaß** ist Professor für Deutsche Sprachwissenschaft an der Universität Augsburg. Hauptarbeitsgebiete (neben seinem Interesse an Sprache und Politik) sind die neuere Sprachgeschichte des Deutschen, Soziolinguistik, Sprachvariation und Phraseologie. – Anschrift: Universität Augsburg, Lehrstuhl für Deutsche Sprachwissenschaft, Universitätsstr. 2, 86135 Augsburg.
Mail: stephan.elspass@phil.uni-augsburg.de

Priv.-Doz. Dr. **Ekkehard Felder** vertritt zur Zeit den Lehrstuhl für Germanistische Sprachwissenschaft und Sprachdidaktik an der Universität zu Köln, ansonsten ist er Privatdozent der Universität Münster. Forschungsinteressen: Rhetorische Text- und Diskursanalyse, Semantik und Pragmatik, Varietätenlinguistik, Sprachnormen und Sprachkritik, politische Sprachanalyse und Rechtslinguistik. – Anschrift: Universität zu Köln, Seminar für Deutsche Sprache und ihre Didaktik, Gronewaldstraße 2, D-50931 Köln. Mail: E.Felder@uni-koeln.de

Iris Forster ist wiss. Mitarbeiterin der Abteilung Germanistische Linguistik des Seminars für deutsche Sprache und Literatur der Technischen Universität Braunschweig. Ihre Forschungsschwerpunkte umfassen Sprache in der Politik, Euphemismusforschung, Sprachgeschichte sowie Lexikologie und Lexikographie. – Anschrift: Technische Universität Braunschweig, Seminar für deutsche Sprache und Literatur, Abteilung Germanistische Linguistik, Bienroder Weg 80, 38106 Braunschweig. Mail: i.forster@tu-bs.de.

Prof. Dr. **Hellmut K. Geißner** lebt nach Tätigkeiten an den Universitäten Frankfurt am Main, Saarbrücken und Koblenz-Landau, Campus Landau, als Emeritus in Lausanne/Schweiz. Er ist unter anderem Gründer des „Instituts für Rhetorik und Methodik in der politischen Bildung" an der Europäischen Akademie Otzenhausen, Saarland. Zahlreiche Publikationen im Gesamtfeld der mündlichen, besonders der rhetorischen Kommunikation und zur Fachgeschichte. –
Anschrift: chemin de la coudrette 21, CH-1012 Lausanne.
Mail: hk.geissner@tiscalinet.ch

Prof. Dr. **Adi Grewenig**, apl. Professorin am Seminar für deutsche Literatur und Sprache, Universität Hannover. Hauptarbeitsgebiete: Medienkommunikation und kultureller Wandel, Diskursanalyse,

Biographisches Erzählen und soziale Wirklichkeit, Funktionale Pragmatik. – Anschrift: Universität Hannover, Seminar für deutsche Literatur und Sprache, Königsworther Platz 1, 30167 Hannover.
Mail: grewenig@fbls.uni-hannover.de

Prof. Dr. **Werner Holly**, Professor für germanistische Sprachwissenschaft an der Technischen Universität Chemnitz. Seine Forschungsschwerpunkte sind Pragmatik, Textlinguistik, Diskursanalyse, Gesprächsanalyse, Sprache in der Politik, Sprache und Medien, Audiovisualität. – Anschrift: Germanistische Sprachwissenschaft, Philosophische Fakultät, Technische Universität Chemnitz, 09107 Chemnitz.
Mail: Werner.Holly@phil.tu-chemnitz.de

Prof. Dr. **Franz Januschek** ist apl. Professor für germanistische Sprachwissenschaft an der Carl-von-Ossietzky-Universität Oldenburg. Forschungstätigkeit zur sprachlichen Aneignung von Arbeitslosigkeit, fremdenfeindlichen Medienberichterstattung, zur politischen Sprache des Rechtsextremismus und Rechtspopulismus. Entwicklung von Lehrmaterialien für E-Learning. Leitung mehrerer Projekte zur Lehrerfortbildung und Rückkehrer-Reintegrationsbegleitung im Kosovo. – Anschrift: Carl von Ossietzky Universität Oldenburg, Fakultät III, Institut für Germanistik, 26111 Oldenburg.
Mail: franz.januschek@uni-oldenburg.de

Dr. **Dina Kashapova** ist wiss. Mitarbeiterin am Seminar für Deutsche Sprache und Literatur/Abteilung Deutsche Sprache und ihre Didaktik an der Technischen Universität Braunschweig. Ihre Forschungsinteressen liegen in den Bereichen neuere Sprachgeschichte, lexikalische Semantik und Mehrsprachigkeit/Sprachkontakt. Anschrift: Technischen Universität Braunschweig, Seminar für deutsche Sprache und Literatur, Bienroder Weg 80, 38106 Braunschweig.
Mail: d.kashapova@tu-bs.de

Priv.-Doz. Dr. **Jörg Kilian** ist Oberassistent am Seminar für deutsche Sprache und Literatur der Technischen Universität Braunschweig und vertritt gegenwärtig eine Professur für deutsche Sprache und Literatur und deren Didaktik an der Pädagogischen Hochschule Heidelberg. Seine Forschungsinteressen liegen u.a. in den Bereichen Semantik und Lexikographie, Sprachnormen und Sprachkritik, linguistische Dialogforschung, Sprache in der Politik, neuere dt. Sprachgeschichte, Mündlichkeit und Schriftlichkeit in den neuen Medien – Anschrift: Pädagogische Hochschule Heidelberg, Im Neuenheimer Feld 561, 69120 Heidelberg. Mail: kilian@ph-heidelberg.de

Prof. Dr. **Josef Klein** war von 1992 bis 2000 Professor am Germanistischen Institut der Universität Koblenz-Landau; seit 2000 ist er Präsident der Universität Koblenz-Landau. Forschungsschwerpunkte in

den Bereichen Öffentlicher und Politischer Sprachgebrauch, Pragmatik (bes. Argumentationstheorie, Theorie der Unterhaltung), Kognitive Semantik, Textlinguistik. Anschrift: Obersteinstr. 79, 52223 Stolberg.
Mail: jklein@uni-koblenz-landau.de

Prof. Dr. **Eva Neuland** ist Universitätsprofessorin für das Lehrgebiet Germanistik: Didaktik der deutschen Sprache und Literatur an der Bergischen Universität Wuppertal. Ihre Forschungsschwerpunkte umfassen die Gegenwartssprache, Sprachvariation, Sprachdidaktik, Sprachkritik sowie Gesprächsforschung. – Anschrift: Bergische Universität Wuppertal, Fachbereich A Geistes- und Kulturwissenschaften: Germanistik, Gaußstr. 20, 42097 Wuppertal.
Mail: Neuland@uni-wuppertal.de

Dr. **Kornelia Pape** ist wiss. Mitarbeiterin im Fachbereich Germanistische Linguistik der Otto-von-Guericke-Universität Magdeburg. Forschungsschwerpunkte: Politische Sprache, Sprache in den Medien, Diskursanalyse. – Anschrift: Otto-von-Guericke-Universität Magdeburg, Institut für Germanistik, Zschokkestr. 32, 39104 Magdeburg.
Mail: kornelia.pape@gse-w.uni-magdeburg.de

Dr. **Kersten S. Roth** ist wiss. Mitarbeiter am Institut für deutsche Philologie der Universität Greifswald. Forschungsgebiete sind neben verschiedenen Aspekten der politischen Kommunikation vor allen Dingen Sprachkritik und Rhetorik, Diskurslinguistik sowie Gesprächsanalyse. – Anschrift: Ernst Moritz Arndt Universität Greifswald, Institut für Deutsche Philologie, Rubenowstr. 3, 17487 Greifswald.
Mail: ksroth@uni-greifswald.de

Prof. Dr. **Horst Dieter Schlosser** war Professor für Deutsche Philologie an der Universität in Frankfurt am Main. Seine Forschungsschwerpunkte liegen v. a. in der Geschichte und Soziolinguistik der deutschen Sprache, insbes. der Gegenwartssprache. Er ist Initiator und Sprecher der sprachkritischen Aktion „Unwort des Jahres" (seit 1991). – Anschrift: Institut für Deutsche Sprache und Literatur II, Johann Wolfgang Goethe-Universität, Grüneburgplatz 1 (161), 60629 Frankfurt a.M.
Mail: schlosser@lingua.uni-franfurt.de

Prof. Dr. **Johannes Volmert** ist Hochschuldozent am Institut für Germanistik der Otto-von-Guericke-Universität Magdeburg. Seine Forschungsschwerpunkte liegen auf den Gebieten Politische Sprache; Politische Rhetorik; Sprache der Öffentlichkeit; gesprochene Sprache und Sprachvarietäten; Internationalismen und mehrsprachige Lexikologie und Lexikographie; Entwicklung von Curricula zum integrativen (u. fächerübergreifenden) Unterricht. Anschrift: Otto-von-Guericke-Universität Magdeburg, Institut für Germanistik, Zschokkestr. 32, 39104 Magdeburg. Mail: johannes.volmert@gse-w.uni-magdeburg.de

Priv.-Doz. Dr. **Martin Wengeler** ist wiss. Angestellter an der Heinrich-Heine-Universität Düsseldorf und dort Leiter des Arbeitsbereichs „Öffentliche Sprache nach 1945: Diskursanalyse, Begriffsgeschichte, Topologie" im Lehr- und Forschungsbereich „Öffentlicher Sprachgebrauch/Öffentliche Kommunikation" am Lehrstuhl für Germanistische Sprachwissenschaft. Seine Forschungsschwerpunkte sind: Deutsche Sprachgeschichte nach 1945, Sprachkritik, Argumentationsanalyse, Politische Sprache, Linguistische Diskursgeschichte, Linguistik als Kulturwissenschaft. – Anschrift: Heinrich-Heine-Universität Düsseldorf, Germanistisches Seminar I, Universitätsstr. 1, 40225 Düsseldorf. Mail: wengeler@phil-fak.uni-duesseldorf.de

Der Sprachdienst

Die Zweimonatsschrift, 1957 gegründet, erscheint im 49. Jahrgang (2005). Der Sprachdienst ist kein Fachorgan, sondern er wendet sich an alle, die sich mit der deutschen Sprache befassen und auseinander setzen wollen.
Er ist zugleich das Mitteilungsorgan der Gesellschaft für deutsche Sprache.

Schwerpunkte

Sprachentwicklung, Sprachkritik, Glossen, Wortgeschichte, Grammatik, Stil, Phraseologie, Terminologie, Namenkunde (besonders Vor- und Familiennamen), Rechtschreibung.

Rubriken

»Fragen und Antworten« (aus der schriftlichen und telefonischen Sprachberatung der GfdS), »Aus der GfdS« (mit Berichten aus der Wiesbadener Geschäftsstelle und den Zweigvereinen), »Berichte« (besonders von Tagungen), »Buchbesprechungen«, »Aussprache«, »Preisaufgabe«.

Regelmäßig zum Beispiel die »Wörter des Jahres« und die »Beliebtesten Vornamen des Jahres«.

Herausgeberin:
Dr. Karin M. Eichhoff-Cyrus
im Auftrag der Gesellschaft für deutsche Sprache.

Redaktion:
Dr. Anja Steinhauer
im Zusammenwirken mit den wissenschaftlichen Mitarbeiterinnen und Mitarbeitern der Gesellschaft für deutsche Sprache.

Anschrift:
GfdS, Spiegelgasse 13, D-65183 Wiesbaden.
Tel. 0611 99955-0, Fax 0611 99955-30

Der Jahrgang umfasst sechs Hefte. Probeheft als Download (www.gfds.de). Bezugsbedingungen: Einzelheft (32 Seiten) 7,50 € zuzügl. Versandkosten; Jahresabonnement 45,00 € zuzügl. Versandkosten.

Bestellungen nehmen jede Buchhandlung und die GfdS entgegen.
ISSN 0038-8459

Die Mitglieder der GfdS erhalten den Sprachdienst unentgeltlich.

Internet: www.gfds.de · E-Mail: sprachdienst@gfds.

Gesellschaft für deutsche Sprache · Spiegelgasse 13 · D-65183 Wiesbaden

Das gesamte Spektrum der deutschen Sprache in 12 Bänden

Duden, Band 1: Die deutsche Rechtschreibung

Das umfassende Standardwerk zu allen Fragen der Rechtschreibung auf der Grundlage der neuen amtlichen Regeln. Mehr als 125 000 Stichwörter mit über 500 000 Bedeutungserklärungen und Angaben zur Worttrennung, Aussprache, Grammatik und Etymologie. Zahlreiche Infokästen mit Beispielen und Erklärungen für schwierige Zweifelsfälle.
1 152 Seiten.

Duden, Band 2: Das Stilwörterbuch

Die deutsche Sprache ist vielfältig – ihre umfassenden Ausdrucksmöglichkeiten stellt das Stilwörterbuch mit mehr als 100 000 Satzbeispielen, Wendungen, Redensarten und Sprichwörtern dar.
980 Seiten.

Duden, Band 3: Das Bildwörterbuch

Wörter und vor allem Termini aus den Fachsprachen lassen sich oft nur mit einem Bild erklären. Im Bildwörterbuch beschreiben deshalb mehr als 400 farbige Bildtafeln – nach Sachgebieten gegliedert –, was womit gemeint ist. Register mit 30 00 Stichwörtern.
992 Seiten.

Duden, Band 4: Die Grammatik

Diese Grammatik entspricht dem allerneuesten Forschungsstand. Wissenschaftlich exakt und umfassend wird hier der Aufbau der deutschen Sprache dargestellt: vom Laut bzw. Buchstaben über das Wort und den Satz bis, ganz neu, hin zum Text. Als erste Gebrauchsgrammatik beschreibt sie auch systematisch die Eigenschaften gesprochener Sprache.
1 344 Seiten.

Duden, Band 5: Das Fremdwörterbuch

Das unentbehrliche Nachschlagewerk für jeden, der wissen will, was Fremdwörter bedeuten und wie sie korrekt benutzt werden. Rund 55 000 Fremdwörter, mehr als 40 000 Angaben zu Bedeutung, Aussprache, Herkunft, Grammatik, Schreibvarianten und Worttrennungen.
1 104 Seiten.

Duden, Band 6: Das Aussprachewörterbuch

Das Wörterbuch der deutschen Standardaussprache. Unterrichtet umfassend über Betonung und Aussprache sowohl der heimischen als auch der fremden Wörter. Über 130 000 Stichwörter.
864 Seiten.

Dudenverlag
Mannheim · Leipzig · Wien · Zürich

Das gesamte Spektrum der deutschen Sprache in 12 Bänden

Duden, Band 7: Das Herkunftswörterbuch

Stellt die Geschichte der Wörter von ihrem Ursprung bis zur Gegenwart dar und gibt Antwort auf die Frage, woher ein Wort kommt und was es eigentlich bedeutet.
960 Seiten.

Duden, Band 8: Das Synonymwörterbuch

Ein Wörterbuch sinnverwandter Wörter. 300 000 Synonyme zu mehr als 20 000 Stichwörtern helfen dabei, immer den passenden Ausdruck zu finden. Mit vielen hilfreichen Gebrauchshinweisen zu brisanten Wörtern und Infokästen zu zahlreichen Redewendungen.
1104 Seiten.

Duden, Band 9: Richtiges und gutes Deutsch

Behandelt Zweifelsfälle der deutschen Sprache von A bis Z. Dieser Band bietet Antworten auf grammatische und stilistische Fragen, Formulierungshilfen und Erläuterungen zum Sprachgebrauch.
983 Seiten.

Duden, Band 10: Das Bedeutungswörterbuch

Die Grundbausteine unseres Wortschatzes. Der Duden 10 vermittelt Zusammenhänge, ist wichtig für den Spracherwerb und fördert den schöpferischen Umgang mit der deutschen Sprache.
1104 Seiten.

Duden, Band 11: Redewendungen

Die geläufigen Redewendungen, Redensarten und Sprichwörter der deutschen Sprache. Alle Einträge werden in ihrer Bedeutung, Herkunft und Anwendung genau und leicht verständlich erklärt.
960 Seiten.

Duden, Band 12: Zitate und Aussprüche

Vom Klassiker bis zum Zitat aus Film, Fernsehen oder Werbung werden hier die Herkunft und der aktuelle Gebrauch der im Deutschen geläufigen Zitate erläutert. Mit einer umfangreichen Sammlung geistreicher Aussprüche und Aphorismen.
960 Seiten.

Dudenverlag
Mannheim · Leipzig · Wien · Zürich

Praxisnahe Helfer zu vielen Themen
die **Taschenbücher von Duden**

Komma, Punkt und alle anderen Satzzeichen

Die Zeichensetzung auf der Grundlage der neuen Rechtschreibung. Leicht verständliche Erläuterungen, Faustregeln und Tipps für die tägliche Schreibpraxis.
224 Seiten.

Wörterbuch neue Rechtschreibung – Was Duden empfiehlt

Diese 50 000 Stichwörter nach den Duden-Empfehlungen verhelfen zu einer einheitlichen Schreibung und Silbentrennung. Das Wörterbuch verzeichnet aus der Vielzahl der Schreib- und Trennvarianten nur jeweils eine Schreibweise.
575 Seiten.

Das Wörterbuch der Abkürzungen

Rund 50 000 nationale und internationale Abkürzungen und Kurzwörter mit ihren Bedeutungen. Mit einem Sonderteil „Vom Wort zur Abkürzung".
480 Seiten.

Lexikon der Vornamen

Herkunft, Bedeutung und Gebrauch von rund 7 000 Vornamen.
396 Seiten

Redensarten

Die Herkunft und Bedeutung von über 1 000 bekannten Redensarten wie z. B. „die Feuerprobe bestehen" und „eine lange Leitung haben".
256 Seiten.

Satz und Korrektur Materialien

Zahlreiche Tabellen zu Schriften, Alphabeten, Transkriptionen, Korrekturzeichen, Sonderzeichen und Empfehlungen für die Bearbeitung in Lektorat, Redaktion und Satzbetrieben.
216 Seiten.

Das überzeugende Zitat

Die 1 000 bedeutendsten Zitate zu den wichtigsten Themen des Alltags, geordnet nach ca. 100 Schlagworten wie „Beziehung", „Motivation" und „Zukunft".
256 Seiten.

Große Namen, bedeutende Zitate

Über 500 bedeutende Zitate wichtiger Zitatgeber. Ihre Herkunft, Bedeutung und der aktuelle Gebrauch.
256 Seiten.

Wie sagt man in Österreich?

Wörterbuch der österreichischen Besonderheiten.
382 Seiten.

Schriftliche Arbeiten im technisch-naturwissenschaftlichen Studium

Ein Leitfaden zur effektiven Erstellung schriftlicher Arbeiten und zum Einsatz moderner Arbeitsmethoden. Von der Seminar- über die Examensarbeit bis zur Diplom- bzw. Doktorarbeit.
176 Seiten.

Geographische Namen in Deutschland

Herkunft und Bedeutung der Namen von Ländern, Städten, Bergen und Gewässern.
318 Seiten.

Jiddisches Wörterbuch

Mit Hinweisen zur Schreibung, Grammatik und Aussprache.
204 Seiten.

Weitere Bände sind in Vorbereitung

Dudenverlag
Mannheim · Leipzig · Wien · Zürich

Die universellen Seiten der deutschen Sprache
Duden –
Deutsches Universalwörterbuch

Das umfassende Bedeutungswörterbuch der deutschen Gegenwartssprache mit über 250 000 Wörtern, Redewendungen, Anwendungsbeispielen und mehreren Hunderttausend Angaben zu Rechtschreibung, Aussprache, Herkunft, Grammatik und Stil. Bei dem Kombi-Produkt Buch plus CD-ROM bietet die CD-ROM 10 000 akustische Ausspracheangaben als Hilfe für die korrekte Aussprache des Grundwortschatzes. 1892 Seiten.

Dudenverlag
Mannheim · Leipzig · Wien · Zürich

Muttersprache
Vierteljahresschrift
für deutsche Sprache

Die *Muttersprache* stellt die Ergebnisse der germanistischen Sprachwissenschaft nicht nur für Vertreter/-innen der Fachlinguistik, sondern auch für Angehörige anderer Fachrichtungen sowie für alle Interessierten dar.

Die *Muttersprache*, 1886 gegründet, erscheint im 115. Jahrgang (2005).

Schwerpunkte:
Wortforschung, Fragen der Sprachkultur,
theoretische Grundlagen und Erfahrungen der Sprachpflege,
Fachsprachen, Deutsch im internationalen Vergleich,
Deutschdidaktik, Sprachentwicklung, Sprache und Medien

Aus den Heften der letzten Jahre:
Dialekt und Schulerfolg – Sprache in der Technik – Aufgaben und Ziele der Sprachpflege – Sprichwörter in Presse, Werbung und Literatur – Fremdwörter – Johann Wolfgang Goethe – Martin Luther – die Märchen der Brüder Grimm – Sprache der Nazis und Neonazis – deutsche Sprache im Ost-West-Vergleich – Sprache und Literatur von Ausländern in Deutschland – Aspekte der Gegenwartssprache – Deutsch im Ausland – Sprache im vereinigten Deutschland – Sprachpflege und Sprachkultur heute – Wortbildung und Orthographie – Krieg und Sprache

Herausgeber:
Hauptvorstand der Gesellschaft für deutsche Sprache:
Prof. Dr. Rudolf Hoberg, Dr. Dieter Betz, Margot Brunner,
Prof. Dr. Dr. h. c. Armin Burkhardt, Prof. Dr.-Ing. Alfred Warner.

Redaktion: Dr. Sabine Frilling
im Zusammenwirken mit den wissenschaftlichen Mitarbeiterinnen und Mitarbeitern der Gesellschaft für deutsche Sprache;
Anschrift: GfdS, Spiegelgasse 13, D-65183 Wiesbaden.

Je Jahrgang 4 Hefte. Probeheft als Download (www.gfds.de)
Bezugspreis: 70,00 EUR. Preis eines Einzelheftes: 19,00 EUR
Bezugspreis für Mitglieder der GfdS: 55,00 EUR,
für Studierende, Referendare und Referendarinnen: 45,00 EL
Alle Preise zuzüglich Verpackung und Versandkosten.

Bestellungen nehmen jede Buchhandlung und die GfdS entgegen.
ISSN: 0027-514 X